김용규

독일 프라이부르크대학과 튀빙겐대학에서 철학과 신학을 공부했다. 사람들이 더 나은 삶을 선택하고 그것을 향해 스스로 변화하게 하는 것이 철학의 본분이라 여기며, 대중과 소통하는 길을 끊임없이 모색해왔다. 그 결과 《생각의 시대》《신: 인문학으로 읽는 하나님과 서양문명 이

가를 만나다 1, 2》
에서 시 읽기》《영
이렇게 말했다》《설
학을 공부해야 하는
와 떠도는 사원》(공
저), 《나니》(공저), 〈철학통조림〉 시리즈 등 다양한 대중적 철학서와 인문 교양서, 지식소설을 집필했다.

사유방식이 사유를 바꾸고, 사유가 삶을 바꾸고, 삶이 세상을 바꾼다고 생각하는 저자는 인류문명을 깎고 다듬어온 사유방식들을 추적하는 대장정에 나섰다. 〈생각의 시대〉, 〈이성의 시대〉, 〈융합의 시대〉로 이어지는 이 작업에서 《소크라테스 스타일》은 〈이성의 시대〉 연작 가운데 첫 번째 책이다. 저자는 소크라테스의 혁명적인 사유와 삶의 방식을 조명하여, 그것의 본질을 '빼기'로 규정하고, 그것이 지난 2,400년 동안 인류문명 각 방면에서 일으킨 '소크라테스 스타일 이팩트'를 낱낱이 소개한다. 따라서 이 책은 가짜뉴스와 개소리, 팬데믹과 기후변화와 같은 재앙에 직면한 현대인에게 소크라테스가 보내는 경종이자, 새로운 사유와 삶을 향한 초대장이기도 하다. 저자는 후속작을 준비 중이다.

소크라테스 스타일

소크라테스 스타일

1판 1쇄 인쇄 2021. 8. 2.
1판 1쇄 발행 2021. 8. 18.

지은이 김용규

발행인 고세규
편집 강영특 | 디자인 홍세연 | 마케팅 박인지 | 홍보 홍지성
발행처 김영사

등록 1979년 5월 17일 (제406-2003-036호)
주소 경기도 파주시 문발로 197(문발동) 우편번호 10881
전화 마케팅부 031)955-3100, 편집부 031)955-3200 | 팩스 031)955-3111

값은 뒤표지에 있습니다.
ISBN 978-89-349-8503-7 03100

홈페이지 www.gimmyoung.com 블로그 blog.naver.com/gybook
인스타그램 instagram.com/gimmyoung 이메일 bestbook@gimmyoung.com

좋은 독자가 좋은 책을 만듭니다.
김영사는 독자 여러분의 의견에 항상 귀 기울이고 있습니다.

Socrates Style

소크라테스 스타일

소크라테스에게서 배우는 사유와 삶의 혁명

김용규 지음

KYNISMOS ✦ 냉소

MODERATIO ✦ 절제

APOPHASIS ✦ 부정

PER VIA DI LEVARE ✦ 제거

EXISTENZ ✦ 실존

ATONALITÄT ✦ 무조

SCHWEIGEN ✦ 침묵

COUNTEREVIDENCE ✦ 반증

DISOBEDIENCE ✦ 불복종

SOUSTRACTION ✦ 빼기

SIMPLE ✦ 심플

김영사

▲ 소크라테스(Socrates, 기원전 470?~기원전 399)의 대리석 두상, 1세기, 루브르 박물관 소장. 분실된 리시포스(Lysippos, 기원전 390~기원전 300) 작품의 모작으로 추정

마음의 벗,

조헌 교수에게 감사와 함께

contents

프롤로그

아, 소크라테스

Socrates Style

1부

소크라테스 스타일

2부

소크라테스 스타일 이펙트

Socrates Style

머리말

소크라테스를 소환하는 이유

과거 앞에서는 모자를 벗고,

미래 앞에서는 웃옷을 벗어라!

– 헨리 루이스 멘켄

오늘날 '이성적'이라는 말은 합리적이거나 논리적인 사람을 가리키는 말이 아니다. 감성이 부족하고 꼬치꼬치 따지길 좋아하는 까칠한 인물을 일컫는 말도 아니다. 그것은 자본주의와 공산주의를 설계하고, 아우슈비츠와 굴락 수용소를 만들고, 히로시마와 나가사키로 가는 길을 닦고, 여성, 어린이, 장애인, 성소수자, 이민자, 난민과 같은 사회적 약자들을 억압하고, 경제적·사회적·정치적 불평등을 조장하고, 생태계 파괴와 전염병 그리고 기후변화를 불러일으킨, 한마디로 오늘날 우리가 당면하고 있는 모든 문제를 야기한 착취적·폭력적·가부장적·반反생태주의적 인간을 가리키는 용어다. 그렇다, 우리는 어느덧 이성이 종말을 고한 포스트모던post-modern 시대를 살고 있다.

20세기 말, 자크 데리다Jaques Derrida, 1930~2004가 〈최근 철학에 제기된 묵시론적 목소리에 관하여〉에서 비장한 목소리로 선언한 대로,

이성의 종말에는 역사의 종말, 계급투쟁의 종말, 철학의 종말, 신神의 종말, 모든 종교의 종말, 그리스도교와 도덕의 종말, 주체의 종말, 인간의 종말, 서양의 종말, 오이디푸스의 종말, 세계의 종말이 속한다. 이와 마찬가지로 문학의 종말, 과거의 일이 되어버린 회화와 예술의 종말, 정신분석학의 종말, 대학의 종말, 음경 중심적 이성주의의 종말과 그 밖의 모든 것들이 속한다.[1] 그렇다! 이성의 종말과 함께 서구문명의 모든 것이 종말을 고했다. 진리와 정의가 종말을 고한 것은 그중 하찮고 사소한 일인지도 모른다.

오늘날 각종 매체와 인터넷에는 날조된 지식과 왜곡된 신념, 숱한 오해와 편견, 그리고 황당한 미신과 궤변, 터무니없는 가짜 뉴스가 홍수처럼 범람하고 있다. 한발 더 나아가 그것들이 거짓말을 식은 죽 먹듯 하는 포퓰리스트와 각종 경제적·사회적·정치적·종교적 이익집단에 의해 이데올로기화되어 대중을 기만하며 선동하고 있다. 근래에는 대통령과 수상 같은 국가 지도자와 각 분야의 지식인들마저 거짓말을—은밀하게 아니라 공공연히, 부끄럽게가 아니라 뻔뻔하게—해대는 세상이 되었다. "진실이 신발을 신는 사이 거짓말은 세상의 절반을 달릴 수 있다"라는 마크 트웨인Mark Twain, 1835~1910의 풍자가 이들의 강령이자 신조다. 근래 행해진 매사추세츠공대MIT 시난 아랄Sinan Aral 교수 연구팀의 조사에서도 가짜 뉴스가 진짜 뉴스보다 사이버공간에서 6배가량 더 빨리 퍼지는 것으로 나타났다. 우리는 이른바 포스트트루스post-truth 시대를 살고 있다.

더 나쁜 소식도 있다. 엎친 데 덮친 격으로 '개소리Bullshit의 시대'가 시작되었다. 미국의 도덕철학자 해리 프랭크퍼트Harry Frankfurt의 《개소리에 대하여》에 의하면, 개소리는 거짓말이 아니다. 거짓말은 진실 또는 진리를 의식하고 그런 척이라도 하지만, 개소리는 그런 것들에는 아예 관심조차 없다.[2] 개소리꾼들—여기에는 당연히 당신과 나도 포함된다—은 그것이 거짓말이든 아니든 '주구장창 반복해 짖어대면' 사람들이 그것을 믿게 된다는 놀라운 사실을 경험적으로 알아냈다. 우스갯소리로 들릴지 모르지만, 불행히도 그것은 현대 심리학 및 뇌신경과학의 연구 결과와도 일치한다.

개소리꾼들이 발견한 '즐거운 지혜'는 "우기면 된다!"다. 민주주의에서는 다수가 믿는 그 무엇이 사실보다 더 중요하기 때문이다. 그래서 그들은 지구가 평평하다고 우기고, 9·11 테러가 미국의 자작극이라 우기고, 기후변화가 온실가스 때문이 아니라고 우기고, 말라리아약이 코로나바이러스감염증-19 치료제라고 우기고, 백신 접종이 백해무익하다고 우기고, 선거가 조작되었다고 우기고, 우기고, 또 우긴다. 이제 세상에는 거짓과 개소리가 가득하고, 진리와 정의는 아득하다. 오죽하면 미국에서는 비이성적이고 비정상적인 개소리들에 저항하기 위한 모임인 '제정신 회복을 위한 집회Rally to Restore Sanity'까지 생겼겠는가!°

내가 보기에는 지금 우리가 사는 세상이 억견과 궤변이 창궐했던 2,500년 전 아테네와 다를 바가 없다. 그때처럼 지금도 거짓말쟁이와 개소리꾼들이 득세하고, 당시 아테네 시민들이 사실보다 사실임직함eikos에 귀를 기울였듯이 오늘날 우리가 진실보다는 진실스러움

° 코미디 센트럴에서 정치 풍자 뉴스프로그램 〈데일리 쇼〉를 진행했던 존 스튜어트John Stewart가 미국의 정치 지형을 장악한 비이성적이고 비정상적인 개소리들에 저항하기 위해 만든 운동이다.(조지프 히스, 김승진 옮김, 《계몽주의 2.0》, 이마, 2017, 8~9쪽 참조.)

truthiness°에 현혹되기 때문이다. 하지만 언제나 그랬던 것은 아니다. 진리가 태양처럼 빛나고 정의가 강물처럼 흐르는 땅으로 이성이 우리를 이끌고 가리라고 믿었던 위대한 시절이 있었다. 이 책에서 말하는 '이성의 시대the Age of Reason'가 바로 그때다.

* * *

서양에서는 이성의 시대가 기원전 5세기경에 그리스에서 처음으로 시작되었다. 대략 기원전 8세기부터 그리스 사람들은 자연을 관찰하여 추론하고, 다른 사람을 설득하여 소통하는 것이 필요하다는 사실을 깨달았다. 그래서 개발한 것이 내가《생각의 시대》에서 소개한 은유, 원리, 문장, 수, 수사와 같은 생각의 도구tools of thinking다. 이후 그것들을 기반으로 그들은 진리와 정의에 이르는 길을 지칠 줄 모르고 탐색했고, 참된 인간과 바른 국가를 설계하는 일을 멈추지 않았다. 그래서 개발된 생각의 기술technics of thinking이 이 책에서 소개하려는 논증적 수사와 논리학이다. 그 과정에서 이성reason이 탄생했다. 이 책은 그 이야기를 하려 한다.

그랬다, 이성은 기원전 5세기경에 그리스에서, 진리와 정의를 탐구하고 참된 인간과 바른 국가를 설계하기 위해 개발되었다. 처음에는 오늘날 우리가 말하는 자연철학과 논증적 수사로, 이후 점차 철학과

° 2005년 코미디언 스티븐 콜베어Stephen Colbert가 만든 신조어로, "따져보면 진실이 아닌데도 마치 진실처럼 느껴지는 것"을 말한다.(같은 책, 10쪽 참조.)

논리학이라는 얼굴로 세상에 모습을 드러냈다. 그리고 지금까지 진화해왔다. 따라서 이성은 자연의 산물이 아니다. 그것은 우리가 오랜 세월 동안 숱한 시행착오를 거쳐 고안해낸 인공물이다. 그래서 불완전하고, 불안전하다. 또 변질되기 쉽다. 때로 불편하고, 때때로 위험하다. 이 책은 그 이야기도 하려고 한다.

그럼에도, 온갖 그럼에도 불구하고 이성은 우리가 가진 정신기능 가운데 무지와 미신, 편견과 억측이라는 캄캄한 감옥에서 벗어나게 해주는 최상의 도구다. 이성과 함께 우리의 정신과 삶과 세상이 밝아졌다. 그것을 우리는 계몽enlightenment이라 한다. 인류 역사를 통틀어 보면, 언제 어디서든 이성이 계몽의 시대를 열었다. 우리는 보통 근대 유럽의 16~18세기를 '계몽의 세기' 또는 '이성의 시대'라고 일컬어왔다. 그러나 이 말이 정확하려면 그것은 '제2의 계몽의 세기' 또는 '제2의 이성의 시대'라고 불려야 한다. 소크라테스가 살았던 기원전 5세기에 서양 역사상 첫 번째 이성의 시대가 시작되었기 때문이다.

조금 더 자세히 말하자면, 바로 이때에 아테네에서 오늘날 학자들이 '소피스트 운동'이라 이름 지어 부르는 서양 최초의 계몽운동이 일어났다. 지혜의 여신 아테나를 모신 파르테논 신전이 우뚝 선 아크로폴리스 밑에서, 아낙사고라스를 비롯한 밀레토스학파 사람들이 자연철학을 가르쳤고, 프로타고라스, 고르기아스, 프로디코스가 바른 어법orthos logos과 수사학을 강연했고, 소크라테스, 플라톤, 아리스토텔레스가 철학과 논리학을 탐구했고, 아이스퀼로스, 소포클레스, 에우리피데스가 삶의 비극과 지혜를 무대에 올렸다.

그리고 무엇보다도 페리클레스가 펼치는 민주주의가 폭죽처럼 불끈 솟아올라 아테네의 깜깜하던 밤을 밝혔다. 그러자 아테나가 정의의 여신 디케를 앞세우고, 신전에서 아고라로 걸어 내려왔다. '제비꽃 화관을 쓴 도시', '세련되고 기름진 도시'가 마침내 '신화의 시대에서 이성의 시대로' 서서히 발길을 옮기기 시작한 것이다. 만일 이 시대가 없었더라면 오늘날 서구문명은, 아니 인류문명은 크게 달라졌을 것이다. 이 책은 그 이야기도 할 것이다.

포스트모던 시대라 해서, 이성을 하찮거나 위험하게만 보아서는 안 된다. 오늘날 심리학자들은 우리의 판단과 행동을 추동하는 것은 이성이 아니라 감성과 직관과 무의식이고, 그것을 좌우하는 것은 도파민 같은 신경전달 물질이나 페로몬 같은 화학물질이라고 주장한다. 2002년 노벨 경제학상을 수상한 대니얼 카너먼Daniel Kahneman의 《생각에 관한 생각》에는 우리의 의사결정이 얼마나 직관에 의존하며 비이성적인지를 보여주는 생생한 사례들이 가득 실려 있다. 그러나 오해하지 말자. 그가 책에서 정작 하고 싶은 말은, 그러하니 직관에 의지해 비이성적으로 살자는 것이 아니라 정신 똑바로 차리고 이성적으로 살자는 것이다. 왜냐하면 이성reason만이 우리가 당면하는 사건과 사안에 관한 정당한 이유reason를 산출하고, 다른 사람을 설득하기 위한 타당한 논증reasoning을 생산할 수 있기 때문이다. 이 책은 또한 그 이야기도 하려 한다.

* * *

수사학이 본디 타인과의 소통과 합의를 위해 개발되었다는 것을 상기하고, 논리학이 논증적 수사라는 수사학에서 출발했다는 사실에 주목하자. 그러면 논리학의 출발도, 이성의 탄생도 원래는—다시 말해 제1의 이성의 시대에는—다른 사람들과의 소통과 합의를 위해서였다는 것이 자연스레 드러난다. 이성의 기원과 발달사를 통해 드러나는 이러한 사실은 "혼자서 행하는 추론은 편향되고 게으른 반면, 사람들이 주고받는 논증은 논증을 즐기는 서양 사회뿐 아니라 모든 유형의 문화권에서, 그리고 교육 수준이 높은 성인들뿐 아니라 어린아이들 사이에서도 효과적으로 작동한다"[3]는 현대 인지과학자들의 실험결과와도 정확히 맞아떨어진다.

그렇다, 프랑스의 사회과학자 위고 메르시에Hugo Mercier와 인지과학자 당 스페르베르Dan Sperber가 《이성의 진화》에서 설파했듯이, "이성은 인간이 혼자서 더 나은 신념과 결정에 도달하는 것을 돕기 위해 설계되지 않았다. 오히려 이성은 우리의 신념과 행동을 다른 사람에게 정당화할 때, 다른 사람을 설득할 때, 다른 사람이 제시한 견해와 논증을 평가할 때 우리를 돕는다." 이 점에서 보면, 우리가 이 책에서 다루는 소크라테스의 논박술elenchos이야말로 이성이 무슨 일을 어떻게 하는지를—긍정적인 면에서 그리고 부정적인 면에서도—여실히 보여준다고 할 수 있다. 왜냐하면 그것이 언제나 문답식 대화를 통해 이뤄지기 때문이다.

논리학이 대화dialogue가 아니라 독백monologue의 타당성만을 검증하는 기호논리symbol logic로 탈바꿈되고, 이성이 진리와 정의, 화해와 합의를 찾는 능력이 아니라 목적을 위해서라면 수단을 가리지 않는 도구로 변질된 것은 근대 이후, 곧 제2의 이성의 시대의 일이다. 그때부터 이성이 어리석을 뿐 아니라 위험해졌다. 프랑크푸르트학파의 수장이었던 막스 호르크하이머Max Horkheimer, 1895~1973가 《도구적 이성

비판》에서 이성이 자기 스스로를 도구화한다면 물신物神, Fetisch이 된다고 경계한 것도 그래서다. 이 말은 철학이 '신학의 시녀'로 취급받던 중세까지만 해도, 이성이 어리석을지언정 위험하지는 않았다는 것을 뜻한다. 이제 '이성을 찾아나설' 때가 되었다. 누구의 시녀도 아니고, 도구화된 물신도 아닌 이성, 진리와 정의를 설계하고 화해와 합의를 이뤄내며, 학문과 예술을 창출하던 '첫 번째 이성' 말이다. 이 책은 그 이야기도 할 것이다.

* * *

나는 2014년에 초판이 나와 2020년에 재출간된 《생각의 시대》(김영사)를 출발로, 서양문명을 만들어낸 사상가들의 사유 내용—여기에는 학문과 사상 그리고 문화와 문명이 모두 속한다—이 아니라, 그것을 만들어낸 사유의 방식을 추적하기 시작했다. 내가 사유사history of thinking 내지 사유의 계보genealogy of thinking라고 이름 붙여 진행하는 이 작업은 1) 생각의 시대 2) 이성의 시대 3) 융합의 시대로 나누어 기획되어 있다.° 《생각의 시대》에서는 모든 생각의 근원인 은유, 원

° 사유사라 하든, 사유의 계보라 하든, 오해의 소지가 있다. 지성사 또는 계보학과 혼동할 수 있기 때문이다. 아서 러브조이Arthur O. Lovejoy나 프랭클린 보머Franklin L. Baumer가 천착한 지성사history of ideas는 '관념사'라고도 번역되는데, 이것은 시대마다 그 시대를 주도한 창조적 사상가와 그것의 전달자들을 주로 다룬다. 니체나 푸코가 즐겨 사용한 계보학genealogy은 어떤 담론의 형성과 변화를 가능하게 하는 조건들을 다루는데, 특히 권력의 차원에서 설명하고자 한다. 그러나 이 책에서 나는 시대와

리, 문장, 수, 수사라는 5가지 도구의 기원과 기능 그리고 훈련법을 소개했다. 이 책은 두 번째 작업인 '이성의 시대'를 여는 첫 번째 팡파르다.

'소크라테스 스타일Socrates Style'이라는 용어가 조금 낯설게 들릴 수 있다. 그것은 당연히 소크라테스의 패션이나 헤어스타일을 뜻하는 것이 아니다. 소크라테스가 개발한 '빼기subtraction'라는 사유방식과 삶의 방식을 의미한다. 본문에서 보겠지만, 소크라테스는 이 독특한 사유방식을 통해 이성이라는 인간 정신의 원형 하나를 깎아 오늘날 우리가 누리고 있는 인류문명의 한 축을 떠받쳤다. 또한 그는 이 고유한 삶의 방식을 통해 아우게이아스의 외양간같이 오염된 삶과 사회를 매번 청소해왔다. 당신은 이 책에서 지금까지 알고 있었던 것과는 전혀 다른 소크라테스를 만나게 될 것이다.

사유가 삶을 바꾸고, 삶이 세계를 바꾼다. 사유는 행동이 되고자, 말씀은 육신이 되고자 노력하기 때문이다. 그러려면 우리는 먼저 사유방식을 바꿔야 한다. 그리하면 사유가 바뀌고, 삶이 바뀌고, 세상이 바뀐다. 당신은 이 책의 1부에서 소크라테스 스타일이 무엇이며, 그것이 무엇을 할 수 있는지를 알게 될 것이다. 그리고 2부에서는 그것이 지난 2,400년 동안 계승되며 시대마다 나타난 다양한 사례들을 통해 서구문명을 새롭게 바라보고 이해하게 될 것이다. 그럼으로써 어쩌면 당신도 소크라테스 스타일을 따라 당신의 사유와 삶 그리고 세상을 바꿀 벅찬 소망을 품게 될지도 모른다. 나는 이 같은 이해, 이 같은

역사를 관통하며 사상, 담론, 문화를 만들어내는 사유방식과 그 전달자들을 다루고자 한다. 요컨대 인류문명을 깎고 다듬은 사유방식의 계보를 추적해 밝히고자 한다.

변화, 이 같은 소망, 모두를 싸잡아 '소크라테스 스타일 이팩트Socrates Style Effect'라 부른다.

이 책을 쓰는 동안 가졌던 내 꿈은 우리 모두에게 소크라테스 스타일 이팩트가 일어나는 것이다. 그것은 우리의 사유에서 모든 억견과 편견 그리고 개소리들을 제거하고, 우리의 삶에서 모든 부당하고 부차적인 것들을 빼냄으로써 사유와 삶의 본질에 도달하는 여정에 함께 나서자는 것이다. 그리고 마침내 우리 자신과 세상을 바꾸자는 것이다. 그렇다, 이 책은 혁명을 꿈꾼다. 사유방식의 혁명, 삶의 방식의 혁명 말이다. 이것이 내가 이 책에서 소크라테스를 소환하는 이유다.

이 말은 이 책이 과거에 대한 조명이 아니라 미래에 대한 희망을 겨냥한다는 것을 뜻한다. 이 책의 독서가 고색창연한 유적 탐사가 아니라 우리가 살고자 하는 세계의 설계라는 것을 의미한다. 내걸고자 하는 구호는 "미래로 돌아가자Back to the Future"다. '아직 오지 않은 과거'를 불러내 '이미 와 있는 미래'를 준비하는 '시간기획時間企劃'을 하자는 뜻이다.

많은 사람이 같은 꿈을 공유하길 바라며 되도록 평이하게 썼다. 오래전부터 기획한 작업을 차례로 실행할 수 있는 기회를 준 김영사의 고세규 대표와 집필기간 내내 든든한 길라잡이가 되어준 강영특 주간에게 감사한다. 편집과 디자인에 애써주신 분들께도 고마움을 전하고 싶다. 책을 펼치면 팡파르가 울리고 사유의 축제가 시작될 것이다. 자, 모자도 벗고 웃옷도 벗자! 즐거운 축제가 되길 바란다.

2021년 여름, 청파동에서

김용규

Socrates Style

프롤로그

아, 소크라테스

소크라테스가 태어날 때, 그는 울었고 세상은 기뻐했다.
그가 죽을 때, 그는 기뻐했고 세상은 울었다.

– 본문에서°

소크라테스Socrates, 기원전 470?~기원전 399는 위대하다. 그가 세상을 떠난 지 2,400년도 더 지난 지금까지 그리고 지구의 반대편에 사는 우리까지 그를 알고 있으니 말이다. 인류가 존속하는 한 어쩌면 앞으로 다시 그만한 세월이 지나도 사람들은 소크라테스를 기억할지 모른다. 역사를 통틀어 그런 사람은 그리 흔치 않다. 어떤 사람은 그를 공자, 석가모니, 예수와 함께 묶어 4대 성인으로 높여 부르기도 한다. 그러니 소크라테스가 위대하다는 말은 맞다. 그런데 의문이 하나 있다. 그가 왜? 왜 그리 위대할까? 이에 대해서는 너 나 할 것 없이 할 말이 궁하다. 그렇지 않은가?

우리말 사전에는 '도량이나 능력, 업적 따위가 뛰어나고 훌륭한 사람'이 위대하다고 적혀 있다. 그렇다면 하나씩 따져보자. 소크라테스는 도량이 컸을까? 역시 사전을 따라, 도량을 '타인을 받아들이는 너그러운 마음'이라고 한다면, 그는 결코 위대한 사람이 아니다. 소크라테스는 자기 스스로를 소나 말 같은 가축에 붙어 따끔히 쏘아 낮잠을 깨우는 등에(말파리)에 비유했다.(《소크라테스의 변명》, 29e~30a) 그가 날마다 거리로 나가 지나는 사람들에게 말을 걸어 그들의 무지를 드러냄

° "네가 세상에 태어날 때, 너는 울었고 세상은 기뻐했다. 네가 죽을 때, 너는 기뻐하고 세상은 울도록 살아라"라는 나바호 인디언의 격언에서 따왔다.

으로써 몹시 불편하게 했다는 것을 스스로 인정한 말이다. 억견과 편견에 얽매여 사는 아테네 시민들을 일깨우기 위해서였다 하더라도, 아무튼 도량이 큰 사람이 할 일은 아니다.

그럼에도 소크라테스는 위대하다. 그렇다면 업적 때문일까? 하지만 무슨 업적? 소크라테스는 평생을 두고 정치, 경제, 사회 그 어느 분야에서도 이렇다 할 공적인 활동을 한 적이 없다. 그러니 업적이 있을 리가 없다. 3세기 전반에 활동한 로마의 전기작가 디오게네스 라에르티오스Diogenes Laertios, 180~240의 《그리스 철학자 열전》에 의하면, 제비를 뽑아 민회ekklēsia의 의원을 선출하는 당시 아테네의 법에 따라 공직에 봉사할 기회가 주어졌을 때조차 그는 거절했다. 민주적 제도가 어리석다고 생각했기 때문이다. 그는 질병은 의사가 고치고 배는 선장이 몰아야 하듯이, 모든 일은 전문가가 해야 한다고 생각했다. 요컨대 그는 제비뽑기를 통해 선출된 어중이떠중이가 모여 통치하는 민주주의를 달갑게 생각하지 않았다.

아, 예외가 한 번 있었다! '오백인회Boulē'가 아르기누사이 전투에서 승리하고도 법정에 세워진 여섯 명의 장군을 재판하던 날이다. 그때는 웬일인지 소크라테스가 자진해서 당일 의장을 맡았다. 그리고 아테네 법이 집단재판을 허용한 전례가 없다는 이유로 판결을 진행하지 않았다. 부당한 재판을 제지하기 위해서였다. 그는 옹고집이었기 때문에 권력자들의 협박과 대중의 고함에도 자신의 뜻을 굽히는 법이 없었다. 아테네에 공포정치를 시행한 '30인의 참주' 정권이 그에게 살라미스 사람 레온Leon을 붙잡아 오라는 명령을 내렸지만, 그때에도 다가올 위험 따위는 아랑곳하지 않고 따르지 않았다.(《그리스 철학자 열전》, 2.5.24) 외부의 불의한 압력에 굴하지 않고 자신의 신념을 지키는 것은 훌륭한 일이다. 그러나 그것만으로 위대하다고는 할 수 없다.

소크라테스는 전쟁에 세 번이나 나갔다. 기원전 431년에 펠레폰네소스 전쟁(기원전 431~기원전 404)이 일어났기 때문이다. 그는 39세에는 포테이다이아Poteidaia 전투에, 45세에는 델리온Dēlion 전투에, 47세에는 암피폴리스Amphipolis 전투에 참여했다. 그러나 그것은 당시 50세 이전의 아테네 남자가 짊어져야 하는 의무였다. 포테이다이아 전투에서 나중에 그의 제자이자 애인eromenos이 된 알키비아데스Alcibiadēs의 생명을 구하고, 훈장도 받게 했다. 델리온 전투에서는 모두가 도망칠 때에도 서두르지 않고 용감하고 침착하게 행동했다 하여 그의 대담함이 사람들 입에 오랫동안 오르내리기도 했다.(《그리스 철학자 열전》, 2.5.23) 또 체력이 좋아 한겨울에도 맨발로 전장을 누벼 적을 놀라게 했다는 기담奇談이 전해오지만, 그런 것들을 위대한 업적이라 할 수는 없다.

소크라테스는 이렇다 할 경제활동을 하지 않았다. 그러니 이 분야에서도 위대하다 할 만한 업적을 남겼을 리가 없다. 그에게도 부자가 될 기회가 없지는 않았다. 그가 토론과 논쟁을 잘했기 때문이다. 당시 아테네에서는 토론, 논쟁, 연설에 뛰어난 소피스트들이 제자를 가르치거나 변론 경연logōn agōnas을 벌여 큰돈을 벌었다. 그들 중 하나인 히피아스Hippias, 기원전 443~기원전 399가 시칠리아에 가서 강연과 경연을 통해 짧은 기간 안에 150미나를 모았다는 기록이 남아 있다.[1] 당시 숙련된 기술공의 1년 평균 수입이 3~4미나였던 것을 감안하면 큰돈이라 아니 할 수 없다. 그런데 소크라테스는 그런 일을 일절 하지 않았다. 오히려 그런 일을 하는 소피스트들을 심하게 비난했다.

소크라테스가 수업료나 강연료를 받지 않고 남루한 차림에다 맨발로 다녔기 때문에 무척 가난하게 살았으리라고 생각하기 쉽다. 하지만 오해다. 그는 부유하지는 않았어도 그리 가난하지도 않았다. 그가 친구에게 돈을 맡겨 이자놀이를 했다는 이야기도 있지만, 원금이 많지 않아 생활에 도움이 되지는 않았을 것이다.(《그리스 철학자 열전》, 2.5.20) 그 밖에도 이런저런 추측이 있지만, 소크라테스가 아주 궁핍하게 살지는 않았다는 데는 나름의 증거가 있다. 당시 아테네인들이 전쟁터에 나갈 때는 자기 스스로 무장을 해야 했다. 때문에 말을 가진 부유한 시민은 기마병으로, 창과 방패를 가진 중산층은 중무장보병으로, 가난한 사람은 물건을 나르는 수송병으로 참전했다. 소크라테스는 세 번 다 중무장보병으로 전장에 나갔다. 중산층이었다는 증거다.

집안 살림은 아내 크산티페Xanthippe가 도맡아 했다. 험한 일을 하며 홀로 어렵게 가계를 꾸렸다는 설도 있다. 하지만 학자들은 그녀가 두세 명의 일꾼을 부리며 소크라테스가 가업으로 물려받은 석공소를 운영했을 것이라고 짐작한다. 그랬다면 그리 궁핍하지는 않았을 것이다. 당시는 아테네에 석공 일이 많을 때다. 아크로폴리스 언덕 위에 '처녀의 집' 파르테논 신전이, 그 밖에도 곳곳에 신전과 조각상이 세워지고 있었기 때문이다. 또 수십 년 동안이나 전쟁이 이어지던 중이라 죽은 자들을 위한 비석을 주문하는 발길도 그치지 않았다. 그런데도 소크라테스는 언제부턴가 석공 일을 하지 않았다. 석공소를 아예 아내에게 맡기고 다른 엉뚱한 일을 시작했다. 그것이 뭐냐고?

언급했듯이 소크라테스는 날마다 저잣거리에 나가 아무든 지나는 사람에게 말을 걸어 대화를 나누는 일을 했다. 그것을 사회활동이라 한다면, 그가 한 유일한 사회활동이 그것이다. 하지만 그것은 사람들에게 자신이 가진 지식이나 지혜를 나누어주기 위해서가 아니었다. 오직 자기보다 더 현명한 사람이 있는가를 시험해보기 위해서였다. 그래서 그는 상대가 알고 있는 지식과 그에 대한 믿음이 얼마나 잘못되었는지를 낱낱이 밝혀내, 그들이 화난 채 돌아서게 했다. 알고 보면 소크라테스는 그것이 화근이 되어 고발당해 처형되었다. 고발장에는 엉뚱하게도 그가 당시 아테네 시민들이 믿는 신을 믿지 않는다는 것과 젊은이들을 타락시킨다는 것이 이유로 적혔지만 말이다.(《그리스 철학자 열전》, 2.5.40)

어떤 사람은 소크라테스가 친구들이 탈옥할 수 있는 기회를 마련해주었음에도 불구하고 진리logos를 따르기 위해 자진해서 죽음을 감수했다 해서, 위대하다고 한다. 제자 플라톤Platon, 기원전 427~기원전 347이 남긴《크리톤》과《파이돈》을 보면, 그 사실이 자세히 적혀 있어

▲ 작자 미상, 19세기, 채색판화

보는 이에게 작지 않은 감동을 불러일으킨다. 그래서인지 서양의 많은 화가들이 그의 죽음을 그림으로 그려 남겼다. 그 가운데는 프랑스 화가 자크 루이 다비드Jacques-Louis David가 1784년에 그린 유화 〈소크라테스의 죽음〉이 널리 알려졌다. 하지만 소크라테스의 죽음을 슬퍼하며 절망하는 친구와 제자들의 모습을 더 적나라하게 표현한 작자 미상의 19세기 판화도 있다.

다른 모든 아기들처럼, 소크라테스가 태어날 때, 그는 울었고 세상은 기뻐했다. 그러나 소크라테스가 죽을 때, 그는 기뻐했고 세상은 울었다. 그가 진리를 위해 피할 수 있는 죽음을 피하지 않았기 때문이다. 하지만 역사에는 자신이 믿는 진리를 위해 기쁘게 목숨을 바친 사람들이 생각보다 훨씬 많다. 예컨대 로마가 그리스도교를 탄압하던 시기—313년 2월에 콘스탄티누스 1세가 밀라노 칙령Edict of Milan을 발표해 그리스도교를 인정하기 이전까지—에는 자원해서 목숨을 바친 무명의 순교자들이 깜짝 놀랄 만큼 많았다. 당시 로마 병사들은 잔인한 고문을 금하는 로마법을 어겨가면서까지 그들에게 이루 말할 수 없는 고통을 가해 죽였지만, 순교가 그리스도교 젊은이들 사이에 들불처럼 번진 때도 있었다. 그러니 그것만으로 소크라테스가 위대하다고는 할 수 없다.

또 어떤 이는 소크라테스가 "너 자신을 알라gnothi seauton"와 "교만하지 말라meden lian"와 같은 말로 아테네 사람들의 도덕적 삶을 일깨웠기 때문에 위대하다고 생각할지 모른다. 하지만 오해다. 역시 《그리스 철학자 열전》에 의하면, 델포이 신전에 적혀 있다는 그 말은 탈레스Thalēs, 기원전 624~기원전 545가 한 것으로 전해온다.(《그리스 철학자 열전》, 1.1.40) 그뿐 아니다. 피타고라스, 파르메니데스, 헤라클레이토스, 데모

크리토스, 프로타고라스와 같은 소크라테스 이전의 다른 사상가들도 당시 사람들의 삶을 올바로 이끌려 노력했고 숱한 도덕적 교훈을 남겼다. 게다가 플라톤의 중기 이후 저술들에 담긴 도덕적·정치적 사상은 작품에서 소크라테스의 입을 통해 나왔다 해도 대부분 플라톤의 생각이다. 그러니 그것으로 그를 위대하다고 할 수도 없다.

그럼 소크라테스는 왜 위대한가? 이제 남은 것은 능력뿐인데, 혹시 그것 때문인가? 그런데 무슨 능력? 그는 "한가함을 인간이 가질 수 있는 가장 아름다운 것으로 여기고"(《그리스 철학자 열전》, 2.5.31) 백수로 살았다. 제자인 크세노폰Xenophon, 기원전 430~기원전 354의 《회상록》에 의하면, 소크라테스는 아침이면 시민들이 공무를 보기 위해 찾는 스토아 바실레이오스Stoa Basileios를 거닐거나 젊은이들이 신체를 단련하는 김나지온gymnasion에 들러 어슬렁거렸다. 그러다 그들 중 아무에게나 말을 걸어 대화를 시작했다. 시장이 열리는 대낮에는 아고라에 머물렀고, 저녁이면 성문 밖으로 나가 도공들, 도축업자들, 이방인들 그리고 창녀들이 사는 케라메이코스Kerameikos 지역을 누볐다. 또 축제든 향연이든 많은 사람들을 만날 수 있는 곳에는 언제나 나타나 사람들과 이야기를 나눴다. 그런 만큼 그는 입담이 좋았다. 그것이 그의 능력이라면 능력일 터인데, 그러나 그것만으로 그를 위대하다 할 수는 없다.

소크라테스가 놀라운 인내력을 가진 것은 잘 알려져 있다. 겨울에도 언 땅을 맨발로 걸어 다녔다는 것이나, 뭔가를 골똘히 생각하며 꼿꼿이 선 채로 하룻밤을 꼼짝도 하지 않고 새웠다는 일화는 차치하고도 그렇다. 소크라테스는 자신이 고안한 문답식 대화를 통해 상대를 자주 화나게 했기 때문에 그들에게 모욕과 폭행을 당하기가 일쑤였다. 하지만 그는 그것을 묵묵히 참고 견뎠다. 언젠가는 화가 잔뜩 난 대화 상대에게 발길질을 당하고도 태연한 것을 보고, 제자 하나가 이유를 물었다. 그러자 그는 "만일 당나귀가 나를 발로 걷어찼다면 나는 당나귀를 상대로 소송을 걸어야 하는가?"라고 되물었다.(《그리스 철학자 열전》, 2.5.21) 아무나 할 수 있는 일은 아니다.

그뿐 아니다. 소크라테스는 평상시 생활에서도 남다른 절제를 보였다. 누구에게든 무엇으로든 대가를 요구하지 않았고, 오히려 "가장 맛있게 먹으려면 맛있는 음식에 대한 욕망을 가장 적게 가져야 하며, 가장 맛있게 마시려면 자기에게 없는 마실 거리에 대한 기대를 가장 적게 가져야 한다"라고 교훈하기도 했다. 그래서 당대의 희극작가 아리스토파네스Aristophanes, 기원전 445?~기원전 385?는 소크라테스를 풍자한 작품《구름》에서 그를 다음과 같이 묘사했다.

> 오, 그대는 엄청난 지혜를 바랐던 것이다.
> 아테네인 중에서도, 또 다른 그리스인 중에서도, 행복한 삶을 보내려고,
> 왜냐하면 그대는 기억력이 좋고, 사색가이고, 또 지조는 굳은 바 있고,
> 또 걸을 때나 서 있을 때에도 피로를 모르며,
> 얼어붙는 추위에도 크게 개의치 않고, 아침밥도 원치 않으며,
> 술과 포식과 그 밖의 어리석은 일로부터 멀리 떨어져 있으므로.(《그리스 철학자 열전》, 2.5.27)

그렇다! 소크라테스는 놀랄 만한 인내와 절제를 보여주었고, 그것은 의심할 바 없는 미덕이다. 그러나 그것만으로 그를 위대하다고 할

수는 없을 것이다.

결혼은 50대 초반에 했다. 스무 살가량 어린 양가집 규수와 했는데, 그녀가 악처로 알려진 크산티페다. 그녀는 하루 종일 잔소리만 해대다 그래도 성이 차지 않으면 남들이 보는 앞에서 소크라테스에게 물을 퍼붓기까지 했다. 하지만 소크라테스는 피하거나 화내지 않고 태연스레 "천둥이 친 다음에는 언제나 비가 내리는 법이지"라고 대꾸했다는 이야기는 당신도 들었을 것이다.(《그리스 철학자 열전》, 2.5.36) 크산티페의 거친 행동에 대한 이야기는 그 밖에도 많지만, 학자들은 대부분이 과장되었다고 본다. 그러나 설령 그것이 사실이라 해도, 전혀 이해하지 못할 바는 아니다. 그가 목욕도 하지 않고, 사시사철 남루한 히마티온himation(사각형 천으로 된 겉옷) 하나만 걸치고 맨발로 다니며, 변변한 수입조차 없었기 때문이다. 소크라테스는 "착한 여자와 결혼하면 행복한 사람이 되고, 악한 여자와 결혼하면 철학자가 된다"는 말을 남겼다.

그래서였을까? 놀랍게도 그는 아내를 둘 두었다. 라에르티오스가 아리스토텔레스의 말을 인용해 전하는 바에 의하면, 소크라테스에게는 크산티페 외에 미르토Myrto라는 젊은 아내가 있었다. 하나가 못되고 하나가 착했는지는 모를 일이지만, 소크라테스가 죽을 때 감옥을 찾아온 세 자녀 가운데 크산티페가 낳은 람프로클레스는 청년이었고, 미르토가 낳은 소프로니스코스와 메넥세노스는 아직 어린아이였다.(《그리스 철학자 열전》, 2.5.26) 소크라테스의 이중결혼重婚이 자녀들의 나이 차가 크게 난 이유다. 그것도 능력이라면 능력이겠지만, 사실을 알고 보면 아니다. 당시 아테네에는 오랜 세월 동안 계속된 전쟁으로 남자의 수가 턱없이 부족해서, 국가가 이중결혼을 장려했다. 예컨대 그의 친구인 극작가 에우리피데스도 아내가 둘이었다. 그러니 그것도 그리 대단하다고 할 수는 없다. 그렇다면 그가 지닌 능력이 도대체 무엇일까? 그런 게 있기나 했을까?

그렇다, 있다! 그도 한 가지 특별하고 기이한 능력을 갖고 있었다. 소크라테스는 어려서부터 다이몬Daimōn의 소리를 들었다. 다이몬은 우리말로는 '신령神靈' 또는 '전령傳靈'이라 번역할 수 있는데, 플라톤의 《향연》을 보면, 만티네이아(아르카디아 남동부)의 여사제 디오티마Diotima of Mantineia가 소크라테스에게 다이몬이 "신들에게는 사람에게서 나온 것을, 사람들에게는 신에게서 나온 것을"(《향연》, 202a) 전달하는 일을 한다고 알려준다. 그렇다면 소크라테스가 들었다는 것은 오늘날 우리 기준으로 보면 일종의 환청幻聽인데, 그는 평소에도 그에 대해 서슴없이 말했지만 재판장에서 자신을 변론할 때에도 다음과 같이 두 번이나 언급했다.

> 그런 현상은 내가 어릴 때부터 시작되었지요. 어떤 목소리가 들리는데, 그때마다 내가 하려는 일을 못하게 말리긴 했어도 하라고 부추긴 적은 한 번도 없었습니다.(《소크라테스의 변명》, 31d)

> 재판관 여러분, 나에게 뭔가 놀라운 일이 일어났습니다. 나에게 으레 일어나는 신령스러운 것의 예언이 예전부터 늘 끈질기게 거듭되었는데, 내가 뭔가 옳지 않은 일을 하려 할 때면 아주 사소한 일에 대해서도 반대했지요.(《소크라테스의 변명》, 40a)

어떤가? 놀랍지 않은가? 오늘날 정신분석학자들은 이 말을 근거로 소크라테스를 "위대한 히스테리증 환자"(라캉, 1960, 1961 세미나)로 진단하기도 한다. "의심하고 부인하는 정신, 타자로부터 주어진 좌표로부터 끊임없이 일탈하려는 성향" 때문에 그렇다는 것이다.[2] 한편 철학자들은 소크라테스의 이 말이 '반성과 비판을 업으로 하는 철학의 전통이 어디서부터 왔는가'를 알려준다고 해석하기도 한다. 같은 이야기지만, 나는 소크라테스의 이러한 자기 고백이 이 책에서 '빼기'라고 부르는 그의 독특한 사유방식을 단적으로 보여준다고 생각한다. "내가 하려는 일을 못하게 말리긴 했어도 하라고 부추긴 적은 한 번도 없었습니다", "내가 뭔가 옳지 않은 일을 하려 할 때면 아주 사소한 일에 대해서도 반대했지요"라는 자기 변론이 그 증거다. 환청을 듣는다는 것이 예사로운 일은 아니다. 하지만 그것으로 그를 위대하다고 할 수는 없을 것이다.

아, 그렇다! 하마터면 지나칠 뻔했다. 소크라테스가 가진 또 한 가지 남다른 능력이 있다. 앞에서 이미 언급했듯이, 그는 대화를 통해 상대를 막다른 궁지aporiā로 밀어붙여 화나게 하는 능력도 갖고 있다. 이 일에서라면 예나 지금이나 그를 따를 자가 없었다. 굳이 찾아보자면, "논쟁을 할 때는 상대방을 화나게 만들어라. 왜냐하면 화가 난 상태에서는 올바로 판단하거나 자신의 장점을 감지할 수 없기 때문이다"라고 가르친 19세기 독일의 철학자 아르투어 쇼펜하우어Arthur Schopenhauer, 1788~1860가 그에 버금갈지 모른다. 하지만 쇼펜하우어도 상당수의 논쟁술을 소크라테스에게서 배웠다. 그렇지만 그런 재주 때문에 그를 위대하다 할 수는 없지 않을까?

그런데 주목하시라. 바로 여기에서 놀라운 반전이 일어난다. 소크라테스는 그가 지닌 이 불온한 능력, 이 불편한 대화 방법 때문에 위대하다! 왜냐하면 그 안에 지난 2,400년 동안 인간의 정신과 서구문명을 깎아 다듬어온 정신의 조각술, 곧 이 책에서 '소크라테스 스타일'이라고 부르고자 하는 '생각의 기술'이 들어 있기 때문이다. 그것이 뭐냐고? 당시 아테네 사람들은 그것을 엘렝코스elenchos라고 불렀는데, 오늘날 우리는 논박論駁 또는 논박술이라 일컫는다. 사람들은 그것을 산파술maieutike이라고도 부르지만, 논박술은 산파술이 아니다. 뒤에서 곧 확인할 텐데, 그것은 플라톤이 만들어낸 왜곡이자 신화다.

소크라테스가 실행했던 논박술은 어떤 경우에도 새로운 지식의 출산을 돕는 산파의 역할은 하지 못한다. 그럼에도 그보다 훨씬 위대한 일을 한다. 이 책에서 내가 규정하고자 하는 논박술의 본질은 빼기subtraction다. 그것은 '산출의 기술'이 아니고 '제거의 기술'이다. 소크라테스는 다른 무엇이 아니라 바로 이 빼기 때문에 위대해졌다. 당신은 '대체 이게 무슨 소리냐'라며 놀랄지 모른다. 하지만 정말이다. 소크라테스가 빼기라는 생각의 기술을 본격적으로 개발했고, 그것이 이성이라는 인간 정신의 원형 하나를 깎아 지난 2,400년 동안 인류문명의 한 축을 떠받쳐왔다. 수학자도 아니고 철학자가 갑자기 빼기를 개발했다니, 그것이 인류문명을 구축했다니, 당신의 고개가 점점 더 갸웃해질 수 있다. 그 '갸우뚱함'과 함께 이제부터 우리는 지금까지 몰랐던 소크라테스를 만나러 간다.

1장

소크라테스 스타일이란 무엇인가

먼저 바로 그 돌 속에서 사자를 보아야만 한다.
마치 돌의 표면 뒤에 사자가 기다리고 있는 것처럼 말이야.
그다음에는 사자를 풀어놓아 주어야 한단다.
– 코라 메이슨

세상의 모든 아버지는 아들의 스승이다. 굳이 무엇을 가르치지 않더라도 아들은 아버지를 바라보고 자란다. 때로는 거울 삼아 따라 배우고, 때로는 반면교사反面教師로 배운다. 아들이 아버지의 직업을 이어받던 고대 그리스에서라면 더 말할 나위가 없다.

소크라테스 역시 그랬을 것이다. 그는 아버지 소프로니스코스Sophroniskos가 석공 일을 하는 것을 보고 자랐고, 언제부턴가는 그 일을 배웠을 것이다. 그리고 상당 기간 석공으로 일했을 것이다. 아버지가 일찍 세상을 떠나 어머니가 재혼했다는 것으로 보아, 아버지의 석공소를 물려받아 한동안 운영하다가, 결혼 후에 그보다 위대한 일(?)을 하기 위해 아내 크산티페에게 떠맡겼을 것이다. 공연한 지레짐작이 아니다. 소크라테스가 석공이었다는 것에는 나름의 증거가 남아 있다.

라에르티오스의 《그리스 철학자 열전》에 의하면, 아크로폴리스에서 있는 몇몇 우아하고 아름다운 여신상이 소크라테스의 작품이라고 말하는 사람들이 있었다. 또 그리스 철학자이자 저술가인 플리우스의 티몬Timon of Phlius, 기원전 320~기원전 230이 역사적 인물들을 묘사한 그의 세 권짜리 풍자시 《실로이Silloi》에서 소크라테스를 다음과 같이 묘사한 것도 눈여겨볼 만하다.

> 그러자 (소크라테스가) 사람들로부터 멀어져갔던 것이다.
> 석공인 주제에 법률 습관에 관해 억지를 부리고,
> 그리스 주술사이면서 엄밀한 토론을 한다고 칭하더니,
> 변론가들을 우습게 알고, 반쯤 아티카 사투리로 헛소리를 해대는 이 사내라니.(《그리스 철학자 열전》, 2.19)

우리가 소크라테스를 고결하고 뛰어난 철학자로만 알고 있는 것은 그에 관한 정보가 대부분 그의 제자인 플라톤, 크세노폰 그리고 한 다리 더 건너 아리스토텔레스로부터 흘러나온 것이기 때문이다. 그들은 젊은 시절의 소크라테스에 대해 잘 몰랐거나, 아니면 알면서도—이것이 더 신뢰가 가는데—그런 사실에 대해서는 언급하지 않았을 수 있다. 왜냐하면 위대한 인물의 제자들이 흔히 그랬듯이, 소크라테스의 제자들에게는 스승을 어떤 식으로든 미화 내지 신화화하는 작업이 필요했을 것이기 때문이다.

그러나 남아 있는 기록들을 보면, 역사적 인물로서 소크라테스는 젊어서 분명 석공이었고, 한동안 소피스트였으며, 나중에 철학자로 불렸다고 하는 것이 이치에 맞다. 그렇다면 소크라테스는 어릴 적에

그가 원했든 원하지 않았든 간에 아버지에게서 석공 일을 배운 것이 분명하다. 그럼 소프로니스코스는 아들에게 그 일을 어떻게 가르쳤을까? 위스콘신주의 리폰대학 철학교수였던 코라 메이슨Cora Mason이 대중을 위해 가벼운 소설 형식으로 쓴《소크라테스—끊임없이 질문을 던진 사람Socrates—The man who dared to ask》에서 소프로니스코스가 소크라테스에게 사자를 조각하는 일을 가르치는 장면을 묘사해 놓았다.

어린 아들이 하얀 대리석 덩이를 앞에 두고 설레고 두려운 마음으로, 어디에 정을 대고 얼마나 깊이 박아야 하는지를 물었을 때 아버지는 다음과 같이 대답한다.

> 먼저 바로 그 돌 속에서 사자를 보아야만 한다. 마치 돌의 표면 뒤에 사자가 기다리고 있는 것처럼 말이야. 그다음에는 사자를 풀어놓아 주어야 한단다. 그 사자를 잘 보면 잘 볼수록 어디를 얼마나 깊이 쪼아야 하는지 그만큼 잘 알게 되는 거지. 물론 그 후에 중요한 것은 연습과 훈련이란다.[1]

이 말에는 두 가지 핵심 요소가 들어 있다. 사자를 조각하려면, 1) 우선 돌 속에 들어 있는 사자의 형상形狀, idea, eidos을 알아보아야 한다는 것이고, 2) 그다음 돌에서 그 형상에 해당하지 않는 부분을 모두 쪼아내야 한다는 것이다. 그러면 돌 안에 들어 있던 사자가 스스로 모습을 드러내리라는 거다.

여기서 잠깐! 오해를 피하기 위해 '형상'이라는 말의 의미를 간단히 정리하고 가자. 소크라테스에게 있어서 그리스어 이데아idea나 에이

도스eidos로 표기되는 '형상'이라는 말은—당시 일반인들이 이들 용어를 사용할 때와 큰 차이 없이—단지 어떤 사물이 '눈에 보이는 모양'을 뜻한다. 이데아가 플라톤에 의해서, 에이도스가 아리스토텔레스에 의해서 '세상의 모든 사물 안에 깃들어 있어 그것이 그것으로 존재하게끔 하는 실체ousia'라는 특별한 의미를 갖게 된 것은 소크라테스에게는 무척 생소한 일이다.° 때문에 소프로니스코스가 실제로 메이슨이 묘사한 것과 똑같은 말을 아들에게 했다고 해도, 거기에는 플라톤이나 아리스토텔레스의 텍스트에서 발견할 수 있는 존재론적 의미는 전혀 없다. 그것은 단지 '사자가 네 눈에 보이는 모양을 그대로 떠올려, 그 모양에 해당되지 않는 부분은 쪼아내라'는 것을 의미했을 뿐이다.

석공이라면 누구나 알고 있는 상식이겠지만, 오늘날 우리의 입장에서 보면 이 얼마나 놀라운 발언인가! 물론 그것은 코라 메이슨이 상상력을 동원해 만들어낸 말이지만, 놀랍기는 마찬가지다. 왜냐하면 메이슨이 한 이 말은 석공 일을 매개로 오늘날 우리가 '이성'이라고 부르는 인간 정신 기능의 본질을 형상화해놓은 것이기 때문이다. 또한 그것은 우리가 이성을 통해 지난 2,400년 동안 이룩해놓은 인류문명의 한 두드러진 특성—그것이 긍정적이었든 부정적이었든—을 설명해놓은 것이기 때문이기도 하다. 과문한 탓이겠지만 내가 아는 한 소크라테스 스타일, 곧 이 책에서 '빼기'라고 규정한 논박술의 성격을

° 플라톤이 idea나 eidos를 존재론적 의미로 쓰기 시작한 것은《파이돈》에서부터이며, 여기서도 각각 104b와 102b에서 사용되었을 뿐 그 외에는 곳곳에서 여전히 일반적 의미로 사용되었다.

이처럼 쉽고 명료하게 설명한 말은 없다.

어린 소크라테스는 아버지 소프로니스코스의 말을 가슴에 새겼을 것이다. 아니, 처음에는 그리 대수롭지 않게 받아들였을지도 모른다. 그러나 세월이 가면서 점차 깨달았을 것이다. 무형의 돌덩이에서 어떤 형상을 얻어내기 위해서는 그 형상에 해당하지 않는 부분을 하나씩 제거해가는 방법밖에 없다는 것을! 석공 일을 하면 할수록 소크라테스는 그 엄연한 사실을 거듭 반복해서 체험할 수밖에 없었을 것이다. 그리고 살아가면서 그는 세상만사가 모두 그렇다는 것—다시 말해 어떤 것의 본질에 도달하고자 하면 그것을 둘러싸고 있는 부수적인 것들은 모두 제거해야 한다는 사실—을 차츰 깨달았을 것이다.

그리고 언제부턴가는 그 깨달음이 소크라테스에게 하나의 원칙이 되었을 것이다. 바로 그것이 이 책에서 내가 '소크라테스 스타일'이라 이름 붙인 '부정의 원칙', '제거의 원칙', '빼기의 원칙'이다. 적어도 내 생각에는, 아버지 소프로니스코스에게 들어 가슴에 새긴 이 원칙이 아버지가 세상을 떠난 이후부터는 내면화되어 소크라테스의 귀에 생생한 목소리로 들렸을 것이다. 그것을 그는 "그때마다 내가 하려는 일을 못하게 말리긴 했어도 하라고 부추긴 적은 한 번도" 없는, "뭔가 옳지 않은 일을 하려 할 때면 아주 사소한 일에 대해서도 반대"하는 다이몬의 소리로 들었던 것이다. 그때부터 부정하기, 제거하기, 빼기는 소크라테스에게 '지켜야 할' 원칙이 아니라 '지키지 않으면 안 될' 철칙鐵則이 되었을 것이다.

이 철칙이 처음에는 단지 석공 일을 하는 작업방식work style이었지만, 얼마 후부터는 그가 살아가는 삶의 방식life style이 되었고, 나중에는 그가 철학을 하는 사유방식thinking style이 되었다. 그는 평생을 오직 다이몬의 소리를 듣고 살았고, 오직 이 철칙 하나만을 지키며 살았다. 그렇다, 그에게 그 밖의 다른 것은 없었다. 소크라테스가 욕심이 없음無慾과 아는 것이 없음無知을 긍지로 삼았던 것도, 생김새나 가난에서 오는 부끄러움을 몰랐던 것無恥도, 자기를 우롱하거나 경멸하는 사람들에 개의치 않았던 것無視도, 알고 보면 본질이 아닌 것은 모두 부정하라는, 제거하라는, 빼내라는 이 철칙 때문이었다. 그것을 통해 소크라테스는 돌이 아니라 삶을 조각하는 석공이 되었다. 과연 그런지 몇 가지만 예를 들어보자.

소크라테스는 다른 소피스트들과 달리 누구에게든, 무엇 때문이든 결코 대가를 요구하지 않았다. 또한 누더기를 걸치고 맨발로 시장을 걷다가 가게마다 쌓여 있는 수많은 물건을 볼 때마다 "나에겐 얼마나 많은 것들이 필요치 않은 것일까?"라며, "은접시도, 자줏빛 옷도, 비극작가에게는 도움이 되지만, 살아가는 데는 쓸모 없는 것들"이라는 시구도 읊조렸다.(《그리스 철학자 열전》, 2.25) 제자인 알키비아데스가 그에게 집을 지을 수 있는 넓은 땅을 주었지만 거절했고, 역시 제자이자 플라톤의 외삼촌인 카르미데스Charmides가 노예 몇 명을 그에게 주어 그들의 노동으로 수입을 얻게 하려 했지만, 받지 않았다.(《그리스 철학자 열전》, 2.31) 자신의 삶의 본질에 도달하고자 하면, 그래서 삶 안에 들어 있는 사자를 풀어놓으려면, 그 같은 것들은 모두 정으로 쪼아 빼내야 한다는 것을 그가 깨달았기 때문이다. 이것이 내가 이 책에서 말하는 '삶의 방식으로서의 소크라테스 스타일'이다.

소크라테스가 당시 아테네에 흔했던 무명의 소피스트에서 역사에 남는 위대한 철학자로 탈바꿈할 때에 그가 고안한 논박술이라는 사유방식도 바로 이 철칙에서 나왔다. 7장 '소크라테스의 논박술'에서 자세히 살펴보겠지만, 논박술은 '그것이 무엇인가(ti-esti; What is it?)'라는 물음—학자들은 이것을 보통 '무엇-물음'이라고 한다—으로 시작하여, 연속적으로 이어지는 일련의 질문과 대답을 통해 '그것이 아닌 것'들을 하나씩 제거해가는 형식으로 진행된다. 그것을 통해 소크라테스는 돌이 아니라 인간의 정신을 조각하는 석공이 되었는데, 몇 가지 예를 들면 이렇다.

플라톤의 초기 대화편《라케스》에서 소크라테스는 용기란 무엇인가를 묻고 대화를 통해 용기가 아닌 것들을 차례로 제거해나간다. 마찬가지로《에우튀프론》에서는 경건이란 무엇인가를,《카르미데스》에서는 절제란 무엇인가를 묻고, 같은 작업을 지속적으로 해나간다. 용기가, 경건이, 절제가 무엇인지를 알아내기 위해서는, 달리 말해 용기, 경건, 절제의 본질에 도달하기 위해서는 그것들을 둘러싸고 있는 편견과 억측들을 모두 정으로 쪼아 제거해야 한다는 것을 그가 깨달았기 때문이다. 바로 이것이 이 책에서 말하는 '사유방식으로서의 소크라테스 스타일'이다.

석공의 운명, 이성의 운명

•••

그렇다, 삶의 방식으로든 사유방식으로든 소크라테스 스타일은 '빼기'다. 형상에 도달할 때까지, 본질에 도달할 때까지, 진리에 도달할 때까지, 정의에 도달할 때까지, 부단히 감행하는 부정하기다. 제거하기다. 깨부수기다. 알고 보면 이것이 소크라테스 이후 우리의 이성이

하는 주된 일이다. 이때 필요한 도구가 돌을 쪼아내는 정인데, 소크라테스에게는 상대의 주장에서 모순을 이끌어내 반박하는 논박술이 바로 그것이었다. 그래서 그에게 논박을 당한 사람들이 마치 '머리에 정을 맞은 듯이' 정신을 잃고, 화를 내고, 폭행까지 했던 것이다.

그러나 논박이라는 정을 사용하기 위해서는, 우선 형상과 형상이 아닌 것, 본질과 본질이 아닌 것, 진리와 진리가 아닌 것, 정의와 정의가 아닌 것을 날카롭게, 선명하게, 명확하게 갈라야 한다. 이때 필요한 도구가 칼이다. 소크라테스에게 그것은 'A는 A이고, A는 ~A가 아니며, A와 ~A 사이의 중간자中間者, methaxy는 없다'는 논리 원칙이었다. 예컨대 산은 산이고, 산은 산이 아닌 것이 아니며, 산과 산이 아닌 것 사이에는 아무것도 없다는 것이다. 오늘날에는 이 원칙들을 누구나 알고 있고, 각각을 동일률同一律(A=A), 모순율矛盾律(A≠~A), 배중률排中律(A∨~A)이라 부른다. 그러나 소크라테스가 살았던 당시 아테네에서는—놀라지 마시라!—아직 낯설고 매우 특별한 '생각의 기술'이었다.

7장 '소크라테스의 논박술'에서 더 자세히 살펴보겠지만, 동일률과 모순율은 파르메니데스Parmenides, 기원전 515?~기원전 445?와 그의 제자 제논Zenon of Elea, 기원전 490?~기원전 430?이 기원전 450년경에 아테네에 와서 정착시켰다. 플라톤이 《파르메니데스》에서 소크라테스가 그들과 나눈 대화를 통해 존재론과 논리학의 태동기인 이때의 정황을 자세히 설명해놓았다. 파르메니데스와 제논은 한동안 아테네에 머물면서 상대의 주장에서 모순을 이끌어내 굴복시키는 반론술antilogikē을 전파했는데, 그것을 통해 동일률과 모순율은 아테네 지식인들에게 비교적 쉽게 받아들여졌다. 알고 보면, 소크라테스의 논박술도 그 영향 아래 만들어졌다.

그러나 배중률은 그렇지 않았다. 뜨거운 것과 차가운 것, 선과 악, 참과 거짓 사이에 중간자가 있다는 관념은 아낙사고라스와 같은 자연철학자는 물론이고, 당시 대부분의 소피스트들이 이미 폭넓게 공유하고 있었기 때문이다. 이유는 무엇보다도 그것이 우리가 경험하는 자연의 속성과 그것에 맞춰져 있는 우리의 사고에 맞아떨어지기 때문이다. 예컨대 세상에는 '뜨거운 것'과 '뜨겁지 않은 것'만 있는 것이 아니다. 그 사이에 '조금 뜨거운 것', '덜 뜨거운 것', '미지근한 것', '조금 미지근한 것', '덜 미지근한 것'과 같은 중간자들이 있다는 것이 우리가 가진 자연스럽고 공통된 경험이자 사고다. 때문에 언어도 이에 맞춰 '약간 뜨겁다', '덜 뜨겁다', '미지근하다', '약간 미지근하다', '덜 미지근하다'와 같이 발달하지 않았는가.

플라톤도 《필레보스》에서 "소리의 높낮이 사이에 얼마나 많은 음정들이 있으며"(《필레보스》, 17c), "더 뜨거운 것과 더 차가운 것 사이에는 언제나 더함과 덜함이 내재한다고 말할 수 있을 걸세"(《필레보스》, 24b)라는 식으로 중간자를 인정하고 그에 대해 깊이 숙고했다. 그리고 그것을 바탕으로 후기 이데아론을 고안했다. 그 결과 존재와 비존재, '참'과 '거짓'으로만—다시 말해 동일률과 모순율로만—이루어진 파르메니데스의 이분법적 세계를 훌쩍 뛰어넘어 자연과 사고의 질적 다양성을 설명할 수 있는 분여이론methexis을 창안해낸 것이다. 그리고 자신의 이론을 '프로메테우스의 선물'이라고 스스로 자랑스레 평가했다.°(《필레보스, 16c~17a)

프로메테우스Prometheus가 누구이던가? 그는 추위에 떨며 날고기를 먹는 인간의 비참을 덜어주려고 회양나무 가지를 들고 하늘에 올라 제우스의 아궁이에서 불을 훔쳐다 인간에게 전해준 신이 아니던가? 그뿐 아니라 집을 짓는 법, 수레를 만드는 법, 농사를 하는 법, 셈을 세는 법 등, 생활에 필요한 온갖 지식을 가르쳐주어 인간이 야만에서 벗어나 문명으로 들어서게 한 티탄Titan이 아니던가? 플라톤은 자신의 분여이론이 프로메테우스의 첫 번째 선물인 불에 못지않게 인류 문명의 발전을 도울 것이라는 높은 자긍심을 갖고 프로메테우스가 전해준 두 번째 선물이라 여겼던 것이다. 요컨대 그는 배중률을 인정하지 않고 '참(T)'과 '거짓(F)' 사이의 진리치를 가진 '중간자中間者'를 허용함으로써, 20세기에나 개발된 다치논리多値論理, many-valued logic로 향하는 문을 활짝 열었다. 하지만 아쉽게도 플라톤은 그 문을 열고 들어가지는 않았다. 그의 관심이 논리학보다 형이상학에 기울어 있었기 때문이다.

동일률, 모순율, 배중률, 이 세 가지 원칙 모두를 기반으로 우리가 지금까지 사용하고 있는 이치논리二値論理, two-valued logic를 구축한 것은 그의 제자 아리스토텔레스Aristoteles, 기원전 384~기원전 322다. 당신도 알다시피, 이치논리에는 참true과 거짓false, 두 가지 진리치밖에 없다. 그는《형이상학》에서 이 말을 다음과 같이 했다.

○ 플라톤은《필레보스》에서 자신이 소개하려는 '분여이론'을 다음과 같이 평가한다. "내가 보기에는 그것은 신들이 인간에 준 선물 같네. 그것은 신들이 프로메테우스 같은 신을 통해 가장 찬란한 불과 함께 하늘에서 내려진 것 같다는 말일세."(플라톤, 천병희 옮김,《필레보스》, 도서출판 숲, 2016, 16c.) 이런 연유에서 학자들은 플라톤의 분여이론을 "프로메테우스의 두 번째 선물die zweite Prometheus-Gabe"이라고도 일컫는다.

> 두 개의 모순된 것 사이에는 아무것도 없으며, [따라서] 하나[의 주어]에 대해서는 [모순되는 두 술어 중] 어떤 것을 긍정하거나 부정하거나 둘 중 하나만을 해야 한다.(《형이상학》, 1011b)

> '선善'과 '선이 아닌 것'이 혼합된 어떤 것에 대해서는 '참'을 말할 수 없기 때문이다.(《형이상학》, 1012a)

이로써 아리스토텔레스는 당시를 지배하던 참과 거짓 사이에 제3의 중간자가 있다는 주장—그 안에는 스승 플라톤의 분여이론도 들어 있다—들을 묵살하고 배중률을 확고히 했다. 그래서 그가 구축한 논리체계를 흑백논리黑白論理라고도 하는데, 그때부터 자연현상으로 보나 우리의 사고와 언어로 보나 뭔가 자연스럽지 않은 이치논리가 오늘날 우리가 말하는 이성의 본질로 확고히 자리잡았다.

이 말은 이성에는 칼과 정이 들어 있다는 것을 뜻한다. 그 칼이 A와 ~A, 곧, 형상과 형상이 아닌 것, 본질과 본질이 아닌 것, 진리와 진리가 아닌 것, 정의와 정의가 아닌 것을 날카롭게 가른다. 그리고 그 정이 형상이 아닌 것, 본질이 아닌 것, 진리가 아닌 것, 정의가 아닌 것을 사정없이 쪼아내 제거한다. 요컨대 파르메니데스와 제논 그리고 소크라테스와 아리스토텔레스를 거치면서, 이성은 동일률, 모순율, 배중률이라는 가르는 칼과, '반론' 또는 '논박'이라는 정을 갖추게 되었고, 그것들의 조합인 이치논리학을 통해 지난 2,400년 동안—마치 석공이 돌을 다루듯이—진리와 정의, 세상과 문명을 깎고 다듬어 만들어 왔다. 이 얼마나 대단한 일인가!

그러나 이 말을 긍정적으로만 듣지는 말자! 이 말은 우리가 구축해온 진리와 정의에는, 또한 문명과 세상에는 칼과 정이 들어 있다는 것을 뜻한다. 따라서 그것들에는 계몽과 선도도 있지만, 배제와 폭력도 함께 있다는 것을 의미한다. 돌에서 사자가 아닌 것을 모두 쪼아내야만 사자를 불러낼 수 있는 것이 '석공의 운명'이듯이, 계몽과 선도를 위해서는 배제와 폭력을 피할 수 없는 것이 '이성의 운명'이다. 이성의 이 같은 독특한 작동방식은 그것이 발명된 이후 모든 문명의 역사 안에서 언제나 폭력적으로 작용해왔다. 그 가운데 비교적 근래에, 가장 극적으로 작동한 것이 아우슈비츠와 굴락 수용소이고, 히로시마와 나가사키다. 그것들은 지금도 자본주의 또는 신자유주의라는 이름 아래 여전히 작동하고 있는 배제와 폭력에 대한 하나의 상징이자 경고일 뿐이다.

그렇다면 우리는 차제에 이성의 운명을 결정하는 그것의 독특한 작동방식을 조금 자세히 들여다볼 필요가 있다. 다시 말해 우리는 이성이 어떤 것(A)을 드러내기 위해서는 그 밖의 것(~A)을 배제해야만 하는 제거 방식, 어떤 것을 빛으로 끌어들여 밝히기 위해서는 그 밖의 것들을 어둠으로 밀쳐내야 하는 폭력적 작동방식에 대해 숙고해보아야 한다. 왜냐하면 그것이 또한 인류의 운명을 결정하는 요소이기도 하기 때문이다.

이성은 비유하자면, 무대 위의 어느 한 부분이나 특정한 인물만을 밝게 비추고 나머지를 어둠으로 몰아넣음으로써 자기의 목적을 이루는 스포트라이트spotlight처럼 작동한다. 이 같은 이성의 특성을 가장 간단명료하게 확인해주는 것이 우리가 사용하는 언어다. 언어의 구조가 이성의 작동방식을 한눈에 보여주기 때문이다. 언어의 구조가 곧 정신의 구조다. 고대 그리스어 'logos'에 '이성'과 '언어'라는 의미가 함께 들어 있는 것이 그 상징이라고도 할 수 있다. 무슨 말이냐고? 예를 들어 설명하면 다음과 같다.

'철수는 키가 크다'나 '영이는 미인이다'라는 진술(또는 문장)을 보자. 이 진술(또는 문장)은 우선 '키 큰 철수', '미인인 영이'를 우리의 정신에 드러내 밝혀준다. 그럼으로써 외연外延, extension과 내포內包, intention, 두 가지 차원에서 배제와 소외를 유발한다. 1) 하나는 우리의 정신에서 '철수가 아닌 키 큰 사람들'과 '영이가 아닌 미인들'을 배제한다. 이것이 내가 말하는 외연적 소외다. 2) 다른 하나는 '키 큰 철수' 또는 '미인인 영이' 외에 각자가 지닌 속성—예컨대 철수 또는 영이가 지닌 지적 능력이나 정서, 성품, 인간성 그리고 가족 관계 등—은 어둠으로 밀어 넣는다. 그럼으로써 철수와 영이에게 붙을 수 있는 다른 술어들, 예컨대 '~에 뛰어나다', '착하다', '슬프다', '~의 아버지다', '~의 딸이다', 심지어는 '~는 인간이다'와 같은 술어들을 차단한다. 이것이 내포적 소외다.

언어 안에서, 그리고 언어로 인해 일어나는 이 같은 외연적·내포적 배제와 소외가 우리의 정신을 '키 큰 철수', '미인인 영이'만 빛으로 끌어들여 집중하게 한다. 그리고 그 밖의 모든 외연과 내포들은 어둠 속으로 몰아넣는다. 그럼으로써 모든 관심이 '키 큰 철수', '미인인 영이'의 쓸모와 유용성에만 쏠리게 한다. 이것이 내가 말하는 언어의 구조이자, 우리가 사용하는 이성의 작동방식이다.

만일 이 말이 당신에게 생소하게 들린다면, 오늘날 서비스업에 종사하는 사람들의 책상 위나 음성안내 안에 "지금 마주(또는 통화)하고 있는 직원은 누군가의 가족입니다"라는 내용 또는 그와 유사한 당부가 들어 있는 것을 떠올려보면 쉽게 이해될 것이다. 그것은 그 직원을 대하는 고객들의 이성이 서비스업 종사자인 그의 쓸모 내지 유용성에만 맞춰져 있기 때문에—달리 말해 그 밖의 모든 것은 어둠 속으로 밀어 넣어버리기 때문에—때로는 본의 아니게, 때로는 의도적으로 가할 수 있는 언어폭력을 사전에 막기 위한 경보음alarm이 아니겠는가.

내가 보기에는 언어의 이러한 특성과 작동방식이 우리의 이성 안에 들어 있는 합목적성合目的性, Zweckmäßigkeit의 기원이다. 근대 이후 우리가 이에 대한 아무런 성찰도 없이 그것을 합리성合理性, Rationalität이라고 간주하게 된 것은 매우 불행한 일이라 할 수 있다. 예컨대 제2차 세계대전 중 아우슈비츠에서 일어난 끔찍한 일들은 'A는 유대인이다'라는 진술(또는 문장)이 홀로코스트Holocaust를 행한 사람들의 정신 안에 나치가 제거의 대상으로 지목한 '유대인인 A'만을 드러내 밝히고, 그 밖의 A에게 붙을 수 있는 술어—가령 A는 '인간이다', '죄가 없다', '어린아이이다', '피아니스트다', '어떤 아빠의 딸이다', '어떤 아이의 엄마다' 등—를 차단했기 때문에 일어난 비극이 아니겠는가.

언어가 차단되면 사유도 차단된다.° 이러한 차단 때문에 나치들은

° 언어와 사고의 관계에 대해서는 다양한 의견들이 있다. 언어가 사고를 결정하거나 적어도 영향을 미친다는 주장(예: 사피어, 워프), 사고가 언어를 결정한다는 주장(예: 피아제), 언어와 사고가 상호의존적이라는 주장(예: 비고츠키), 그리고 언어와 사고는 서로 독립적이라는 주장(예: 촘스키) 등이 그것이다. 오늘날 상당수의 뇌신경과학자들과 인지과학자들은 사고와 언어가 '사고에서 언어로', '언어에서 사고로' 끊임없이 주고받는 상호작용에 의해 발달한다는 주장을 지지한다.(이에 대한 보다 자세한 내용은 《생각의 시

600만이 넘는 유대인을 유무죄를 막론하고, 남녀노소를 불구하고, '쓸모없는 것', '유용하지 않은 것'으로 여겨 아무런 죄의식조차 없이 가스실로 몰아넣지 않았겠는가. 독일 출신 유대인 정치철학자인 한나 아렌트Hannah Arendt, 1906~1976는 《예루살렘의 아이히만》에서 '악의 평범성banality of evil'이라는 개념을 설파하면서, 인간 정신의 이 같은 상태를 '무사유無思惟'라 규정하고 다음과 같은 말을 남겼다.

> 그[아이히만]는 어리석지 않았다. 그로 하여금 그 시대의 엄청난 범죄자들 가운데 한 사람이 되게 한 것은 (결코 어리석음과 동일한 것이 아닌) 순전한 무사유sheer thoughtlessness였다. (…) 이러한 무사유가 인간 속에 아마도 존재하는 모든 악을 합친 것보다도 더 많은 대 파멸을 가져올 수 있다는 것, 이것이 사실상 예루살렘에서 배울 수 있는 교훈이었다"[2]

그렇다. 이것이 우리의 언어와 이성이 작동하는 방식이고, 바로 이것이 우리가 그것을 경계해야 하는 이유다. 특히 호르크하이머가 '도구적 이성'이라 이름 지어 부른 근대적 이성에는 합목적성이 곧 합리성이다. 그것 안에는 오직 A와 ~A를 가르는 날카로운 칼과 ~A를 제거하는 단단한 정이 들어 있을 뿐이다. 그래서 때때로 매우 유용하지만, 때로 아주 위험하다. 우리는 이 같은 이성의 폭력성을 극복할 수 있는 가능성—다시 말해 A와 ~A를 모두 우리의 정신에 드러내 밝힐 수 있는 새로운 합리성, 그럼으로써 둘 모두를 고려하고 배려할 수 있

대》(김영사, 2020) 1부 2장의 '그리스 기적의 비밀' 중 64~66쪽을 참조 바람.)

는 유연성—에 대해 5장 '프로타고라스의 이중 논변'에서 잠시 살펴볼 것이다.

정리하자. 소크라테스의 논박술에는 칼과 정이 들어 있다. 그것도 각각의 기능을 극대화한 형태로 들어 있다. 이에 관해서도 7장 '소크라테스의 논박술'에서 자세히 살펴볼 것이다. 그러니 여기서는 이것만 기억해두자. 빼기가, 부정하기가, 제거하기가 삶의 방식으로서뿐 아니라, 사유방식으로서의 소크라테스 스타일의 본질이다! 그리고 그것이 소크라테스 자신만의 삶의 스타일과 사유 스타일에 머물지 않고 제자들에 의해 고스란히 계승되면서 각각 하나의 전통이 되어 지난 2,400년 동안 서양문명과 인류문명을 깎고 다듬어왔다. 이것이 2부에서 살펴볼 '소크라테스 스타일 이팩트'인데, 그 골격만을 간략히 소개하자면 다음과 같다.

2장

소크라테스 스타일 이팩트란 무엇인가

소크라테스에게로 돌아가라.

– 키프로스의 제논

"플라톤은, 제 생각엔 아마 아팠던 것 같습니다." 플라톤이 소크라테스의 죽음을 다룬 《파이돈》의 서두에 들어 있는 문구다. 플라톤의 27개 대화편들° 가운데 플라톤 자신의 이름이 나오는 것은 이곳과 《소크라테스의 변명》, 딱 두 곳뿐이다. 그런데 뭔가 이상하지 않은가? 필자 자신의 이야기인데, 아팠으면 아팠고 아니면 아니지, 이처럼 '아마 아팠던 것 같다'라는 표현을 쓴 것은 웬일일까? 플라톤이 글에 서툰 사람이 아니고 30편 가까운 대화편을 남긴 당대 최고의 작가였음을 감안하면 깜짝 놀랄 만한 일인데, 거기에는 뭔가 분명히 말하지 못할 사연이 있지 않을까?

° 플라톤의 대화편은 위작 논란이 있는 작품들(예: 《알키비아데스》 I·II, 《히피아스》 I·II 등)을 제외하면 20여 개(어느 것을 제외하느냐에 따라 25~27개)로 추정된다.

기원전 399년, 소크라테스가 만 일흔 살의 나이로 아테네의 한 감옥에서 친구와 제자들에게 둘러싸여 독당근즙을 마시고 죽을 때, 플라톤은 그 자리에 없었다. 왠지는 알려지지 않았다. 그래서 아마 아팠을 것이라는 이야기가 돌지만, 확인된 것은 없다. 단지 짐작할 수 있을 뿐인데, 나는 그가 아팠든 아니든 간에 다음과 같은 사실은 거의 확실하다고 본다. 당시 스물여덟 살로 아직 젊었던 플라톤은 일단 스승에게 부당한 판결을 내린 아테네 법정에 분노했을 것이다. 또한 그 후 제자들에게도 닥쳐올 것이 빤한 부당한 처사들에 대해 두려워했을 것이다. 그래서 일부러 참석하지 않았거나 주위의 만류로 참석하지 못했을 것이다. '설마?' 싶겠지만, 플라톤의 출신과 당시 정치적 상황을 감안해보면, 당신 역시 수긍이 갈 것이다.

플라톤은 아테네의 정치 명문가에서 태어나 자랐다. 그의 아버지 아리스톤은 아테네의 전설적인 왕 코드로스의 자손이고, 어머니 페리크티오네는 아테네 민주주의의 터전을 마련한 개혁가 솔론의 후손이다. 아버지가 죽은 다음 어머니와 재혼한 퓌릴람페스는 당시 최고 통치자 페리클레스와 가까운 정치가였고, 소크라테스의 제자이자 한때 30명의 과두정권을 이끈 크리티아스가 어머니의 사촌이다. 그런데 기원전 401년에 민주파가 과두정권을 무너트리고 다시 정권을 잡았다. 대대적인 숙청이 이뤄졌는데, 이때 크리티아스도 처형당했다. 소크라테스가 처형당하기 불과 2년 전 일이다. 그보다 5년 전인 기원전 406년에는 소크라테스가 사랑한 제자 알키비아데스가 탄핵당해 페르시아로 피신했다가 암살당했다.

기원전 429년에 페리클레스가 죽은 이후 과두파와 민주파 사이에 공방이 계속되었고, 아테네에는 이래저래 하루도 피가 마를 날이 없었다. 그 와중에 소크라테스의 제자들 가운데 크리티아스와 알키비아데스처럼 정치적으로 영향력이 있는 인물들이 끼어 있었고, 마침내 소크라테스마저 부당한 죄목을 뒤집어쓰고 화를 당했다. 그렇다면 플라톤이 당시 집권한 민주파의 시선이 두려워서, 또는 가족들의 만류 때문에 스승의 임종 자리에 참석하지 못했으리라는 것이, '아파서' 그랬다는 것보다 차라리 이치에 맞지 않을까? 그리고 그런 말 못할 사정이 그 후 16년이나 지나 쓴 《파이돈》 서두에 "플라톤은, 제 생각엔 아마 아팠던 것 같습니다"와 같이 수수께끼 같은 문장으로 나타난 게 아닐까?

여전히 모를 일이지만, 이것만은 분명하다. 소크라테스가 죽은 후, 제자들은 모두 공포에 휩싸였다. 그래서 플라톤뿐 아니라 훗날 키니코스학파Cynics를 창시한 안티스테네스, 키레네학파Cyrenaic school를 창설한 아리스티포스, 메가라학파Megarian school를 창시한 에우클레이데스, 플라톤의 대화편 《파이돈》에 이름을 올린 파이돈 등, 상당수의 제자들이 앞다투어 아테네를 떠나 당시 아테네의 공권력이 미치지 않는 메가라Megara로 피신했다. 에우클레이데스의 고향이기도 한 그곳에 모여 제자들은 아테네 시민들의 부당한 판결로 스승을 잃어버린 정신적 충격과 공황恐慌을 서로 달래며, 소크라테스의 죽음이 어떠했고 그가 남긴 교훈들이 무엇인지에 대해 이야기했다.

각자의 기억은 부분적이거나 단편적이었고, 그마저 내용이 조금씩 달랐지만, 공통된 현상이 있었다. 스승의 생애와 그가 남긴 가르침에 대한 존경과 미화였다. 이런 경우 어느 정도의 과장과 왜곡은 피할 수가 없는 것이 오히려 자연스러운 일일 것이다. 그렇게 해서 훗날 기록된 것이 플라톤의 《크리톤》과 《파이돈》이고, 크세노폰의 《회상록》이다. 이 기록들에는 인격과 학문 모두에서 이미 성인聖人으로 불릴 만큼 완숙한 철학자로서의 소크라테스가 묘사되어 있다. 그것들이 후대 사람들에게 전해졌다. 소크라테스 스타일 이팩트는 그때, 그곳에서, 그렇게 시작되었다.

한 샘에서 흘러나온 두 강물

• • •

소크라테스가 세상을 떠난 다음, 제자들은 크게 두 가지 유형으로 나뉘었다. 서양 사유의 계보를 추적하는 우리의 이야기에서는 매우 중요하고 흥미로운 사건인데, 1) 하나는 삶의 방식으로서의 소크라테스 스타일을 이어가고자 하는 무리이고, 2) 다른 하나는 사유방식으로서의 소크라테스 스타일을 계승한 무리다. 소小-소크라테스학파Minor Socratics°로 구분되는 전자에서 우리가 주목하고자 하는 것은 우리말로는 견유학파犬儒學派라고 불리는 키니코스학파를 창설한 안티스테네스Antisthenes, 기원전 446~기원전 366와 그의 제자 시노페의 디오게네스Diogenes of Sinope, 기원전 412?~기원전 323다. 그리고 후자에서는 당연히 아

° '소-소크라테스학파'는 소크라테스의 제자들이 그의 언행 중 일부를 계승하거나 그의 사상을 부분적으로 차용하여 발전시킨 학파들을 통칭하는 말이다. 대표적인 것이 메가라학파, 키레네학파, 키니코스학파다. 에우클레이데스가 창설한 메가라학파는 소크라테스의 윤리학을 기반으로 시작했으나, 논박술에 영향을 끼친 엘레아학파의 파르메니데스와 그의 제자 제논의 변증술에 관심을 두어 후일 논리학의 발전에도 기여했다. 아리스티포스가 세운 키레네학파는 쾌락주의를 주장해 훗날 에피쿠로스학파에 영향을 주었고, 윤리적 실천에 매진했던 안티스테네스가 창설한 키니코스학파의 교훈은 이후 키프로스의 제논이 만든 스토아학파로 이어졌다.

카데메이아학파Acadēmeia°를 연 플라톤이다.

물론 소크라테스 스타일 이팩트를 이처럼 칼로 무 자르듯이 구분하는 데는 무리가 있다. 소-소크라테스학파에서도 소크라테스의 사유방식에 대해서 탐구했고, 아카데메이아학파에서도 소크라테스의 삶의 방식인 절제, 인내, 자족, 무욕無慾과 같은 미덕에서 눈을 떼지 않았기 때문이다. 하지만 '상대적으로' 그리고 '상징적으로' 소-소크라테스학파 제자들은 주로 오늘날 우리가 도덕론 또는 윤리학이라 부르는 삶의 방식으로서의 소크라테스 스타일을 계승하고 실천하는 데 더 몰두했다. 이에 비해 아카데메이아학파 제자들은 우리가 형이상학 내지 인식론이라 부르는 사유방식으로서의 소크라테스 스타일을 계승해 발전시키는 데 더욱 치중했다.

한 샘에서 두 줄기 강물이 흘러나온 셈인데, 이 같은 차이와 분리의 원인은 제자들 사이에 소크라테스의 삶과 가르침에 대한 기억이 서로 달랐을 뿐 아니라, 그것들을 해석하고 평가하는 그들의 성향이 판이했기 때문이다. 그 결과 그들은 점차 서로 다른 길로 갈라섰고, 오늘날 우리의 안목으로는 동문同門이라 할 수 있는 사이임에도 불구하고, 사소한 일에서까지 날을 세워 상대에 대한 험담이나 비방 그리고 흠집 내기를 서슴지 않았다. 라에르티오스의 《그리스 철학자 열전》에는

° 아카데메이아학파는 플라톤이 죽은 후 아카데메이아에서 배우고 가르친 사람들을 가리키는데, 플라톤의 조카 스페이우시포스(기원전 347~기원전 338), 크세노크라테스(기원전 338~기원전 314), 폴레몬(기원전 314~기원전 269), 크라테스(기원전 269~기원전 246) 등이 교장을 지냈다. 이 학원에서는 주로 이데아와 수의 관계에 관한 문제, 사고의 관계에 관한 문제 등을 탐구했다. 윤리적 문제도 다루었지만, 키니코스학파와 스토아학파보다 훨씬 너그러운 윤리를 지향했다.

당시 양측에서—특히 플라톤과 디오게네스 사이에—주고받은 공방에 관한 흥미로운 에피소드가 몇 가지 실려 있다.

어느 날 디오게네스가 플라톤에게 포도주와 말린 무화과를 나눠달라고 청했다. 그래서 플라톤이 술통을 통째로 보내주었다. 그러자 디오게네스가 "그대는 2 더하기 2는 20이라고 말할 것인가. 그와 마찬가지로 그대는 소망한 것만큼 줄 줄도 모르는가 하면, 묻는 것에 대해 제대로 답할 줄도 모른다"고 비웃었다. 그 말을 들은 플라톤은 "거침없이 지껄이는 자"라고 응수했다.(《그리스 철학자 열전》, 6.2.26) 또 한번은 디오게네스가 거리에서 마른 무화과를 먹고 있을 때, 플라톤을 만나자 "당신에게도 나눠주겠소"라고 말했다. 플라톤이 흔쾌히 집어 먹자, "나눠주겠다고 했지 다 먹으라고는 하지 않았소"라고 조롱했다.(《그리스 철학자 열전》, 6.2.25) 이처럼 그들은 서로 아옹다옹하며 대립했지만, 양측 모두 소크라테스 스타일을 계승했고 그것을 나름의 방식으로 미화, 과장, 왜곡했다.

먼저 삶의 방식으로서의 소크라테스 스타일을 계승한 견유학파에서는 어떤 이팩트가 일어났는지를 보자. 이 학파의 창시자인 안티스테네스의 철학적 관심은 형이상학이나 인식론이 아니라 윤리였다. 더 정확히 말하자면 윤리적 삶의 '실천'이었다. 그는 소크라테스처럼 가난하게 살기로 결단하고, 금욕적인 삶을 통해 지혜를 배양하고 미덕을 실천하는 것을 삶의 목적으로 삼았다. 제자들에게는 "미덕은 소크라테스의 강인함Sokratiki ischys을 제외하고는 아무것도 요구하지 않으므로 행복하기에 충분하다"라고 가르쳤다.

안티스테네스는 또 "나는 내가 배고프지 않을 만큼, 목마르지 않을 만큼 가졌다. 벗지 않을 만큼 입었다. 밖에 있을 때는 저 부자 칼리아스보다도 더 떨지 않고 안락하다. 안에 있을 때는 따뜻한데 왜 옷이 필요한가?"라는 말도 남겼다. 이 점에서 안티스테네스는 분명 삶의 방식로서의 소크라테스 스타일을 계승한 것인데, 나중에 다시 살펴보겠지만 '절제', '인내', '자족' 그리고 '무욕'이라는 용어가 대변하는 그의 가르침이 후에 스토아 철학과 그리스도교 신학에까지 막대한 영향을 끼쳤다.

그러나 안티스테네스는 소크라테스가 갔던 길에서 멈추지 않고 한 발 더 나아갔다. 물론 스승의 가르침에 대한 경탄 또는 존경 때문이었겠지만, 그는 그것을 극단적으로 실천하려 했다. 그는 옷 한 벌과 두건 한 장과 지팡이 하나만을 지니고 길거리에서 살며 제자를 가르쳤다. 그가 창설한 학파에 우리말로 '견유犬儒' 또는 '냉소冷笑'라고 번역되는 '키니코스Kynikos'가 붙은 것이 그가 주로 아테네 교외에 있는 키노사르게스Kynosarges('흰 개'라는 뜻)에서 제자들을 가르친 데서 유래했다는 설이 있다. 하지만 안티스테네스와 그의 제자들이 거리에서 살며 '개 같은 생활kynicos bios'을 했기 때문이라는 설도 있는데, 이편에 더 믿음이 간다. 라에르티오스가 그를 묘사한 시에 다음과 같은 구절이 들어 있는 것도 그래서가 아니겠는가.

> 살아 있는 동안에는 안티스테네스여, 그대는 개
> 입이 아니고 말로 사람을 물어뜯게 태어난 개였다.
>
> (《그리스 철학자 열전》, 6.1.19)

견유학파 사람들 가운데 이런저런 기행을 통해 지금까지 유명세를 타는 사람이 시노페의 디오게네스다.° 그는 아테네 시장통에서 말 그대로 개처럼 생활—거리에서 먹고, 싸고, 자고, 자위自慰도 하는 생활—하며 살았다. 또 개가 아무에게나 짖어대듯이, 지위고하를 막론하고 누구에게나 비아냥거리고 냉소적인 발언들을 거침없이 던져댔다. 디오게네스는 통상적인 도덕과 풍습을 무시하는 이 같은 생활 태도와 발언들을 통해 거짓과 허식으로 가득 찬 당시 아테네 시민들의 허위의식false consciousness을 비꼬고 풍자했다. 그의 언행을 냉소주의 Kynismos, Cynicism의 시원으로 평가하는 것이 그래서다.

견유학파 사람들의 이러한 언행은 분명 소크라테스의 삶의 스타일에서 나왔음에도 불구하고 그것에서 상당히 벗어난 것이라 할 수 있다. 소크라테스는 악덕은 무지에서 나온다고 보고, 때문에 '냉소'보다는 '교육'이 바람직하다고 믿었기 때문이다. 그래서 소크라테스는 종종 자신의 열렬한 추종자인 안티스테네스의 행동을 못마땅하게 생각했다. 언젠가 안티스테네스가 해어진 웃옷을 입고 사람들에게 자신의 무욕과 검소함을 자랑하고 있었다. 지나다가 그것을 본 소크라테스는 "그 웃옷을 통해 명성에 대한 자네의 욕심이 내게 보이는군"이라고 꾸짖었다 한다.(《그리스 철학자 열전》, 2.5.36, 6.1.8)

견유학파는 이처럼 삶의 방식으로서의 소크라테스 스타일을 좋은 의미에서든 나쁜 의미에서든 미화, 과장, 왜곡해 받아들였다고 볼 수

° 아리스토텔레스는 《수사학》에서 디오게네스에 대해 이야기하며, 그의 이름 대신 그냥 '개kynos'라고 불렀다.(《수사학》, III, 1, 1411a24) 이것은 당시 이러한 호칭이 일반화되어 있었다는 것을 알려주는데, 우리말 번역 《수사학/시학》(천병희 옮김, 2017)에는 "견유학파 철학자(개)"로 의역되어 있다.

있다. 당연히 긍정적인 영향도, 부정적인 영향도 있었지만, 여기서 우리가 주목하고자 하는 것은 소크라테스 스타일이 역사 안에서 그대로 재현되는 식으로 나타나지 않았다는 사실이다. 앞으로 확인하게 되겠지만, 역사를 살펴보면 소크라테스 스타일 이팩트는 시대와 상황에 따라 여러 다양한 분야에서, 또 여러 가지 모양으로 변형되어 나타났다. 이것이 소크라테스 스타일이 지난 2,400년 동안 사라지지 않고 살아남은 비결이기도 하다. 하지만 유독 변하지 않은 것이 하나 있다. 그것의 본질이 빼기라는 것이다. 우리는 이 이야기를 1부에서 이어나갈 것이다.

이제 우리가 살펴보고자 하는 것은 '사유방식으로서의 소크라테스 스타일'을 계승한 플라톤에게 일어난 소크라테스 스타일 이팩트다. 잘 알려졌듯이, 플라톤은 소크라테스의 위대한 계승자이자 과격한 왜곡자이기도 하다. 우리는 그 사실을 소크라테스가 실행한 논박술과 플라톤이 천명한 산파술이 왜 그리고 어떻게 다른가, 달리 말해 플라톤은 왜 그리고 어떻게 논박술을 산파술로 왜곡, 변형시켜 계승했는가 하는 것을 살피며 추적해보고자 한다.

논박술은 산파술인가

• • •

플라톤은 《파이돈》을 소크라테스가 당시 사람들 중에서 "가장 훌륭하고 가장 현명하며, 가장 정의로웠다"(《파이돈》, 118a)라는 말로 끝맺었다. 그래서였을까? 그가 저술한 대화편에는 항상 플라톤 자신이 아니라 소크라테스가 등장한다. 때문에 학자들은 플라톤이 자신의 생각까지도 소크라테스의 입을 빌려 전한 것으로 본다. 그러다 보니 어디까지가 소크라테스의 말이고 어디부터가 플라톤의 생각인지, 또 어떤 것이 실제 일어난 일이고 어떤 것이 플라톤이 창작해낸 문학적 장치인지가 분명치 않다. 플라톤의 대화편들에는 두 사람 사이를 흐르는 '혼탁한 강물'이 존재한다. 그래서 오랫동안 학자들 사이에도 그 둘의 구분에 대해 의견이 분분하다.

19세기부터 내려오는 정설에 의하면, 이른바 '표준적 이데아론'이 아직 등장하지 않는《소크라테스의 변명》,《크리톤》,《이온》,《라케스》,《에우튀프론》,《에우튀데모스》,《카르미데스》 등의 초기 대화편에는 소크라테스의 사상이 들어 있다. 그러나 '표준적 이데아론'을 선보이는《프로타고라스》,《고르기아스》,《메논》,《파이돈》,《향연》,《파이드로스》,《국가》,《테아이테토스》 등의 중기 대화편들과 그 이론에 대한 비판과 반성과 대책이 등장하는《파르메니데스》,《소피스테스》,《필레보스》,《크리티아스》,《티마이오스》,《정치가》,《법률》 등 후기 대화편들에는 플라톤 자신의 사상이 담겨 있다. 그러나 20세기 말에 이르러서는 이 같은 정설과 대치하는 이견들이 속속 나와 만만치 않은 논쟁들을 불러일으켰다.

나는 복잡하고 혼란스러운 이 논쟁에 끼어들고 싶지 않고, 그것을 당신에게 소개하고 싶은 생각이 없다. 만일 당신이 이에 대해 보다 자세한 내용을 알고 싶다면, 예컨대 윌리엄 데이비드 로스William David Ross의《플라톤의 이데아론》이나 찰스 칸Charles H. Kahn의《플라톤과 소크라테스적 대화》와 같은 책을 찾아보기 바란다. 그 대신 이 자리에서 한 가지 밝히고 싶은 것은, 이 책에서 나는 정설을 따른다는 것이다. 여기에는 이유가 있다. 그것은 일부 학자들의 주장이나 세간의 인식과 달리, 나는 소크라테스가 플라톤의 초기 대화편들 속에서 선보인 '논박술'과 플라톤이 중기 이후 대화편들에서 소크라테스의 입을 빌려 전하는 '산파술'을 구분하기 때문이다.

앞에서 이미 언급했듯이, 논박술은 소크라테스가 무지를 자처하며 문답식 대화를 통해 부단한 논박을 시도하지만 항상 의도한 답을 얻지 못하고 결국에는 궁지aporia에 도달하는 논증적 수사다. 그것의 본질은 '빼기'이고, 플라톤의 초기 대화편에 등장한다. 이와 달리 산파술은 플라톤이 소크라테스의 논박술에다 이데아 가설을 첨가해 만든 논리체계다. 아리스토텔레스는 《분석론 전서》에서 이것을 '아파고게apagoge'라고 불렀고, 오늘날 논리학자들은 '가설연역법假說演繹法, hypothetical deductive method'이라 일컫는다. 흔히 '가추법abduction'이라고도 불리는 이 논증법이 산파술이다. 그것은 가설hypothesis을 제시한 다음, 그것에 적합한 근거는 보충하고, 부적합한 근거는 제거하는 식으로 전개된다. 플라톤은 《파이돈》에서 이에 대해 다음과 같이 설명했다.

> 매번 내가 가장 강하다고 판단하는 말을 가정한 다음, 이것에 부합한다고 내게 생각되는 것은, 원인에 대해서건 다른 모든 것에 대해서건 참으로 놓고, 그렇지 않은 것은 참이 아닌 것으로 놓네.(《파이돈》, 100a)

'참으로 놓는다'는 말은 가설에 합당한 것은 가설의 근거로서 첨가한다는 뜻이고, '참이 아닌 것으로 놓는다'는 말은 합당치 않은 것은 제거한다는 의미다. 이렇듯 산파술에는 '빼기'뿐 아니라 '더하기'가 들어 있고, 중기 대화편 이후부터 얼굴을 내민다.[9] 그러니 논박술과 산파술은 전혀 다른 생각의 기술이다.

그렇다면 왜 그동안 대부분의 사람들이 논박술을 산파술로 알아왔고, 전문가들도 그 둘을 딱히 구분하지 않고 사용해왔을까? 알고 보면 그 같은 오해와 혼란은 전적으로 플라톤의 탓이다. 그가 대화편 곳곳에서 논박술이 산파술인 것처럼 이야기하곤 했기 때문인데, 그 대표적인 곳이《테아이테토스》다. 무슨 내용인지 잠시 살펴보면 이렇다.

《테아이테토스》의 시간적 배경은—소크라테스가 멜레토스에게 고소를 당해 법정basileos stoa에 출두해야 한다는 말로 끝나는 것으로 보아—기원전 399년이다. 당시 소크라테스는 막 칠십을 넘긴 노인이고, 대화 상대인 테아이테토스Theaitetos, 기원전 414~기원전 369는 10대 후반의 총명한 소년이다. 소크라테스는 이 소년에게 "자네는 내가 훌륭하고 건장한 산파 파이나레테의 아들이라는 말도 듣지 못했나?"라며, 자신이 하는 일은 산파가 아이의 출산을 돕는 것처럼 대화 상대자가 지식을 산출하는 것을 돕는 역할이라고 설명한다. 그리고 "사람들은 그런 줄을 몰라 그런 이야기는 하지 않고, 나더러 사람들을 궁지로 몰아넣는 괴짜라고 하지"라면서 자신의 문답식 대화가 상대를 난관에 봉착하게 하는 논박술이 아니라 지식의 출산을 돕는 산파술임을 강조

○ 산파産婆라는 비유는 초기 대화편들에는 등장하지 않고 중기 대화편인《테아이테토스》에서 비로소 등장하기 때문에 논박술과 산파술을 구분해야 한다고 주장한 대표적인 학자에는 영국의 케임브리지대학교 고전철학 교수였던 마일스 버니잇Myles Burnyeat, 1939~2019이 있다. 그는 산파라는 비유는 단지 "플라톤의 상상의 소산"이라고 단언했다.(M. F. Burnyeat, "Socratic Midwifery, Platonic Inspiration"(소크라테스의 산파술, 플라톤의 상상력), *Bulletin of the Institute of Classical Studies* 24, 1977, p.7 참조.)

한다.(《테아이테토스》, 149a)

소크라테스는 이어서 산파가 스스로 임신과 출산을 할 나이가 지나 다른 여인의 출산을 돕는 여인이듯이, 자신도 스스로 지식을 산출하지 못하고 다른 사람이 지식을 출산하도록 돕는 일을 한다면서 다음과 같은 이야기도 한다.

> 그래도 나는 산파들과 공통점이 있다네. 나 자신은 지식을 낳지 못한다는 말일세. 나는 또 지식이 없기 때문에 남들에게 묻기는 해도 내 생각을 적극적으로 표현하지 못한다는 비판을 많이 듣는데, 그 또한 사실일세. 그 이유는 내가 산파가 되도록 강제했지만 나 자신이 출산하는 것을 막았기 때문일세. 그래서 나 자신은 전혀 지혜롭지 못하고, 내 혼은 어떤 지혜로운 발견을 자식으로 낳은 적이 없네. 그러나 나와 교제하는 사람들은 그렇지 않네. 그들 몇몇은 처음에는 학습 능력이 전혀 없어 보였지만, 우리가 더 교제할수록 신이 허락하시는 자들은 자기가 보기에도 남이 보기에도 놀라운 진전을 보였네. 그런데 그들이 진전을 보인 이유는 결코 내게서 뭔가를 배웠기 때문이 아닐세. 그들이 출산한 수많은 훌륭한 진리는 그들 자신이 스스로 자기 안에서 발견한 것들일세.(《테아이테토스》, 149c~d)

이 말에는 여러 정보가 들어 있다. 소크라테스가 왜 자신이 무지하다고 하는지, 또 논박술이 왜 사람들에게 비판을 듣는지, 그럼에도 그들의 비판이 왜 잘못되었는지에 대한 설명이 들어 있다. 그럼으로써 플라톤은 논박술을 산파술로 자연스레 탈바꿈시킨다. 그리고 다른 중기 대화편인 《메논》에서는 기하학을 전혀 모르는 노예 소년에게 8제곱피트의 면적을 가진 정사각형의 한 변을 구하는 법을 문답식 대화를 통해 깨닫게 하는 소크라테스를 묘사함으로써—달리 말해 소크라테스가 산파의 역할을 훌륭히 해냄을 보여줌으로써—논박술이 산파술임을 증명해 보이기도 한다.(《메논》, 82a~86c) 실로 플라톤만이 할 수 있는 놀라운 수법이자 교묘한 왜곡이라 할 수 있는데, 그는 왜 굳이 그런 일을 했을까? 그것은 그리 어렵지 않게 알 수 있다.

논박술의 아킬레우스건

• • •

플라톤은 《라케스》, 《에우튀프론》, 《카르미데스》 등과 같은 초기 대화편들을 쓰면서 논박술이 지닌 치명적 단점을 누구보다도—어쩌면 소크라테스 자신보다도—더 잘 파악했을 것이다. 그리고 그 원인도 정확히 찾아냈을 터인데, 그것은 의외로 간단하다. 앞에서 코라 메이슨이 정확히 설파했듯이, 석공이 사자를 조각하려고 할 때 먼저 알아야 할 것이 사자의 명확한 형상이다. 그것을 모르면 석공이 아무리 능숙하게 정을 사용하더라도 돌만 부술 뿐이지 사자는 결코 조각해내지 못할 것이다. 여기에서 논박술이 지닌 피할 수 없는 난점이 무엇인지가 드러난다.

소크라테스가 시도한 문답식 대화의 궁극적 목적은 '그것이 무엇인가', 예컨대 《라케스》에서는 '용기란 무엇인가' 하는 물음의 답을 찾는 것이다. 그런데 논박술은 단지—상대가 용기라고 생각하는 개념의 모순을 드러냄으로써—용기가 아닌 것을 제거해내는 일만을 할 수 있다. 때문에 논박술을 통해 용기가 무엇인지를 알아내려면 대화 참가자 가운데 적어도 한 사람은 용기가 무엇인지를 이미 알고 있어야 한다. 사자의 형상을 모르고는 어떤 석공도 사자를 조각해내지 못하고 돌만 부수고 말듯이, 대화 참가자들 모두가 용기가 무엇인지를 모르고는 논박이 아무리 치밀하게 진행된다 해도 용기가 무엇인지를 알아내지 못하고 대화만 망칠 뿐이다.

그런데 이것이 무슨 말인가? '그것이 무엇인지를 미리 알지 못하면, 그것이 무엇이 아닌지는 알아낼 수 있어도 그것이 무엇인지는 알아낼 수 없다는 말'이 아닌가? 그렇다, 바로 이것이 논박술이 지닌 역설이자 아킬레우스건이다! 그래서 소크라테스가 논박술을 통해 '어떤 것(용기, 경건, 절제 등)이 무엇인가'를 알아내는 데 언제나 실패했던 것이다. 플라톤은 초기 대화편들을 쓰면서 바로 이 같은 사실을 깨달은 것이다. 그래서 그가 구원투수로 급히 끌어들인 것이 '이데아론'이다. 당신은 이건 또 무슨 소리냐며, 고개를 갸웃할 수 있다. 그래서 잠시 설명하자면, 이렇다.

플라톤에 의하면, 이데아란 개개의 사물들 안에 들어 있어 '그것이 그것으로 존재하게 하는 실체ousia'다. 학자들은 보통 이 주장을 '이데아 가설' 또는 '표준적 이데아론'이라 부른다. 예컨대 사자가 사자의 형상을 갖게 하고, 사자처럼 행동하게 하는 것은 사자 안에 사자의 이데아가 들어 있기 때문이다. 그런데 그것을 사자로 알아보는 것은 우리의 영혼 안에 전생에서 본 사자의 이데아에 대한 기억이 있기 때문이다. 비록 우리가 출생 때 망각의 강 레테Lethe를 건너며 그 기억을 상실했더라도 완전히 사라진 것은 아니어서, 사자를 보면 그 안에 들어 있는 사자의 이데아를 다시 기억想起, anamnesis해냄으로써 그것이 사자인지를 안다. 이것을 플라톤은 다음과 같이 말했다.

> 영혼은 불멸할 뿐 아니라 여러 번 태어나고, 여기 지상뿐 아니라 하데스에 있는 모든 것을 보았기 때문에, 영혼이 배우지 않은 것은 없다네. 그래서 탁월함에 관해서든, 다른 것들에 관해서든 영혼이 어쨌든 전에 인식한 것들을 상기anamnesis할 수 있는 것은 결코 놀라운 일이 아니네. 왜냐하면 자연 전체가 같은 혈통이고 영혼은 모든 것을 배웠기 때문에, 단 한 가지를 상기하는 사람이—이것이 바로 사람들이 배움이라고 부르는 것이네—그가 용감한 데다 탐구하는 데 지치지 않는다면 다른 모든 것을 스스로 발견하지 못할 이유가 전혀 없기 때문이지.(《메논》, 81c~d)

그렇다면 석공에게는 아무 문제가 없다. 그의 영혼 안에 사자의 형상이 이미 들어 있기 때문에 그것을 상기하여 사자에 합당하지 않은 돌들을 쪼아내기만 하면 된다. 마찬가지로 논박술에도 아무 문제가 없다. 그것이 무엇이든, 즉 용기든 경건이든 정의든 절제든 우리의 영혼 안에 그것의 이데아가 들어 있기 때문에, 설령 우리가 그 기억을 망각했더라도 완전히 사라진 것은 아니니, 그것을 상기해내 그것이 아닌 것들만을 제거해내면 되기 때문이다. 그래서 플라톤이 논박술의 문제점을 해결하는 데 이데아론을 불러들인 것이다.

앞의 《메논》 인용문에서 보듯이, 이데아론에는 이데아 가설과 영혼 불멸설, 그리고 상기론이 서로 연결되어 있다. 그리고 그것을 통해 플라톤은 논박술을 산파술로 탈바꿈시키는 데 성공했다. 어떤가? 실로 그가 아니고는 감히 꿈도 꾸지 못할 천재적인 솜씨가 아닌가? 그래서 예나 지금이나 플라톤의 성공적 작업에 감탄하는 학자들은, '논박술에서 대화의 공통의 규칙으로 이데아론에 대한 동의가 수용되고 적용되면, 논박술이 진리를 출산하게 하는 산파의 역할을 수행할 수 있다'는 데 찬성해왔다. 그리고 논박술과 산파술을 딱히 구분하지 않는다. 우리가 논박술이 곧 산파술이라고 오해하게 된 것이 바로 여기서 시작되었다.

우리가 산파술이라 부르고 플라톤이 가설hypothesis이라 부른 가추법 또는 가설연역법은—《생각의 시대》에서 자세히 설명했듯이—놀라운 생산력을 지닌 논증법이다.[1] 아리스토텔레스 이후 2,300년이나 잊혔던 가추법을 부활시킨 미국의 철학자이자 기호학자인 찰스 샌더스 퍼스Charles Sanders Peirce, 1839~1914가 "가추법은 새로운 생각을 만들어내는 유일한 방식이다"라고 단언한 것이 그것을 증언한다. 코넌 도일의 탐정소설의 주인공인 셜록 홈스가 매번 범인을 찾아낼 수 있는 것도 그 때문이고, 발명가가 새로운 발명을 할 수 있는 것도, 과학자들이 새로운 이론을 만들 수 있는 것도 알고 보면 거의 모두 가추법 덕분이다. 가추법이 우리가 구사할 수 있는 논증 가운데 가장 유능한 산파라는 뜻이다. 퍼스는 다음과 같이 잘라 말했다.

> 확실한 것은 우리의 모든 지식은 결국 하나의 순수한 가정으로 이루어져 있으며, 귀납법은 단지 (이미 만들어진 그 지식을) 보다 확실하고 세련되게 할 뿐이라는 사실이다. 가추법에 의존하지 않고서는 그저 막연히 바라보는 단계를 넘어설 수 없으며, 어떠한 지식의 발전도 이룰 수 없는 것이다.[2]

그렇다면, 아니 그렇다고 해서 플라톤처럼 해도 괜찮을까? 다시 말해 이데아론을 차용해 논박술을 산파술로 바꿔도 되는 것일까? 논박술은 소크라테스가 초기에 길러낸 아직 미숙한 산파이고, 산파술은 그가 나중에 이데아론을 가르쳐 길러낸 숙련된 산파인가? 그래서 논박술은 언제나 사산의 고통을 맛보고, 산파술은 항상 출산의 기쁨을 만끽하는가? 의문이 꼬리를 문다. 이에 대한 대답을 우리는 20세기를 풍미했던 오스트리아 출신 과학철학자 칼 포퍼Karl Popper, 1902~1994에게서 듣고자 한다. 당신이 보기에 그가 나보다 더 믿을 만할 터이기 때문인데, 포퍼가 《더 나은 세상을 찾아서》에서 바로 이 문제를 다루었다.

포퍼는 우선 소크라테스와 플라톤의 차이를 '지적 겸손함'과 '지적 오만함'의 차이로 규정했다. 그가 보기에, 소크라테스는 자신이 아무것도 모를 뿐 아니라 모든 인간의 지식은 틀릴 수 있다는 관점에서 시작했다. 포퍼는 지식에 대한 이러한 관점을 오류가능주의誤謬可能主義, fallibilism라고 부른다. 이와 달리 플라톤은 인간은 진리를 파악할 수 있으며, 그 방법과 결과물이 절대적이라는 관점에서 출발했다는 것이다. 포퍼는 그것을 과학주의科學主義, scientism라고 불렀다.[3] 이것이 두 사람의 근원적 차이라는 것인데, 포퍼의 이러한 주장은 어쩌면 당신에게 조금 생경할 수 있다. 그래서 약간의 설명을 덧붙이자면 다음과 같다.

포퍼는 인간은 "항상 또는 거의 모두" 오류를 범한다고 했다. 그에 의하면 과학자의 학설, 법관의 판결, 정치인의 정책, 철학자나 신학자의 가르침 등도 결코 완전할 수 없다. 그것이 아무리 훌륭하다고 해도 마찬가지다.[4] 그래서 포퍼는 "무지에 대한 소크라테스의 이설은 내가 볼 때 아주 중요하다"고 한다. 그리고 절대시간과 절대공간에 기초한 아이작 뉴턴의 자연과학이 임마누엘 칸트에 의해서 객관성을 보장하는 고전적 지식 개념으로 정착했지만, 알베르트 아인슈타인의 상대성 이론 이후 더 이상 수용될 수 없게 되었다는 예를 든다.

포퍼에게 모든 지식은 실수와 착오의 위험을 감수하면서 추측과 논박conjectures and refutations이라는 시행착오를 거치며 점진적으로 진리에 가까워지는 가설에 불과하다.[5] 따라서 진리란 누군가가 이미 손에 쥐고 있는 어떤 것이 아니라, 우리 모두가 추측과 논박을 통해 부단히 다가가야 하는 어떤 것이다. 그는 자신의 이러한 주장을 비판적 합리주의critical rationalism라고 불렀다. "실수로부터 그리고 실수의 계속적인 교정에 의해 의식적으로 배우고자 하는 것이 내가 비판적 합리주의라 부르는 태도의 원리이다"[6]라는 말도 덧붙였다. 《추측과 논박》에서는 다음과 같이 당부하기도 했다.

> 추상적인 선을 실현하려고 하지 말고 구체적인 악을 제거하기 위하여 노력하라. 정치적인 수단을 사용하여 행복을 달성하려고 하지 말아라. 오히려 구체적인 불행을 없애려고 노력하여라. 직접적인 수단에 의해 가난을 없애기 위해 싸워라. 모든 사람에게 최소한의 수입을 보장하는 것과 같은 방법으로 가난을 없애기 위해 싸워라. 또는 병원과 의과대학을 세워 전염병이나 질병과 싸워라. 범죄와 싸우듯이 문맹과 싸워라. 자신이 살고 있는 사회에서 가장 시급히 제거해야 할 악이라고 생각되는 것을 선택하라. 그리고 인내심을 갖고 그 악을 제거할 수 있다는 확신을 사람들에게 심어주라.[7]

어떤가? 그도 역시 소크라테스가 개발한 부정의 길을 가지 않는가? 그가 진리와 정의를 추구하는 방법이 더하기가 아니고 빼기이지 않은가? 우리가 빼기만으로도 무엇을 할 수 있는가를 알 수 있지 않은가? 포퍼의 비판적 합리주의야말로 소크라테스 스타일 이팩트의 전형이라 할 수 있지 않은가? 여기서 우리는 그가 왜 "20세기의 소크라테스"로 불리는지를, 그가 왜 플라톤에게는 거부감을, 소크라테스에게는 호감을 표하는지를 알 수 있다.

포퍼가 이런 주장을 하게 된 데는 2,400년 이상 서양 철학을 지배해온 진리설에 대한 저항이 깔려 있다. 그가 보기에 서양의 모든 진리설에는 두 가지 전제가 있다. 하나는 참된 지식의 궁극적이고 신성한 '원천原泉'이 있다는 생각이다. 예를 들자면, 플라톤의 이데아idea, 아리스토텔레스의 에이도스eidos, 칸트의 물자체Ding an sich 등이 그것이다. 다른 하나는 그것으로부터 우리가 진리(또는 객관적 지식)를 얻어낼 수 있는 '생각의 기술'을 갖고 있다는 생각이다. 플라톤의 산파술, 아리스토텔레스의 삼단논법, 베이컨의 귀납, 데카르트의 연역, 칸트의 선험적 종합판단 등이 그것이다. 포퍼는 이러한 주장들을 모두 싸잡아 진리현시설doctrine of manifest truth이라 부르고, 단호히 거부했다.

우리는 여기서 플라톤이 논박술을 산파술로 둔갑시키는 것을 포퍼가 반대하는 이유를 어렵지 않게 짐작할 수 있다. 포퍼의 입장에 서서 정리해보면, 논박술과 산파술은 전혀 다른 출발점, 전혀 다른 과정, 전혀 다른 목표, 그리고 전혀 다른 철학을 갖고 있다. 논박술은 무지를 출발점으로 하여, 오류가능성을 인정하고 추측과 논박을 통해, 부단히 진리에 다가가려는 체계다. 이와 달리 산파술은 이데아라는 선험적 원천을 전제로 하여, 진리현시설을 믿고 논리적 추론을 통해, 새로운 지식 또는 진리를 발견해내려는 시스템이다. 논박술에 깃든 철학은 비판적 합리주의이고, 산파술에 담긴 철학은 과학주의이다. 그렇다면 논박술은 결코 산파술이 아니다!

논리인가 윤리인가

• • •

누군가는 여기에서 다음과 같은 볼멘소리를 할 수 있을 것이다. 백번 양보해 포퍼의 주장을 받아들인다 해도, 논박술은 항상 의심스러운 가설에만 도달할 뿐, 믿을 수 있는 지식에는 영영 이르지 못하는 것이 아닌가! 그렇다면 논박술은 아무 쓸모가 없는 사유방식이 아닐까? 그것은 고된 노동만을 요구할 뿐, 아무것도 산출하지 못하는 불모의 땅이 아닐까? 당신의 생각은 어떤가? 결론부터 말하자. 내 생각에는 이 말은 반은 맞고 반은 틀리다. 인식론적 관점에서 보면 맞고, 도덕론적 관점에서 보면 틀리다. 무슨 소리냐고? 예를 들어 설명하자면 다음과 같다.

만일 당신이 수많은 도로들이 복잡하게 얽힌 교차로에 서서 지나는 행인에게 우체국에 가는 길을 물었다고 가정하자. 그랬더니 그 행인이 "이 길이 아니다"라고 친절하게, 그러나 부정문 형식으로 답을 했다. 그런데 그것은 당신이 우체국이 어디인지를 인식하는 데는 별 도움이 되지 않는다. 왜냐하면 그 밖에도 수많은 다른 길이 남아 있기 때문이다. 그 모든 '다른 길'을 하나씩 다 제거하고 난 후에야, 당신은 비로소 우체국으로 가는 길을 알 수 있을 것이다. 인식이라는 차원에서 보면, 설령 그가 친절하지 않게 답할지라도 '이리저리 찾아가면 우체국이 나온다'라는 긍정문 형식으로 답해주는 것이 도움이 된다. 바로 이것이 플라톤이 논박술을 산파술로 둔갑시킨 이유이자, 이후 그가 '긍정의 길'을 걸어간 까닭이다.

그러나 다시 생각해보자. "이 길이 아니다"라는 행인의 말을 도덕의 관점에서 보면, 비록 그것이 부정문으로 표현되었다 해도 도움이 된다. 도덕에서는 '무엇을 해야 하는가'를 깨우치는 것도 중요하지만, '무엇을 하지 말아야 하는가'를 아는 것이 그에 못지않게 중요하기 때문이다. 결과도 중요하지만 과정도 그에 못지않게 또는 그보다 더 중요하다는 뜻이다. 소크라테스의 주요 관심은 용기, 정의, 절제, 경건과 같은 미덕에 대한 인식뿐 아니라, 그것의 도덕적 실천에 있었다. 그에게 올바른 인식은 올바른 삶의 전제였을 뿐이다. 그렇다면 그에게는 미덕이란 무엇인가를 아는 것도 중요하지만, 논박술을 통해 무엇이 미덕이 아닌가를 하나씩 알아가는 과정 역시 매우 중요했을 것이다.° 그리고 그것이 소크라테스가 평생 '부정의 길'을 걸어간 이유다. 이와 연관해 다음과 같은 에피소드 하나를 소개하고 싶다.

서로 친구인 논리학자와 윤리학자가 함께 식당에 갔다. 두 사람은 생

° 소크라테스의 논박술이 지닌 인식론적 무능함과 도덕론적 유용성에 대해 주장한 대표적인 학자로는 코넬대학과 옥스퍼드대학에서 강의한 영국의 철학자 리처드 로빈슨Richard Robinson, 1902~1996을 들 수 있다. 그는 논박술은 인식론적으로는 모순을 통해 상대방 주장의 허위를 밝혀내는 "소극적인 시금석"에 불과하지만, 상대방의 삶을 떠받치고 있는 "잘못된 도덕적 확신"을 제거함으로써 도덕적으로 보다 탁월하게 만드는 데는 효용성을 갖는다고 주장했다.(Richard Robinson, *Plato's Earlier Dialectic*, Oxford: Clarendon Press, 1953, pp.10~15 참조.)

선요리를 주문했는데, 웨이터가 두 마리 생선을 한 접시에 담아 내왔다. 그런데 그중 한 마리가 알아보게 더 컸다. 먼저 윤리학자가 친구에게 "자네 먼저 들게" 하고 권했다. 그러자 논리학자는 "그럴까" 하며 덥석 큰 생선을 골라 자기 접시에 놓았다. 잠시 껄끄러운 침묵이 흐른 후, 윤리학자가 입을 열었다. "만일 자네가 나에게 먼저 들라고 권했다면, 나는 작은 생선을 택했을 걸세." 그러자 논리학자가 태평하게 응수했다. "그렇다면 무엇이 문젠가? 같은 결과가 아닌가?"

가벼운 우스갯소리지만, 의미하는 바는 결코 가볍지 않다. 이 이야기가 윤리에서는 결과보다 과정이 더 의미 있다는 것, 도덕에서는 '무엇을 해야 하는가'도 중요하지만, '무엇을 하지 말아야 하는가'가 더 중요하다는 것을 알려주기 때문이다. 독일의 철학자 임마누엘 칸트가 "세계 안에서도 그 바깥에서도 무제한적으로 선하다고 간주될 수 있는 것은 오직 선의지善意志, guter Wille뿐이며, 그 이외에는 생각될 수 없다"(《윤리형이상학 정초》, IV 393)고 단언한 것도 그래서가 아니겠는가! 그가 심지어 암살자가 그를 피해 숨은 친구의 행방을 물었을 때라도, 거짓말을 하면 안 된다고 주장한 것도 그래서다.

소크라테스가 다시 살아 돌아와 플라톤이 논박술을 산파술로 탈바꿈시킨 일을 알고 "왜 그런 일을 했느냐?"고 따져 물었다고 하자. 플라톤은 아마도 "무엇이 문젠가요? 더 나은 결과를 가져오지 않나요?" 라고 반문하겠지만, 소크라테스는 분명 "아니다!"라고 답했을 것이다. 플라톤은 분명 대단히 불만스러워 할 것이다. 그러나 내가 볼 때에는 플라톤도 옳지만 소크라테스가 더 옳다. 어쩌면 소크라테스 자신마저 상상하지도 못할 만큼 옳다. 그 이유는 이 책에서 '빼기'라고 규정한 소크라테스 스타일이 이후 서양문명에 끼친 영향이 상상을 불허할 정도로 놀랍기 때문이다.

우리는 보통 소크라테스를 최초의 도덕철학자 정도로 알고 있다. 하지만 아니다. 2부에서 보게 되겠지만, 소크라테스 스타일 이팩트가 삶의 방식으로뿐 아니라 사유방식으로, 철학뿐 아니라 서양문명 전반에, 당시뿐 아니라 지난 2,400년 내내, 분야와 시대를 가리지 않고 일어났기 때문이다. 그것이 어떻게 가능했을까? 현실에는 우연이 있어도 역사에는 우연이 없는 법이다. 거기에는 뚜렷한 이유가 있었다. '빼기'라는 소크라테스 스타일이 삶의 방식으로 또 사유방식으로, 서양문명의 두 기둥인 헬레니즘과 헤브라이즘 안으로 스며들어 갔기 때문이다. 이것은 서양사유의 계보를 추적하는 우리가 놓쳐서는 안 될 중요한 사안인데, 그 침투 과정이 고대와 중세의 서양사유사 상당 부분을 이룰 만큼 장구하고 방대하다. 그만큼 중요하지만, 또한 그렇기 때문에 그것을 여기서 자세히 살펴보는 것은 불가능하다. 그래서 윤곽만을 간단하게 정리해 소개하고자 한다.

3장

소크라테스 스타일은 어떻게 계승되었나

역사란 미래에 울려 퍼지는 과거의 메아리다.

– 빅토르 위고

소크라테스 스타일은 우선 로마시대를 풍미한 대표적 철학 가운데 스토아 철학과 신플라톤주의Neo Platonism의 형성과 발전에 결정적인 역할을 했다. 그리고 앞에서 언급했듯이, 그것은 '삶의 방식으로서의 소크라테스 스타일'과 '사유방식으로서의 소크라테스 스타일'로 나뉘어 각각 제자들에게 계승되었다. 그중 절제, 인내, 자족, 무욕을 지향했던 '삶의 방식으로서의 소크라테스 스타일'은 안티스테네스와 견유학파로 들어갔다. 그것이 한때 견유학파 철학자 테베의 크라테스의 제자였다가 훗날 스토아학파를 창설한 키프로스의 제논을 통해 스토아 철학으로 전해졌다. 또한 '사유방식으로서의 소크라테스 스타일'인 논박술은—앞에서 잠시 살펴본 것처럼 산파술로 탈바꿈되기는 했지만—플라톤에게 전해졌고, 아리스토텔레스를 거쳐 신플라톤주의를 창시한 플로티노스로 다시 이어졌다.

소크라테스 스타일이 헬레니즘으로 계승되었다는 뜻인데, 그것이 끝이 아니었다. 이후 그것은 다시 헤브라이즘으로도 들어가 계승되었다. 어떻게 그런 일이 일어날 수 있었냐고 묻고 싶을 텐데, 크게 보아 두 번의 특별한 계기가 있었다. 첫 번째 계기는 대략 기원전 4세기 후반부터 '유대교의 헬레니즘화'가 일어나기 시작한 것이고, 두 번째는 2세기에서 4세기 사이 초기 그리스도교가 스토아학파와 신플라톤주의의 강한 영향 아래 교인들의 생활규범과 그것의 바탕인 교리와 신학을 정립한 것이다. 그 결과 1) 삶의 방식으로서의 소크라테스 스타일이 스토아 철학의 '삶의 기술'에서 그리스도교의 '구원의 지혜'로 바뀌어, 초기 그리스도교인들의 삶의 방식에 뚜렷한 영향을 끼쳤다. 2) 또한 사유방식으로서의 소크라테스 스타일은 플라톤의《향연》에 나오는 '에로스의 사다리'에서 구약성서에 선보인 '야곱의 사다리'로 이름을 바꿔, 초기 그리스도교 신학자들의 사유방식에 결정적인 영향을 미쳤다.

그 덕에 그리스도교 안에서 일어난 소크라테스 스타일 이팩트를 낱낱이 찾자면 한이 없다. 조금 품위 있게 표현하자면, "역사란 미래에 울려 퍼지는 과거의 메아리"라는,《레미제라블》의 작가 빅토르 위고Victor Hugo, 1802~1885의 경구가 떠오를 만큼 빈번하다. 이에 연관해서 나는 이미 900쪽이 넘는 책(《신—인문학으로 읽는 하나님과 서양문명 이야기》, IVP, 2018)의 상당부분을 할애했다. 때문에 이 책에서는 앞서 언급했듯이 요점만 간략하게 다루고자 하는데, 먼저 스토아 철학 안으로 들어간 뒤에 다시 그리스도교로 들어간 '삶의 방식으로서의 소크라테스 스타일이 어떻게 계승되었는지를 살펴보자.

삶의 기술에서 구원의 지혜로

• • •

살아보니, 인생은 항해와 같다. 바다는 때로 잔잔하고 때때로 거칠다. 때문에 사람이 알아야 할 최상의 지혜는 가능한 한 무거운 짐을 버리고 헤엄치는 법을 배우는 것이다. 내 생각에는 이것이 키프로스의 제논Zēnōn ho Kyprios, 기원전 335?~기원전 263?이 자신의 경험을 통해 터득한 '삶의 기술ars vivendi'을 요약한 말이자, 그가 창설한 스토아학파의 강령이다. 어디 그뿐인가? 당신도 이미 눈치챘겠지만, 이 말은 스토아 철학의 기반에는 삶의 방식으로서의 소크라테스 스타일—다시 말해 삶의 본질에 도달하고자 하면, 그 밖의 부수적인 것들은 모두 제거해야 한다는 원칙—이 깔려 있다는 것을 뜻한다.

라에르티오스가 전하는 바에 의하면, 제논은 지중해 동쪽에 위치한 키프로스섬 키티온 출생의 부유한 페니키아 상인이었다. 30세 전후에 페니키아에서 보라색 염료를 싣고 항해하던 중 난파를 당해 하루아침에 알거지가 된 채로 겨우 살아남았다. 그 후 깨달은 바가 있어 철학에 뜻을 두고 아테네로 건너가 여러 학파의 철학을 접했다.

그러던 어느 날 서점에서 우연히 크세노폰의 《회상록》 2권을 읽고 감동해, 서점 주인에게 "여기에 쓰인 사람들은 어디에 살고 있느냐?" 하고 물었다. 그러자 서점 주인이 마침 그 앞을 지나던 사람을 가리키며 "저 사람을 따라가라"고 말했다. 그가 견유학파의 창설자 안티스테네스의 제자인 테베의 크라테스Krates ho Thebaica, 기원전 365~기원전 285였다. 그래서 제논은 그를 따라가 제자가 되었다.(《그리스 철학자 열전》, 7.1.2~3)

이후 제논은 테베의 크라테스에게서 전수받은 견유주의 윤리학에 당시 그리스 전역에 널리 알려진 헤라클레이토스의 로고스론을 절충하여 독자적인 사상을 만들고, 제자들을 모아 가르치기 시작했다. 제논이 주로 스토아stoa라고 불리는 채색 주랑彩色柱廊에서 강의를 했기 때문에, 그의 가르침을 따르는 무리를 스토아학파라 부르고, 그들이 내세운 사상을 통틀어 스토아 철학이라 한다.

스토아 철학의 핵심은 로고스logos다. 헤라클레이토스가 만물의 근원archē으로 규정한 로고스는 "세계의 변화를 조종하는 보편적 법칙이자 최고의 원리다."(DK 22B72)[1] 때문에 인간은 로고스에 귀를 기울이고, 그를 따라야만 한다.(DK 22B50) 그것은 소크라테스가 마지막 날 감옥에서 "나는 지금뿐 아니라 언제나, 내게 가장 좋은 것으로 보이는 로고스 이외에는 내게 속한 그 어떤 것도 따르지 않는 그런 사람"(《크리톤》, 46b)이라고 했을 때 염두에 둔 것이기도 하다. 한마디로 헤라클레이토스와 스토아 철학자들이 말하는 로고스는 '자연의 이법'이자, 인간이 따라야 하는 '도덕법칙'이고, 그것을 파악하는 '인간의 이성'이기도 하다.

문제는 우리가 어떻게 해야 로고스를 듣고 따를 수 있느냐 하는 것인데, 바로 여기에서 제논은 테베의 크라테스에게서 전수받은 견유주의 윤리학을 접목했다. 그러나 그 안에 들어 있는 냉소주의는 제거했다. 때문에 그것은 안티스테네스보다는 소크라테스의 가르침에 더욱 가까워졌지만, 핵심은 같다. 그것은 욕망이라는 무거운 짐을 벗어 던져버리라는 것이다. 그리고 그 누구도 거역할 수 없는 자연의 이법이자 도덕법칙인 로고스에 자신을 맡기라는 것이다. 훗날 후기 스토아학파의 거두인 세네카는 이 말을 "선한 사람이 할 일이 무엇이겠소? 자신을 운명fatum에 맡기는 것이오. 우리가 우주와 함께 그것에 휩쓸려 간다는 것은 그나마 큰 위안이오"(《섭리, 자연의 원리와 법칙에 대하여》, 5)라고 했다. 여기서 세네카가 말하는 운명이 그가 자주 섭리providentia 라고도 표현한 로고스다.

요컨대 스토아 철학자들의 가르침은 부질없는 욕망을 버리고 로고스를 따라 살라는 것이다. 항해하는 배가 물결을 따라야 순항하듯이, 인간은 그들이 '자연법lex naturalis'이라고도 불렀던 로고스에 순응함으로써만 덕스럽게 될 수 있다. 우리는 이에 대해 2부 소크라테스 스타일 이팩트의 두 번째 에피소드 '세네카—절제'에서 자세히 살펴볼 것이다. 그 대신 지금 여기서 주목하고자 하는 것은 우리가 이와 유사한 용어와 내용을 신약성서와 초기 그리스도교 신학에서도 찾아볼 수 있다는 사실이다. 깜짝 놀랄 만한 일인데, 우연일까? 아니다. 앞에서 언급했듯이, 스토아 철학의 용어와 사상이 그리스도교 안으로 스며들어 간 것이다.

언제냐고? 때는 그리스도교에서 말하는 이른바 성서중간시대inter-testamental period(기원전 4세기~기원후 1세기)부터였다. 성서중간시대는 구약과 신약의 중간에 있었던 '신의 침묵기'를 뜻하는데, 보통 말라기(기원전 420년경)를 마지막으로 신의 말씀을 전하는 예언자의 활동이 중단된 때부터 세례 요한John the Baptist, 기원후 1세기이 출현해 다시 예언을 전하는 시기까지 약 450년 동안을 가리킨다.° 여기서 당신은 이렇

° 성서중간시대에도 외경(제2정경)과 위경이 계속 나왔기 때문에 이것들의 권위를 인정하는 초대 교회와 가톨릭교회, 동방정교회의 입장에서 보면 중간시대에도 여전히 신의 말씀이 주어졌다. 따라서 이 시기를 '신의 침묵기'라고 보는 것은 프로테스탄트교뿐이다.

게 물을 수 있다. '그렇다면 그리스도교가 생겨나기 전부터 스토아 철학이 그리스도교에 영향을 끼쳤다는 말인가?' 아니다. 그럴 리가 있는가. 이 시기에 스토아 철학은 먼저 유대교 안으로 침투해 들어갔다. 그리고 그다음 그리스도교 안으로 들어가 초기 그리스도교 윤리의 기반을 닦았다. 어떻게 그것이 가능했을까? 궤적을 추적해보면, 대강 다음과 같다.

서양 사유사에서 성서중간시대에 일어난 일 가운데 가장 중요하고 특별한 일이 팔레스타인과 유대인 디아스포라diaspora에서 일어난 '유대교의 헬레니즘화'다. 왜냐하면 엄밀히 말해 그것이 훗날 서양문명의 두 축을 이룬 헤브라이즘과 헬레니즘의 '첫 번째 만남'이기 때문이다. 그렇다면 2세기에 알렉산드리아를 비롯한 북부 아프리카에서 있었던 그리스도교와 그리스 철학의 만남은 사실상 헤브라이즘과 헬레니즘의 '두 번째 만남'이라 할 수 있다. 독일의 역사학자이자 신학자인 마르틴 헹엘Martin Hengel, 1926~2009이 야심만만한 대작 《유대교와 헬레니즘》에서 "대략 주전 3세기 중반부터 모든 유대교는 엄격한 의미에서 '헬레니즘적 유대교'로 특징 지어져야 한다"[2]고 밝힌 대로, 성서중간시대에 유대인들은 언어와 문화 전반에서 이미 헬레니즘화되었다.

주요 원인은 동방원정에 나선 알렉산드로스 대왕Alexandros the Great, 기원전 356~기원전 323이 제국 내 모든 피정복민들에게 그리스어를 사용하게 한 것이었다. 특히 기원전 250~200년경에 이집트의 알렉산드리아에서 프톨레마이오스 2세Ptolemaeos II, 기원전 285~기원전 246 재위의 명령을 따라 최초로 그리스어로 번역된 구약성서인 《70인역Septuaginta,

LXX》이 출간된 것이 결정적 계기가 되었다. '70인역'은 '70인의 장로들에 의한 해석'의 약자인데, 그것은 팔레스타인에서 이스라엘 각 지파당 6명씩, 도합 72명의 장로들이 초빙되어 번역했다 해서 붙여진 이름이다.

《70인역》의 중요성은 그것이 현존하는 가장 오래된 그리스어 구약성서인 데다, 예수와 제자들도 이 성서를 보았을 것으로 추정된다는 데 있다. 그 결과가 더욱 중요한데, 그것은 신약성서 기자들이 성서를 기록할 때 사용한 코이네koine 헬라어가—당시 그리스인들의 일상생활에서 사용하던 헬라어가 아니라—《70인역》에 사용된 그리스어를 기반으로 산출된 언어라는 것이다. 이 말은 코이네 헬라어를 통해 그리스 철학, 그중에서도 특히 스토아 철학의 용어와 사상이 그리스도교에 가랑비가 옷 적시듯 흘러들어갔다는 것을 뜻한다. 왜냐하면 언어란 문화와 사상을 실어 나르는 수레이기 때문이다.

상징적이고 또한 대표적인 사례가 사도 요한John the Apostle, 6?~100?이 구약성서에 히브리어 '다바르dåbår'로 표기된 '신의 말'을 요한복음에서 "태초에 말씀logos이 계시니라"(요한복음 1:1)에서와 같이 그리스어 '로고스'로 표기한 것이다. 그것은 예수의 사후 요한이 성모 마리아를 모시고 로고스론의 창시자인 헤라클레이토스가 태어나 살았던 에페소스Ephesos로 피신해 살며, 그곳에서 요한복음을 쓴 사실과 무관치 않다.° 물론 헤라클레이토스의 로고스론을 받아들인 스토아 철학이

° 요한은 예수의 사후 주로 에페소스에서 살았는데, 95년 로마 황제 도미티아누스의 그리스도교 박해 때, 군병들에게 붙잡혀 파트모스Patmos섬으로 유배되었다. 그곳에

당시 그리스뿐 아니라 근동Near East 지방에까지 널리 퍼져 있었던 것도 영향을 끼쳤을 수 있다. 때문에 사도 요한의 작업은 '신의 말'이라는 용어를 단순히 히브리어 '다바르'에서 그리스어 '로고스'로 바꿔놓은 것이 아니었다.

'로고스'라는 용어와 함께 스토아 철학의 로고스 개념이 지닌 다양한 의미—즉, 우주를 창조하고 다스리는 '자연의 이법'이자, 인간이 거역할 수 없는 '도덕법칙'이고 그것을 파악할 수 있게 하는 '인간의 이성'이라는 의미—가 그리스도교 안으로 들어왔다. 그 결과 예컨대 "빛이 있으라 하시매 빛이 있었고"(창세기 1:3)와 같은 구약성서 특유의 표현뿐 아니라, "내가 곧 길이요 진리요 생명이니"(요한복음 14:6)라는 예수의 가르침까지도 그리스 철학에 의한 이해가 가능해졌다.[3]

그뿐 아니다. 요한이 "말씀이 육신이 되어 우리 가운데 거하시매"(요한복음 1:14)라는 말로 성육신成肉身, incarnatio—이 개념은 다른 세 복음서에는 나타나지 않는다—을 알릴 때에 머리에 떠올린 것도 구약성서의 다바르가 아니라 스토아 철학의 로고스 개념이었다. 히브리인들이 사용하는 다바르는 원래 비물질적, 세계 초월적 성격을 지녔다. 때문에 그것으로는 '말씀이 육신이 된다'는 성육신을 이해하거나 설명할 수가 없다. 유대교인들이 예수의 성육신을 부인하는 것이 그래서다. "진실로 진실로 너희에게 이르노니 아브라함이 나기 전부터 내가

서 요한계시록을 저술하다가, 96년 도미티아누스가 암살되자 사면을 받아 에페소스로 귀환하여 요한복음서와 요한 서신을 저술하였다. 지금도 파트모스섬에서는 요한이 마리아를 모시고 살았다는 '요한계시록 동굴Cave of the Apocalypse'과 그를 기리는 '하기오스 이오안니스 테오로고스Hagios Ioannis Theologos 수도원'이 관광객을 맞고 있다.

있느니라"(요한복음 8:58)라는 예수의 말을 들은 유대교인들이 격분해 불경하다며 그를 돌로 치려고 했던 것도 그들이 성육신이라는 개념 자체를 전혀 이해하지 못했던 것과 연관되어 있다.

이와 달리 스토아 철학의 우주론은 원칙적으로 유물론이기 때문에, 로고스는 물질적, 세계 내재적 성격을 가졌다. 이것은 마치 '영靈'을 뜻하는 히브리어 '루아흐rûach'가 비물질적 성격을 지닌 데 반해, 그것에 해당하는 스토아 철학의 그리스어인 '프네우마pneuma'는 물질적 성격을 갖는 것과 같다.[4] 다시 말해 스토아 철학에서 로고스는 물질이고 세계 안에 존재하기 때문에 그것은 얼마든지 형체를 지닐 수 있다. 로고스가 지닌 이러한 성격이 "말씀이 육신이 되어"라는 성육신의 신비에 대한 그리스 철학적 이해를 제공했다. 이후 '신'이 그렇듯이, 신의 '말씀'도 세계 초월적임과 동시에 세계 내재적이라는 것—달리 말해 그리스도가 선재적preexistential이며 또한 역사적historical이라는 것, 그가 완전한 신이자 완전한 인간이라는 것—이 그리스도교 신학의 대전제가 되었다. 그리고 그것이 그리스도교에서 말하는 구원의 초석이다.

우주적 체념에서 우주적 구원으로

• • •

사도 요한뿐 아니다. 사도 바울Paul the Apostle, 5?~64/65?도 그리스도교에 스토아 철학을 들여오는 데 톡톡히 한몫을 했다. 그는—당시 저명한 지리학자였던 스트라본Strabon, 기원전 64~기원후 23이 때때로 '아테네'라고 부르기를 주저하지 않을 만큼—헬레니즘의 영향을 강하게 받은 다소Tarsus에서 태어났다.(사도행전 21:39) 그리스어를 사용하며 자랐고, 마르틴 헹엘이 말하는 '헬레니즘적 유대교' 회당에서 교육을 받았다. 이 말은 그가 의식했든 못했든 스토아 철학의 영향 아래서 자랐다는 것을 뜻한다. 실제로 바울은 '자연법', '양심', '섭리', '예정', '절제', '인내'와 같은 용어를 스토아 철학에서 사용하는 의미로 이해하고 사용했다.[5]

예컨대 그는 로마서에서 "율법 없는 이방인이 본성으로 율법을 행할 때는 이 사람은 율법이 없어도 자기가 자기에게 율법이 되나니"(로마서 2:14)라고 교훈했는데, 이때 그가 말하는 "본성으로"의 법이 곧 스토아 철학에서 말하는 자연법이다. 또한 이어지는 2장 15절에서는 "이런 이들은 그 양심이 증거가 되어 그 생각들이 서로 혹은 송사하며 혹은 변명하여 그 마음에 새긴 율법의 행위를 나타내느니라"라고 했는데, 이때 그가 말하는 "마음에 새긴 율법"이 자연법의 요청으로 새겨진 '양심'을 뜻한다. 그뿐 아니다. 로마서 13장 5절, 고린도후서 4장 2절, 디모데전서 1장 5절과 19절, 또한 3장 9절 등에서도 바울은 '양심'이라는 용어를 본성으로 심어진 인간의 공통된 윤리규범 의식으로 이해하는 스토아 철학의 용법을 따라 사용했다.

그 결과 바울 이후 그리스도교 신학에서 구약성서에 계시된 율법이 차츰 자연법 중심으로 해석됨으로써, 로마의 법학자들뿐 아니라 그리스도교 신학자들도 '자연법'과 '양심'을 공동체가 유지되기 위한 법의 기초로 이해했다. 예컨대 양심을 거스르는 소유와 권리의 불평등 같은 사회적 문제를 인간이 신에게서 돌아선 죄의 결과로 간주했다. 그럼으로써 자연법과 양심이라는 개념에서 파생된 섭리, 절제, 인내, 자족, 무욕과 같은 스토아 철학의 미덕이 그리스도교 교의학과 윤리학의 토대가 되었다. 한마디로 "자연법이 곧 신의 법이다lex naturalis lex divina"라는 스토아철학의 명제가 그리스도교 안에 뿌리내리게 된 것이다.

이후 자연법은 로마제국에서는 당시의 실정법實定法인 '만민법jus gentium'과 '시민법jus civile'에 우선했고, 그리스도교 신학에서는 '신정법lex divina positiva', 또는 '영원법lex aeterna'으로 불리며 모든 실정법의 근거이자 척도가 되었다. 예를 들어 성 아우구스티누스Augustinus, 354~430는 "우리가 현세적 법률이라고 말한 법률이 올바로 개정된다는 것은 어디까지나 영원법을 기준으로 해서다"(《자유의지론》, 1, 6, 15)라고 주장했고, 같은 말을 토마스 아퀴나스Thomas Aquinas, 1224~1274는 "현재 인간 이성이 도달한 구체적인 결과는 그것이 이미 진술한 자연법의 조건을 만족시키고 있는 경우, 인정법人定法, lex humana이라고 불린다"(《신학대전》, 1, 91, 2)라고 표현했다. 중세 교황들이 자연법을 내세워 봉건 군주들을 지배하려 했던 부작용도 같은 맥락에서 나왔다. 독일의 철학자이자 신학자인 에른스트 트뢸치Ernst Troeltsch, 1865~1923가 그리스도교적으로 변화된 자연법 개념이 "교회의 고유한 문화 신조"가 되었다고 평가한 것이 그래서인데, 고대에서 중세를 거쳐 현대에 이르는 이 같은 흐름의 시원과 빌미를 제공한 이가 바로 바울이다.

이러한 관점에서 바울의 서신서들을 들여다보면, 그에게 나타난 소크라테스 스타일 이팩트를 한눈에 확인할 수 있는 신약성서 구절이 곳곳에서 눈에 띈다. 특히 고린도전서 13장 4절에서 6절이 그렇다. 여기에서 바울은 지금까지 우리가 추적해온 소크라테스 스타일이자, 500년쯤 지난 훗날 동방정교 신학자 위僞-디오니시우스가 '부정의 길'이라고 정의한 방법—즉, 대상의 속성에 부합되지 않는 요소를 하나하나 밝혀 그것들을 제거함으로써 진리에 도달하는 방법—을 사용해 다음과 같이 교훈했다.

> 사랑은 오래 참고 사랑은 온유하며 시기하지 아니하며 사랑은 자랑하지 아니하며 교만하지 아니하며 무례히 행하지 아니하며 자기의 유익을 구하지 아니하며 성내지 아니하며 악한 것을 생각하지 아니하며 불의를 기뻐하지 아니하며 진리와 함께 기뻐하고(고린도전서 13:4~6)

물론 그리스도교 입장에서는 이렇듯 그리스 철학의 용어와 사상 그리고 표현법까지 그리스도교 안으로 스며든 것이 썩 반가운 일은 아니었다.

그중에서도 가장 큰 논란이 된 것이 '인간이 자신의 이성logos에 의해 존재론적 승화를 이뤄낼 수 있다'는—달리 말해 인간이 스스로 자연법logos에 순응함으로써 구원을 얻을 수 있다는—스토아 철학의 자기구원 사상이 그리스도교 안으로 스며든 사실이다. 그리스도교 신학자들이 '자연신학theologia naturalis'이라 부르는 이 사상은 특히 토마스 아퀴나스와 같은 중세 신학자들을 통해 '존재 유비analogia entis'라는 이름으로 가톨릭 교리의 중요한 한 축으로 자리 잡았다.°° 문제는

° 세네카에 의하면, 자신의 본성상 고통을 아예 모르는 신은 고통의 '저쪽beyond'에 있다. 하지만 인간으로서 고통 속에서 태어나 이성과 용기로 고통을 극복한 스토아 철학자들은 고통의 '위쪽above'에 있다. 그는 이런 연유에서 스토아 철학자들이 죽은 후에 신이 되거나 또는 그보다 더 우월한 존재가 될 수 있다고 믿었다. 이에 대한 자세한 내용은 9장 '세네카—절제'를 참조하기 바람.

°° 아우구스티누스는 존재의 계층적 질서를 플라톤의 분여이론에 근거해서만 이해했

그것이 '오직 신의 은총에 의해서만 구원을 이룰 수 있다'는 정통 그리스도교 교리와 정면충돌한다는 데 있다.

이에 대해 독일 출신의 현대 신학자 파울 틸리히Paul Tillich, 1886~1965는 《존재에의 용기》에서, "로고스와 자연적 도덕률에 관한 스토아 교리가 그리스도교의 교의학과 윤리학에 막대한 영향을 미쳤다"는 사실을 감안하더라도 "우주적 체념을 감수하는 스토아주의와 우주적 구원을 믿는 그리스도교의 신앙 사이에 걸친 간격을 없이할 수는 없었다"[6]라고 경계했다. 그는 이어서 그리스도교는 스토아 철학이 들여온 자연신학이라는 '은밀하지만 심각한 위험'을 현대 초기에 와서야 겨우 극복할 수 있었다고 고백했다. 틸리히가 말하는 '현대 초기'는 자연신학에 대한 키르케고르와 카를 바르트의 고군분투가 있은 다음이 되겠는데,° 그럼에도 오늘날 진화생물학과 같은 첨단과학과 함께 우후죽순처럼 다시 일어나는 자연신학적 주장들을 보면, 과연 그리스도교가 자연신학을 완전히 극복했는지는 여전히 의심스럽다.

다. 하지만 토마스 아퀴나스는 '분여participatio' 개념뿐 아니라 아리스토텔레스의 '유사similitudo' 개념까지 이에 접목, 확장해서 이해했다. 여기서 그의 '존재 유비' 이론이 나왔는데, 내용인즉 분여된 것(피조물)들은 적든 많든 원형(창조주)과 유사한 성질을 갖고 있기 때문에 그것을 통해서도 구원받을 수 있다는 것이다. 이것이 중세 가톨릭 안에서 널리 인정된 자연신학의 기반이 되었다.

° 그리스도교는 19세기 덴마크의 철학자이자 신학자인 키르케고르가 '실존의 3단계'를 설명하는 다양한 저술들과 《공포와 전율》 등을 통해 '인간 이성에 의한 자기구원'과 '신의 은총에 의한 구원'의 차이를 명백히 밝혔다.(이에 대해서는 12장 '키르케고르—실존'을 참조 바람.) 20세기에는 독일의 신학자 카를 바르트가 에밀 브루너의 자연신학적 발언에 대해 〈아니요! 에밀 브루너에 대한 대답〉이라는 글로 분명한 선을 그은 다음에서야 자연신학을 극복할 수 있었다.(이에 대해서는 《신—인문학으로 본 하나님과 서양문명 이야기》(IVP, 2018) 중 '아니요! 에밀 브루너에 대한 대답'을 참조 바람.)

그러나 지금 우리의 이야기에서 중요한 것은 그것이 아니다. 전하고자 하는 말의 핵심, 때문에 당신이 기억해야 하는 것은 삶의 방식으로서 소크라테스 스타일이 스토아 철학을 통해 그리스도교 안으로 들어가 지난 2,000년이라는 '장구한' 세월 동안, 그리고 심지어는 정통 그리스도교 신학을 위협할 정도로 '강하게' 작용했다는 사실이다. 또한 그 이팩트가 다양한 형태로—다시 말해 그리스도교 윤리학에는 긍정적으로, 구원론에는 부정적으로—일어났다는 진실이다. 하지만 이 이야기는 이 정도에서 멈추자. 갈 길이 바쁘기 때문이다. 우리는 이제부터 플라톤과 플로티노스 그리고 초기 그리스도교 신학으로 이어지는 플라톤주의 전통에서 '사유방식으로서의 소크라테스 스타일 이팩트'가 어떻게 일어났는가, 특히 그것이 어떻게 헤브라이즘 안으로 들어갔는가를 역시 간단히 살펴본 다음, 본론으로 들어가고자 한다.

소크라테스의 '빼기'에서 플라톤의 '더하기'로

• • •

모든 뛰어난 제자는 스승의 적이다. 그는 스승의 가르침으로 시작하지만 그것에 머물지 않고, 그것을 깨트리고, 변형시키고, 때로는 넘어서기도 하기 때문이다. 플라톤이 소크라테스에게 그랬다. 그리고 나중에 플로티노스가 다시 플라톤에게 그랬다. 소크라테스 스타일은 그같은 배반과 변형과 추월의 과정을 거치며 계승되어 내려왔다. 2부 '소크라테스 스타일 이팩트'에서 확인하게 되겠지만 그러면서 점점 외연이 넓어졌고 내포가 풍성해졌다. 때문에 우리는 여기서 사유방식으로서의 소크라테스 스타일이 우선 플라톤과 플로티노스에 의해 어떻게 변형되어 전승되었는가에 대해—그러나 앞에서 삶의 방식으로서의 소크라테스 스타일의 전승을 살펴볼 때처럼—개괄적인 윤곽만 잠시 살펴보고자 한다.

먼저 짚어볼 이는 플라톤인데, 앞에서 살펴보았듯이 플라톤은 소크라테스의 논박술에 자신이 구축한 이데아론을 접목해 산파술을 만들었다. 그런데 이데아론은 플라톤 철학의 근간이자 핵심이다. 그는 평생에 걸쳐 이데아론을 다른 여러 학파의 이론을 끌어다 수정 내지 확장했다. 때문에 그 안에는 단순히 이데아가 모든 존재물들에게 본질과 존재 그리고 이름을 준다는 이른바 '이데아 가설'만 있는 것이 아니다. 그 안에는 오르페우스교의 윤회설에 근거한 상기론anamnesis, 파르메니데스의 일자 개념에 영향을 받은 선의 이데아tou agathou idea 개념, 피타고라스의 수적 비례 교설에 도움을 받은 분여이론methexis, 그리고 소크라테스가 여사제 디오티마에게서 배운 '사랑의 사다리 skala tis agapis'와 같은 개념 및 이론들이 서로 연결되어 들어 있다.

우리는 보통 이 모두를 '싸잡아 또는 함께 떠올려' 이데아론이라고 부르는데, 플라톤은 이것을 바탕으로 개인윤리, 사회윤리, 정치철학, 법철학 그리고 우주론에 이르기까지 다양한 사상들을 구축했다. 그런 만큼 이데아론은 방대하고 또한 심오하다. 그 가운데 우리가 이제 주목하고자 하는 것은 플라톤의 《향연》에 나타난 '사랑의 사다리', 곧 '에로스Eros에 의한 영혼의 상승'이라는 개념이다. 바로 이 개념이 플라톤과 플로티노스로 이어지는 사유방식으로서의 소크라테스 스타일 이팩트가 시작하는 출발점이기 때문이다.

《향연》에는 소크라테스가 펠로폰네소스 만티네이아에서 온 여사제이자 선지자인 디오티마를 만나 그에게서 들은 에로스의 탄생과 역할에 대한 이야기를 소개하는 장면이 나온다.(《향연》 201d~212a) 소크라테스가 "선생님", "오, 비길 데 없이 현명한 디오티마여!"라는 칭호로 부르는 그는 소크라테스에게 에로스의 탄생과 본질에 대해 알려준다. 그 내용을 요약하면, 다음과 같다.

미의 여신 아프로디테가 탄생한 날에 신들이 성대한 잔치를 벌였을 때, 풍요의 신 포로스Poros가 신들의 음료인 넥타르를 마시고 취해 제우스의 뜰에 들어가 잠이 들었다. 그때 결핍의 여신 페니아Penia가 포로스의 아이를 갖고 싶어 그의 곁에 누워 에로스를 잉태했다. 그래서 에로스는 자기 안에 어머니의 결핍과 아버지의 풍요를 함께 지닌 중간자이자, 언제나 결핍에서 풍요로 향하려는 동경과 연모를 가진 방랑자로 태어났다. 따라서 에로스의 본질은 무지함에서 지혜로움으로, 악함에서 선함으로, 추함에서 아름다움으로, 불행에서 행복으로 상승하려는 영혼의 날갯짓이다. 동시에 가사자可死者를 불사자不死者로 승격시키는 영혼의 치료사다.(《향연》, 203d~e)

디오티마가 에로스의 존재를 알려주었을 때, 소크라테스는 에로스를 통해 인간이 대지를 침상으로 삼는 조야한 방랑객이면서도 아름다운 성좌 아래 천상의 삶을 꿈꾸는 존재이고, 죽을 수밖에 없는 자이면서도 영원히 죽지 않는 존재로 승격될 수 있다는 것을 비로소 깨달았다. 이처럼 에로스는 인간을 결핍에서 풍요로, 지상의 세계에서 천상의 세계로 상승할 수 있게 하는 사다리skala°이자 생과 사를 연결해주

° 그리스어 'skala' 또는 라틴어 'scala'는 보통 '층계' 또는 '계단'을 뜻하기 때문에 본인의 다른 책《신—인문학으로 읽는 하나님과 서양문명 이야기》에서는 '층계길'이라

▲ **프란츠 코식**(Franz Caucig, 1755~1828), **〈디오티마와 제자와 함께한 소크라테스〉**, 1810.

는 가교다. 이것이 디오티마가 소크라테스에게 가르쳐준 '최고 비의ta telea kia epoptika'인데, 오늘날 우리가 보통 '에로스의 사다리ladder of Eros', 또는 '사랑의 사다리ladder of love'라고 부르는 이 사다리의 역할에 대해 디오티마는 다음과 같이 설명했다.

> 이 지상의 아름다운 것들로부터 끊임없이 저 천상의 아름다움을 향해 올라가는 것 말입니다. 마치 사다리를 사용하듯이, 하나의 아름다운 육체로부터 두 개의 아름다운 육체로, 두 개의 아름다운 육체로부터 모든 아름다운 육체로, 그리고 아름다운 육체들로부터 아름다운 행실들로,

는 용어를 사용했지만, 이 책에서는 통상적 번역에 맞춰 '사다리'라 한다.

아름다운 행실로부터 온갖 아름다운 학문으로, 온갖 아름다운 학문으로부터 바로 그 아름다움 자체를 대상으로 하는 학문에 이르게 되는데, 바로 여기서 인간은 아름다움 그 자체auto ho esti kalon를 깨닫게 됩니다.(《향연》, 211c)

에로스는 이렇게 우리의 영혼을 지상의 것에서 천상의 것으로 향하게 하는 '혼의 전향psychēs periagōgē'을 가져오고, 감각에 의해서 알 수 있는 영역ho horatos topos에서 지성에 의해서 알 수 있는 영역ho noētos topos으로—디오티마가 나열한 순서를 따라 단계적으로—등정登頂하게 한다.(플라톤, 《국가》, 518d, 521c) 에로스의 사다리를 타고 오르는 길의 마지막에 '아름다움 자체'가 있다. 디오티마는 아름다움 자체를 "신적이며 단일 형상인 아름다운 것 자체"(211b), "순수하고 정결하고 섞이지 않은 아름다운 것 자체"(211e)라고도 표현한다. 우리의 이야기와 연관해 중요한 것은 디오티마의 다음과 같은 말이다.

친애하는 소크라테스여! 적어도 인생은 살 만한 가치가 있는 건, 만일 그런 게 있다면, 바로 여기에서부터일 겁니다. 왜냐하면 아름다움 그 자체를 바라보면서 살기 때문입니다. 당신이 일단 그것을 보게 되면 그것이 황금이나 화려한 옷이나 또는 아름다운 소년이나 청년에 비할 바가 아니라고 생각할 것입니다.(《향연》, 211d)

말인즉, 우리가 사랑의 사다리를 따라 높은 단계에 도달하고 나면 다시 낮은 단계에 있는 것들, 예컨대 황금이나 화려한 옷이나 또는 아름다운 소년이나 청년의 유혹에 빠지지 않으리라는 것이다.° 되짚어 보면, 이 말은 에로스의 의한 영혼의 상승이 낮은 단계에 있는 것들의 '빼기'에 의해서 이뤄짐을 뜻한다. 다시 말해 영혼의 상승은 감각에 의해서 알 수 있는 모든 지상의 것을 차례로 떠나는 것, 제거하는 것, 빼내는 것을 통해서 가능해진다는 말이다. 그러나 그것은 동시에 지성에 의해서 알 수 있는 천상의 것을 '역시 사다리를 올라가듯이' 차례로 지향하는 것, 받아들이는 것, 더하는 것을 통해서 가능해진다는 것을 뜻하기도 한다.

그렇다. 결핍에서 풍요로 향하는 영혼의 상승은 분명 '빼기'와 '더하기'를 동시에 해야 하는 이중운동二重運動이다. 그런데 우리가 주목해야 할 것은 이 운동에서 소크라테스는 '지상의 것의 빼기'에 중점을 두었고, 플라톤은 '천상의 것의 더하기'에 방점을 두었다는 사실이다. 똑같이 에로스의 사다리를 따라 영혼의 상승의 길을 가면서도 소크라테스는 제거의 기술인 논박술을 통해 지상의 거짓됨과 악함과 추함을 하나씩 부정하고 제거함으로써 사다리를 올라가려 했고, 플라톤은 산출의 기술인 산파술을 통해 천상의 참됨과 선함과 아름다움을 긍정하고 첨가함으로써 올라가고자 했다. 그럼으로써 제자는 스승과 갈라서서 '긍정의 길', '첨가의 길'이라는 자신의 길을 갔다. 그 이유는 앞에서 언급했듯이 플라톤이 이데아론을 자신의 철학의 핵심으로 삼았기

° 디오티마가 "아름다운 소년이나 청년"을 언급한 것은 당시 그리스에는 소년이나 청년을 애인eromenos으로 두는 동성애가 널리 행해지고 있었기 때문이다. 일설에 의하면, 당시 아테네 최고의 미남이었던 알키비아데스가 소크라테스의 제자이자 애인이었다.

때문이다.

분여이론에서 에로스의 사다리로

• • •

무슨 소리냐고? 이해를 돕기 위해 앞에서 간간이 짧게 언급한 플라톤의 이데아 가설을 조금 자세히 설명하자면 이렇다. 이데아는 지상에 있는 개개의 사물들에게 그것을 그것이게끔 하는 그것의 '본질'은 물론, 있음이라는 '존재'를 부여한다. 그뿐만 아니라 자신의 '이름 epōnymia'까지도 준다.(《파이돈》, 102b, 103b) 예컨대 어떤 여인이 아름다운 것은 아름다움의 이데아가 그 여인에게 자신을 부여했기 때문이고, 그래서 그 여인이 '미인'이라는 이름도 얻게 된다는 뜻이다. 이 말은 플라톤의 이데아 가설의 본질이 이데아를 개개의 사물에, 곧 천상의 것을 지상의 것에 부여하는 '더하기'임을 알려준다. 플라톤은 같은 말을 다음과 같이 했다.

> 만일 아름다움 자체 이외에 어떤 아름다운 것이 있다면, 그것은 다름 아닌 아름다움 자체를 부분적으로 갖고 있기 때문이며, 그 밖의 다른 어느 것 때문도 아닌 것이라네. 또한 모든 것이 다 그렇다고 나는 말하겠네.(《파이돈》, 100c)

이 말에서 우리가 주목해서 볼 곳이 있다. "이데아를 부분적으로 갖고 있기 때문이며"라는 대목이다. 플라톤에 의하면, 이데아는 사물들에 자기 자신을 온전히 주는 것이 아니라 분여分與, methexis, 곧 '부분적으로 나누어 준다'. 그것도 어떤 것에는 '많이', 어떤 것에는 '적게' 나누어 준다. 그래서 개개의 사물은 이데아처럼 완전하지 않고 영원불변하지도 않다. 또한 그것들 사이에는 질적 차이가 있다. 예컨대 모든 아름다운 것들에는 아름다움의 이데아가 들어 있지만 부분적으로 들어 있기 때문에 그것들은 완전하게 아름답지도 않고 영원히 아름답지도 않다. 게다가 어떤 것에는 많이 어떤 것에는 적게 들어 있기 때문에, 어떤 것은 더 아름답고 어떤 것은 덜 아름답다.

이런 이유로 학자들은 플라톤이 중기 이후 개진한 이데아론을 '분여이론'이라고 부른다. 한마디로 완전하고 영원불변한 이데아가 개개의 사물들에게 자기 자신을 부분적으로 나누어 주어, 우리가 사는 세상이 불완전하고 끊임없이 변하게끔 구성된 것이다.[7] 또한 어떤 것에는 많이, 어떤 것에는 적게 나누어 주어 세상에서 천상에 이르는 계층구조가 형성되었다. 플라톤은 《국가》 6권에서 '선분의 비유'를 통해 이에 대해 자세히 설명했다. 그리고 바로 여기에서 이데아 가설이 결핍에서 풍요로, 지상에서 천상으로 향하는 에로스의 사다리라는 개념과 연결된다. 《향연》에서 디오티마가 에로스의 사다리를 "이 지상의 아름다운 것들로부터 끊임없이 저 천상의 아름다움을 향해 올라가는 것"이라며, 그 과정을 단계적으로 설명한 것도 그래서다.

당신도 알다시피, 플라톤의 이데아론이 서양문명에 미친 영향은 지대하고 장구하다. 엄밀히 말하자면, 지난 2,500년 동안 서양문명 전반에 이것보다 더 크고 뚜렷한 족적을 남긴 철학이론은 없다. 서양 사유의 계보를 추적하는 우리의 이야기와 연관해 기억해야 할 것은, 그것이 그리스도교 신학에 미친 영향이 실로 지대하다는 사실이다. 크게 보아도, 분여이론은 초기 그리스도교 사상가들이 '창조주'와 '피조물'의 관계를 설명하는 데, 그리고 그것에서 파생된 에로스의 사다리라는 개념은 자연에서 신까지 이르는 위계적 질서를 설명하는 데 혁혁한 공헌을 했다.

우리는 그 증거를 예컨대 그리스도교 신학의 초석을 다진 아우구스티누스에게서도 찾을 수 있다. 그는《신국론》에서 플라톤이 말하는 이데아의 분여가 어떻게 자연의 계층적 질서를 구성했는지를 다음과 같은 그리스도교 언어로 설명했다.

> 신은 무로부터 창조한 사물들에게 존재를 부여했다. 그러나 신 자신이 존재하듯 최고의 존재로서 부여한 것은 아니다. 어떤 사물에게는 더 큰 존재를 부여하고 어떤 사물에게는 더 작은 존재를 부여했다. 그리하여 존재들의 자연 본성을 계층으로 질서지어놓았다.(《신국론》, 12.2)

정리하자. 플라톤 철학의 기본틀은 지성에 의해서만 파악되는 완전하고 영원불변하며 단일한 이데아가 감각에 의해 파악되는 불완전하고 끊임없이 변하며 질적으로 다양한 세계의 근원이라는 것이다. 따라서 우리의 영혼은 에로스의 사다리를 따라 불완전하고 끊임없이 변하는 현실세계를 벗어나 완전하고 영원불변한 이데아의 세계를 향한 등정을 부단히 실행해야 한다. 이것이 플라톤이《국가》에서—예컨대 태양의 비유, 선분의 비유, 동굴의 비유 등을 통해—펼친 정치·사회철학과 교육철학의 핵심이다. 나는 이 같은 플라톤의 사유방식을 플라톤 스타일Platon style이라고 부르고자 하는데, 그 본질은 완전하고 영원불변하며 단일한 이데아의 더하기addition다.

그렇다면 소크라테스 스타일과 플라톤 스타일은 서로 다른 것이 아니라 동전의 양면이라 할 수 있다. 에로스의 사다리를 통한 영혼의 상승이라는 하나의 목적을 위한 두 종류의 서로 다른 운동이다. 그래서 자주 같이 나타나고, 때로 혼동을 일으키기도 한다. 서양 사유사를 돌아보면, 지상의 것의 빼기와 천상의 것의 더하기, 부수적인 것의 빼기와 본질적인 것의 더하기, 이 두 가지 사유방식이 오늘날 우리가 말하는 이성의 본질이 되었고, 그럼으로써 서양문명을 구축하는 기본틀이 되었다. 소크라테스와 플라톤이 개발한 사유방식으로서의 빼기와 더하기가 이후 플로티노스의 일자 형이상학을 거쳐 그리스도교 신학에도—다시 말해 헬레니즘뿐 아니라 헤브라이즘에도—영향을 미쳤기 때문인데, 이제부터는 그 이야기를 차례로 하자.

에로스의 사다리에서 자연의 사다리로

• • •

플라톤이 구축한 에로스의 사다리는 그로부터 약 600년 후, "꿈속에서도 플라톤의 공리를 해석하곤 했다"는 신플라톤주의자 플로티노스 Plotinos, 205~270에 의해 다시 한번 새롭게 태어났다. 그것도 더 완벽하고 온전한 모습으로 구축되었는데, 아우구스티누스가 플로티노스를 두고 "순정한 플라톤 철학의 재생자再生者요, 말하자면 부활한 플라톤"(《아카데미학파 논박》, 3, 18)이라고 평가한 것이 그래서다. 그것이 중세에는 그리스도교 안으로 들어가 '히에라르키아hierarchia'라 불리며 우주만물의 계층구조와 교회의 신분제도를 구축했다. 하지만 플로티노스가 이 같은 계층구조를 구축하는 데는 아리스토텔레스의 자연에 대한 탐구에 힘입은 바가 크다.

아리스토텔레스는 《영혼론》에서 광물 → 식물 → 동물 → 인간으로 이어지는 '존재물의 계층구조'를 구축했다.(《영혼론》, 414a~415a) 이른바 '자연의 사다리scala naturae'다. 그것은 플라톤이 '에로스의 사다리'와 '선분의 비유'를 통해 이미 예시한 존재의 계층구조라는 착상을 기반으로 구성한 자연물의 계층구조다. 아리스토텔레스에 의하면, 세계 안에서 존재하는 모든 존재물에는 영혼이 형상인形相因으로서 들어 있는데—이 점에서 그는 범신론적 입장을 취한다—그것의 완전성의 정도에 따라 존재물의 계층구조가 만들어진다.

설명을 덧붙이자면 이렇다. 인간은 '합리적으로 생각할 수 있는 영혼rational soul'을 갖고 있기 때문에 다른 모든 존재물의 정상에 자리한다. 동물은 그것이 없기 때문에 그 아래 자리하고, 인간과 동물은 모두 '감각적이고 움직일 수 있는 영혼sensitive soul'을 갖고 있지만, 식물은 그것이 없기 때문에 동물 아래 자리하며, 인간, 동물 및 식물은 모두 '성장하고 번식할 수 있는 영혼vegetative soul'을 갖고 있지만, 광물은 그렇지 않기 때문에 맨 아래 자리한다. 따라서 자연의 사다리는 자연스레 밑에서 위로 올라갈수록 영혼의 질은 높아지지만 양은 줄어드는 피라미드형 구조를 이룬다.

자연을 관찰하는 데 열중했던 아리스토텔레스가—플라톤이 형이

◦ '히에라르키아'는 중세 이후 교회용어로 '사제에 의한 지배구조' 내지 '교회제도'라는 의미로 통용되었다. 천국의 천사들의 지위가 3단계로 구분되듯이, 지상 세계의 성직자들도 가톨릭에서는 주교 → 사제 → 부제, 동방정교회에서는 주교 → 사제 → 보제, 3단계로 나뉜다. 이 3단계는 높은 단계로 갈수록 수적으로 적어지고, 낮은 단계로 갈수록 많아지기 때문에 피라미드형 구조를 이루게 된다.

상학적으로 구축한 계층구조를—자연학에 끌어들여 구체화한 것이다.° 그리고 이 체계가 적어도 18세기 스웨덴의 생물학자 칼 린네Carl Linnaeus가 《자연의 체계》(1735)에서 생물분류학의 기초를 확립할 때까지는 자연을 이해하는 중요한 모델이 되었다. 예를 들자면, 중세 신학의 거목이자 아리스토텔레스의 충실한 추종자였던 토마스 아퀴나스는 자연의 사다리를 다음과 같이 설명했다.

> 여러 사물의 본성을 살펴보면 당장 이런 점을 알 수 있다. 정확히 관찰해보면 우리는 여러 사물이 계층적으로 구분된다는 것을 알게 된다. 즉, 생명이 없는 물체들 위에 식물이 있고, 식물들 위에는 이성이 없는 생물들이 있고, 또 이성이 없는 생물들 위에는 이성이 있는 존재가 있다는 것을 알게 된다. 그리고 이 모든 것은 그 완전성의 정도에 따라 차이가 난다.(《철학대전》, 3.97)

물론 토마스 아퀴나스와 같은 중세 신학자들이 말한 계층적 질서가 아리스토텔레스가 말한 '자연의 사다리'와 완전히 같은 개념은 아니었다. 왜냐하면 그것은 인간을 정점으로 그치지 않고 신에게까지 확장되기 때문이다.

아리스토텔레스도 자연의 사다리는 "아마도 인간보다 더 우월한

° 아리스토텔레스는 플라톤의 아카데메이아를 떠난 이후, 아수스Assus와 레스보스Lesbos섬에서 살았던 몇 년 동안 약 520종에 달하는 동물들을 대상으로 오늘날 동물학과 해양생물학 분야에 속하는 광범위한 연구를 수행했다. 작업의 대부분은 동물을 속屬과 종種으로 분류하는 것이었는데, 그 결과 〈동물의 역사〉, 〈동물의 일부〉, 〈동물의 이동〉, 〈동물의 발달〉, 〈동물의 세대〉 등 많은 관찰기록을 남겼다.

또 다른 종류"(《영혼론》, 415a 13)에까지 이어질 것이라고 모호하게 언급했지만, 그것을 형이상학으로 밀고 나가진 않았다. 플라톤이 디오토마의 입을 빌려 설파한 에로스의 사다리가 감각으로 파악되는 지상의 세계뿐 아니라 지성으로 파악되는 천상의 세계까지 이어진 것을 감안하면, 절반이 잘려나간 셈이다. 그런데 플로티노스가 자신이 구축한 일자 형이상학을 통해 그 잘려나간 영역을 복원해 연결시켰다. 그래서 마침내 완성된 것이 '존재의 대연쇄the great chain of being'라는 이름으로 불렸던 '존재의 사다리'다.

플로티노스는 《엔네아데스》에서, 일자一者, to hen로부터 정신이, 정신精神, nous으로부터 영혼이, 영혼靈魂, psyche으로부터 물질이 유출되어 나온다 했다.° 따라서 플로티노스의 세계를 생성의 순서에 따라 정리하면, 일자 → 정신 → 영혼 → 물질세계로 이어지는 계층구조가 형성된다. 여기서 물질세계에 아리스토텔레스가 고안한 자연의 사다리를 가져다 붙이면, 플로티노스의 세계는 일자 → 정신 → 영혼 → 인간 → 동물 → 식물 → 무생물(광물)로 내려가면서 질적으로는 점점 낮아지고 불완전해지지만 양적으로는 차츰 많아지고 종류도 다양해지는 피라미드형 계층구조를 이룬다.

따라서 존재의 사다리는 플로티노스가 설파한 일자 형이상학의 산물이라 할 수 있는데, 흥미로운 것은 중세 사람들은 그것을 여전히 아

° 플로티노스가 말하는 유출은 마치 빛이 발광체의 주위로 번지듯이, 뜨거운 물체가 주변으로 열을 퍼뜨리듯이, 향기가 그 주변으로 퍼져 나가듯이 매우 신비롭게 일어나는 현상이다. 그래서 마치 태양이 빛을 발하지만 스스로는 어두워지지 않고 샘이 시냇물을 흘려보내지만 스스로는 마르지 않는 것처럼 일자의 유출은 일자 자신에게는 어떤 변화도 일으키지 않는다.(《엔네아데스》, 5.2.1)

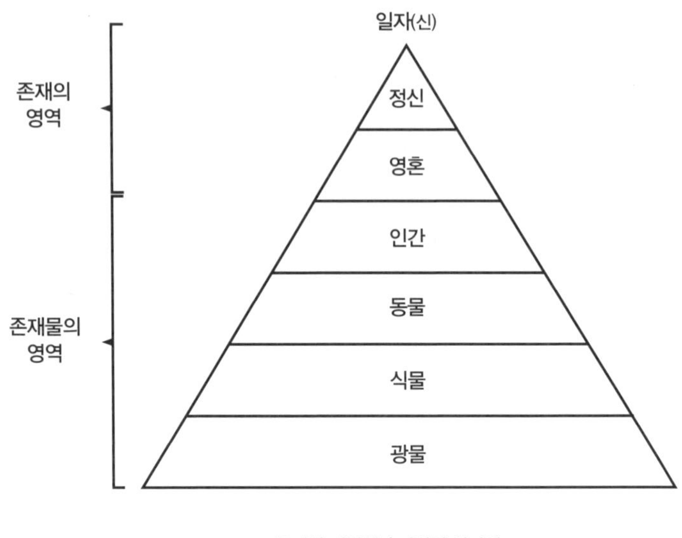

▲ 존재의 대연쇄 / 자연의 사다리

리스토텔레스의 명칭인 '자연의 사다리'라고 불렀다는 것이다. '존재의 대연쇄' 또는 '자연의 사다리'는 서양문명 안에서 매우 소중히 간직되어온 관념적 비유이자 문화적 코드 가운데 하나다. 그리고 그 영향력은 플라톤의 이데아론에 버금갈 만큼 지대하고 장구했다.[8] 정말이냐고? 그렇다. 우리는 그 사실을 이 사다리가 고대에서부터 근대에 이르러까지, 학자와 시인들뿐 아니라 화가들의 작품에까지 자주 등장한다는 사실에서 확인할 수 있다.°

예컨대 18세기 영국의 신고전주의 시풍을 완성한 풍자시인 알렉산더 포프Alexander Pope, 1688-1744의 시 《인간론》에는 다음과 같은 구절

° 회화로는 14세기 스페인의 수학자이자 철학자이고 또 순교자였던 라몬 유이Ramon Llull, 1232~1316가 남긴 판화 〈자연의 사다리〉가 널리 알려져 있다.

들이 들어 있다.

> 존재의 거대한 연쇄여! 신으로부터 시작하여
> 영적인 성질, 인간적인 성질, 천사, 인간,
> 짐승, 새, 물고기, 벌레, 육안으로 보이지 않는 것,
> 그 어떤 안경으로도 볼 수 없는 것, 무한으로부터 그대에게로,
> 또 그대로부터 무에 이르도다. 해서, 더 센 힘의 방향으로부터
> 우리는 죄일 뿐 아니라, 더 약한 힘들마저 우리 쪽으로 죄여든다.
> 만일 그렇지 않다면 꽉 찬 우주에 빈틈이 생겨
> 한 계단이 무너지면 결국 거대한 모든 계단이 무너질 것이다.
> 자연의 사슬에서 그대가 빼낸 하나의 고리는
> 열 번째건 만 번째건 사슬을 파괴할 것이다.(《인간론》, 1, 237~246.)

그리스 철학에서 나온 '자연의 사다리' 또는 '존재의 대연쇄'라는 관념적 비유가 이처럼 서양문명을 관통하는 하나의 문화적 코드가 될 수 있었던 이유는 앞에서 언급했듯이 그것이 그리스도교 신학 안으로 들어갔기 때문이다. 서양 사유의 계보를 추적하는 우리의 이야기와 연관해 중요한 이야기인 만큼, 무슨 이야기인지 더 자세히 알아보자.

자연의 사다리에서 야곱의 사다리로

그리스도교 최초의 조직신학자로 평가되는 오리게네스Origenes, ?185-?254에서 아우구스티누스에 이르는 고대 신학자들이 플라톤주의 철

학, 특히 플로티노스의《엔네아데스》에 들어 있는 신플라톤주의 형이상학을 빌려다가 그리스도교 신학의 기초를 다졌다는 사실은 널리 알려져 있다. 또한 토마스 아퀴나스를 비롯한 중세 신학자들이 아리스토텔레스가 남긴《형이상학》의 도움을 입어 중세 신학을 구축했다는 것도 잘 알려져 있다. 여기서 흥미로운 것은, 그 과정에서 신학자들이 '자연의 사다리'라는 개념을 '야곱의 사다리Jacob's ladder'로 이해했다는 사실이다. 당신은 '갑자기 웬 야곱의 사다리?' 하고 의아해할지도 모르지만, 이유가 있다.

구약성서 〈창세기〉 28장을 보면, 브엘세바에서 하란으로 가던 야곱이 들에서 돌베개를 베고 노숙을 한다. 그리고 "야곱이 꿈에 본즉 사닥다리가 땅 위에 서 있는데 그 꼭대기가 하늘에 닿았고 또 본즉 하나님의 사자들이 그 위에서 오르락내리락하고"(창세기 28:12)라고 소개되는 그의 꿈 이야기가 나온다. '야곱의 사다리'라는 말은 바로 여기서 나왔다. 그러니 엄밀히 말하자면 그것은 '자연의 사다리'나 '존재의 대연쇄'와는 무관한 히브리 종교적 개념이다.

그럼에도 고대와 중세의 그리스도교 신학자들은 자연의 사다리와 야곱의 사다리가 모두 지상에서 천상으로 연결되어 있고 또한 그것을 따라 한 단계씩 올라가면 마침내 신에게 도달할 수 있다는 점에서 그 둘을 동일하게 생각했다. 그럼으로써 구약성서에서 나온 '야곱의 사다리'라는 히브리 성서의 개념이 그리스 존재론적인 해석을 가질 수 있게 되었다. 그리고 아리스토텔레스의 철학이 서구에 전해진 12세기 이후,[9] 늦어도 토마스 아퀴나스부터는 '자연의 사다리', '존재의 사다리', '피조물들의 사다리' 그리고 '야곱의 사다리', 이 네 가지 개념과 용어가 사실상 같은 의미로 사용되어 내려왔다.

앞에서 든 라몬 유이의 그림이나 포프의 시구들이 그 같은 혼용을 보여주는 예라 할 수 있는데, 영국 르네상스 시대의 최대 걸작으로 꼽히는 존 밀턴John Milton, 1608~1674의 《실낙원》에는 대천사 라파엘이 아담에게 '자연의 사다리'를 통해 인간도 신에게 다가갈 수 있다고 알리는 장면이 나온다. 이때 라파엘이 말하는 '자연의 사다리'는 당연히 인간을 정점으로 끝나는 아리스토텔레스의 자연의 사다리가 아니다. 신을 정점으로 하는 '존재의 사다리' 내지 '야곱의 사다리'다. 때문에 이 말을 들은 아담 역시 라파엘에게 다음과 같이 화답한다.

> 아, 은혜로운 천사, 친절한 손님이여,
> 당신은 우리의 지식이 나아가야 할 방향을 훌륭히
> 가르쳐주셨고, 또 중심에서 주위로
> 자연의 사다리를 놓으셨으니, 이로써
> [우리는] 창조된 사물들을 관조하면서
> 한 단 한 단 신에게로 올라갈 수 있겠나이다.(《실낙원》, 5, 505~510)

내용인즉, 신이 계층적 질서를 통해 자연의 사다리를 만들어놓고 그

° 플라톤주의를 통해 초기 그리스도교 신학에 깊숙이 관여한 플라톤 사상과 달리, 아리스토텔레스 철학은 논리학 저서인 《오르가논》을 제외하면 적어도 12세기 초까지는 그리스도교와 아무런 관련이 없었다. 그 이유는 그의 철학이 아직 그리스도교와 손잡기 전인 6세기 초에 유스티니아누스 황제Justinianus I, 483~565가 칙령으로 아테네에서 모든 철학학교를 폐쇄했기 때문이다. 이후 아리스토텔레스 철학은 시리아와 페르시아, 이집트와 모로코 같은 변방을 떠돌아다니다가, 십자군 전쟁이 지속되던 12세기 중엽에서야 이븐시나Ibn Sina, 980~1037; Abicenna, 이븐루시드Ibn Rushd, 1126~1198; Averroes 같은 아랍 철학자들의 저서를 통해 서구에 전해졌다.

▲ 니콜라 디프레(Nicolas Dipre, ?~1532), 〈야곱의 사다리〉, 15세기

것에 맞춰 우리의 지식이 나아가야 할 방향도 단계적으로 설정했으니까, 그 지식을 따르면 신에게 다가갈 수 있다는 것이다. 사실은 이것이 앞에서 잠시 소개한 '자연신학'의 핵심이기도 한데, 플라톤이 '에로스의 사다리'를 통해, 그리고 플로티노스가 존재의 계층구조를 통해 진정으로 하고 싶어 한 말이 바로 이것이었다. 또한 중세 그리스도교 신학자들이 '야곱의 사다리'를 통해 하고 싶어 한 말도 마찬가지다.

정리하자면, 소크라테스도, 플라톤도, 플로티노스도 모두 '피조물의 사다리를 통한, 신을 향한 정신의 상승'이라는 공동의 목적을 갖고 있었다. 그런데 그 방법이 각각 다를 뿐이다. 우리는 앞에서 소크라테스가 에로스의 사다리를 따라 상승하는 방법은 지상의 것들을 점점 제거하는 '빼기'이고, 플라톤의 방법은 천상의 것들을 차차 부여하는 '더하기'라고 규정했다. 그리고 각각을 '소크라테스 스타일', '플라톤 스타일'이라 이름 붙였다.

그럼 플로티노스 스타일Plotinos style은 무엇일까? 결론부터 밝히자면, 그것은 다시 지상의 것들을 점점 제거해가는 '빼기'다. 그것도 소크라테스의 빼기보다 더 철저하고 치밀한 빼기다. 그가 창시한 신플라톤주의의 사유방식이 침묵과 명상이고, 삶의 방식이 금욕禁慾, abstinentia인 것이 그래서다. 이 점에서는 플로티노스가 그의 우상이었던 플라톤을 건너뛰고 소크라테스로 다시 돌아간 것이다. 10장 '위-디오니시우스—부정'에서 다시 확인하겠지만, 플로티노스가 제시한 금욕적 수련은 모든 것을 다 버리고 사막으로 나가 수련한 4~5세기 동방정교 수도사들에게 영향을 미쳤고, 그것이 서방 교회에까지 전해져 그리스도교 수도생활의 기본틀로 발전했다.

플로티노스의《엔네아데스》에 의하면, '피라미드식 계층구조' 안에서 인간이란 혼과 물질(육체)의 혼합체로서, 혼의 세계와 물질세계 양쪽에 걸쳐 있는 존재이다. 플로티노스는 이러한 인간 실존을 '타락'의 산물로 간주한다. 혼의 입장에서 보면, 육체란 '험한 감옥carcer terreno' 또는 '캄캄한 감방prigion oscura'에 불과하다. 그래서 거기에는 악, 죄, 고통, 정욕, 그리고 죽음과 슬픔이 있다. 때문에 그것은 언제나 '벗어나야만 할 것', 곧 초월의 대상이다.

신플라톤주의자들은 영혼이 육체에 갇힌 이러한 상태를 족쇄에 묶인 '노예vinculum'에 비유하기도 했다. 따라서 인간이 해야 할 유일한 일은, 그 자신의 혼이 모든 고통의 근원인 육체라는 캄캄한 지상의 감옥에서 벗어나 존재의 계층구조를 밟아 자꾸 위로 상승하게 하는 것이다. 그리하여 궁극적으로는 플로티노스가 '첫 번째 아름다움'으로 규정하는 '정신nous'과 신비적으로 연합하게 하는 것이다.

플로티노스에 의하면, 정신과의 합일은 어려운 길이다. 그래서 첫째로는 도덕적 훈련을 통해 스스로를 정화해야 하고, 둘째로는 감각적 사고와 그에 의한 생활을 떠나기 위해 금욕해야 하며, 셋째로는 정신과의 일치henosis에 의한 황홀경을 경험해야 한다. 그럼으로써 개별적 존재인 인간이 모든 구분을 떠난 절대적 존재인 '일자'와 하나가 되어야 한다. 그 목적은 플라톤이 삶의 목적을 '가능한 한 신을 닮은 존재가 되는 것'이라 했던 것과 같지만, 방법은 달랐다. 천상의 세계를 향한 이 같은 등정에 대해 플로티노스는 다음과 같이 설명했다.

> 덕을 통해 정신nous으로 상승함으로써 자신의 짐을 벗어 다시 가볍게 될 것이고, 따라서 지혜를 통해 신에게로 상승할 것이다. 이것이 신들의 삶, 인간들 가운데 신을 닮은 행복한 자의 삶이다. 이것은 낯설고 세속적인 것들과의 이별이며, 세속적 쾌락을 초월한 삶이고 단독자로서 단독자로의 비행이다.(《엔네아데스》, 6.9.11)

보라, 플로티노스는 일자를 향한 영혼의 상승을 '자신의 짐을 벗어 다시 가볍게 되는 것', '낯설고 세속적인 것들과 이별하는 것', '세속적 쾌락을 초월하는 것'으로 교훈하지 않는가. 이것이 플로티노스의 사유방식, 곧 '플로티노스 스타일'이다. 달리 말해 플로티노스에게 나타난 소크라테스 스타일 이팩트다. 이 책에서 사용하는 용어로 '빼기'인데, 바로 이 같은 사유가 소크라테스에서 시작하여 플라톤 그리고 플로티노스를 거쳐 오리게네스, 암브로시우스Ambrosius 그리고 누구보다도 아우구스티누스와 같이 신플라톤주의에 정통했던 초기 그리스도교 신학자들에 의해서 그리스도교 안으로 들어갔다.

다시 말하지만, 전하고자 하는 말의 핵심은 이것이다. 소크라테스 스타일이 삶의 방식으로서, 그리고 사유방식으로서 서양문명의 두 축인 헬레니즘과 헤브라이즘 안으로 들어갔다는 것, 그럼으로써 서양문명의 본질 가운데 하나로 자리 잡았다는 것, 그것이 지난 2,400년 동안 서양문명을 깎고 다듬어왔다는 것이다. 우리는 2부 '소크라테스 스타일 이팩트'에서 이 이야기를 이어갈 것이다. 자, 이제 본론으로 들어가자!

Socrates Style

| 1부 |

소크라테스 스타일

저 유명한 희망봉을 돌아가는 항로를 발견한 것보다
훨씬 더 중대한 사고방식의 혁명에 관한 역사와
그것을 성취한 운 좋은 사람의 얘기는 우리에게 전해오고 있지 않다.
– 임마누엘 칸트

《생각의 시대》에서 나는 기원전 8세기에서 기원전 5세기까지 그리스에서 개발된 은유metaphora, 원리archē, 문장logos, 수arithmos, 수사rhētorikē, 5가지의 사유방식을 '생각의 도구'로 이름 짓고 각각의 기원과 용도 그리고 그것을 학습하는 방법을 밝혔다. 그 책의 머리말에는 다음과 같은 말을 실었다.

> 생각은 다른 무엇이 아니다. 무한한 대상들 앞에서 혼란스러워진 우리의 정신이 질서를 이끌어내는 방식이다. 그것은 보통 다양하고 복잡한 대상들을 몇 가지 단순한 패턴에 의해 정리하는 식으로 이뤄진다. 그리고 그 패턴들이 서로 모여 더 크고 복잡한 패턴을 만들어간다. 생각의 도구들은 그 자체가 이런 식으로 만들어진 생각의 패턴들이다. 그러나 그것은 다른 모든 생각들을 만들어내는 시원적 방식이고 패턴이다. 그래서 도구라는 이름을 붙였다.

그렇다. 생각이란 우리의 정신이 질서를 이끌어내는 방식이다. 그런데 기원전 5세기, 특히 페리클레스 시대Perikles age, 기원전 461~기원전 429의 아테네를 기점으로 그리스 사람들의 생각이 갑자기 더 크고 복잡해지기 시작했다. 그 이유는《생각의 시대》에서 이미 자세히 설명했듯이, 기원전 8세기 중엽에 문자의 사용이 일반화되기 시작해,° 기원전 6세기 중엽부터는 산문散文, prose이 발달하고 책들이 발간되기 시작했기 때문이다.°° 그 결과 생각을 단지 말이나 시가詩歌에 담아 전하던 음성언어의 시대가 서서히 저물고, 기원전 5세기부터는 그것을 글과 산문에 담아 전하는 문자언어의 시대가 열리기 시작했다.

《생각의 시대》에서 나는 기원전 8세기부터 시작해 기원전 6세기까지 사이에 그리스에서 일어난 이 같은 변천을 '로고스의 반란'이라는 제목 아래 소개했는데, 그것은 말에 대한 글의 반란, 운문(서사시, 서정시, 비극)에 대한 산문(법조문, 아포리즘, 논증)의 반란, 신화에 대한 철학의 반란이었다. 한마디로 뮈토스mythos에 대한 로고스logos의 반란이었다. 정리해보면, 먼저 문자가 완성되었고, 산문이 등장했으며, 철학이 시작되었다. 이 말은 문자의 사용이 산문의 발생과 연관되어 있고, 산문의 발달이 이성의 발생과 무관하지 않다는 것을 알려준다.[1]

음성언어와는 달리 문자언어는 생각이 사라지지 않게 함으로써 반복적이고 반성적인 사유가 가능하게 했고, 책이 생각을 시간과 공간

° 재레드 다이아몬드Jared Daimond가 《총, 균, 쇠》에서 확인했듯이, 기원전 8세기 중엽에 그리스인들은 세계에서 유일하게 모음(α, ε, η, ι, ο)을 개발해 오늘날 우리가 보는 알파벳과 유사한 알파벳 문자를 갖고 있었다.(재레드 다이아몬드, 김진준 옮김, 《총, 균, 쇠》, 문학사상사, 2010, 329~331쪽 참조.)

°° 테미스티오스의 《연설집》에 의하면, 밀레토스의 아낙시만드로스Anaximandros, 기원전 610~기원전 546가 산문으로 글을 써서 책으로 발표한 최초의 인물이다.(DK 12A7) 디오게네스 라에르티오스는 《그리스 철학자 열전》에서 최초로 그리스어로 책을 쓴 사람은 아낙시만드로스가 아니고 그와 거의 동시대를 살았던 페레키데스Pherecydes, 기원전 580~기원전 520라고 전했다.(디오게네스 라에르티오스, 전양범 옮김, 《그리스 철학자 열전》, 동서문화사, 2011, 74쪽 참조.)

의 제한을 뛰어넘어 전할 수 있게 했다. 생각의 대상들이 많아진 것이다. 그러자 그것을 정리하는 생각의 패턴도 차츰 크고 복잡해졌고 그것을 담는 '그릇'인 문장 역시 크고 복잡해지기 시작했다. 하나의 생각을 담기 위해서도 단문單文보다는 중문重文이나 복문複文이, 하나의 문장보다는 여러 문장이 필요해졌기 때문이다. 그 결과 생각을 설득력 있게 전하기 위해서는 문장의 '꾸밈elocutio'뿐 아니라, 문장들의 적절한 '배열dispositio'이 중요해졌다. 그리고 기원전 5세기에 마침내 문장을 논리적으로 배열하는 사유방식들이 생겨났는데, 이때 '논증적 수사論證的 修辭, argumentative rhetoric'라는 독특한 생각의 패턴과 그것을 표현한 문장의 배열형식이 발달하기 시작했다. 그리고 얼마 가지 않아 기원전 4세기에 논리학이 생겨났다.

이 말은 논리학은 논증적 수사로부터 생겨난 것이고, 그 둘은 애초 문장을 논리적으로 적합하게 배열하기 위해 개발된 기법이라는 것을 알려준다. 그것을 훗날 아리스토텔레스가 논증적 수사는《수사학》에, 논리학은《오르가논》에 정리해 담았다. 혹시 이게 도대체 무슨 이야기인지 고개가 갸우뚱해지는가? 그렇다면 다음과 같이 가정해 생각해보자.

기원전 5세기, 아테네에 사는 어떤 사람(A)이 '소크라테스가 죽는다'는 사실을 친구(B)에게 납득시키려고 한다. 그런데 친구가 그 말을 믿지 않으려 한다. 이유인즉 그가 근래에 신들은 죽지 않는다는 이야기가 담긴 헤시오도스의《신통기》를 읽은 데다, 소크라테스를 '신처럼' 존경하기 때문이다. 이 경우 A에게는 당연히 생각하고 고려해야 할 대상이—종전에 그 친구가 책들을 읽지 않았을 때보다—많고 복잡해졌다. 우선 그는 아무리 '신처럼' 위대하다 해도, 그가 인간인 한 죽을 수밖에 없다는 것을 친구에게 납득시켜야 한다. 그다음 소크라테스가 죽는다는 것을 설득해야 한다.

그래서 A가 "헤라클레스와 같이 제우스의 아들이자 신처럼 위대한 인간도 죽었다. 하물며 석공 소프로니스코스의 아들인 소크라테스가 아무리 신처럼 위대하다 해도 죽지 않을 수 있겠는가"라고 B에게 말했다고 하자. 이 말은 단순히 '소크라테스가 죽는다'는 사실을 알리는 단문이 아니다. 아리스토텔레스가 《수사학》에서 "부분과 부분이 유사성을 갖고 있고 그중 하나가 잘 알려진 것일 때, 그 잘 알려진 한 부분에서 다른 한 부분으로 진행하는 추론"[2]이라고 정의한 예증법paradeigma이라는 논증적 수사다. 어떤가? 단순히 '소크라테스가 죽는다'는 사실을 부득부득 우기는 것보다는 훨씬 설득력이 있지 않은가? 논증적 수사는 이렇게 생겨났다.

그런데도 B가 이런저런 이유를 대며 A의 말을 수긍하지 않아 A가 다시 "헤라클레스와 같이 신처럼 위대한 인간도 죽었다. 아킬레우스와 같이 신처럼 위대한 인간도 죽었다. 헥토르같이 신처럼 위대한 인간도 죽었다. 오디세우스와 같이 신처럼 위대한 인간도 죽었다. 그러므로 소크라테스는 죽는다"라고 말했다고 하자. 앞의 예증법보다 더 많은 예를 나열한 다음, 소크라테스가 죽는다고 설득한 것이다. 당신도 알다시피, 이 같은 문장의 배열을 논리학에서는 귀납법induction이라 한다.

그럼에도 B가 여전히 수긍하지 않아 A가 다시 "모든 인간은 죽는다. 소크라테스는 인간이다. 그러므로 소크라테스는 죽는다"라고 딱 잘라 강변했다면, 이것은 아리스토텔레스가 《오르가논》에서 최초로 정리한 삼단논법syllogism이라는 연역법deduction이다. 논리학은 이렇게 생겨났다.

그랬다. 논증적 수사와 논리학은 이렇게 생겨났다. 요컨대 문자언어를 사용함으로써 사람들이 생각할 대상이 크고 복잡해지자 그것을 정리하기 위한 크고 복잡한 생각의 패턴과 그것을 담는 문장의 배열 형식들이 만들어지기 시작한 것이다. 그것을 이 책에서는 '생각의 기술'이라고 부르고자 하는데, 우리가 소크라테스 스타일이라고 칭하는 사유방식인 논박술도 이 시기에 등장한 논증적 수사들 가운데 하나로 개발되었다. 그와 함께 동녘에서 이성의 시대가 밝아왔다.

하지만 이것은 소크라테스의 논박술의 기원과 본질을 오로지 생각의 패턴 내지 문장의 배열형식을 기준으로 조명해 간략하게 정리한 것이다. 그러나 당신도 알다시피 사고와 언어란 인간 정신의 소산일 뿐 아니라, 시대적·사회적 산물이기도 하다. 논박술 역시 예외일 수 없다. 따라서 그것의 기원과 본질은 소크라테스가 살았던 시대적·사회적 조명 아래서 보다 더 또렷이 모습을 드러낸다. 그래서 우리는 이제부터 소크라테스가 살았던 시기와 장소가 어떠했는지, 다시 말해 역사가들이 '페리클레스 시대'라고 이름 짓고, 내가 '이성의 시대'라고 부르는 당시 아테네에는 어떤 사람들이 어떤 생각을 어떤 방식으로 하고 살았는지, 그리고 그것들이 소크라테스의 논박술에 어떤 영향을 끼쳤는지를 살펴보면서 1부 '소크라테스 스타일'을 시작하고자 한다.

4장

페리클레스 시대

예수가 태어나기 500년 전에 페리클레스의 시대가 있었다.
한 시대에 자기 이름을 걸 수 있다는 것은 얼마나 큰 영광인가.
– 앙드레 보나르

역사는 혼탁한 강물이다. 때문에 어느 한 자락을 뚝 잘라 무슨 시대라고 부르는 데는 무리가 있다. 그러나 곧게 조용히 흐르던 강물이 갑자기 길을 바꾸며 소용돌이를 일으키는 때가 있듯이, 역사에도 삽시에 방향이 바뀌며 격동하는 시기가 있다. 인류문명에서는 축의 시대Achsenzeit, 기원전 8세기~기원전 3세기가 그랬고, 그리스 문명에서는 페리클레스 시대가 특히 그랬다.

강물이 범람한 땅에서 크고 단 과일이 자라듯이, 역사에서도 격동의 시기에 탁월한 인물들이 쏟아져 나오는 법이다. 그리고 그들이 서로 대립하며 경쟁하고 또한 서로 영향을 주고받으면서 새로운 시대를 연다. 역사를 돌아보면, 이러한 현상은 마치 소용돌이처럼 갑자기 일어나 새로운 질서를 탄생시키고 다시 사라지곤 하는데, 나는 이것을 '문화적 창발文化的 創發, cultural emergence'이라 부르고자 한다.

창발이란 복잡성 과학complexity science에서 나온 개념으로, 주어진 하위수준(구성요소)에서는 없던 질서나 특성이 상위수준(전체구조)에서 어느 순간 갑자기 제 스스로 만들어지는 것self-organization을 말한다. 예컨대 아프리카 초원에 사는 버섯흰개미 개체는 집을 지을 만한 지능이 없다. 하지만 그 집합체는 역할이 다른 개미들의 상호작용을 통해 보통 4미터 이상 높이에, 복잡한 내부구조를 가진 탑 모양의 둥지를 세운다.[1] 이것이 창발이다. 다른 예를 더 들자면, 기름과 같은 액체를 끓이면 어느 순간 갑자기 육각형 모형이 나타난다. 프랑스 물리학자 앙리 베나르Henri Bénard, 1874~1939가 발견했다고 해서 '베나르 세포'라고 불리는데, 눈송이가 육각형을 이루는 것도 같은 원리다.

이 밖에도 아메바와 비슷한 점균류가 최단 경로의 미로를 찾는 것, 어류, 새 떼, 양 떼, 소 떼 등 동물들이 일정한 형태를 유지하며 군집이동을 하는 것, 도시들이 같은 형태로 발달하는 것 등, 창발은 무생물과 생물을 가리지 않고 자연의 자기조직 과정에서 일반적으로 나타나는 현상이다. 오늘날 복잡성 과학을 연구하는 학자들은 시장의 형성, 주식변동, 금융위기 같은 경제 현상이나, 군중심리와 사회구조 같은 사회 현상, 그리고 학문과 예술, 종교 같은 문화 현상에서도 창발이 일어나는 것으로 본다.°

창발이 왜 일어나는지 아직 정확히 알지는 못한다. 그러나 그것이

° 이에 연관해서는《다시 만들어진 신》(스튜어트 카우프만, 김명남 옮김, 사이언스북스, 2012)도 흥미롭다. 복잡성 과학의 메카인 산타페이연구소의 초창기 멤버이자 대가로서《혼돈의 가장자리》,《다시 만들어진 신》의 저자이기도 한 카우프만은 이 책에서 창발이 비단 과학의 영역에서만 일어나는 현상이 아니라면서, 신의 창조와 신성 그리고 인간과 과학, 예술, 윤리, 정치, 영성에 대한 새로운 관점을 제시한다.

무의식적 행위자들이 국지적으로 주고받는 되먹임feedback이라는 순환적 상호작용을 통해 생겨난다는 사실만 알려져 있다. 기름이나 눈雪이 육각형 모양을, 점균류가 최단경로를, 정어리나 뱁새가 무리 전체의 이동 형태를, 의식하거나 학습 또는 기억할 수 없음에도, 단순히 개체들이 서로 부단히 주고받는 상호작용인 되먹임에 의해 상위수준 내지 전체구조의 새로운 질서와 특성이 생겨난다는 것이다. 그것이 얼마나 놀라운 결과를 가져오는지는 앞에서 언급한 아프리카나 오스트레일리아의 초원에 사는 흰개미termite들의 거대한 탑 모양의 집단서식지를 관찰해보면 알 수 있다.

흰개미들의 탑 모양 집단서식지는 우선 거대하다(1~9미터). 몸의 길이(일개미 평균 2.5~15밀리미터)를 감안해 비교해보면, 그것들 중 가장 큰 것은 인간이 지은 현존하는 세계 최고층 빌딩인 아랍에미리트 두바이의 '부르즈 칼리파Burj Khalifa'(828미터)보다 더 크고 높다. 그뿐 아니라 상당히 복잡하고 위생적 또는 합리적인 시설들이 갖춰져 있다.

▲ **버섯흰개미의 서식지**
Wikimedia Commons/J Brew (CC BY-SA 2.0)

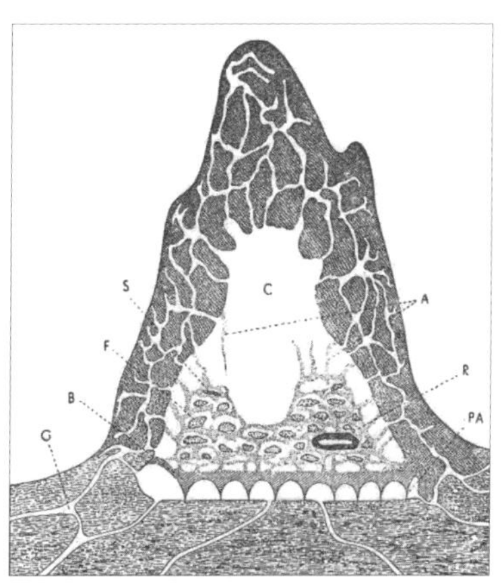

▲ **버섯흰개미 서식지의 내부구조**

그 안은 여러 방들로 나뉘어 있고, 습도를 조절하는 환기시설이 구비되어 있는 데다 새끼들을 기르는 육아실과 소화를 돕는 균류(흰개미버섯)를 재배하는 넓은 방들도 따로 구분되어 있다. 서식지에서 가장 먼 곳에 죽은 개미들의 사체를 모아둔 공동묘지가 있고, 서식지와 공동묘지에서 동시에 가장 먼 지점에 먹이껍질들을 쌓아놓은 쓰레기장이 위치해 있다. 위생을 고려한 구조다. 이 같은 현상과 구조는 흰개미뿐 아니라 수확자개미의 서식지에서도 찾아볼 수 있다. 주목하고자 하는 것은 개미들이 각각의 개체로서는 그런 구조물을 지을 지능이 없는데도 아무런 마스터플랜도 없이 단지 페로몬이라는 화학물질에 기초한 10개 내외의 빈약한 소통 수단만으로 이토록 놀라운 일들을 해낸다는 사실이다.[2]

우리는 역사 안에서 일어나는 문화적 창발도 같은 원리로 이해하고 설명할 수 있다. 먼저 우리의 뇌에서 창발이 일어난다. 뇌의 뇌신경세포neuron 각각에는 의식이 없다. 예컨대 대상을 인지하고 이해하거나 사고할 능력이 없다. 그러나 뇌신경세포들이 서로 연결되어 뇌신경망neural network을 형성하면, 그것들이 부단히 정보를 주고받는 순환적 상호작용을 통해 의식이 창발된다. 그 결과 우리가 뭔가를 인지하고 이해하거나 사고'하는 것이 가능해진다.

그런데 인간은 공동체를 이루어 사는 사회적 동물이기 때문에, 그에게는 또 한 번의 창발이 일어난다. 그것은 공동체의 구성원 사이에서 끊임없이 주고받는 정보의 되먹임에 의해 생겨나는 것으로서, 그것에 의해 언어, 기업, 도시, 사회체제, 학문, 예술 등이 생겨났다. 역시 개별적 인간의 두뇌에서는 생겨날 수 없는 새로운 질서 내지 특성들이다.[3] 이같이 각 분야에서 산발적으로 일어나는 창발이 사회·경제·정치적 여건에 의해 한 시대 또는 한 지역에서 동시다발적으로 일어나 그들 사이의 순환적 상호작용이 극적으로 활성화될 때 역사를 바꿀 만한 거대한 창발이 일어나는데, 이것이 내가 말하는 문화적 창발이다.

서양에서 역사를 바꾼 가장 극적이고 거대한 문화적 창발로는, 기원전 8세기에서 기원전 3세기 사이, 이른바 축의 시대에 그리스에서 일어나 서양문명 전반의 기반을 닦은 것, 2~4세기에 알렉산드리아를 중심으로 한 북아프리카에서 헬레니즘과 헤브라이즘이 만나 중세문명을 일군 것, 그리고 14~16세기에 이탈리아를 비롯한 유럽에서 르네상스가 일어나 근대 문명을 연 것, 17세기 유럽에서 과학혁명이 일어나 고전역학의 확립과 그에 따른 자연상·세계상의 변혁을 이끈 것 등을 꼽을 수 있다. 그러나 자세히 들여다보면 역사의 변환기마다 이보다는 상대적으로 짧은 시기에 지엽적으로 그러나 집약적으로 일어난 창발들—예컨대 19세기 말에서 20세기 초까지, 프랑스 파리에서 이른바 벨 에포크belle époque; 1890~1914라 불리던 시기에 일어난 문화적 변혁 등—도 여럿 있었다.

우리는 이들을 살펴보면서 역사가 남긴 중요한 교훈 하나를 얻을 수 있다. 문명의 변혁 내지 도약을 가져오는 크고 작은 문화적 창발들은 이질적이고 분산된 상태에 있는 개인 또는 집단의 사유와 사조가 대립 또는 경쟁하는 가운데 서로가 적응하며 통합되는 시너지가 열병처럼 번지는 신드롬이 될 때 시작한다는 사실이다. 나는 이러한 현상을 '사유의 시너지 신드롬synergy syndrome of thinking'이라 이름 지어 부르고자 하는데, 내가 보기에는 그것이 인류 역사에서 간헐적으로 또한 지역적으로 일어나는 문화적 창발을 추동하는 직접적인 원인이다.

문화적 창발과 페리클레스 시대

•••

사유의 역사 및 계보를 추적하는 관점에서 보면, 그리스 문명에서는 기원전 5세기가—소크라테스도 이 시기에 태어나 살았다—매우 특별한 의미를 가진다. 그것은 우선 기원전 5세기가 인류 역사상 가장 변혁적이고 위대한 문화적 창발의 시기였던 축의 시대(기원전 8세기~기원전 3세기)의 중앙에 위치하고 있는 데다, 그 중심에 페리클레스 시대가 끼어 있다는 사실 때문이다.

페리클레스 시대는 아테네에 페리클레스Perikles, 기원전 495?~기원전 429라는 탁월한 인물이 등장해 정권을 장악한 기원전 461년에서 그가 세상을 뜬 기원전 429년까지의 집권기간을 가리킨다. 이 시기에 아테네에서 그리스 문명뿐 아니라 서양문명 전반에 위대한 변환great transformation을 일으킨 사유의 시너지 신드롬이 마치 마파람을 탄 들불처럼 거세게 일어났다. 때문에 우리가 기원전 5세기, 특히 페리클레스 시대를 분기점으로 그리스의 축의 시대를 전반기와 후반기, 또는 개화기開花期와 만화기滿花期로 나누어 구분해보면, 다음과 같은 흥미로운 전경이 눈앞에 새롭게 펼쳐진다.

기원전 8세기에서 기원전 5세기까지 이어진 축의 시대의 전반 개화기에는 호메로스, 헤시오도스, 아르킬로코스, 사포와 같은 시인들과 탈레스, 헤라클레이토스, 파르메니데스, 피타고라스, 프로타고라스와 같은 소크라테스 이전의 철학자들이 나왔다. 이들이 내가 《생각의 시대》에서 소개한 은유, 원리, 문장, 수, 수사와 같은 '생각의 도구'들을 각각 개발하여 서양문명을 일구기 시작했다. 나는 이 시기를 '생각의 시대'라고 이름 붙였다.

기원전 5세기에서 3세기에 이르는 축의 시대 후반에 그리스 문명이 활짝 꽃피었는데, 이 시기에 프로타고라스, 고르기아스, 히피아스와 같은 수사학자들, 소크라테스, 플라톤, 아리스토텔레스 같은 철학자들, 아이스퀼로스, 소포클레스, 에우리피데스와 같은 고전기 비극 시인들, 역사가 헤로도토스와 투키디데스, 기하학자 유클리드, 의학자 히포크라테스, 물리학자 아르키메데스 등이 나와 활동했다. 이들이 이 책에서 소개할 '생각의 기술들'을 개발하고, 이성이라는 정신기능을 탄생시켰다. 나는 이 시기를 '이성의 시대'라고 부른다.

그랬다. 맨 먼저 페리클레스 시대 아테네에서 사유의 시너지 신드롬이 일어났다. 그것은 이때 그리스 전역에 널리 퍼진 도시국가polis들과 식민도시kleruchia들에서 새롭고 다양한 사유를 지닌 학자와 예술가들이 아테네로 몰려들었기 때문이다. 우선, 에게해 연안에 있는 소아시아(지금의 터키 영토)의 여러 식민도시에서 오늘날 우리가 이오니아학파Ionian school 또는 밀레토스학파Milesian school라고 부르는 자연철학자들과 밀레토스 인근의 섬인 사모스에서 시작한 피타고라스학파Pythagorean school 사람들이 건너와 새로운 사유들을 전하고 가르쳤다. 아낙사고라스Anaxagoras와 다몬Damon이 각각을 대표한다. 또 한편으로는 이탈리아 남부의 식민도시 엘레아에서 엘레아학파Eleatic school의 시조 파르메니데스와 그의 제자 제논이 건너와 자신들의 사유를 전파했다. 그리고 아테네에서 그 어느 학파 사람보다 인기를 누린 소피스트들을 대표하는 프로타고라스가 역시 그리스 북동부 아브데라에서, 그리고 고르기아스가 이탈리아 시칠리아섬의 레온티니에서 찾아왔다.

그 결과 페리클레스 시대의 아테네는 타지에서 찾아온 사상가와 예술가들의 샐러드 볼salad bowl이 되었다. 샐러드 볼이란 '다양하고 이질적인 문화를 가진 사회 구성원들이 각자의 문화 정체성을 유지하며 사회 내에서 조화로운 통합을 이루어나가게 하는 장소'라는 뜻을 가졌는데, 그것이 문화적 창발의 산실이자 첫 번째 조건이다. 페리클레스 시대에 아테네로 몰려든 "그들은 그리스 세계 도처에서 왔고, 모든 곳의 도시들(《소크라테스의 변명》, 19e5), 또는 최소한 대도시들을 방문하면서(《프로타고라스》, 316e6)"[4] 서로 대립하고 서로에게 영향을 끼치며 사유의 시너지 신드롬을 일으켰다. 당시 사람들은 이들 모두를 '지혜로운 자賢者'를 뜻하는 소피스트sophist라고 불렀다.

오늘날에는 우리가 소피스트라는 말을 '궤변론자' 내지 '지식판매상'이라는 좁고 부정적인 의미로 사용하기 때문에 조금 의아하게 들리겠지만, 고대 그리스에서 이 용어는 이보다도 폭넓고 긍정적으로 쓰였다. 영국 맨체스터대학교의 고전문헌학 석좌교수였던 조지 커퍼드George Kerferd, 1915~1998는 《소피스트 운동》에서 이 용어를 다음과 같이 규정했다.

> 기원전 5세기부터 '소피스테스sophistēs'라는 용어는 이러한 초기 '현자'들 중 많은 이들에게—(예컨대) 호메로스와 헤시오도스를 포함한 시인과, 음악가와 음유시인, 성직자와 예언자, 일곱 현인과 그 밖의 초기 현자들, 소크라테스 이전의 철학자들, 프로메테우스Prometheus와 같이 신

비스러운 힘을 가진 인물들에게—적용되었다.[5]

소피스트라는 말을 좁고 부정적인 의미로 사용하기 시작한 것은 뮈토스와 로고스, 운문과 산문, 특히 수사학과 철학을 선명하게 갈라, 로고스와 산문 그리고 철학에 주도권hegemony을 넘긴 플라톤과 아리스토텔레스 이후부터다. 그래서 이 책에서는 기원전 5세기에 아테네에서 새로운 사유를 전개하며 아테네 사람들을 계몽하려 했던 이들 모두를 '넓은 의미에서' 소피스트라고 부르고자 한다.

여기에는 우리가 '좁은 의미에서' 또는 '부정적 의미에서' 소피스트라 부르는 프로타고라스, 고르기아스, 히피아스와 같은 수사학자뿐 아니라, 다몬, 아낙사고라스, 파르메니데스와 제논 그리고 파르테논 신전 건축을 감독했던 페이디아스Pheidias와 여러 조각가, 건축가들, 페리클레스의 내연녀 아스파시아Aspasia 등이—심지어는 소크라테스까지도—포함된다. 소크라테스를 제외한다면, 그들은 대부분이 새로운 사유방식과 그것이 낳은 지식, 사상, 예술을 가지고 바다를 건너 아테네로 온 사람들이었는데, 이들이 아테네에 사유의 시너지 신드롬을 일으켜 문화적 창발을 촉발했다.

페리클레스와 소피스트 운동

• • •

조지 커퍼드는 기원전 5세기에 넓은 의미의 소피스트들이 일으킨 문화적 창발에 '소피스트 운동Sophist Movement'이라는 이름을 붙였다. 그것은 서양 최초의 계몽운동이라 할 수 있는데, 말이 운동이지 일종의 혁명이었다. 소피스트 운동과 함께 아테네인들의 의식과 지식과 교육에 이전까지는 없었던 새로운 질서가—마치 아프리카 초원에 사는 버섯흰개미가 개체는 집을 지을 만한 지능이 없지만 그 집합체는 4미터 이상 높이에, 복잡한 내부구조를 가진 둥지를 짓는 것처럼—형성되기 시작했다. 그렇다면 여기에서 한 가지 의문이 든다. 그들은 왜 기원전 5세기 특히 페리클레스 시대에 아테네로 몰려들어 문화적 창발을 일으켰을까? 거기에는 적어도 두 가지 이유가 있다.

하나는 사회적·경제적인 것이었다. 페르시아 전쟁이 끝나자, 페르시아의 재침을 막고 그들 지배하에 있는 그리스 도시국가들을 독립시킨다는 명목으로 델로스 동맹Delian League, 기원전 478이 맺어졌다. 아테네를 중심으로 주로 소아시아 연안의 도시국가와 에게해 섬들의 대표들이 성스러운 섬 델로스에 모여 붉게 달군 쇳조각을 푸른 바다에 던지며 "이 쇳조각이 다시 바다 위로 떠오를 때까지 동맹에 충실하겠노라" 하고 굳게 맹세하였다. 이때부터 아테네가 지중해 국가들의 맹주로서 동맹국의 시민들을 아무 제한 없이 받아들였고, 또한 동맹국들로부터 세비를 거둬들여 '도시국가의 경제'에서 '제국의 경제'로 탈바꿈했다.

그러자 경제적 여건이 나아져 파르테논 신전을 비롯해 페르시아 전쟁으로 파괴된 신전과 도시를 복원하는 공공사업이 대대적으로 이뤄졌고, 학문과 예술이 장려되었으며, 개인들의 삶에서도 편리함과 사치스러움이 추구되기 시작했다.(투키디데스, 《펠로폰네소스전쟁사》, II, 38)[6] 아테네가 '제비꽃 화관을 쓴 도시', '세련되고 기름진 도시'로 불린 것이 이때부터인데, 이 같은 아테네 제국Athenian Empire의 사회적·경제적 여건이 소피스트들을 불러들였다.

다른 한 이유는 정치적인 것으로, 페리클레스라는 걸출한 인물의 탁월함과 그가 펼친 민주정 때문이었다. 페리클레스는 불과 서른네 살이던 기원전 461년에 최고의 권력을 가진 스트라테고스strategos(장군)에 올라 32년을 거의 제한받지 않는 권력을 누리며 그 자리를 지켰다. 직접민주정치를 실현했던 당시 아테네 정치인으로서는 상상조차 할 수 없이 긴 집권기간이다. 무엇보다도 시민들이 사람의 이름을 조개껍데기나 도자기 및 그 파편에 적어 내어, 총 6천 표가 넘으면 10년간 국외로 추방하는 도편추방제陶片追放制, ostracism를 실시한 탓에, 아무리 현명하고 유능한 정치인이라 해도 불과 몇 년을 집권하기가 어려웠기 때문이다.

페리클레스는 아테네 정치명문가 출신이다. 아버지는 페르시아 전쟁의 영웅 크산티푸스다. 어머니는 아테네 최고 명문인 알크마이온 가문의 핏줄로, 아테네에 민주정을 도입한 클레이스테네스의 조카다. 외모를 보면 그는 준수한 이목구비를 갖춘 미남이었다. 목소리는 낭랑한 데다 어려서부터 언변이 좋았다. 다만 이마가 너무 커 "양파 머리의 제우스"라는 별명을 얻었는데, 당시 제작된 그의 흉상이 항상 투구를 쓰고 있는 모습으로 재현된 것이 이마를 감추기 위해서라는 설이 전해올 정도다. 그래도 그는 큰 이마만큼이나 뛰어난 두뇌를 갖고 있었던 것 같다.

그러나 페리클레스의 성공은 단지 그의 출신이나 외모 또는 타고난 명석함에만 빚지지 않았다. 그는 당시 어느 명문가 자제도 감히 생각조차 하지 못할 만큼 훌륭한 교육을 받았다. 게다가 페리클레스는 평생을 두고 목마른 젖소가 물을 마시듯 지식을 받아들였는데, 그것이 그의 천성이었다. 마침 당시 아테네에는—그 자신이 만든 것이나

▲ 페리클레스 대리석 흉상. 바티칸 박물관. 기원전 430년 조각가 크레실라스(Kresilas, 기원전 480~기원전 410)가 만든 것을 로마 시대에 그리스 원본에서 모작한 것임.

다름없는—소피스트 운동이라는 신선한 강물이 흘렀다. 소용돌이치는 그 강가에서 그는 스승이라 부를 만큼 지대한 영향을 끼친 네 사람의 탁월한 동시대인을 만났다. 피타고라스학파의 음악학자 다몬, 밀레토스학파의 자연철학자 아낙사고라스, 수사학자 프로타고라스, 그리고 엘레아학파의 변증가 제논이 그들이다. 하나같이 역사에 이름을 남긴 당시 서구세계 최고의 학자들이다. 고대 그리스에서 이처럼 훌륭한 스승을 두는 행운을 가졌던 정치가는 아리스토텔레스의 제자 알렉산드로스 대왕뿐이다.

페리클레스가 남긴 위대한 업적은 누가 뭐래도 아테네에 민주정을 실현한 것이다. 물론 그것을 설계하고 기초를 다진 사람은 기원전 6세기에 활동한 시인이자 정치개혁가였던 솔론Solon, 기원전 630~기원전 560과 모든 시민에게 참정권을 부여하고 도편추방제를 도입한 클레이스테네스Cleisthenes, 기원전 570?~기원전 508다. 하지만 민주정을 '완전한 또는 순수한' 형태로 반석에 올려놓은 사람이 페리클레스다. 그는 청소년기의 스승이었던 다몬Damon, 기원전 5세기이 '소프로쉬네sōphrosinē'라는 용어를 통해 전한 피타고라스학파의 교설을 따라, 좋은 판단euboulia은 언제나 다양한 의견의 수렴과 조화에서 비롯된다고 생각했다.° 그렇기 때문에 자신은 귀족 출신이면서도 개혁파의 선봉이 되어 '법 앞에서의 평등isonomia'이라는 구호 아래, '의사표현의 평등isēgoria', '신분에서의 평등isogonia', '권력에서의 평등isokratia'을 내세워 아테네에 민주주의를 꽃피웠다.

물론 그렇다고 해서 페리클레스의 민주정이 완벽했던 것은 아니다. 오늘날 우리의 눈으로 보면, 오히려 정반대였다. 그의 민주정이 시민politis들을 위한 정치체제였던 것은 틀림없지만, 당시 아테네에서 시민은 전체 인구의 약 10퍼센트에 불과했다. 그 밖의 대부분은 그에 딸린 가족과 노예들이었고, 외국인 체류자들도 상당수였다. 주거민의

° '소프로쉬네'는 고대 그리스에서 보통 '절제節制'를 뜻했는데, 피타고라스학파에서는 음악, 노래, 춤, 제의 등을 통해 얻는 평정, 안정 그리고 자기 통제라는 의미로 사용되었다. 그러나 기원전 6세기에 활동한 시인이자 정치가였던 솔론에 의해 정치·사회적 맥락에서 재해석되어, 소프로쉬네가 '절제를 통한 사회적 균형'이라는 의미로 사용되었다.(장 피에르 베르낭, 김재홍 옮김, 《그리스 사유의 기원》, 도서출판 길, 2006, 118~123쪽 참조.)

50퍼센트에 달하는 노예들은 거의 인간 대접을 받지 못했고, 여성이 참정권에서 제외된 것은 물론이다. 때문에 정확히 말하자면 아테네 민주주의는 아테네 시민 중 성인 남성의, 성인 남성에 의한, 성인 남성을 위한 민주주의였다. 스위스 로잔대학교의 고전학 교수였던 앙드레 보나르André Bonnard, 1888~1959의 표현을 다시 빌리자면, 페리클레스의 민주정은 "어린아이 입안에 난 이齒와 같다. 반드시 죽고 다시 태어나야 할 민주주의였다."[7]

그렇다고 해서 페리클레스의 민주정을 혹시라도 하찮게 또는 반反민주적이라고 폄하하거나 매도해서는 안 된다. 판단은 사람마다 다르겠지만, 한술 밥에 배부르지 않는 법이고 천리 길도 한 걸음부터다. 게다가 누구든 이에 대해 뭐라 판단하고 싶다면, 필히 감안해야 할 역

▲ 필리프 폴츠(Philip Foltz, 1805~1877), 〈페리클레스의 추모연설〉(1852)

사적 사실이 있다. 예컨대 미국에서 노예해방이 선포된 1863년은 페리클레스가 죽은 지 정확히 2,292년 후이고, 수정헌법 19조에 의해 여성이 마침내 참정권을 획득한 1920년은 더도 덜도 아닌 2,349년 후였다. 그렇다, 민주주의로 가는 길은 멀고도 험하다. 우리가 추구하는 모든 이상이 그렇듯이, 어쩌면 민주주의는 '언젠가 도달할 수 있는 목표'가 아니라, '언제나 다가가야 할 목표'인지도 모른다.

페리클레스가 구현한 민주주의가 어떠했는지는 기원전 431년에 스파르타와 맞선 펠로폰네소스 전쟁(기원전 431~기원전 404)에서 목숨을 잃은 전몰자들을 추도하는 장례식장에서 그가 한 다음 연설문에 잘 나타나 있다.

> 우리의 정치체제는 이웃의 제도를 따라 한 것이 아니며, 다른 이들을 모방하기보다는 오히려 그들의 본이 되고 있습니다. 그리고 소수가 아닌 다수를 위한 것이기 때문에 그것의 이름은 민주정이라고 불립니다. 사적인 분쟁들에 관해서는 법률에 따라 모두가 평등합니다. 반면 공적인 일에 관해서는 자격에 따라, 각자가 평가되는 대로, 추첨이 아닌 탁월함에 의해서 자리가 주어집니다. 그리고 누군가가 도시에 뭔가 좋은 일을 할 능력이 있다면, 가난에 따른 신분의 미미함으로 인해 제약받는 일도 없습니다.[8]

어떤가? 2,500년경 전에 살았던 정치가가 한 말로는 실로 놀랍지 않은가? 페리클레스는 소수가 아닌 다수를 위한 정치, 법 앞에서의 평등을 위한 정치, 신분에서의 평등을 위한 정치를 자랑스레 선포했다.

이와 유사한 취지의 연설이 1863년 11월 미국 펜실베이니아주 게티즈버그에서 행해진 전몰자를 위한 국립묘지 설립 기념식에서 에이브러햄 링컨의 입을 통해 다시 나오기까지는 낮과 밤으로는 셀 수조차 없는 세월이 바람처럼 흘러야 했다.

페리클레스의 연설 가운데 특히 눈여겨볼 것은 "누군가가 도시에 뭔가 좋은 일을 할 능력이 있다면, 가난에 따른 신분의 미미함으로 인해 제약받는 일도 없습니다"라는 마지막 구절이다. 신분보다 능력을 중시한다는 말인데, 오늘날 우리가 보기에는 별것 아닌 것 같지만, 기원전 5세기에 이 같은 제도를 가진 국가는 전 세계를 통틀어 아테네밖에 없었다. 페리클레스가 구축한 이 같은 정치적 환경 때문에 당시 아테네에서는 학문과 교육에 대한 열의가 뜨겁게 일어났다. 대다수의 시민들은 국가에서 시행하는 초등교육을 마치는 데 그치지 않고, 소피스트들을 찾아가 자기 돈을 지불하고 2차 교육을 받기 시작했다. 일종의 사교육 시장이 형성된 셈인데, 그것이 소피스트들을 그리스 전역에서 아테네로 불러 모은 다른 하나의 원인이었다.

아테네의 잠 못 이루는 밤

•••

소피스트 운동에 끼친 페리클레스의 영향은 그가 민주정을 꽃피워 소피스트들을 아테네로 불러 모아 샐러드 볼을 만드는 데서 그치지 않았다. 그는 우선 당시 아테네인들 중 가장 부지런하고 뛰어난 학습자였다. 정확히 말하자면 그 자신이—앞에서 조지 커퍼드가 규정한 넓은 의미의—소피스트였다. 페리클레스는 젊어서부터 아테네 최고의 지도자였지만, 한낱 떠돌이 이방인에 불과한 거의 모든 소피스트들을 스승으로 삼아 배웠고, 나이가 들어서는 자기보다 젊은 사람들에게서도 기꺼이 배웠다. 그에게 수사학을 가르친 프로타고라스는 그보다 열 살이나 어렸고, 반론술을 가르친 엘레아의 제논은 그보다 다섯 살이 젊었다. 하지만 페리클레스는 그들과 친교를 맺고 토론하며 기꺼이 배웠고, 그렇게 얻은 지식들을 자신의 정치적 무기이자 설득의 도구인 연설을 연마하는 데 사용했다.

로마시대의 철학자이자 저술가인 플루타르코스Plutarchos, 46?~120?는 페리클레스를 다음과 같이 묘사했다.

> 그는 뜨거운 철을 찬물에 담가 단련하듯이 웅변술을 갈고닦았다. 그는 본디 웅변술에 소질이 있었으며, 특히 플라톤이 말했듯이 "고상한 지성과 절대적 진리의 힘"을 이용하는 데 있어 그 누구보다도 뛰어났다. 그 밖에도 웅변에 도움이 되는 것은 모두 끌어다 썼으니, 웅변술에 대해서는 단연 으뜸이었다.[9]

그뿐 아니다. 페리클레스는 또한 소피스트들의 가장 강력한 후원자이기도 했다. 그럼으로써 아테네에서 사유의 시너지 신드롬을 일으키는 데 직접 뛰어들었다. 그는 때로 정치적 위기를 감당하면서까지 그들을 후원했다. 그의 스승이기도 했던 아낙사고라스가 불경죄로 고소를 당했을 때나 파르테논 신전 건축의 책임자였던 페이디아스가 공금 횡령죄로 재판을 받을 때에는 직접 민회民會, ekklēsia에 나가 눈물을 흘리며 변론하기도 했다. 최강의 권력자이자 최고의 학습자인 페리클레스의 후원은 다른 어떤 후원자들의 그것과 비교할 수 없는 것이었다.

이것이 그리스뿐 아니라 지중해 인근 전역에서 다양한 지식과 사상을 가진 소피스트들이 아테네로 몰려와 소피스트 운동을 일으킨 제3의 이유다. 커퍼드는《소피스트 운동》에서 이 말을 다음과 같이 했다.

> 소피스트 사상이 페리클레스에게 미쳤을 영향은 진정 한 번도 간과된 적이 없었다. 그러나 소피스트 운동을 발전시키는 데 있어서 페리클레스의 중요성 또한 분명히 의미심장한 것이었다.[10]

이 말은 소피스트들이 없었으면 페리클레스가 없었겠지만, 페리클레스가 없었으면 오늘날 우리가 알고 있는 소피스트 운동은 없었다는 것을 의미한다. 그랬더라면 아마도 지금 우리가 아는 소크라테스도 없었을 것이다.

그랬다! 페리클레스 시대의 아테네는 떠돌이 소피스트들이 둥지를 트는 보금자리이자, 그들이 만들어내는 사유들이 혼합되는 샐러드 볼이었고, 문화적 창발이 폭발하는 화산이자 서양 최초의, 또한 최고의 학교였다. 당시 아테네 사람들은 마치 요즈음 아이들이 학원에 다니듯이 자신의 필요나 취향에 따라 예컨대 피타고라스학파 사람에게 수학을, 밀레토스학파 사람에게 자연철학을, 수사학자들에게 변론술을 배우는 식으로 수학했는데, 그 가운데 변론술을 가르치는 수사학이 가장 인기가 많고 또 비싼 교육상품이었다. 그 이유를 아일랜드 출신 고전학자이자 역사가인 존 버리John Bury, 1861~1927는《그리스의 역사》에서 다음과 같이 간략히 서술했다.

> 그리스 민주 도시의 제도들은 일반 시민이 대중 앞에서 연설할 능력을

> 가지고 있다는 것을 전제하고 있었으며, 이 능력은 정치적으로 출세할 야망을 갖고 있는 사람에게 없어서는 안 될 것이었다. 만일 어떤 사람이 그의 적들에 의해 법정에 서게 되었을 때 어떻게 말해야 할지를 모른다면, 그는 병사들에 의해 공격당한 비무장 상태의 민간인과 같았다.[11]

그 결과 페리클레스 시대 아테네에서 일어난 수사학 열풍이 마치 아프리카 대륙에서 지중해를 건너온 뜨거운 바람처럼 사람과 사람, 골목과 골목, 밤과 낮을 가리지 않고 휩쓸고 다녔다. 플라톤의《프로타고라스》에서 보듯이, 수사학을 배우려는 젊은이들은 새벽부터 소피스트들을 찾아다녔고,《파이돈》에서 보듯이 지식인들은 밤을 새워 토론하고 다음날 동녘이 밝아올 때까지 논쟁했다.

노라 에프론 감독의 영화 〈시애틀의 잠 못 이루는 밤〉에서는 남주인공 샘(톰 행크스 분)이 여주인공 애니(맥 라이언 분)에 대한 사랑 때문에 잠을 못 이루지만, 페리클레스 시대의 아테네 젊은이들은 연설, 토론, 논쟁에 대한 사랑 때문에 잠들지 못했다. 그런 가운데 호메로스 이전부터 시와 노래를 아름답게 표현하기 위한 '문예적 수법'으로 내려오던 수사학이 연설, 토론, 논쟁을 위한 '논증적 기법'으로 차츰 발달하면서 새로운 영토를 개발하기 시작했다. 서두에서 언급했듯이, 그것이 바로 기원전 5세기에 개발된 '논증적 수사'라는 독특한 생각의 패턴이자 기술이다. 그렇다면 논증적 수사란 무엇인가? 이 질문의 답을 구하는 데는 수사학의 초기 역사를 잠시 들여다보는 것이 지름길이다.

당신도 알다시피 수사학의 역사는 장구하다. 그만큼 내용도 풍성하지만, 이에 대해서는《생각의 시대》에서 이미 상세히 소개했기에, 요점만 간단히 전하자면 이렇다. 우선 4,000년 전쯤에 살았던 수메르인들이 남긴 점토판에 당시 탁월했던 우르Ur 왕 슐기Shulgi, 기원전 2094~기원전 2047 재위가 자신을 "용에게서 태어난 사나운 눈의 사자", "길 떠난 당나귀", "꼬리를 휘젓고 있는 말"과 같은 은유적 표현을 사용해 묘사한 구절이 기록되어 있다.[12] 그의 아내가 읊은 사랑시에도 "꿀같이 달콤한 그대의 아름다움이여"와 같이 직유법을 사용한 문장들도 들어 있다.[13] 그러니 이후 1,000년도 훨씬 더 지나 활동한 호메로스Homeros, 기원전 8세기경에서 사포Sappho, 기원전 6세기경에 이르는 고대 그리스 시인들의 시가가 수사학의 향연이라는 것은 놀랄 만한 일이 아니다.°

기원전 5세기 이전 초기 수사학은 이렇듯 주로 시인들에 의해 개발되었고, 너 나 할 것 없이 직유나 은유와 같이 "이미지에서 이미지로 나아가는" 문예적 표현를 사용하여 '감동시키기animos impellere'에 주력하며 발달했다. 그것이 지금까지 부단히 이어져왔기 때문에 지금도 수사학이라 하면, 먼저 현란한 문학적 표현을 머리에 떠올리게 되는 것이다. 전통적으로 '미사여구법elocutio'이라 불렸지만, 오늘날에는 '문채론文彩論, trope theory' 또는 '문예적 수사文藝的 修辭, literary rhetoric'라 한다.

° 호메로스는 "뒤늦게 온 사자는 슬픔을 이기지 못하고"(《일리아스》, 18, 320행)에서와 같이 아킬레우스, 아가멤논, 헥토르와 같은 영웅들을 종종 사자, 말, 소와 같은 동물들을 이용한 은유를 통해서 표현했고, "눈보다 더 희고 날래기가 바람 같았습니다", '마치 태양처럼', '별처럼', '달처럼' 빛난다와 같은 직유도 부단히 사용했다. 플라톤이 '10번째 뮤즈'로 불렀던 서정시인 사포 역시 고귀하고 아름다운 여인을 "높이(사람의 손이 미칠 수 없는 곳에) 매달려 있는 사과", 그녀를 휘어잡는 사랑을 "괴롭고 달콤한 괴물"이라고 은유를 통해 표현했고, "달처럼 빛나고 있구나", "마치 태양처럼 보인다"와 같은 직유를 통해 그녀가 사랑하는 대상을 묘사했다.

플라톤이 "아첨술"이라고 폄하하고(《고르기아스》,° 464d~465e), 아리스토텔레스가 작시술technē poiēthikē라고 이름 붙인 문예적 수사는 수사학이 정규 교육과목이었던 중세까지 200여 종이 넘게 개발되었다. 하지만 오늘날에는 대략 60여 종이 남아 있다고 하는데, 우리가 실제로 자주 사용하고 있는 것은 많게 잡아도 20여 종에 불과하다. 그것에는 은유, 직유, 환유, 제유, 상징, 의인법과 같이 운문에서 주로 사용되는 것들도 있지만, 열거법, 대구법, 대조법, 설의법, 반어법, 도치법, 반복법 등 산문에서 자주 사용되는 것들도 있다.

내 생각에는 그중에서 취향에 따라 10여 종만 골라 익혀도 충분하다. 《생각의 시대》에는 이 같은 수사법들이 윌리엄 셰익스피어William Shakespeare, 1564~1616의 《율리우스 카이사르》에 나오는 유명한 문구들이나 오늘날 우리가 자주 접하는 광고문안copy에서 어떻게 사용되고 있는가를 풍부한 예를 들어 설명해놓았다.[14] 하고 싶은 말인즉, 흥미롭고 유익하니 익혀서 자주 사용하자는 것이다. 그리하면 당신의 말과 글의 설득력과 품격이 달라질 것이다.

그러나 이것이 수사학의 전부가 아니다. 기원전 5세기경부터 수사학에 "사고에서 사고로 나아가는" 논리적 수법들이 본격적으로 개발되기 시작했다. 주로 법정 변론이나 의회 연설에서 자신의 주장을 '확증하기fidem facere' 위해서였는데, 이유는 논리적으로 타당하지 않은

° 플라톤은 《고르기아스》에서 소크라테스의 입을 빌려, 체육은 자신의 신체 본연의 모습을 아름답게 하는 기술이지만 화장은 색을 칠해서 자신의 것이 아닌 '낯선 아름다움'을 끌어들이는 '아첨술'에 불과한데, 수사학이 바로 그렇다고 했다.

말은 그것이 아무리 감동적이라 하더라도 설득력이 떨어진다는 것이 점차 드러났기 때문이다. 그래서 나온 생각의 기술을 보통 '수사적 논증修辭的 論證, rhetorical argument' 또는 '논증적 수사'라 한다. 알려진 바로는, 시칠리아의 시라쿠사Syracusa에서 법정 변호활동을 한 코락스Corax, 5세기경가 한 변론이 최초의 사례다.° 이후 프로타고라스, 고르기아스, 히피아스와 같은 소피스트들이 연설, 토론, 논쟁을 위해 다양한 형식으로 개발했다.

플라톤이 "영혼에 영향을 끼치는 기술"이라 두둔하고(《파이드로스》, 452e),°° 아리스토텔레스가 수사술technē rhētorikē이라고 이름 붙인 논증적 수사는 아리스토텔레스 이후에는 키케로, 퀸틸리아누스, 플루타르코스와 같은 로마의 수사학자들이 이어갔다. 그러나 그 뼈대는 아리스토텔레스의 《수사학》이었다. 아리스토텔레스에게 있어 수사학은 작시술에서 논리학으로 옮겨 가는 교량과 같다. 프랑스의 문예평론가인 롤랑 바르트Roland Barthes, 1915~1980는 시대에 따라 변천한 수사학에서 논증적 수사의 중요성을 다음과 같이 강조했다.

° 코락스가 살았던 시기 시라쿠사에 참주정치가 몰락하고 민주정치가 들어섰다. 독재자들이 축출되고 자유화 바람이 불어, 몰수되었던 재산들을 청구하는 소송들이 줄지어 일어났다. 이때 정치 자문관이자 연설가로 이름을 떨친 코락스가 시민들을 변호하는 일에 열정적으로 참여했다. 그는 《기예》라는 최초의 수사학 책을 남겼는데, 논증적 수사에 관한 내용이 들어 있을 것이라 추정된다. 자세한 내용은 《생각의 시대》(김영사, 2020) 390~392쪽을 참고 바람.

°° 플라톤은 《파이드로스》에서는 수사학이 "재판에서 판사를, 시의회에서 의원을, 국민회의에서 시민들을, 그리고 임의적인 집회에서 사람들을 말로 설득하는 능력이다"라고 긍정적으로 평가했다.

아리스토텔레스식 수사학은 논리적 추론에 중요성을 부여하며, 미사여구법(elocutio, 혹은 문채영역)은 (아리스토텔레스 자신에겐 사소한) 한 부분에 지나지 않는다.[15]

논증적 수사의 시대

• • •

그렇다, 페리클레스의 시대는 논증적 수사의 시대다. 그리고 그것은 이성의 시대의 출범을 알리는 우렁찬 뱃고동이었다. 논증적 수사는 '수사화된 논증'이자, '논증화된 수사'다. 달리 말하자면 그것은 '논리화된 자연언어'이자 '자연언어화된 논리'다. 때문에 그 적용범위가 넓고 효력이 강력하다. 적용범위가 넓은 것은 그것이 자연언어이기 때문이고, 효력이 강력한 것은 그 안에 논리가 들어 있기 때문이다. 이것은 기원전 5세기 이전에 발달한 문예적 수사도, 기원전 5세기 이후에 개발된 논리학도 가지지 못한 고유의 영역이자 능력이다.

이 말을 가볍게 듣지 말자! 그리스어로는 'logos'라는 같은 용어로 표기되는 '언어'와 '논리'를 하나로 만드는 일은 플라톤 이후, 아리스토텔레스로부터 비트겐슈타인에 이르는 서양의 철학자, 언어학자, 그리고 논리학자들이 결코 포기하지 못하는 꿈이었다. 어디 그뿐인가! 오늘날에도 인지언어학자, 컴퓨터공학자, 특히 인공지능AI을 연구하는 학자와 기술자들까지 이 '잡힐 듯 잡히지 않는' 꿈—그들은 이 작업을 '자연언어의 형식화formalization of natural language'라고 부른다—을 열정적으로 좇고 있다. 근래에 딥 러닝deep learning이라는 기계학습법이 개발되어 인공지능이 놀라운 발전을 보이고 있지만, 자연언어의 형식화는 그것에 매진하는 학자와 기술자들마저도 여전히 버리지 못하는 꿈이다.

이 같은 사실은 논증적 수사가 단순히 수사학이 논리학으로 발전해가는 역사적 과정에서 우연히 생겨났다가 이내 사라진 부산물이 아니라는 것을 뜻한다. 그것은 페리클레스 시대 이후 지난 2,400년 동안 우리의 생각과 의사소통에서 그 필요성과 중요성이 드러남으로써 정치, 경제, 사회, 문화, 종교 등 거의 모든 분야에서 탁월한 업적을 남긴 사람들이 그들의 생각과 의사소통에 자주 또 효과적으로 사용해온 생각의 기술이다. 당연히 오늘날에도 토론, 논쟁, 연설, 프레젠테이션과 같은 말하기와 보고서, 논설문, 논문과 같은 글쓰기에 널리 사용되는 수사법이다. 또한 우리가 앞으로도 지속적으로 사용하고 또 개발해나가야 할 사유방식이기도 하다.

그만큼 중요하다는 말인데, 나는《생각의 시대》에서 이미 대표적인 논증적 수사인 1) 예증법 2) 생략삼단논법 3) 대증식 4) 연쇄삼단논법, 네 가지를 골라 고대로부터 내려오는 성인들의 예화, 시인들의 시구, 탁월한 연설문과 외교문서 또는 학술서 문구 그리고 특히 오늘날 우리가 흔히 접하는 광고 등을 예로 들어 자세히 소개했다. 나는 당신이 누구이든, 무엇을 하는 사람이든, 이 네 가지 논증적 수사가 반드시 필요하리라는 것을 확신한다. 때문에 아직 이 수사법들을 익히지 못했다면,《생각의 시대》로 돌아가 필히 익혀 널리 사용해야 한다는 것을 정중히 당부하고 싶다.[16] 그리하면 당신의 말과 글이 상대의 어떤 방패도 뚫을 수 있는 창과 상대의 어떤 창도 막을 수 있는 방패를 갖게 될 것이다.

간곡한 당부와 함께 이상 네 가지 논증적 수사를 익혀 유용하게 쓰는 문제는 당신에게 맡겨두고, 이제부터 우리는 페리클레스 시대에 개발된 논증적 수사 가운데 다른 세 가지를 살펴보고자 한다. 소개한 네 가지보다 덜 알려져 있지만, 그것들이 서양문명에는 끼친 영향은 훨씬 더 크다. 1) 프로타고라스의 이중 논변 2) 제논의 귀류법 3) 소크라테스의 논박술이 그것이다. 그렇지만 나는 이 셋을 각각 균등하게 다루지는 않고 논박술에 초점을 맞춰 이야기할 것이다.

여기에서 주목해야 할 것은 논박술이 이중 논변과는 대척점에, 귀류법과는 같은 선상에 서 있다는 사실이다. 이 말은 사유방식으로서의 소크라테스 스타일이 프로타고라스 스타일과는 대립하는 사유의 계보에, 제논 스타일Zenon Style과는 같은 사유의 계보에 자리하고 있다는 것을 뜻한다. 그리고 그것은 서양 철학사에서 흔히 '헤라클레이토스와 파르메니데스의 대립' 또는 '생성과 존재의 대립'으로 불리는 담론과 연관되어 있다. 이 같은 대립구도를 파악하는 것은 서양 사유의 계보를 추적하는 우리의 이야기에서 매우 중요하다. 때문에 약간의 설명이 필요하다.

잘 알려져 있다시피, 또한 프롤로그에서 잠시 소개했듯이, "만물은 변한다panta rhei"°, "차가운 것은 뜨거워지고, 뜨거운 것은 차가워진다. 젖은 것은 마르고, 마른 것은 젖게 된다"(DK 22B126)라고 주장한 헤라클레이토스는 만물의 궁극적 근원archē을 대립하고 투쟁하며(DK 22B8) "세계의 변화를 조종하는 보편적 법칙이자 최고의 원리"(DK

° 헤라클레이토스의 말로 알려진 '만물은 변한다'라는 말은 헤라클레이토스가 직접 한 말이 아니라, 플라톤이 그의 철학이 지닌 특성을 요약한 말이다.

22B72)인 로고스로 보았다. 때문에 로고스를 언어로 표현하는 방법은 자연스레 상반되고 대립하는 사물이나 사안을 나란히 내세움으로써 그것들의 본질을 드러내는 대조법對照法, antithesis이나 그것의 극단적 형태라 할 수 있는 모순어법矛盾語法, oxymoron이 될 수밖에 없다.

대조법과 모순어법은 문예적 수사의 한 형태로서 매우 효과적이고 매력적이기 때문에 동서고금을 막론하고 사람들이 선호하는 수사법이기도 하다. 헤라클레이토스가 사용한 대조법의 예를 들자면, "신에게는 모든 것이 아름답고 좋고 정의롭지만, 인간에게는 어떤 것들은 정의롭지 못하고 또 어떤 것들은 정의롭다"(DK 22B102), "[바닷물은] 물고기에게는 마실 수 있고 [삶을] 보존해주지만, 인간들에게는 마실 수 없고 [삶을] 앗아가는 것이다"(DK 22B61) 등이 있다. 모순어법의 예로는 "신은 밤이며 낮이고, 겨울이며 여름이고, 전쟁이며 평화이고, 포만이며 굶주림이다"(DK 22B67), "[신은] 움직이면서 쉰다"(DK 22B84a), "우리는 같은 강에 들어가면서 들어가지 않는다. 우리는 있으면서 있지 않다"(DK 22B49a) 등을 들 수 있다. 이제 곧 뒤에서 확인하겠지만, 프로타고라스의 이중 논변은 대조법 또는 모순어법으로 표현된 헤라클레이토스의 로고스를 수사학적 방법론이자 철학으로 채택한 논증적 수사법이다.

파르메니데스는 헤라클레이토스와 대척점에 서 있다. 그는 만물의 근원을 영원불변하는 존재(있는 것, to on; einai)로 규정했다. 그리고 이 말을 "존재는 생성되지 않고 소멸되지 않으며, 온전한 일자oulon mounoqenes이고 흔들림이 없으며 완결된 것이다. 그것은 과거에 있었던 것이 아니고, 미래에 있게 될 것도 아니다. 왜냐하면 지금 있으며, 전체가 하나로 연결되어 있기 때문이다"(DK 28B8)라고 설파했다. 그리고 "오직 존재가 있고, 비존재가 없다고 인식하고 말해야만 한다"라는 말로 영원히 변하지 않는 존재에 대한 인식과 언급만이 진리라고 못박았다.

파르메니데스는 이처럼 '존재'와 '비존재' 그리고 '진리'와 '거짓'을 이분법적으로 날카롭게 구분함으로써, 플라톤, 아리스토텔레스, 플로티노스로 이어지는 서양의 존재론뿐 아니라 인식론과 논리학의 터전을 닦았다. 프롤로그에서 소개한 동일률, 모순율, 배중률이 모두 존재에 대한 그의 교설로부터 나왔고, 곧 이어 뒤에서 소개할 제논의 귀류법과 소크라테스의 논박술도 이를 바탕으로 만들어졌다. 이것이 앞에서 논박술이 이중 논변과는 대척점에, 귀류법과는 같은 선상에 서 있다고 한 이유이고, 사유방식으로서의 소크라테스 스타일이 프로타고라스 스타일과는 대립하는 계보에, 제논 스타일과는 같은 계보에 자리하고 있다고 한 까닭이다.

5장

프로타고라스의 이중 논변

이중 논변이 고대보다는 중세나 근대에
더 강력하게 많은 세대의 사고를 지배해왔다는 사실을 무시한다면,
우리는 서양사상사의 크고 중요한 부분을 이해하지 못할 것이다.
– 아서 러브조이

에페소스의 헤라클레이토스Hērakleitos, 기원전 540?~480?는 평생 은둔해 살았다. 스승도 제자도 두지 않았던 그는 오직 사색을 통해 스스로 깨달은 지혜를 대조법이나 모순어법으로 표현한 문장에 담아 남겼다. 여기에서 우리가 주목해야 할 것은 그가 대조법을 한낱 수사법으로 사용하지 않았고, 그것을—훗날 "존재(진리)는 없다. 있어도 모른다. 알아도 말할 수 없다"라고 천명한 고르기아스Gorgias, 기원전 483?~기원전 376나 고대 회의주의의 부흥자인 섹스투스 엠피리쿠스Sextus Empiricus, 160?~210처럼—회의주의 사상을 표현하는 데 사용하지도 않았다는 사실이다.

앞에서 언급한 대로 헤라클레이토스는 자연의 본성이자°, 그것을 표현한 언어인 로고스의 본질이 대조對照, antithesi라고 생각했다. 왜냐하면 그가 파악한 자연은 대립적인 것들이 한데 묶여서 전체를 이루

는 것이고, 그것을 표현한 로고스는 대립하는 것들을 각각 표현하면서도 동시에 그것들을 하나로 묶는 언어이기 때문이다. 헤라클레이토스는 이것을 다음과 같이 표현했다.

> (로고스는) 함께 잡혀진 것들syllapasies—전체이면서 또한 전체가 아닌 것, 한곳에 모이며 또한 떨어지는 것, 함께 부르며 또한 제각기 부르는 것, 그리고 모든 것으로부터 하나, 그리고 하나로부터 모든 것(DK 22B10)

> 그것(로고스)이 어떻게 자신과 불화하면서도diapheromenon 그 자신과 일치하는지homologeei 사람들은 이해하지 못한다.(DK 22B51)

> 대립하는 것antixoun은 한곳에 모이고, 불화하는 것들tōn diapherontōn로부터 가장 아름다운 조화가 생긴다.(DK 22B8)

요컨대 자연이 대립하는 것들의 조화이니, 사람이 마땅히 듣고 알아야 할 진리의 언어인 로고스는 대조법 형식을 띨 수밖에 없다는 것이 그의 생각이다. 따라서 헤라클레이토스에게 대조법(또는 모순어법)은 말이나 문장의 설득력을 높이려는 수사기법이 아니고, 자연의 본성이자 그것을 묘사한 진리의 표현양식이다.

자, 주목하자. 여기서 자연스레 밝혀지는 것이 헤라클레이토스의 진리의 표현양식으로서의 로고스와 프로타고라스의 논증적 수사

o "로고스는 세계의 변화를 조종하는 보편적 법칙이자 최고의 원리다."(DK 22B72)

법으로서의 이중 논변의 관계다. 그렇다! 둘은 같다. 프로타고라스Protagoras, 기원전 485~기원전 414가 말하는 이중 논변dissoi logoi도 역시 자연의 본성이자 그것을 표현한 언어다. 한마디로, 헤라클레이토스의 로고스가 프로타고라스의 이중 논변이다. 다른 것이 있다면 헤라클레이토스 로고스론은 형이상학 이론이고, 프로타고라스의 이중 논변은 수사학 이론이라는 것이다. 그렇다면 프로타고라스는 헤라클레이토스의 로고스론을 어떻게 접했을까?

지금은 유실되어 다른 작가들의 책에 단편적으로 전해 내려오지만 《자연에 관하여》라는 헤라클레이토스의 저술은 그가 살아 있을 때 이미 널리 알려졌다. 이 책은 우주에 관한 논의, 정치에 관한 논의, 신에 관한 논의, 세 부분으로 구성되어 있는데, 헤라클레이토스는 그것이 군중으로부터 쉽사리 경멸받지 않도록 아주 난해하게 써서 아르테미스 신전에 봉인해두었다 한다.(《그리스 철학자 열전》, 9.1.5~6) 그럼에도—어쩌면 오히려 그래서—그 책은 곧바로 널리 전해져 '헤라클레이토스주의자'라 불리는 신봉자들이 생겨날 정도의 평판을 얻었다. 아테네는 물론이거니와 심지어 페르시아까지 전해져 황제 다리우스 1세Darius I, 기원전 550~기원전 486가 그것을 읽고 직접 강의를 듣고자 특사를 보내 초대할 정도였다.(《그리스 철학자 열전》, 9.1.12~14)

그러니 프로타고라스는 물론이거니와 페리클레스 시대의 소피스트들은 말할 나위 없이 《자연에 관하여》를 읽었다. 당연히 소크라테스도 읽었다. 그리고 그것의 난해함에 혀를 내둘렀다는 것은 널리 알려진 이야기다. 라에르티오스가 전하는 바에 따르면, 소크라테스와 친구인 비극작가 에우리피데스Euripides, 기원전 484~기원전 406가 어느 날 소크라테스에게 헤라클레이토스의 책을 건네며 "이것을 어떻게 생각하는가?"라고 물었을 때, 그가 대답했다. "내가 이해할 수 있었던 부분은 훌륭하거니와, 이해하지 못한 부분도 대단하다고 생각하네. 다만 이 책은 델로스의 잠수부를 필요로 하는 것 같군."(《그리스 철학자 열전》, 2.5.22) 내용이 대단히 깊고 오묘하다는 뜻이다.

이 이야기는 페리클레스 시대에는 이미 아테네의 웬만한 지식인들은 헤라클레이토스의 로고스론에 대해 많게든 적게든 알고 있었다는 것을 말해준다. 그중에서 그의 로고스론을 가장 먼저 이해하고 자신의 것으로 받아들인 사람이 바로 프로타고라스다. 하지만 그것은 그가 헤라클레이토스 사상의 맥을 잇고자 하는 뜻에서가 아니고, 단지 상대주의자였기 때문이다. 게다가 그의 관심은 형이상학이 아니라 수사학에 있었다. 그래서 그는 헤라클레이토스의 로고스론을 자신의 수사학, 더 자세히는 나중에 그가 이중 논변이라 부른 논증적 수사의 철학이자 방법론으로 삼았다.

여기에서 한 가지 짚고 넘어가야 할 것이 있다. 그것은 소크라테스가 헤라클레이토스의 로고스론과 프로타고라스의 이중 논변에 대해 취한 태도다. 요점만 말하자면, 소크라테스는 형이상학으로서 헤라클레이토스의 로고스론, 곧 로고스가 "세계의 변화를 조종하는 보편적 법칙이자 최고의 원리"(DK 22B72)이기 때문에 사람은 누구나 "로고스에 귀를 기울여"야 한다(DK 22B50)는 교훈은 받아들였다. 이것이 그가 훌륭하다고 생각하는 "이해할 수 있었던 부분"이었다. 소크라테스가 감옥에서 자기를 탈옥시키려는 친구 크리톤의 제안을 거절하며 "나는 지금뿐 아니라 언제나, 내게 가장 좋은 것으로 보이는 로고스 이외에는 내게 속한 그 어떤 것도 따르지 않는 그런 사람이기 때문이네"(《크리톤》, 46b)라고 한 것이 그래서다.

그러나 로고스의 언어적 표현양식인 대조법(또는 모순어법)은 그가 대단하다고는 생각하지만 "이해하지 못한 부분"이었다. 그래서 받아들이지 못했다. 그런데 플라톤의 《테아이테토스》를 보면, 소크라테스는 프로타고라스의 이중 논변은 정확히 이해하고 "분명 예사롭지 않은 이론"으로 생각했다. 하지만 그가 생각한 '예사롭지 않음'은 전혀 긍정적인 의미에서가 아니었다. 그래서 애초부터 받아들이지 않았고 오히려 그와 맞섰다. 뒤에서 곧 드러나겠지만, 이것이 파르메니데스가 전한—그러나 당시 아테네에서는 아직 낯설었던 사유법칙인—동일률, 모순율, 특히 배중률을 소크라테스가 받아들인 이유이기도 한데, 왜 그런지 잠시 들여다보자.

프로타고라스 스타일

• • •

프로타고라스는 상대주의자다. 그는 우리의 인식이 절대적 진리가 아니며, 사람에 따라 다르게 드러난다고 생각했다. 예를 들어 바람은 그것이 차게 느껴지는 사람에게는 차고, 그렇지 않은 사람에게는 그렇지 않다는 것이다. 프로타고라스는 바로 이런 의미에서 "인간은 만물의 척도다. 존재자에 대해서는 존재한다는 척도이고, 비존재자에 대해서는 존재하지 않는다는 척도다"(플라톤, 《테아이테토스》, 152a)라고 선언했다. 그리고 그것을 바탕으로 모든 대상에 대해 2개의 상반된 진술이 가능하다는 수사학적 입장을 취했다. 이 말을 그는 "모든 사안에는 서로 반대되는 두 가지의 로고스(논변)들이 있다"(DK 80A1)라고 표현했는데, 이것이 이중 논변이라는 논증적 수사 안에 들어 있는 철학이다.

바로 이 지점에서 대조법으로 표현되는 헤라클레이토스의 로고스와 두 개의 상반된 진술을 가능케 하는 프로타고라스의 이중 논변이 만났다. 여기에서 중요한 것은 서로 대립하는 두 가지의 로고스 가운데 어느 하나만 옳은 것이 아니라는 프로타고라스의 관점이다.[1] 펠로폰네소스 전쟁이 끝난 이후 어떤 강의자가 만든 강의 노트이거나 아니면 청강자가 받아쓴 노트일 것이라고 추정하는 문서인 〈이중 논변〉°에 들어 있는 다음과 같은 예가 그것을 또렷이 보여준다.

> 병은 병자에게는 좋지 않지만 의사에게는 좋습니다. 그리고 죽음은 죽는 사람들에게는 좋지 않지만, 약탈자와 무덤 파는 사람에게는 좋습니다.(〈이중 논변〉, 1.3)

> 농작물은 풍작이면 농부에게는 좋지만 상인에게는 좋지 않습니다. 그리고 상선이 충돌하거나 침몰하면 선주에게는 좋지 않지만 조선소에는 좋습니다.(〈이중 논변〉, 1.4)

° 1562년에 제네바의 출판업자 앙리 에티엔Henri Estienne이 고대의 회의주의 철학자 섹스투스 엠피리쿠스의 저작을 출간했다. 그런데 그 원고의 끝부분에 기원전 5세기에 저술된 것으로 보이는 작자 불명의 짤막한 원고 하나가 부록으로 끼어 있었다. 이 원고가 "철학하는 사람들에 의해 좋고 나쁨에 대해 그리스에서 이야기된 이중 논변들"이라는 말로 시작하기 때문에 그것에 '이중 논변Dissoi Logoi'이라는 이름이 붙었다. 오늘날 우리는 토론토대학교의 고전학자 토머스 로빈슨Thomas M. Robinson 교수가 1976년에 출간한 *Contrasting Arguments: An edition of the Dissoi Logoi*와 이후 출시된 몇 권의 책에서 그 내용을 볼 수 있다.

전쟁 문제에서 (가장 최근의 사건을 먼저 이야기하자면) 아테네에 대한 스파르타의 승리는 스파르타인에게는 좋지만 아테네인과 그 동맹국에게는 나빴습니다.(《이중 논변》, 1.8)

트로이의 점령은 아카이아 사람들에게는 좋지만 트로이 사람들에게는 나빴습니다.(《이중 논변》, 1.9)

프로타고라스에 의하면, 이때 두 로고스는 둘 중 하나가 옳거나 그른 것이 아니라 처한 입장에 따라 어느 것이 다른 것보다 더 나을 뿐인데, 변론 또는 교육을 통해 더 나은 것으로의 변화를 일으키는 사람이 바로 소피스트다. 따라서 이중 논변은 동일한 사안을 옳게도 만들고 또 그릇되게도 만들며, 정의롭게 보이게도 만들고 또 정의롭지 못하게 보이게도 만드는 논증적 수사이자, 그것이 발 딛고 있는 철학이다. 한마디로 프로타고라스는 헤라클레이토스의 형이상학적 상대주의를 수사학적 상대주의로 바꿔놓은 것이다.

플라톤의 《테아이테토스》를 보면, 소크라테스가 테아이테토스에게 프로타고라스의 입장에 서서 이중 논변에 대해 장황하게 설명하는 부분이 있다. 그는 다음과 같은 적당한 예를 들어 설명했다.

우리는 그때 아픈 사람에게는 그가 먹는 것이 쓴 것으로 나타나고 쓰지만, 건강한 사람에게는 쓴 것과 반대로 나타나고 반대라고 했소. 우리는 이 두 사람 가운데 어느 쪽이 지혜롭고 어느 쪽이 지혜롭지 못하다고 해서는 안 되오. 그렇게 말할 수 없기 때문이오. 다시 말해 우리는 아픈 사람이 그렇게 판단한다고 해서 무식한 사람으로 분류해서는 안 되고, 건강한 사람이 다르게 판단한다고 해서 지혜로운 사람으로 분류해서도 안 되오. 우리가 추구하는 것은 한 상태에서 다른 상태로 변하게 하는 것이오. 다른 상태가 더 낫기 때문이오. 교육의 경우에도 우리가 추구하는 것은 둘 중 한 상태에서 더 나은 상태로 변화하게 하는 것이오. 유일한 차이점은 의사는 변화를 주기 위해 약을 사용하고, 소피스트는 말을 사용한다는 것이오.(《테아이테토스》, 166e~167a)

그렇다! 소크라테스(또는 플라톤)가 프로타고라스의 주장을 정확히 파악해 이해했다. 그리고 프로타고라스를 대신해 테아이테토스에게 상세히 설명하고 있다. 내용인즉, 소피스트는 '거짓된 의견'을 '참된 의견'으로 대체하는 것이 아니라, '더 나쁜 의견'을 '더 좋은 의견'으로 대체한다는 것이다. 예컨대 "국가에서 정의가 무엇인가에 대한 불건전한 견해를 건전한 견해로 바꿔놓을 수 있다." 그럼으로써 그들의 교육은 단순히 개인에게만이 아니라 공동체 전체에도 이롭다.(《테아이테토스》, 167c)

프로타고라스가 이 같은 상대주의 철학에 의거해서 개발했고, 그 밖의 소피스트들이 상대의 주장을 그것이 무엇이든 그것에 대립하는 입장에서 반박하는 방법으로 사용한 다양한 형식의 논변들을 당시 사람들은 '반론술antilogikē' 또는 '이중 논변'이라 불렀다.[2] 이 말은 이중 논변은 어떤 특정한 논증 형식이 아니라는 것을 뜻한다. 아리스토텔레스의 유실된 저술인 《기술 모음집Technōn Synagogē》에 의하면, 프로타고라스, 고르기아스, 안티폰 등은 이런 다양한 형식의 이중 논변들을 모아 책으로 묶기도 했는데,[3] 실제로 토론이나 논쟁에서 이중 논변은 대부분의 경우에 위에서 든 예들처럼 단순한 대조법 형태의 문장이 아니라 복잡하고 다양한 논증 형식으로 나타났다. 그중 가장 흥미롭고 널리 알려진 예가 '프로타고라스 딜레마Protagoras dilemma'라는 이름으로 전해 내려오는 논증이다. 내용은 대강 다음과 같다.

프로타고라스가 한 제자에게 자기 밑에서 공부를 마치고 난 다음, 만일 첫 번째 소송에서 지면 수업료를 받지 않겠다고 약속했다. 공부가 다 끝나자 제자가 수업료를 줄 수 없다고 했다. 그래서 소송이 벌어졌는데, 제자가 말했다. "선생님! 저는 이 소송에서 지든 이기든 수업료를 지불할 필요가 없습니다. 왜냐하면 제가 이번 소송에서 이기면 판결에 따라 수업료를 지불할 필요가 없기 때문이고, 반대로 제가 지면 선생님과의 약속에 의해서 또한 수업료를 지불할 필요가 없기 때문입니다." 그러자 프로타고라스가 맞받았다. "제자여! 그대는 이 소송에서 지든 이기든 수업료를 지불해야만 한다네. 왜냐하면 그대가 만일 이 소송에서 지면 판결에 의해 수업료를 지불해야만 하기 때문이고, 이기면 우리들의 약속에 따라 수업료를 지불해야만 하기 때문이라네."

딜레마dilemma란 이처럼 상대가 대립하는 둘 중 하나를 선택하지 않을 수 없게 만든 다음, 그가 어느 쪽을 선택하더라도 불리한 결론에 다다르게 해서 상대를 곤란에 몰아넣는 문제를 말한다. 그래서 흔히 '2개의 뿔을 가진 괴물', 또는 '양날의 칼을 가진 괴물'에 비유하기도 한다. 프로타고라스는 딜레마를 물리치는 세 가지의 반론술° 가운

° 고대로부터 딜레마를 물리치는 방법에는 크게 세 가지가 있다. 선언전제의 부당함을 증명해 물리치는 '뿔 사이로 피해 가기', 연언전제의 부당함을 증명해 깨트리는 '뿔로 잡기', 그리고 그 딜레마와 정반대 결론을 이끌어내는 새로운 딜레마를 만들어 반

데 '반대 딜레마로 되받기'로 제자를 상대했다. 그것은 주어진 딜레마와 동일한 논리로 정반대 결론을 이끌어내는 새로운 딜레마를 만들어 상대를 반박하는 방법이다.

이것이다! 프로타고라스가 사용한 '반대 딜레마로 되받기'는 똑같은 사안에 대해 반대 입장에 서서 그것의 정당성을 논증하는 기술이 아닌가? 그렇다. 이것이 바로 이중 논변이고, 내가 《생각의 시대》에서 '프로타고라스 스타일Protagoras style'이라고 이름 붙인 프로타고라스의 사유 방법이다. 그런데 커퍼드가 《소피스트 운동》에서 정확히 지적했듯이 "프로타고라스의 방법은 사실상 소피스트 운동 전체의 방법이었으므로"[4] 이중 논변은 또한 모든 '소피스트 스타일Sophist style'이기도 했다.

페리클레스 시대의 록스타들

• • •

흥미로운 것은 당시 소피스트들은 이중 논변을 자기 자신의 변론술로 받아들여 그것이 지닌 능력을 과시하며 지중해 주변 여러 도시를 두루 돌아다니며 돈을 벌었다는 사실이다. 소피스트들에게 이중 논변이 지닌 방법론으로서의 강점은 무엇보다 대립하는 두 입장 가운데 어떤 입장에서든 변론할 수 있는 수사학의 능력을 과시할 수 있다는 데 있었다. 프로타고라스와 고르기아스를 비롯한 페리클레스 시대의 소

박하는 '반대 딜레마로 되받기'다.

피스트들은 그 사실을 정확히 파악하고 있었고, 그것을 자신들의 능력을 뽐내는 데 최대한 이용했다. 그 사실을 확인할 수 있는 대표적인 예가 에피데익시스epideiksis라 불리던 '대중 공개강연'이다.

에피데익시스는—오늘날 아이돌 가수나 록 가수들이 올림픽 경기장이나 잠실 실내체육관에서 공연을 하는 것처럼—공개적인 장소에 대중들을 모아놓고 행해졌다. 소피스트들이 무대에 올라 주제 목록 가운데 아무것이나 골라, 또는 서로 상반하는 A, B 두 의견 가운데 관중들이 요구하는 어느 것이나 골라 연설을 하고, 어떤 질문에 대해서도 답을 하는 식으로 진행되었다.(《소小 히피아스》, 363c~d) 다시 말해 A를 고르면 A를 변론하고, 그와 대립하는 B를 고르면 B를 변론하는 식이다. 이 역시 오늘날 가수들이 콘서트나 방송에서 관객들이 요청하는 곡을 노래하는 것과 다를 바가 없다.

프로타고라스, 고르기아스, 프로디코스, 히피아스와 같은 소피스트들은 주로 올림피아가 열리는 경기장이나 델포이에서 열리던 퓌티아 체전 그리고 아테네에 있는 체육관에서 에피데익시스를 했다. 때로는 두 사람이 서로 대립하는 입장에 서서 논쟁을 벌이기도 했고, 가끔은 고대의 음유시인들이 입었던 자주색 토가를 걸치고—이러한 차림은 그들이 고대 음유시인의 권위를 계승했다는 것을 과시하기 위해서였다—단상에 등장해 자신들의 이중 논변 실력을 한껏 뽐내기도 했다.[5] 그들은 에피데익시스를 통해 취하는 입장에 따라 얼마든지 진실을 거짓으로, 거짓을 진실로 바꿀 수 있는 반론술의 힘, 다시 말해 양날의 칼을 가진 이중 논변의 힘을 과시하고자 했던 것이다.

그러나 우리가 추적하고 있는 서양 사유사에서 보면, 이중 논변이 갖는 중요성은 전혀 다른 데 있다. 그것은 이중 논변이 서로 대립하는 두 입장 모두에서 문제를 고려할 수 있는 가능성을 내포하고 있기 때문에 잘만 하면—다시 말해 "한 상태에서 더 나은 상태로 변화하게" 하려는 이중 논변의 긍정적 요소를 잘만 살리면—마주한 대상 또는 당면한 문제에 대한 더 깊고 새로운 이해를 얻을 수 있는 사유방식이라는 것이다. 그럼으로써 서로 상반하는 두 입장의 대립과 갈등을 해소할 수 있는 가능성을 기대할 수 있다. 이 말을 하찮게 여기지 말자! 바로 이것이 이 책이 강조하고 싶은 내용 중 중요한 하나다. 왜냐고?

프롤로그에서 살펴보았듯이, 흑백논리로도 불리는 이치논리에는 칼과 정이 들어 있다. 그 칼이 A와 ~A, 곧 형상과 형상이 아닌 것, 본질과 본질이 아닌 것, 진리와 진리가 아닌 것, 정의와 정의가 아닌 것을 날카롭게 가른다. 그리고 그 정이 형상이 아닌 것, 본질이 아닌 것, 진리가 아닌 것, 정의가 아닌 것을 사정없이 쪼아내 제거한다. 이것이 파르메니데스와 제논이 제시했고, 소크라테스를 거쳐 아리스토텔레스로 전승된 이치논리가 지닌 강점이자 이성의 특성이다. 그것을 통해 오늘날 우리가 보는 문명이 만들어졌다. 하지만 그것을 통해 또 오늘날 우리가 보는 야만도 만들어졌다. 그 안에는 빛과 어둠이 함께 살아 숨쉬고 있다.

일찍이 칸트는《순수이성비판》제2판 서문(1787)에서 논리학을 "학문연구의 안전한 길"이라고 칭하며, "그것이 아리스토텔레스 이래로 한 발짝도 물러서지 않았다"라는 말로 이치논리를 옹호했다. 그러나 그것은 벌써 200년도 더 지난 옛날이야기다. 배중률이 뒷받침하는 이치논리가 우리가 할 수 있는 이성적·논리적 사고의 유일한 형식은 아니다. 우리가 예컨대 '참'과 '거짓' 사이에 제3의 진리치를 허용하는 얀 우카시에비치Jan Łukasiewicz나 스티븐 콜 클레이니Stephen Cole Kleene의 삼치논리뿐 아니라, 로트피 자데Lotfi Zadeh의 퍼지논리fuzzy logic°와 같은 무한치 논리infinite-valued logic를 개발해—비록 공학, 양자역학과 같이 한정된 분야에서지만—이미 사용하고 있다는 것이 그 증거다.

어쩌면 우리는 앞으로 이들보다 더 나은 논리체계를 개발해낼 수도 있을 것이다. 내가 보기에는 이것이 우리가 헤라클레이토스에서 프로타고라스로 이어지는 이중 논변을 통해 모습을 드러낸 인간의 이성—당시 그들은 이것을 로고스라 불렀다—에 기대할 수 있는 또 하나의 가능성이자 미래다. 그리고 그 새로운 논리가 이치논리에서 기인한 이성이 지닌 어둠을 제거한 새로운 이성적 사유형식이 될 수 있다.

잊혀진 '오래된 미래'

당신에게는 내 말이 순진무구한 바람이나 허무맹랑한 사변처럼 들릴 수도 있다. 하지만 아니다! 어찌 그리 단언할 수 있냐고 묻고 싶겠지만, 내가 말하는 가능성은 알고 보면 '새로운 미래'가 아니라, '오래된 미래'에서 나온 것이다. 이중 논변적 사유방식이 인류 역사 가운데 실

° 미국의 전기공학자 로트피 자데(1921~2017)가 고안한 퍼지논리에서는 명제(문장, 진술)의 진리치를 1과 0 사이의 무수한 실수實數로 세분한다. 즉 '참'에 '1'이라는 진리치를 주고 거짓에 '0'이라는 진리치를 준 다음, 그 사이에 예컨대 0.1, 0.2, 0.3, 0.4…뿐만 아니라 가령 0.367, 0.78, 0.912… 등과 같이 이론상 무수한 실수의 진리치를 가정한다.

제로 구현된 위대한 시대가 있었기 때문이다. 우리는 거기에서 새로운 이성의 개발 가능성과 희망을 엿볼 수 있다. 그때가 언제냐고? 2세기에서 4세기에 헬레니즘과 헤브라이즘이 만나 그리스도교와 중세 문명의 기반을 다지던 바로 그때였다.

프롤로그에서 언급했듯이, 서양역사에서 헬레니즘과 헤브라이즘의 첫 번째 만남은 기원전 3세기 중반 이후 팔레스타인과 유대인 디아스포라에서 유대교가 헬레니즘화되면서 일어났다. 그러나 그 본격적이고 역사적인 만남과 융합은 2세기 말엽부터 알렉산드리아를 중심으로 한 북부 아프리카에서 그리스 철학과 그리스도교가 만나면서 시작되었다. 이때 헬레니즘의 대표주자는 여전히 그리스 철학이었지만, 헤브라이즘의 대표선수는 유대교가 아니고 당시 신흥종교인 그리스도교다.

이 둘의 만남은 철학과 종교, 이성과 신앙, 곧 '그리스적 사고'와 '히브리적 사고'라는 전혀 이질적이고 상충하는 사유방식의 만남이자 대결이었다. 그 둘이 대립하고 또한 혼합되면서 당시로는 상상조차 할 수 없던 새로운 체계인 중세문명을 탄생시켰던 것이다. 한마디로 그것은 '그리스적 사고'와 '히브리적 사고'가 만나 일으킨 거대한 사유의 시너지 신드롬이 불러낸 전형적인 문화적 창발이었고, 마치 '불타는 얼음', '얼어붙은 화염'과 같은 모순어법으로 표현할 수밖에 없을 만큼 사실상 불가능한 종합이었다.

따라서 그것은 종교가 가진 신앙의 힘이 아니고서는 꿈도 꾸지 못할 일이었다. 신앙으로, 오직 신앙의 힘으로 테르툴리아누스와 알렉산드리아의 클레멘트로부터 오리게네스를 거쳐 아우구스티누스에 이르는 초기 그리스도교 사상가들은 이단으로 몰려 자칫 목숨까지 잃는 위험과 숱한 고난을 무릅쓰고 불가능한 작업을 수행했다. 그 결과 헬레니즘과 헤브라이즘을 두 기둥으로 하는 그리스도교 신학과 중세 문명이 구축되었는데, 당시 그들이 히브리적 사유와 그리스적 사고 사이에 놓인 건널 수 없는 눈얼음 계곡을 건너가는 다리로 사용한 사유법이 바로 이중 논변이었다.

정말이냐고? 정말이다! 초기 그리스도교 신학의 흔들리지 않는 기반을 구축한 아우구스티누스의 다음과 같은 말이 그 한 증거로 남아 있다.

> 신은 성질이 없어 선하며, 양이 없어 크고, 결핍이 없어 창조적이며, 지위가 없어 통치자이며, 외관이 없어 모든 것을 포괄하고, 장소를 갖지 않아 어디든지 있고, 시간을 갖지 않아 영원하며, 변함이 없어 변화하게 하고, 아무 작용을 받지 않아 모든 작용을 한다.(《삼위일체론》, 5.1.2.)

어떤가? 일찍이 대조법과 이중 논변을 사용해 신을 묘사했던 헤라클레이토스의 잠언을 읽고 있는 것 같지 않은가? 그러니까 당신의 귀에는 이 말의 표현이 "신은 밤이며 낮이고, 겨울이며 여름이고, 전쟁이며 평화이고, 포만이며 굶주림이다"라는 헤라클레이토스의 말과 달리 들리는가 말이다. "신약시대 이후 가장 뛰어난 그리스도교인이며 라틴어를 사용한 사람 중 가장 위대한 인물임이 틀림없다"[6]는 평가를 받는 신학자가 자신이 믿는 신을 설명하는 자리에서 이중 논변적 표현을 사용하고 있다.

다른 예를 하나 더 들어보자. 19세기 서구 지성인들이 활발한 토론을 벌이던 유명한 논제 가운데 하나로 "신은 영원히 안식하느냐 아니면 부단히 활동하느냐?"라는 물음이 있었다. 이에 대한 그리스도교 측의 대답이 "신은 영원히 안식하면서 부단히 활동한다"였다. 논리적으로 분명 모순되는 이 말의 의미는 '신은 세계 밖에서는 영원히 안식하지만, 세계 안에서는 부단히 활동한다'는 것이다.[7] 역시 이중 논변이다. 1,500년이라는 세월을 관통하며 그리스도교 안에서 이중 논변적 사유와 표현이 사용되어왔다는 사실이 어쩌면 깜짝 놀랄 만한 일인데, 하지만 그것은 빙산의 일각일 뿐이다.

알고 보면, 2,000년 그리스도교 신학의 핵심인 삼위일체론, 그리스도론, 교회론은 모두 이중 논변적 사유와 표현으로 구성되어 있다. 예컨대 신은 "아버지이면서 동시에 아들Pater et Filius이다"나 "하나이면서 모두uniformis et omniformis이다", "예수는 진정한 신이면서 진정한 인간verus Deus et verus Homo이다", "교회는 '순결한 창녀casta meretrix'다", "교인은 의인이면서 죄인simul iustus et peccator이다"와 같이 대조법(또는 모순어법)으로 표현된 그리스도교 슬로건들이 거기서 나온 것이다. 요컨대 이중 논변적 사유방식과 표현방식이 고대에는 그리스도교 신학의 기틀을 다졌고, 이후 중세와 근대로 이어지면서 이 종교의 본질로 자리 잡았다. 그럼으로써 그리스도교는—예외가 없는 것은 아니지만 큰 틀에서 보면—상반 또는 대립하는 대상을 포용하고 통합하는 사명을 꾸준히 수행해왔다.

탁월한 플라톤 해석자이자 관념사학자였던 아서 러브조이Arthur Lovejoy, 1873~1962는 《존재의 대연쇄》에서, "이중 논변이 고대에 있어서보다는 중세나 근대에서 더 강력하게 많은 세대의 사고를 지배해왔다는 사실을 이해하지 못한다면 서양문명의 크고 중요한 부분을 제대로 이해하지 못할 것"[8]이라고 단언한 것이 그래서다. 포용과 통합의 사유방식인 이중 논변이 소피스트들이 활동한 기원전 5세기 아테네에서보다 그리스도교가 문명을 이끌던 시기의 서양에서 더 강력하게 그리고 더 오래 영향을 끼쳤다는 뜻이다. 옳은 말이다. 비록 표면에 드러나지 않았지만, 만일 이중 논변이라는 포용과 통합의 사유법이 없었다면 그리스도교는 적어도 지금의 형태로 존재하지 않았을 것이며, 서양문명 역시 지금과는 사뭇 달라졌을 것이다.

이 말을 가볍게 듣지 말자. 왜냐하면 이 말은 지난 2,000년 동안 서양문명을 만들고 지탱해온 두 축 가운데 하나인 그리스도교가 이중 논변적 사유에 발을 딛고 서 있다는 것을 뜻하기 때문이다. 다른 축 하나는 당연히 과학이 발 딛고 있는 이치논리적 사고다. 전자는 대립 또는 상반하는 대상(~A)을 포용하고 통합하는 논법이고, 후자는 그것을 배제하고 소외시키는 논리다. 전자는 종교적 사유방식이고, 후자는 과학적 사고방식이다. 내 생각에는 건전한 삶과 사회를 위해서는 이 두 가지 사유방식이 모두 필요하고, 항상 적당한 균형을 이뤄야 한다.

이중 논변적 사유와 표현들은 "병은 병자에게는 좋지 않지만 의사에게는 좋습니다"처럼 우리를 자칫 상대주의에 빠지게 하거나, "신은 밤이며 낮이고, 겨울이며 여름이고, 전쟁이며 평화이고, 포만이며 굶주림이다"처럼 아무것도 생각할 수 없는 '판단중지epoche의 땅'으로 이끌고 갈 수 있다. 하지만 '잘만 하면' 거기서 그치지 않고—"신은 영원히 안식하면서 부단히 활동한다"라는 말이 '신은 세계 밖에서는 영원히 안식하지만, 세계 안에서는 부단히 활동한다'를 의미하듯이—대립과 모순을 넘어서야 마침내 열리는 '새로운 사유의 대지'로 우리를 안내한다. 나는 여기에서 이치논리를 기반으로 하는 근대적 이성을 뛰어넘을 수 있는 새로운 이성의 가능성을 기대한다.

이 점에서는 고대에서 현대에 이르는 수사학자들이 이중 논변을 단지 논변의 기술로만 인식하고, 그 안에 잠재해 있는 새로운 이성의 개발에는 눈감은 사실은 무척 아쉬운 일이라 할 수 있다. 그러나 이 이야기는 여기서 멈추자. 나는 이 이야기를 다른 책에서 '아우구스티누스 스타일'이라는 제목으로 이어가며 대립과 반목, 배제와 폭력을 낳는 근대적 이성이 아니라 통합과 융합, 합일과 화합을 이끌어내는 새로운 이성의 가능성을 찾아볼 것이다.

이제 제논의 귀류법이라는 멋진 논증적 수사로 넘어가고자 하는데, 사전에 한 가지 짚고 가야 할 것이 있다. 그것은 왜 파르메니데스와 제논에서 소크라테스, 플라톤, 아리스토텔레스에 이르는 사유의 계보에 속하는 사람들은 당시 아테네에는 이중 논변적 사유가 만연했음에도 불구하고, 또 이중 논변이 지닌 상당한 이점이 드러나 있었음에도 불구하고, 그것에 눈을 감고 당시로서는 오히려 생소한 이치논리를 개발했는가 하는 것이다.

빛이 밝은 곳에서는 그림자도 짙은 법이다. 프로타고라스를 비롯한 소피스트들이 햇빛 내려쬐는 광장에서 이중 논변의 광명함을 자랑하고 다니던 바로 그때, 소크라테스와 플라톤이 그것이 드리운 그림자를 드러내 고발하기 시작했다. 관건은 상반하는 두 주장이 모두 '참'이라면, 진실이 무엇이며 진리와 정의가 어디에 있는가 하는 것이었다. 플라톤의《테아이테토스》를 보면, 소크라테스는 이 말을 다음과 같이 했다.

그것(이중 논변)은 분명 예사롭지 않은 이론일세. 그것에 따르면 그 자체로 하나一者인 것은 아무것도 없으며, 어떤 것도 특정한 이름으로 부를 수 없을뿐더러 어떤 성질을 지닌 것이라고 말할 수도 없다는 것일세. 만약 자네가 어떤 것을 '크다'고 말하면 그것은 작은 것으로 나타날 수도 있으며, 자네가 어떤 것을 '무겁다'라고 말하면 그것은 가벼운 것으로 나타날 수도 있으며, 모든 것이 다 그렇다는 것일세.(《테아이테토스》, 152d)

지각에 기초하여 어떤 사람이 생각하는 것은 무엇이든지 실로 그에게 참이라면, 그리고 누구도 다른 사람이 경험한 것에 대해 더 나은 판단자가 될 수 없다면, 그렇게 아무도 다른 사람의 의견이 옳은지 그른지를 탐구함에 있어 더 권위가 있지 않다면, 그러나 우리가 누차 말했듯이, 모든 사람이 스스로 자신의 믿음을 가지고 그들이 모두 옳고 참되다면, 친구여, 프로타고라스가 다른 사람의 선생이 되기에 적합하고 그 일로 훌륭한 보수를 받는 것을 정당화시켜줄 프로타고라스의 지혜는 어디에 있는가?(《테아이테토스》, 161 d3~e3)

그렇다. 이것이 이중 논변이 지닌 약점이자 그것이 드리운 그림자다. 소크라테스의 말대로, 어떤 사람이 생각하는 것은 무엇이든지 그에게 참이고, 모두가 각자의 입장에서 정의를 주장할 수 있다면, 세상에는 진리와 정의가 너무 많다. 그것은 누구나 수긍할 수 있는 보편적 진리와 정의가 없다는 것을 뜻하기도 한다. 만일 당신이 개소리를 우겨대고 가짜 뉴스를 퍼트리는 포퓰리스트들이 뻔뻔하게 그리고 버젓이 판을 치는 오늘날 우리 사회를 떠올려본다면, 그래서 짜증이 나고 우려가 된다면, 당시 소크라테스가 가졌던 불만과 걱정을 쉽게 이해할 수 있을 것이다.

그래서 소크라테스는 각자가 내세우는 진리와 정의 가운데 '진리가 아닌 것'과 '정의가 아닌 것'을 깎아내는 정신의 조각가가 되기로 결심했다. 진리와 정의의 보편성, 곧 진리는 누구에게나 옳고, 정의는 누구에게나 의로워야 한다는 것이 그의 신념이었다. 그래서 아버지가 물려준 석공소를 아내에게 맡기고 거리로 나가서 스스로 개발한 논박술로 당시 아테네에 만연한 편견, 억견들을 깨부수는 데 남은 생을 바친 것이다.

이런 의미에서 보면, 소피스트들과 그들이 내세운 이중 논변이 소크라테스에게 일생을 바쳐 완수해야 할 사명을 제시해준 셈이다. 그럼으로써 소크라테스의 논박술이 탄생하는 데 기여했다. 다시 말해 당시 아테네에 만연해 있던 이중 논변적 사유방식이 논박술에 강력한 적수이자 탁월한 반면교사가 된 셈이다. 그런데 같은 시기 전혀 다른 측면에서, 그러니까 이번에는 본보기로 논박술이 탄생하는 데 기여한 또 하나의 논증적 수사가 제논의 귀류법이다. 이제 그 이야기로 넘어가자.

6장

제논의 귀류법

새는 비상으로, 사자는 힘으로, 소는 뿔로,
그리고 인간은 논증으로 자신을 보호한다.
– 포킬리데스

제논Zenon of Elea, 기원전 490?~기원전 430?은 엘레아 출신으로 파르메니데스의 수제자다. 그가 한 중요한 일은 "존재는 생성되지 않고 소멸되지 않으며, 온전한 일자이고 흔들림이 없으며 완결된 것"(DK 28B8)이라는 스승의 가르침을 변증한 것이다. 그 과정에서 '운동의 불가능성'을 논증하는 제논의 역설Zenon's paradox°들이 탄생했는데, 오늘날 우리는 이때 제논이 전개한 논증방식을 귀류법歸謬法이라고 부른다. 고대 그리스인들은 에피케이레마epicheirema, 중세 로마학자들은 레둑티오 아드

° '제논의 역설'은 아리스토텔레스나 플라톤 등의 저작을 통해 여덟 개가 알려져 있는데, 그중 네 개는 나오자마자 궤변임을 쉽게 반박할 수 있었기 때문에 나머지 네 개만(사람에 따라서는 그중 세 개만)을 제논의 역설이라 부른다. '아킬레우스와 거북이의 역설', '화살의 역설', '이분법의 역설', '경기장의 역설'이 그것이다.

압수르둠reductio ad absurdum이라 불렀는데, '오류로 향하는 논증' 또는 '불가능성으로 향하는 논증'이라는 뜻을 가졌다.

오늘날 학자들은 귀류법이 무리수 $\sqrt{2}$ 문제로 고민하던 피타고라스 학파의 수학에서 개발되어 제논에게 전해졌으리라 추정한다. 이 같은 추정은 아리스토텔레스가 그의 논리학 저서《오르가논》의 3권《분석론 전서》에서 $\sqrt{2}$가 무리수라는 것을 증명하는 과정을 귀류법의 표준적인 예처럼 소개했기 때문에 생겼다. 유클리드의《원론》에 보존되어 있는 그 과정을 간략히 소개하면, 이 논증은 $\sqrt{2}$가 무리수라는 것을 증명하기 위해서, 먼저 $\sqrt{2}$가 유리수라고 가정하고 그것이 불가능한 것임을 증명함으로써 $\sqrt{2}$가 무리수라는 것을 증명해내는 식으로 진행된다.° 그렇다! 귀류법은 ~P의 부당함을 근거로 P의 타당함을 증명하는 논증법이다. 우리가 아리스토텔레스의 증언을 받아들인다면, 제논은 피타고라스학파가 전한 수학적 논증법을 수사학에 처음 도입한 사람인 셈이다.

플라톤이 전하는 바에 의하면 제논은 키가 훤칠했고, 티몬에 의하면 반론술을 사용해 모든 사람을 비난하고 공격하는 데 지칠 줄 모르는 능력을 갖고 있었다. 그런데 아리스토텔레스는 제논을 "변증술

° 오늘날 수학에서는 이 논증이 다음과 같이 전개된다. $\sqrt{2}$가 유리수라고 가정한다면 $\sqrt{2} = \frac{n}{m}$ (m, n은 정수, 단 $m \neq 0$)과 같은 기약분수로 나타낼 수 있다. 그렇다면 $2m^2 = n^2$이 되며, n^2이 짝수이므로 n은 짝수이다. 즉 $n = 2k$인 k(k는 정수)가 있다. 여기에서 $m^2 = 2k^2$이 얻어진다. 그리고 m^2이 짝수이므로 m도 짝수이다. m, n이 모두 짝수가 된다면 $\frac{n}{m}$이 기약분수가 아니기 때문에 모순이다. 따라서, '$\sqrt{2}$는 유리수이다'라는 명제는 불가능하다. 그러므로 $\sqrt{2}$는 무리수이다.

dialektikē의 창시자"(DK 29A10)라 불렀다. 하지만 이때 그가 말하는 변증술이 정확히 무엇을 뜻하는지에 대해서는 현대 고전학자들 사이에도 의견이 분분하다. 이유는 플라톤은 물론이거니와 아리스토텔레스 자신마저도 이 용어를 다양한 의미로 혼란스럽게 사용했기 때문이다.

예컨대 플라톤의 《파이드로스》를 보면, 제논이 우리가 앞에서 다룬 소피스트 스타일인 이중 논변에 익숙해 있었고, 상대의 주장을 반박하는 반론술antilogikē에 능했다는 것을 확인할 수 있다. 그러나 플라톤의 《파르메니데스》를 보면, 제논이 스승인 파르메니데스의 잠언들을 변증하기 위해 상대의 주장을 논박한 것은 맞지만 그가 이중 논변을 기반으로 반론술을 펼치는 소피스트는 아닌 것이 확실하다. 그런가 하면 변증술이라는 말의 어원인 디알레게스타이dialegesthai라는 동사의 의미 중 하나가 '문답법에 의해 토론하다'인데, 아리스토텔레스의 《소피스트적 논박》에 의하면 제논이—소크라테스의 논박술처럼—문답식 변증술을 사용한 것으로 보인다.[1]

그렇다면 제논이 사용한 논증인 귀류법이 변증술인지, 논쟁술인지, 아니면 반론술인지가 불분명하다. 그 원인은 당시 사람들에게는 이런 용어들의 차이를 굳이 구분할 필요가 없었고, 후대에 와서야 그런 구분이 필요해졌기 때문이다. 그래서 커퍼드는 《소피스트 운동》에서 우리에게 필요한 것은 변증술, 논쟁술, 그리고 반론술이라는 용어를 정확히 구분하는 것과 이 세 가지 사유의 기술이 문답식으로 진행되는 소크라테스의 논박술elenchos과 어떤 관계가 있는가를 밝히는 것이라 했다.[2] 옳은 말이다. 게다가 페리클레스 시대의 논증적 수사의 기원과 계보를 살피는 우리의 이야기에서 그것은 필요하고 또 중요한 작업이다. 차제에 이 문제를 짚고 넘어가자.

적이 보아서는 안 되는 내 책

• • •

19세기 독일의 철학자 아르투어 쇼펜하우어가 우리보다 먼저—그러나 전혀 다른 목적으로—이 문제에 관심을 두었다는데, 그 동기가 흥미롭다. 그는 성격이 무척 까칠한 사람이었다. 혀에는 언제나 가시가 돋아 있었고, 입에는 항상 욕설이 담겨 있었다. 일설에 의하면, 자기 어머니가 자기를 죽일지도 모른다는 불안감 때문에 장전된 총을 베개 밑에 두고야 잠을 잘 수 있었고, 식당 음식이나 물 안에도 독이 섞여 있을지 모른다는 강박증을 평생 갖고 살았다. 타인에 대한 생각은 의심과 질투로 물들어 있었고, 남과의 대화는 교활과 냉소로 가득했다.

세상살이란 누구에게나 녹록하지 않은 법이다. 그런데 쇼펜하우어는 성격마저 그러하니 그의 삶이 평안할 리가 없었다. 매력적인 문장가이자 소설가였고, 괴테와도 친분이 있었던 그의 어머니 요한나 쇼펜하우어Johanna Schopenhauer, 1766~1838가 "너와 함께 사느니 차라리 죽는 게 낫다"면서 공부를 끝내고 함께 살려고 온 아들을 내쫓아버린 일화까지 전해온다. 쇼펜하우어가 25세 때 일이었는데, 그 후 모자는 다시 만나지 않았다. 당시 베를린대학교의 교수였던 철학자 헤겔이 그의 재능을 알아보고 어렵게 강의를 알선해주었지만, 수강생이 없어 그는 한 학기 만에 그만두었다. 그리고 엉뚱하게도 그 탓을 은혜를 베푼 헤겔에게 돌리고 평생 그를 욕하며 살았다.

쇼펜하우어의 이처럼 유별난 성격은 자신과 주위 사람들에게는 분명 불행한 일이었지만, 잃는 게 있으면 얻는 것도 있는 것이 세상 이치인지라 그 때문에 남은 것이 있다. 그가 죽은 지 4년 후에 출간된 《논쟁에서 이기는 38가지 방법》이 그것이다. 원 제목은 '정당성을 유지하는 기예Die Kunst, Recht zu behalten'다. 쇼펜하우어는 이 글을 40대 초반에 이미 깔끔하게 완성해놓았지만 웬일인지 죽을 때까지 발표하지 않았다. '나의 적이 읽어서는 절대 안 될 책'이라고 생각해서인지도 모른다. 이 책에서 그는 변증술과 논쟁술을 다음과 같이 구분했다.

변증술은 '담화의 상대들이 질문과 답변의 방식으로 서로 무언가를 반박하거나 무언가를 증명하여 주장할 때 사용하는 기술'이다. 따라서 그 목적은 '오로지 자신의 주장이 옳음을 견지하는 것'이다. 그러나 논쟁술은 '옳든 그르든per fas et nefas' 자신의 주장을 방어하고 상대방의 주장을 무너뜨리는 데 사용하는 기술이다. 쇼펜하우어는 책에서 "주변을 다 둘러보았지만 나는 지금까지 이러한 의미에서 이루어진 업적이 있는지 알지 못한다"고 자화자찬했지만, 사실은 그렇지 않다. 논쟁술은 프로타고라스와 같은 소피스트들에 의해 이미 개발되기 시작했고, 그것과 변증술의 구분은 플라톤에서 이미 찾아볼 수 있다.

논쟁술을 뜻하는 그리스어 '에리스틱eristik'은 투쟁, 싸움, 논쟁을 뜻하는 에리스eris에서 나왔는데, 플라톤은 《테아이테토스》에서 이 말을 '논쟁에서 승리하기 위해 책략과 술수를 동원하는 기술'이라는 의미로 사용했다.

> 여기서 불공정함은 논쟁술과 변증술을 구분하지 않는 점이오. 논쟁적 토론을 하는 사람(논쟁가)은 진지할 필요가 없으며 되도록 많은 책략과 술수를 부리지만, 문답식 토론을 하는 사람(변증가)은 진지하며 상대와 그가 이전에 한 주장 가운데 책임져야 할 실수만을 지적하며 상대를 일깨워준다는 것이오."(《테아이테토스》, 163e)

이렇듯 논쟁술은 승리에만 관심을 둘 뿐 진리와는 무관하며, 자신이 진리로 믿는 주장을 내세우기 위해 사용하는 기술인 변증술과 전혀 다르다. 그래서 플라톤은 논쟁술과 그것을 사용하는 소피스트들을 기회가 있을 때마다 소크라테스의 입을 빌려 비난했다는데, 쇼펜하우어의 생각도 여기까지는 크게 다르지 않다.

쇼펜하우어가 보기에 논쟁에서 승리하는 사람은 올바른 주장을 내세우는 사람이 아니다. 자신의 주장을 내세우고 방어하는 데 교활하고 민첩한 사람이다. 따라서 논쟁에 나서는 사람은 어디에 진실이 있는지에는 관심을 두지 않는다. 마치 검투사가 결투를 할 때 누가 옳은지 생각하지 않는 것과 같다. "칼로 찌르고 방어하는 것, 그것만이 문제일 뿐이다." 그는 이것이 "인간 종족의 천성적인 사악함에서 기인한다"고 보았다. 만일 "인간에게 이런 사악함이 없다면, 즉 우리가 근본적으로 정직하다면, 우리는 모든 종류의 토론에서 단지 진실을 밝혀내는" 변증술에만 몰두할 것이라고도 했다. 하지만 그렇지 않기 때문에 논증술이 필요하다며, 그것을 가르치는 책을 쓴 것이다. 바로 이 점에서 그는 플라톤과 달랐다.

우리말 제목인 '논쟁에서 이기는 38가지 방법'에 나타난 것처럼 이 책 안에는 38가지의 논쟁술이 자객처럼 칼을 들고 숨어 있다. 몇몇은 아리스토텔레스의 《토피카》와 《소피스트적 논박》에서 차용해 왔지만, 나머지는 자신이 개발했다. 대부분이 상대방을 곤궁으로 몰아넣는 비속한 술수들이다. 예를 들자면, "상대방을 화나게 만들어라", "거짓 전제를 사용하라", "질문은 질서정연하게 하지 말고 중구난방으로 하라", "은폐된 순환 논증을 사용하라", "뻔뻔스런 태도를 취하라", "상대방에게 질 것 같으면 화제를 다른 곳으로 돌려라", "최후 수단은 인

신공격이다" 등이다. 참으로 야비하고 뻔뻔한 가르침들이지만, 따져 보면 하나같이 우리가 TV나 인터넷에서 자주 보는 유명 논객들이 밥 먹듯이 사용하는 수법들이다.

그래서 하는 말인데, 만일 당신이 점잖은 성품을 가진 사람이라면, 그래서 설사 자신에게 손해가 온다 해도 진실을 존중하는 신사숙녀라면, 아니 적어도 우리에게 필요한 지식은 진리와 정의를 위한 것이라는 생각을 가졌다면, 《논쟁에서 이기는 38가지 방법》은 읽을 필요가 없다. 하지만 만일 당신이 남에게 지고는 못 사는 성품을 가졌다면, 그래서 설사 교활한 술수를 써서라도 승리만은 반드시 얻어야 한다고 생각하는 갑남을녀라면, 아니면 적어도 우리에게 필요한 지식은 비열한 모략꾼들의 술수에서 자신을 방어하는 것이라고 생각한다면, 만사 제쳐놓고 이 책부터 읽어야 한다.

플라톤은 전자에 속하는 사람이었다. 그는 우리에게 필요한 논증적 수사는 진리와 정의를 탐구하고 실현하기 위한 것이라는 스승의 신념을 물려받아 논쟁술은 해롭게 생각했다. 같은 맥락에서 이중 논변에 근거한 반론술도 탐탁하게 여기지 않았다. 그렇다고 해서 플라톤이 반론술과 논쟁술을 같은 것으로 본 것은 아니다. 그는 반론술이 단순히 승리를 얻기 위하여 사용하는 교활한 술수인 논쟁술과는 달리 변증술처럼 '로고스에서 로고스'로 나아가는, 다시 말해 감각적·경험적 지식을 사용하지 않고 오직 논리적 추론을 통해 진행하는 논증 기술이라는 것은 인정했다.[3] 단지 그 목적이 변증술과는 전혀 다르다고 생각했다.

변증술, 논쟁술, 반론술 그리고 논박술

•••

플라톤은 앞에서 소개한 쇼펜하우어의 정의와 달리 변증술dialektikē이라는 말을 시기별로 다양한 의미로 사용했다. 《메논》과 같은 초기 저술들에서는 그것이 소크라테스의 논박술과 같은 '문답식 대화술'을 뜻했다. 그러나 《파이돈》을 비롯한 중기 저술에서는—스승의 논박술을 자신이 발전시킨—가설연역법과 같은 추론을 의미했다. 프롤로그에서 이미 살펴보았듯이, 우리는 이것을 산파술maieutike이라 부르지만, 플라톤은 가설hypothesis이라고 불렀다. 그리고 《파이드로스》, 《소피스테스》와 같은 후기 저작들에서는 오늘날 우리가 '개념 분류법'이라고 부르는 디아이레시스diairesis를 가리켰다. 이 셋의 공통점은 진리—곧 보편적 정의katholikos orismos 내지 가정이 없는 원리arche anypothetos—의 탐구를 목적으로 삼는다는 것이다.

이와 달리 반론술은 로고스를 다른 로고스와 대립시킴으로써, 다시 말해 '상대의 진술logos에 대해 반대 또는 모순되는 진술을 제시함'으로써 시작하여, 결국에는 상대가 원래의 주장을 포기하게 하는 것을 목적으로 한다. 그렇다면 반론술은 방법론적으로는 논쟁술과 다르지만, 그 목적이 상대의 주장을 반박하여 자기의 주장을 내세우기 위한 것이라는 점에서는 논쟁술과 다를 바가 없다. 그리고 변증술과는 방법에서는 같지만 목적에서는 전혀 다르다.

플라톤이 특히 염려했던 것은 반론술이 젊은 사람들의 손에 들어가 잘못 사용되었을 때 생겨날 부작용이었다. 그는 《국가》에서 나이가 서른이 채 안 되는 어린 사람들이 이 기술을 익히면, 아무런 성찰도 없이 '옳은 것to kalon이 무엇이냐'와 같은 누구도 대답하기 어려운 질문들을 툭툭 던짐으로써 전통적인 권위(스승이나 전문가)에 대한 존경심을 잃을 것이라 했다.(《국가》, 537e~539a) 그들은 마치 게임을 하듯이 모든 경우에 반론을 내세워 꼬치꼬치 캐묻기를 하며 그들에게 걸려드는 사람들을 산산이 부숴놓고 "건방진 강아지처럼 즐거워할 것"이라고 염려도 했다.(《국가》, 539b)

그래서 플라톤은 반론술도 진리와 정의를 탐구하는 철학을 위한 논증 기술로는 부적합하다고 생각하고, 그것을《국가》와《테아이테토스》 등에서 반론술에 불만을 터트리는 소크라테스의 입을 통해 반복해 지적했다.[04] 자, 여기서 주목하자! 우리는 그가 소크라테스의 논박술—그리고 자신이 개발한 산파술—은 상대를 무너트리기 위한 기술인 논쟁술은 물론이거니와 반론술과도 다르며, 오직 진리와 정의를 탐구하는 기술인 변증술에 속한다는 것을 주장하려고 한다는 것을 눈치챌 수 있다. 한마디로 플라톤의 '소크라테스 구하기'다. 그것을 위해 플라톤이 논박술을 산파술로 둔갑시킨 과정은 프롤로그에서 이미 살펴보았다.

그러나 이 책에서 소크라테스 스타일이라고 부르는 논박술은 1) 문답식으로 행해진다는 점, 2) 상대의 주장에서 모순을 찾아내 반박한다는 점에서, 다시 말해 방법론적으로는 다른 점이 전혀 없다는 것에

○ 플라톤은《국가》에서 사람들이 자기도 모르는 사이 반론술과 변증술을 혼돈할 수 있지만 반론술은 종과 유에 따른 사물의 나눔에 근거하여 토론을 진행하는 변증술과는 달리 그저 말에 있어서 생기는 모순에만 근거하여 토론을 진행하기 때문에 철학적 방법으로 부적합하다 했다.(《국가》, 454a) 또《테아이테토스》에서는 소크라테스가 자기도 모르는 사이에 프로타고라스처럼 반론술을 사용한 것에 대해 불만을 표했다.(《테아이테토스》, 164d)

서 반론술과 구분할 수 없다. 때문에 소크라테스 자신마저도 자신의 논박술이 자칫 반론술처럼 흘러가지 않을까 경계했던 것이다. 더욱 흥미로운 것은 앞에서 플라톤이 반론술에 대해 한 비판은 사실인즉 소크라테스의 논박술에 대한 당시 아테네인들—누구보다 소크라테스를 법정에 세운 3명의 고소인들—의 비난과 내용이 똑같다는 점이다. 그들이 고소장에 소크라테스가 '청년들을 타락시킨 죄를 범했다'고 기입한 것이 그래서다. 한마디로 반론술과 논박술은 구분하기가 어렵다.

둘 사이에 다른 점이 있다면, 그것은 오직 반론술은 자신의 주장을 내세우려는 목적으로 상대의 주장의 무너트리지만, 논박술은 그런 목적이 아예 없다는 것이다. 소크라테스의 논박은 단지 상대의 그릇된 주장을 무너트리기 위한 것일 뿐, 그 어떤 자기주장을 위한 것이 아니다. 그는 이 말을 무지의 지, 곧 "내가 아는 것은 내가 아무것도 모른다는 사실이다"(《그리스 철학자 열전》, 2.5.32)라는 식으로 표현했다. 논박술의 목적은 오직 용기, 경건, 절제와 같은 미덕의 보편적 정의를 탐구하는 것이다. 그렇다면 소크라테스의 논박술에 대한 플라톤의 우호적인 옹호는 절반만 진실이라 할 수밖에 없다. 논박술에는 분명 반론술이 지닌 특성이 들어 있고, 논쟁술이라 의심받을 요소도 내포되어 있다.

그럼 제논이 사용한 귀류법은 변증술일까, 논쟁술일까, 반론술일까? 결론부터 말하자. 귀류법이라 불리는 제논의 논증적 수사는 상대의 주장에서 모순을 찾아내 반박한다는 점에서는 소크라테스의 논박술과 다름이 없는 반론술이다. 사실은 바로 이 수법—곧 상대의 진술에 대해 반대 또는 모순되는 진술을 제시함으로써, 다시 말해 모순율을 사용해 상대의 주장을 꺾는 수법—을 소크라테스가 제논에게서 배운 것이다. 따라서 귀류법과 논박술은 상대가 원래의 주장을 결국 포기하게 한다는 점, 그럼으로써 상반된 주장까지 받아들이는 이중 논변과는 대척점에 서 있다는 점에서도 같다. 단지 귀류법은 자신의 주장을 내세우기 위해 진행한다는 점에서만 논박술과 다르다.

이런 관점에서 보면, 제논의 귀류법은 가장 강력한 반론술이라 할 수 있다. 또한 그것이 일체의 생각을 차단하는 역설paradox까지 만들어내 상대의 입을 여지없이 틀어막는다는 점에서는 무적의 논쟁술이라 할 수도 있다. 그렇다면 아리스토텔레스는 왜 제논을 '변증술의 창시자'라고 부르며 마치 플라톤이 소크라테스 구하기를 시도했듯이 '제논 구하기'에 나섰을까? 당신도 이미 짐작했을지 모르지만, 숨은 이유가 있었다. 이제 그 이야기를 하자.

가장 존경할 만한 그러나 동시에 두려운 사람

•••

파르메니데스와 그의 제자 제논은 이탈리아 서남부의 아름다운 항구 나폴리보다 조금 남쪽에 위치한 엘레아에서 부유한 귀족의 아들로 태어났다. 당시 엘레아에는 지금은 터키 땅인 소아시아에서 이주해 온 그리스인들이 주로 모여 살았다. 때문에 두 사람은 소아시아 지방에 이미 널리 퍼져 있던 밀레토스학파의 자연철학을 자연스레 접하면서 자랐지만, 그럼에도 그들과는 전혀 다른 사유의 길을 갔다.

이미 언급했듯이, 고대 그리스인들은 '세상 모든 존재물의 궁극적 근거arche가 무엇일까' 하는 물음으로 철학을 시작했다. 이에 대해 밀레토스학파의 시조인 탈레스는 물, 아낙시만드로스는 무한자, 아낙시메네스는 공기라고 답했다. 그리고 피타고라스는 수, 헤라클레이토스는 로고스라고 답했다. 그런데 파르메니데스는 그것이 '존재'라고 주장했다. 소박하게 생각하면, 다양한 모든 존재물이 근원적으로 가진 공통 요소가 '있음' 곧 그것의 '존재'라는 사실은 의심할 여지가 없다.

그러나 파르메니데스의 이 단순한 생각과 함께 서양철학이 만물의 근원을 탐구하는 자연철학에서 빠져나와 오늘날 우리가 존재론 ontology이라고 부르는 형이상학metaphysics으로 단번에 뛰어들었다.

▲ 산치오 라파엘로(Sanzio Raffaello, 1483~1520), 〈아테네 학당〉(1510~1511)의 일부. 중앙에 노란색 옷을 입고 서 있는 사람이 파르메니데스다. 그 왼편에는 피타고라스가 책을 펼치고 계산에 몰두하고 있고, 오른편에는 헤라클레이토스가 턱을 괴고 앉아 사색하고 있다.

플라톤이 파르메니데스를 "가장 존경할 만한 그러나 동시에 두려운 사람"(《테아이테토스》, 183e)이라고 높여 불렀고, 오늘날 철학자들이 "철학다운 철학이 본격적으로 시작한 것은 바로 파르메니데스에서부터"[5]라고 평가하는 것이 그래서다.

파르메니데스는 그리스에서 처음으로 산문으로 글을 써 책을 낸 아낙시만드로스(기원전 610~기원전 546)보다 100년쯤 늦게 태어나 활동했음에도 불구하고 형식에 있어서는 호메로스의 운율인 6보격 형식에 맞춰 책을 썼다. 그러나 150개 정도의 시행詩行으로 남아 있는 그의 단편들에는 서양 사유사에서 "최초로 완전한 논변의 모습을 갖춘 논의"가 들어 있다.[6] 요컨대 그는 철학을 시에 담았다. 아무나 할 수 있는 일은 아니다. 독일의 철학자 마르틴 하이데거Martin Heidegger, 1889~1976가 그를 "철학자들을 능가하는 시인"으로 평가한 것은 그래서다.

제논의 논증적 수사인 귀류법을 살펴보는 우리의 이야기와 연관해 주목해야 할 것은 파르메니데스의 〈자연에 대하여〉의 첫 부분인 '단편 1'과 '단편 2' 그리고 '단편 14'다. 그는 여기에 판타지 소설에나 나올 법한 '놀라운' 여정 하나와 그 길에서 깨우친 진리를 적어놓았다. 내용인즉, 파르메니데스가 총명한 암말들이 끄는 마차를 타고 젊은 아가씨kourai들의 안내를 받아 하늘에 올라, 인간들에게 풍성한 은총을 베푸는 여신 다이모네스daimones의 궁으로 들어가서 여신에게서 존재onta(있는 것)에 대한 진리를 들었다는 것이다. 파르메니데스는 이렇게 말했다.

> 자, 이제 내가 말할 터이니, 그대는 이야기mythos를 듣고 명심하라. / 탐구의 어떤 길들만이 사유noēsai를 위해 있는지 / 그중 하나는 '있다estin'라는, 그리고 '있지 않을 수 없다'라는 길로서 / 페이토(설득)의 길이며(왜냐하면 진리를 따르기 때문에) / 다른 하나는 '있지 않다'라는, 그리고 '있지 않을 수밖에 없다'라는 길로서 / 그 길은 전혀 배움이 없는 길이라고 나는 그대에게 지적하는 바이다. / 왜냐하면 이 있지 않은 것들을 그대는 인식할gnoiēs 수도 없을 것이고,(왜냐하면 실행 가능한 일이 아니니까) / 말할phrasais 수도 없을 것이기에."(DK 28B2)

여기서 우리가 주목해야 할 문구가 "'있다'라는, '있지 않을 수 없다'라는 길"과 "'있지 않다'라는, 그리고 '있지 않을 수밖에 없다'라는 길"이다. 이게 무슨 뜻일까?

이 글에서 파르메니데스가 '있다'라는 뜻으로 사용한 '에스틴estin'은 영어의 'It is'에 해당하는 말이다. 그리스어에서 불특정 3인칭 주어 It은 생략될 수 있기 때문에 is에 해당하는 estin만 남았는데, 그 원형은 '에이나이einai'다. '에스틴'에서 생략된 것이 무엇인지에 대해서는 의견이 분분하지만, 전통적으로 학자들은 '있는 것onta'(존재)이라고 여긴다. 그래서 이 말을 '있는 것은 있다라는, 있지 않을 수 없다라는 길'과 '있지 않은 것은 있지 않다라는, 그리고 있지 않을 수밖에 없다라는 길'이라고 이해하고 두 가지 측면에서 해석해왔다.

1) 하나는 존재론적 해석인데, 파르메니데스에서 플라톤, 플로티노스 그리고 아우구스티누스로 이어지는 존재론 전통에서는 '있는 것'(또는 참으로 있는 것)은 '불변하는 것'이고, '변하는 것'은 '없는 것'(또는 참으로 있지 않은 것)이다. 예컨대 플라톤의 이데아나 아우구스티누스

의 신은 (참으로) 있는 것이고, 그것으로부터 창조된 세상 만물은 (참으로) 있는 것이 아니다. 따라서 존재론적 해석을 선호하는 철학자들은 파르메니데스의 말을 '불변하는 것은 있다라는, 있지 않을 수 없다라는 길'과 '변하는 것은 있지 않다라는, 있을 수 없다라는 길'로 해석한다. 그리고 불변하는 길만이 진리를 따르고, 변하는 길은 진리를 따르지 않기 때문에 전혀 배움이 없다. 즉, 변하지 않는 존재에 대한 인식과 언급만이 진리이고, 변하는 존재에 대한 인식과 언급은 진리가 아니라는 것이다. 그렇다면 고대 존재론 전통의 존재와 진리에 대한 정의가 모두 파르메니데스의 잠언에서 나왔다고 할 수 있다.

2) 다른 하나는 논리학적 해석이다. 논리학자들은 '있다라는, 있는 것은 있지 않을 수 없다라는 길'이라는 말을 '무엇으로 있는 것(A)은 무엇으로 있다라는, 무엇으로 있는 것은 무엇으로 있지 않은 것(~A)일 수 없다라는 길'이라고 이해하고, 그것이 A=A라는 동일률과 A≠~A라는 모순율에 관한 교훈이라고 해석한다. 또 '단편 14'에 "있거나 있지 않거나이다"라는 말을 '무엇으로 있거나 무엇으로 있지 않거나'(A∨~A)라고 이해하고, 그것이 '서로 모순을 일으키는 둘 사이에 존재하는 중간자는 없다'라는 배중률에 관한 교훈이라고 해석한다. 그렇다면 우리가 오늘날에도 사용하는 이치논리의 시발인 아리스토텔레스 논리학을 떠받치는 세 기둥이 모두 파르메니데스의 잠언에서 나온 셈이다.

내 생각에는 스승 파르메니데스는 존재론적 의미에 방점을 두고 말했고, 신비로 가득한 스승의 가르침을 변증하려는 제자 제논은 그것을 논리학적 관점에서 해석했다. 플라톤이 기록한《파르메니데스》를 보면, 제논은 '있는 것'과 '없는 것', '변하는 것'과 '변하지 않는 것',

'하나'와 '여럿'의 관계를 논리적으로 설명하며, 변하는 것은 없는 것이고 있는 것은 불변하며, 그것은 여럿일 수 없고 하나라는 스승의 주장을 논리적으로 증명하기 위해 고군분투하는 제자로 등장한다. 그 과정에서 그 유명한 '제논의 역설'이 탄생했다.

이후 플라톤은 파르메니데스의 존재론적 의미를 받아들여 '불변하는 존재'와 '변하는 세상 만물', 그것에 대한 각각의 인식인 '진리'와 '사견doxa'을 중심으로 한 이데아론을 구상했고, 아리스토텔레스는 제논의 논리학적 해석을 받아들여 동일률·모순율·배중률에 근거한 삼단논법三段論法, syllogism을 구축했다. 플라톤이 파르메니데스를 "가장 존경할 만한 그러나 동시에 두려운 사람"라고 평가하고, 아리스토텔레스가 제논을 "변증술의 창시자"로 규정한 것이 바로 그래서다.

정리하자면, 파르메니데스가 실행한 있는 것(또는 참으로 있는 것)과 없는 것(또는 참으로 있지 않은 것)의 명확한 이분법적 구분에서 서양의 존재론과 논리학이 시작되었다. 그러나 소크라테스가 살았던 기원전 5세기에는 이성이라는 인간 정신의 원형을 깎아 서양문명을 일구어낸 이 모든 사유들이 자신들을 깨워낼 위대한 철학자들—다름 아닌, 존재론에서는 플라톤, 논리학에서 아리스토텔레스—을 기다리며 아직 칠흑 같은 어둠에 묻혀 있었다. 정리하자면, 귀류법은 제논이 파르메니데스의 가르침을 변증하며 훗날 아리스토텔레스가 정리한 이치 논리학의 기반인 동일률, 모순율, 배중률을 싹틔운 논증적 수사였다.

제논이 달을 그리는 법

• • •

제논이 스승과 함께 아테네를 방문해 한동안 머물렀을 때, 페리클레스가 제논의 가르침을 받았다는 이야기가 사람들 입에 종종 오르내려 왔다. 플루타르코스가 전하는 전승(DK 29A4)에 의하면, 페리클레스는 오늘날 학자들이 '페리클레스 서클Perikles circle'이라 부르는 모임에서 제논의 강의를 들었다.[7] 이 모임에는 역사가 헤로도토스, 조각가 페이디아스, 비극작가 소포클레스 등, 페리클레스의 오랜 지인들이 주로 참석했는데, 제논이 "페리클레스의 품위 있는 태도는 남에게 인기를 끌기 위한 수법에 지나지 않는다고 평가하는 사람들을 보고, 할 수 있다면 그런 재주라도 부려서 품위를 가져보라고 했다"는 플루타르코스의 기록을 보면,[8] 두 사람의 관계도 좋았던 것 같다.

그럼 당시 아테네 최고의 지도자였던 페리클레스가 자기보다 다섯 살가량 젊은 이방인인 제논에게서 배운 것이 무엇일까? 학자들 가운데는 페리클레스가 파르메니데스의 존재론과 신론에 관심이 있었다고 생각하는 사람이 있다. 앙드레 보나르가 그다. 그는 《그리스인 이야기》에서 제논이 "세상에는 오직 한 분의 신이 있으며, 그분은 생각하나로 만물을 움직이신다"라고 가르쳤다면서, 그런 가르침이 "사상을 통해 세상을 움직인다"라는 페리클레스의 정치철학과 맞아떨어진다고 했다.[9] 페리클레스의 정치철학으로 미루어 짐작하건대, 그가 제논이 전한 파르메니데스의 신에 대한 교설에 공감했다는 뜻인데, 그랬는지도 모른다. 하지만 확실치는 않다.

그러나 확실한 것이 있다. 페리클레스가 제논에게서 논변을 배웠다는 사실이다. 당시 아테네로 몰려온 소피스트들에 대한 페리클레스의 관심은 신에 관한 그들의 사변에 있었던 것이 아니다. 자연철학자 아낙사고라스의 충실한 제자였던 페리클레스는 신에 대한 관심이 그리 크지 않았다. 페리클레스의 관심은 언제나 토론, 논쟁, 연설에 관한 기술에 있었다. 그런 기술이라면 그는 누구에게서든, 무엇이든 가리지 않고 배웠다. 페리클레스는 제논에게서 귀류법을 배웠다. 그것을 증명할 수 있는 증거들이 있는데, 무엇보다도 페리클레스의 연설을 살펴보면 그가 제논의 귀류법을 배워 사용한 사실이 드러난다.

우리는 뒤에서 이 사실을 확인할 터인데, 과연 그런지를 알아보려면, 먼저 귀류법이 무엇인지를 알아야 한다. 그러니 귀류법이 무엇인지부터 알아보자. '오류로 돌아가는 논증법'이라는 뜻을 가진 귀류법은 요약하자면 '명제 P를 증명하기 위해 그것의 부정인 ~P로부터 모순을 끌어냄으로써 P의 옳음을 주장하는 논증방법'이다. 그 과정을 도식화해보면 다음과 같다.

> P이다. 왜냐? ~P이면 Q인데, Q가 불가능하다. 따라서 ~P가 아니다. 그러므로 P다.

얼핏 보아 뭔가 어려운 것 같지만 그렇지 않다. 우선 이렇게 생각해보자. 옛 동양화가들은 달을 그릴 때 화선지에 둥근 원을 직접 그려 넣지 않았다. 그 대신 둥근 달 모양의 주변을 어둡게 칠해 달이 저절로 모습을 드러내게 했다. 제논의 귀류법이 바로 그렇다. ~P의 부당함을 증명함으로써 P의 타당함을 드러내기 때문이다. 달리 말해 ~P를 어둠으로 밀어 넣음으로써 P를 밝음으로 이끌어내기 때문이다. 이것이 이 책에서 '제논 스타일'이라 부르는 생각의 기술인데, 여기에서 우리는 프롤로그에서 살펴본 이성의 특성, 곧 어떤 것을 밝히기 위해서는 그 밖의 것들을 모두 어둠으로 밀어 넣어야 하는 이성의 작동방식이 어디에서 시작되었는지를 재차 확인할 수 있다.

귀류법 도식을 잘 기억해두기 바란다. 이유는 우선 그것이 자연언어로 표현되었을 때 소크라테스의 사유법인 논박술과 유사하다고 생각하거나 혼동하기 쉽기 때문이다. 게다가 만일 당신이 귀류법을 익혀 토론, 논쟁 또는 연설에 사용할 수 있게 된다면, 무적의 병기를 하나 획득했다고 생각해도 좋기 때문이다. 내가 보기에 귀류법은 강력하고 아름다운 논증적 수사법이다.

스페인의 수도 마드리드에 있는 엘 에스코리알El Escorial 도서관에는 제논의 귀류법이 참과 거짓을 날카롭게 가르는 이치논리의 시원이라는 것을 암시하는 매우 보기 드문 프레스코화가 그려져 있다. 그림 오른쪽 맨 앞에서 사람들을 이끄는 노인이 바로 제논인데, 둘로 분리된 '진실Veritas의 문'과 '거짓Falsitas의 문' 앞에 서 있다. 우리는 이 두 문이 각각 그의 스승 파르메니데스가 설파한 '있다'라는 길과 '있지

▲ 작가 미상, 〈진실과 거짓의 문을 보여주는 제논〉, 마드리드 엘 에스코리알 도서관의 프레스코화 일부.

않다'라는 길로 들어서는 입구라는 것을 알고 있다. 나는 귀류법의 본질을 이보다 더 훌륭히 형상화한 그림을 본 적이 없다.

자, 그럼 제논이 어떻게 귀류법을 사용했는지를 먼저 살펴보자! 플라톤의 《파르메니데스》와 심플리키오스의 《아리스토텔레스의 《자연학》 주석》에는 제논이 파르메니데스의 교설을 변증하는 과정이 실려 있다. 그 내용을 간략히 정리하면 다음과 같다.

> 만물의 근원인 '있는 것'[존재]이 '하나hen'라는 파르메니데스의 교설이 제논이 증명하려는 명제 P다. 그는 우선 만일 사람들의 말처럼 '있는 것'이 하나가 아니고 '여럿'(~P)이라면, 그것들은 닮은 것homoia들과 닮지 않은 것들일 수밖에 없다는 것, 그것들은 (무한히) 크기도 하고 (무한히) 작기도 하리라는 것(Q)을 가정한다. 그다음 두 가정 모두 불가능함(~Q)을 증명한다. 따라서 '있는 것'은 하나일 수밖에 없다고 결론(P)을 내린다.

제논이 소크라테스와 문답식으로 전개한 내용인데, 앞에서 소개한 귀류법 도식을 따르고 있다. 하지만 형이상학적 사변인지라 그 전개 과정을 자세히 살펴보려면 조금 어렵기도 하고 지루하다. 그러니 '제논의 역설'이라는 이름으로 전해오는 보다 쉽고 흥미로운 다른 예를 하나 살펴보며 귀류법을 익히는 것이 좋다.

제논의 역설 가운데 누구나 잘 알고 있는 것이 '아킬레우스의 역설'이다. 그런데 아리스토텔레스의 《자연학》에 실린 원문°은 축약되어

° 아리스토텔레스의 《자연학》에 실린 원문은 "달리기를 할 때 가장 느린 자는 가장 빠른 자에 의해서 결코 따라잡히지 않을 것이다. 왜냐하면 그(따라잡기) 전에 쫓는 자는

있어 정보가 충분치 않다. 그 대신 '아킬레우스와 거북이의 역설'이라는 이름으로 전해오는 후대 주석가들의 버전을 보자. 대강 다음과 같다.

> 아킬레우스와 거북이가 경주를 할 때 거북이가 a만큼 앞에서 출발한다면, 아킬레우스는 영원히 거북이를 추월할 수 없다(P). 왜냐? 아킬레우스가 거북이를 추월(~P)하려면 먼저 거북이가 앞선 거리 a를 가야 한다(Q). 그런데 아킬레우스가 a만큼 가면 그동안 거북이는—아무리 느리다 해도 조금이나마 갔기 때문에—b만큼 더 앞서게 되며, 아킬레우스가 b만큼을 갔을 때에도 거북이는 다시 c만큼 더 앞서 있다. 이 같은 현상이 무한히 반복되기 때문에 아킬레우스는 거북이가 앞선 거리를 영원히 따라잡을 수 없다(~Q). 그러므로 아킬레우스는 영원히 거북이를 추월할 수 없다(P).

그렇다, 이것이 귀류법이다. 실로 기묘한 성동격서聲東擊西(목표의 반대쪽을 먼저 치는 공격 전술)의 전법이자, '달 그리기 화법'이 아닌가! 빠져나갈 수 없게 교묘하고, 반격할 수 없이 강하다. 그래서 당시 사람들은 이 논증의 결론이 터무니없는 궤변에 도달함에도 불구하고 전혀 반박할 수 없었다.

이후 아리스토텔레스를 선두로 다수의 학자들이 이 역설을 해결하기 위한 나름의 방법들을 제시했는데, 오늘날에는 고등학교 과정에서

달아나는 자가 출발했던 곳에 도착해야 하는데, 그래서 가장 느린 자가 항상 약간이라도 앞서 있을 수밖에 없기 때문이다"(《자연학》, VII.9.239b14)로 되어 있다.

배우는 무한등비급수無限等比級數, infinite geometric를 통해 누구나 간단히 해결할 수 있다.° 그러나 우리에게 중요한 것은 이 역설을 풀 수 있느냐 아니냐가 아니다. 우리가 여기에서 주목해야 할 것은 '귀류법이 'P와 ~P 가운데 하나만이 참'이라는 '배중률을 기반으로 하고 있다'는 사실이다.

왜냐고? 만일 이중 논변에서 그렇듯이 P와 ~P가 모두 참이거나 P와 ~P 사이에 제3자가 존재한다면, 귀류법이 성립할 수 없기 때문이다. 이 말은 당시 논증적 수사가 '참'과 '거짓'이라는 두 개의 진리치만을 허락하는 이치논리학으로 한 걸음 더 다가섰다는 것, 귀류법이 그 최초이자 대표적 예라는 것, 그럼으로써 토론, 논쟁, 연설에서 귀류법이 사용된 경우 반박하기 어려운 설득의 힘을 갖게 된다는 것 등을 뜻한다. '제논의 역설'이 대표적인 예이지만, 앞에서 언급한 것처럼 우리는 페리클레스가 연설에서 제논에게서 배운 귀류법을 실제로 사용했는지, 사용했다면 어떻게 사용했는지를 살펴보며, 귀류법이 지닌 설득의 힘을 재차 확인해보고자 한다.

° 아킬레우스와 거북이의 역설을 간단히 푸는 방법 중 하나는 시간을 계산하는 것이다. 처음 아킬레우스와 거북이 사이의 거리 a가 10미터라고 하고, 아킬레우스가 1초에 10미터를 달리고 거북이는 0.1미터를 달린다고 하자. 그럼 처음 둘 사이의 거리 a를 아킬레우스가 따라잡는 시간 t는 1초다. 그런데 거북이는 그동안 0.1미터를 갔기 때문에 둘 사이의 거리 b는 0.1미터이고 그것을 아킬레우스가 따라잡는 시간 t_1은 0.01초다. 그동안 거북이는 또 0.001미터를 갔지만 그것을 아킬레우스가 따라잡는 시간 t_2는 0.0001초다. 이것이 무한히 반복될 경우 t는 첫 항이 1이고 공비 r이 0.01인 무한등비수열을 이룬다. 그 합인 아킬레우스가 거북이를 따라잡는 시간 T는 무한등비급수 1+0.01+0.0001+0.000001…=1.010101…이 되어 아무리 많아도 1.02를 넘지 않는다. 아킬레우스는 1.02초도 안 되어 거북이를 따라잡을 수 있다.

목표가 아닌 목표

• • •

페리클레스가 주도한 펠로폰네소스 전쟁은 아테네의 패배로 이어졌다. 게다가 아테네에는 전염병이 창궐했다. 그러자 전쟁을 독려했던 페리클레스를 원망하며 스파르타와의 화친을 주장하는 사람들이 늘어갔다. 그때 페리클레스가 민회를 소집했다. 그는 한편으로는 '도시 전체를 위해서는 개개인이 기꺼이 희생해야 한다'는 말로 자신을 향한 시민들의 분노와 절망이 잘못되었다는 것을 호소해야 했다. 그리고 다른 한편으로는 시민들을 격려해 인내와 용기 그리고 사기를 진작해야 했다. 진퇴양난의 위기 가운데 그는 칼날 같은 연단 위에 섰다. 그리고 〈아테네의 미래를 위하여〉라는 이름으로 전해져오는 연설을 했다. 그런데 살펴보면, 바로 이 연설의 서두 부분이 '반박할 수 없는 논증적 수사'인 귀류법으로 구성되어 있다.

1) 페리클레스는 우선 "저는 여러분이 제게 화를 내거나 이 불행에 굴복하는 것이 옳지 않다는 것을 여러분들에게 상기시키고 또 이를 비판하기 위해서 이 민회를 소집했습니다"라는 말로 연설을 시작했다. '여러분이 제게 화를 내거나 이 불행에 굴복하는 것이 옳지 않다'는 것이 페리클레스가 증명하고자 하는 명제 P다. 그것의 증명을 위해 그는 '여러분이 제게 화를 내거나 이 불행에 굴복하는 것이 옳다'(~P)면, '도시 전체를 위해 개개인이 기꺼이 희생해야 한다'는 자신의 주장에 반대하는 시민들의 태도(Q)가 옳아야 한다고 가정한다.
2) 그런데 "한 사람이 개인적인 일을 잘해낸다고 해도 조국이 파괴

되면 그 역시 국가와 함께 공멸하는 반면, 조국이 번영하면 불운한 자도 그 안에서 훨씬 더 잘 보호받는다." 또한 "국가는 개인의 불행을 감당할 수 있지만, 개인이 국가의 불행을 감당하는 것이 불가능하다." 그렇다면 도시 전체를 위해 개개인이 기꺼이 희생해야 한다는 자신의 주장에 반대하는 시민들의 태도가 옳지 않다(~Q)는 것이다.

3) 페리클레스는 이렇게 ~Q를 증명한 다음, 과감하게 "지금 여러분들처럼 행동해서는 안 되는 것 아닙니까? 여러분은 각 집안의 불운으로 타격을 입고서는 공동체의 구원을 저버리고 있고, 전쟁을 제안했다는 이유로 저를, 전쟁에 표를 던졌다는 이유로 여러분 자신을 탓하고 있습니다"라고 외치며 ~P가 옳지 않다는 것을 주장했다.

4) 이어서 그는 "그러니 이런 면에서 제가 다른 사람보다 조금이라도 낫다고 생각하셔서 전쟁을 하자는 제 제안에 설득된 거라면, 이제 와서 잘못했다는 비난을 제가 받는 것은 적절하지 않습니다"라는 말을 덧붙였다.[10] 이로써 페리클레스는 '여러분이 제게 화를 내거나 이 불행에 굴복하는 것이 옳지 않다'(P)는 자신의 주장이 정당함을 증명해냈다.

어떤가? ~P의 부당함을 통해 P의 정당함을 증명하는 온전한 귀류법이 아닌가! 그렇다면 놀랍지 않은가? 귀류법이 당시 아테네 지식인들에게 상당히 널리 알려져 있었다는 것, 아마도 그가 제논의 강연을 통해 귀류법을 배웠으리라는 것을 감안하더라도 놀랍기는 마찬가지다. 그렇다. 바로 이 사람이 페리클레스이고, 바로 이런 연설이 페리클레스의 연설이다! 과문한 탓이겠지만, 당시 정치가들 가운데 귀류법을 대중 연설에 사용해 성공한 사람이 페리클레스 말고는 없다.

물론 페리클레스의 연설이 오늘날 학자들이 규정한 귀류법 형식에 딱 맞아떨어지지는 않는다—~P면 Q이다로 넘어가는 부분이 분명치 않다—는 지적이 있을 수 있다. 하지만 그것은 그리 중요치 않다. 학자들의 이런 지적은 심지어 제논 자신이 직접 진행한 논증에 대해서도 이미 있어왔다.° 이런 꼬투리를 잡아내는 것이 학자들이 하는 일인데, 앞에서 살펴보았듯이, 토론, 논쟁, 연설과 같은 실천적 분야에서 자연언어로 구현되는 논증적 수사는—기호를 통해 진행되는 형식논리학과 달리—형식에 딱 맞아떨어지지 않는다.

정리하자. 앞에서 이미 살펴보았듯이, 제논의 귀류법과 소크라테스의 논박술은 모순을 근거로 삼아 상대의 주장을 꺾는 수법을 사용한다는 점에서 모두 반론술에 속한다. 소크라테스는 분명 제논에게서 그 수법을 배웠다. 그러나 제논의 귀류법과 반론술에는 자신의 주장을 내세우려는 목적이 있는 반면, 소크라테스의 논박술에는 그것이 아예 없다. 그럼으로써 논박술은 오직 '보편적 정의' 내지 '가정이 없는 원리'에 도달하고자 한다. 한마디로 목표 없이 도달하고자 하는 목표가 논박술의 목표다. 이것이 논박술이 목적지에는 끝내 도달하지

° 예컨대 옥스퍼드대학, 제노바대학, 소르본대학의 고대철학 교수였던 조너선 반스Jonathan Barnes는 "제대로 된 귀류법이 되려면 처음에 출발한 전제가 불합리한 결론을 도출함을 보이고, 그다음에 전제가 거짓임을 밝혀야 한다. 그러나 남아 있는 제논의 논증에는 이 마지막 끝내기 한 수가 보이지 않는다"(*Presocratic Philosophers*, London & Newyork, 1982, Vol. 1, p.236)라고 지적했다. 요컨대 ~P가 거짓임이 명시되지 않았다는 것이다.

못하는 항해를 하는 까닭이기도 하다.

이 말은 우선 논박술이 자칫 잘못 진행될 경우, 다시 말해 논박을 하는 사람이 어떤 자기주장을 내세울 때는 제논의 귀류법이나 반론술과 다를 바가 없이 진행될 수도 있다는 것을 의미한다. 소크라테스가 《테아이테토스》에서 자기도 모르는 사이에 대화가 반론술처럼 진행된 것에 대해 다음과 같은 불만을 표한 것이 그래서다.

> 우리는 직업적 반론꾼처럼 행동하는 것 같네. 어휘를 일관성 있게 사용하기로 합의했을 뿐인데, 그럼으로써 벌써 우리가 더 나은 이론을 제시한 것처럼 우쭐댄다는 말일세. 말하자면 우리의 목표는 지혜이지 다투는 것이 아니라고 주장하면서, 우리는 저도 모르게 저 재간 있는 사람들처럼 행동하고 있다네.(《테아이테토스》, 164c~d)

플라톤의 대화편들이 전하는 바에 의하면, 소크라테스는 보편적 진리와 정의에는 무관심한 채 단지 자기주장을 내세우기 위해 전개하는 반론술과 논쟁술을 구사하는 당시 소피스트들이 범하는 잘못을 잘 알고 있었고 부단히 그것을 비난했다. 그래서 그는 그들과는 전혀 다른 사유의 길을 걷기로 작정한 것이다. 그것이 어떠한 자기 자신의 주장도 없이 오직 논박만으로 '보편적 정의'에 도달하고자 하는 논박술이다. 이제 그 이야기를 할 차례다.

7장

소크라테스의 논박술

추측과 논박이라는 방법보다
더 합리적인 절차란 없다.
– 칼 포퍼

소크라테스가 태어났을 때, 그의 아버지 소프로니스코스가 맨 먼저 아기 몸의 어디를 쳐다보았는지는 알 수 없다. 아마 부모들이 보통 그렇듯이 얼굴이나 샅을 먼저 보았을 것이다. 그렇지만 그가 다음으로 쳐다본 곳은 어렵지 않게 알 수 있다. 분명 손이다. 소프로니스코스는 어쩌면 자신의 손바닥 위에 막 태어난 아기의 조그만 손을 올려놓고 환하게 웃었을 것이다. 왜냐하면 그가 손으로 돌을 깎아 생계를 유지하는 석공이었기 때문이다.

소크라테스의 어린 시절에 대해서는 알려진 바가 거의 없다. 그가 실제로 석공 일을 했는지, 했다면 언제까지 했는지, 아니면 아예 어려서부터 전혀 다른 교육을 받고 자랐는지, 그래서 석공이 아니고 철학자가 되었는지, 아니면 철학자가 된 다른 어떤 결정적 계기가 있었는지, 있었다면 그것이 무엇인지, 그 밖에도 그의 아버지는 언제 죽었는지, 어머니 파에나레테Phaenarete는 언제 재혼했는지, 새아버지 카이레데모스Chairedēmos는 무엇을 하는 사람이었는지 등에 관한 믿을 만한 자료가 거의 없다. 단지 이런저런 단편적인 이야기만 사람들 사이에 전해올 뿐인데, 그 가운데 우리가 눈여겨볼 이야기가 하나 있다.

소크라테스가 어린 시절에, 그의 아버지 소프로니스코스가 델포이 신전에 가서 아들의 장래와 교육에 관한 신탁을 물었다. 그러자 예언녀phytia는 "아이가 하는 대로 놓아둬라. 그의 동기를 구속하거나 바꾸지 말고 있는 그대로 놔둬라"는 답을 했다 한다. 플루타르코스가 전하는 출처가 불분명한 이 이야기에는 소크라테스가 어릴 때 아버지가 걱정할 정도로 말썽을 부렸다는 풍문이 따라다닌다. 아마 후대에 누군가가 만들어낸 이야기이겠지만, 만일 그런 일이 실제 있었다면 소프로니스코스가 아들의 장래에 대해 신탁을 물을 정도로 걱정한 것이 무엇이었을까?

자, 생각해보자. 델포이는 아테네에서 서북쪽으로 180킬로미터 정도 떨어져 있다. 오늘날 승용차로는 4~5시간쯤 걸리겠지만, 그 옛날에 걸어서는 최소한 나흘에서 닷새 정도가 소요되는 거리다. 왕복하려면 통상 열흘 이상 걸렸을 것이다. 게다가 신탁을 받으려면 많든 적든 공물을 바쳐야 했다. 때문에 신탁을 받으러 델포이에 가는 것이 이웃 동네에 있는 무당집을 다녀오듯이 그리 용이한 것이 아니었다. 그럼에도 어느 아버지가 그런 수고를 무릅쓰고 찾아가 아들의 장래와 교육에 관한 신탁을 구했다면, 그것은 분명 예사로운 일은 아니었을 것이다.

그렇다면 소프로니스코스의 예사롭지 않은 걱정이 무엇이었을까? 모를 일이지만, 추측해볼 수 있는 단서가 남아 있다. 라에르티오스의

《그리스 철학자 열전》에 실린 "크리톤이 소크라테스의 영혼의 아름다움에 매료되어 그를 일터에서 옮겨 교육을 받게 해주었다"(《그리스 철학자 열전》, 2.5.20)라는 기록이 그것이다. 크리톤Kriton은 소크라테스의 동갑내기 죽마고우인데, 나중에 소크라테스가 사형선고를 받고 감옥에 갇히자, 돈으로 간수를 매수해 그를 탈옥시키려 계획했던 인물이기도 하다. 그래서 약간의 상상력을 발휘하면 당시 소프로니스코스의 걱정이 무엇이었는지를 그리 어렵지 않게 짐작할 수는 있는데, 대강 다음과 같다.

소년 시절, 소크라테스는 아버지에게서 석공 일을 배우고 있었다. 그것은 아들이 아버지의 직업을 이어받는 당시 관습에 따라서였겠지만, 어쩌면 학비가 없어서였을 수도 있다. 하지만 소크라테스는 동네 다른 아이들과 함께 학교에 다니고 싶었다. 그때 부유한 상인의 아들인 크리톤이 학비를 대준다고 하자, 소크라테스가 석공 일을 그만두고 학교에 가겠다고 아버지를 졸랐을 것이다. 아마도 그것이 소프로니스코스가 델포이에 가서 아들의 교육과 장래에 관한 신탁을 물을 정도의 걱정거리였을 것이라는 추측이 가능하다. 내 생각은 그런데, 당신 생각은 어떤가?

샐러드 볼 속의 소크라테스

•••

아테네에는 기원전 5세기 이전에 이미 초보적인 교육제도가 존재했다. 당대의 뛰어난 연설가이자 정치인인 아이스키네스Aischines, 기원전 389~기원전 314에 의하면, 기원전 6세기 초에 활동한 개혁가 솔론이 "읽고 쓰는 것을 배우는 일을 아테네에서 의무적인 것으로 만든 최초의 인물"이다. 페리클레스 시대에는 이미 잘 정비된 초등교육 제도가 있었고, 비록 학교에 다니는 것이 모두에게 의무적이었다는 기록은 없지만, 자유민으로 태어난 소년들은 일반적으로 학교에 다녔다.[1] 그렇다면 우리는 소크라테스와 크리톤이 깔깔거리고 장난을 치면서 시장 골목을 지나 학교에 오가는 모습을 자연스레 떠올릴 수 있다. 그런데 이 소년들은 학교에서 무엇을 배웠을까?

당시 아테네 교육체계는 세 부분으로 이루어져 있었다. 체육활동을 가르치는 파이도트리베스paidotribēs, 음악교육을 담당하는 키타리스테스citharistēs, 그리고 글 읽기와 쓰기 그리고 산수를 가르치는 그라마티스테스grammatistēs가 그것이다.[2] 성인이 된 다음 그의 행적을 보면, 소년 소크라테스가 열성적인 학생이었으리라는 것을 짐작할 수 있다. 기록에 의하면 그는 당시 관행대로 그라마티스테스 시간에 호메로스, 헤시오도스, 아르킬로코스와 같은 위대한 시인들이 남긴 작품들을 암송했는데, 무엇보다도 호메로스의 작품들에 매료되었다. 아마도 이 소년은 그 안에 담긴 미덕aretē들을 가슴에 담았을 것이다.

코라 메이슨이 전하는 바에 의하면, 소크라테스는 비록 못생겼지만 어린 시절부터 외모가 아니라 "영혼을 아름답게 해주소서"라고 기도했다고 한다.[3] 당시 그리스 사람들에게 '아름답다'는 말은 외모가 '곱다', '예쁘다'라는 뜻보다 미덕이 '탁월하다', '빛나다'라는 의미를 갖고 있었다. 나중에 그는 젊은이들에게 "자신의 모습을 거울에 비춰보고 아름답다면 그것에 걸맞은 사람이 되도록, 또 추하다면 미덕을 갖춰 그 추한 모습을 덮도록 하라"고 교훈했는데,(《그리스 철학자 열전》, 2.5.33) 그런 의미에서라면 소크라테스는 어릴 적 소원대로 세상 누구보다도 아름다운 사람이 되었다.

초등교육이 끝난 다음, 소크라테스는 아직 고등교육 제도나 시설이 없었던 탓에—이소크라테스Isokrates의 '수사학학교'와 플라톤의 '아카데메이아'는 한참 후에 생겼다—당시 지식인이었던 소피스트들을 찾아다니면서 스스로 학습했다. 그런데 '페리클레스와 소피스트 운동'에서 이미 살펴보았듯이, 당시 아테네는 그리스 각지에서 몰려온 소피스트들의 샐러드 볼이었고, 그들에 의한 문화적 창발이 한창 일어나는 시기를 맞고 있었다.

탁월한 스승과 새로운 사상들이 넘쳐났는데, 소크라테스는 먼저 페리클레스의 스승이기도 한 밀레토스학파의 자연철학자 아낙사고라스 밑에서 한동안 수학했다. 아낙사고라스가 유죄판결을 받고 아테네에서 쫓겨난 후에는 그의 제자인 아르켈라오스Archelaos, 기원전 5세기를 찾아가 제자가 되었다.(《그리스 철학자 열전》, 2.5.19) 이 같은 사실은 소크라테스가 젊은 시절 한때 자연철학에도 나름 열심이었다는 것을 짐작하게 한다.

물론 그것이 특별한 일은 아니었다. 당시 아테네에서는 밀레토스학파 사람들뿐 아니라 대부분의 소피스트들이 당시의 자연과학이라 할 수 있는 자연철학에 관심을 두었고 이에 대해 나름의 언급을 남겼다. 예컨대 변론가인 고르기아스는 엠페도클레스의 유출이론에 관심을 갖고 있었고(DK 31A92, DK 82B5), 태양이 붉은 빛의 뜨거운 덩어리(DK 82B31)라고 주장하기도 했다. 수사학자 프로디코스도 엠페도클레스의 4원소설(물, 불, 흙, 공기)에 대해 언급하며, 그것들이 신들, 태양, 달뿐 아니라 모든 생명의 원천이라고 주장했다. 심지어 자연철학에는 전혀 관심이 없어 보이는 프로타고라스마저도 원자론자들의 그것과 유사한 나름의 유출설을 내놓기도 했다.(DK 80A14)

그런데 소크라테스는 자연철학에 대해 이렇다 할 언급이나 업적을 남기지 않은 것을 보면, 이 분야에 대한 그의 재능 내지 열정이 그리 크지는 않았던 것 같다. 우리는 단지 그가 사형선고를 받고 감옥에서 죽음을 기다리던 마지막 시간을 제자들과 지구의 지질학적 구조에 대해 토론하며 보내는 모습을 보며, 자연철학에 관한 그의 변함없는 관심을 확인할 수 있을 뿐이다.(《파이돈》, 108d~113c)

그것이 다가 아니다. 역시 라에르티오스가 《그리스 철학자 열전》에서 전하는 바에 따르면, 소크라테스가 아르켈라오스를 따라 피타고라스의 고향이자 그 학파의 본거지인 사모스섬에도 다녀왔다고 한다.(《그리스 철학자 열전》, 2.5.23) 그것이 사실이라면, 그가 오늘날 우리가 기하학이라 부르는 피타고라스학파의 수학arithmos과 그에 따른 교설에도 어느 정도 흥미를 가졌으리라 추정할 수 있다. 하지만 이 역시 그리 특별한 일은 아니었다. 왜냐하면 당시 지식인들 대부분이 피타고라스학파의 수학에도 상당한 관심을 보였기 때문이다.

그 시대에 사람들이 가장 지대한 관심을 가진 문제가 원의 면적을 구하는 것이었는데, 자연철학자 아낙사고라스, 수사학자 안티폰 그리고 히피아스 등이 이 문제에 도전했다. 물론 성공하지 못했지만, 히피아스는 이 문제를 푸는 과정에서 한 각을 삼등분하는 방법과 이차방정식 이론을 발견한 것으로 전해온다.[4]

그러나 소크라테스는 이 분야에도 이렇다 할 흔적을 남기지 않은 것을 보면 수학에 관한 그의 재능과 관심 역시 그리 크지는 않았던 것 같다. 우리는 단지 플라톤의 《메논》에서 문답식 대화를 통해 노예 소년에게 기하학—8제곱피트의 면적을 가진 정사각형의 한 변의 길이를 구하는 법—을 가르치는 소크라테스의 모습을 통해(《메논》, 82b~85c), 그가 기하학에도 어느 정도 밝았다는 사실을 확인할 수 있을 뿐이다. 그마저도 훗날 플라톤이 만들어낸 소크라테스일 수도 있지만 말이다.

정리해보면, 소크라테스가 자연철학과 수학에 어떤 성과나 업적을 남기지는 않았지만, 젊은 시절에는 당시 유행하던 새로운 학문들에 대해 상당한 관심을 두고 한동안 열심히 학습했다는 것을 알 수 있다. 플라톤의 《파이돈》에는 소크라테스의 다음과 같은 말이 실려 있다.

> 케베스, 내가 젊었을 때는 사람들이 자연에 대한 탐구라 부르는 바로 그 지혜를 매우 열망했다네. 나는 모든 것의 원인을 아는 일을 대단하다고 생각했지. 왜 모든 것이 생기고, 왜 사라지는지, 왜 존재하는지 말이야. 처음에는 그런 것들을 탐구하면서 매우 우왕좌왕했다네.(《파이돈》, 96a~b)

이 같은 소크라테스의 모습은 우리가 일반적으로 알고 있던 것과 상당히 거리가 있다. 왜냐하면 우리는 막연히 그가 처음부터 도덕철학 내지 윤리학 분야에만 몰두했던 사람이라는 생각을 갖고 있기 때문이다.

우리가 모르는 소크라테스의 모습은 그뿐 아니다. 그는 입담이 좋은 만큼이나 문학에도 상당한 관심을 갖고 있었던 것 같다. 라에르티오스가 《그리스 철학자 열전》에서 전하는 바에 의하면, 소크라테스는 파이안Paean(아폴론 찬가)을 지었으며, 이솝우화 풍의 이야기도 만들었다. 또 아낙사고라스의 문하에서 같이 공부했던 비극작가 에우리피데스와 친분을 이어갔는데, 당시 사람들은 그가 에우리피데스의 《프리기아인》의 창작을 도왔다고 한다. 당대의 희극작가였던 아리스토파네스의 《구름》에 다음과 같은 구절이 들어 있는 것이 그래서다.

> 또한 에우리피데스를 위해 저 대단한 입심으로,
> 똑똑한 비극작품을 만들어준 것이 바로 이 사내인 것이다.
>
> (《그리스 철학자 열전》, 2.5.18)

사실 여부야 어쨌든, 여기서 우리가 아리스토파네스의 《구름》을 잠시 살펴보는 것은 흥미롭기도 하거니와 유익하다. 왜냐하면 이 작품이 우리가 모르는 소크라테스의 젊은 시절 모습을 조금 우스꽝스럽기는 해도 적나라하게 보여주기 때문이다.

말이 씨가 되고 설마가 사람 잡았다

• • •

아리스토파네스Aristophanes, 기원전 445?~기원전 385?는 약관 18세에 《연회의 사람들》이라는 첫 작품을 썼고, 20세에 《아카르나이의 사람들》로 디오니소스 축제에서 1등을 차지한 천재 극작가였다. 그러나 그는 신화를 소재로 삼은 기라성 같은 당대 비극작가들과 달리, 당면한 시사문제를 풍자하는 희극을 썼다. 당신도 알다시피, 풍자극이란 대개 현실적인 권력과 권위 또는 시대사조를 대변하는 주인공을 내세운 다음, 그의 모습을 과장하거나 왜곡해 우스꽝스럽게 나타냄으로써 시대를 반영 또는 비판하는 극이다. 아리스토파네스가 주로 풍자한 대상은 자연철학을 탐구하는 밀레토스학파 철학자들, 변론술을 가르치는 소피스트들, 전쟁을 선동하는 정치가들이었다.

《구름Nephelai》은 그가 22세이던 기원전 423년에, 당시 47세였던 소크라테스를 풍자한 작품이다. 여기서 소크라테스는 자연철학자이자 소피스트로 묘사되어 있다. 희극인 만큼 그 내용이 시종 웃음을 자아내는데, 대강 다음과 같다.

한 농부(스트렙시아데스)가 전차 경주와 말에 빠진 아들이 진 빚을 감당하느라 파산할 지경에 이른다. 그는 채권자들을 말로 따돌려 빚을 면하는 방법을 배우려고 소크라테스를 찾아간다. 이것은 아리스토파네스가 소크라테스를 프로타고라스나 고르기아스와 같이 변론술에 능한 소피스트로 보았다는 것을 뜻한다. 소크라테스는 나무에 매달린 해먹을 타고 무대에 등장하는데, 농부가 그에게 뭘 하고 있냐고 묻자 "나는 대기 위를 거닐며 태양에 관해 명상하고 있느니라"라고 대답한다. 이 말은 아리스토파네스가 소크라테스를 아낙사고라스나 아르켈라오스같이 천체를 탐구하는 자연철학자로도 보았다는 것을 뜻한다.

농부가 이어서 사례는 얼마가 되든 지불할 것을 "신들에게 맹세한다"고 말하자, 소크라테스는 제우스와 같은 신은 없으며, 천둥, 비, 번개 등의 근원은 구름의 여신이라면서, "우리의 신인 구름들과 직접 대화하고 싶은가?"라고 묻는다. 극에서 소크라테스가 모시는 신이 구름이라는 뜻이다. 그래서 작품명이 '구름'인데, 이것은 아리스토파네스가 만물의 근원이 물이나 불, 공기, 흙 등이라고 가르쳤던 자연철학자들처럼 소크라테스도 당시 아테네인들이 섬기는 신들을 부정하는 사람으로 보았다는 것을 뜻한다.

이후 농부는 소크라테스에게서 채권자들을 따돌릴 변론술을 배우려 하지만, 건망증 때문에 농부의 아들(페이딥피데스)이 대신 배우게 된다. 변론술 훈련을 다 받고 아들이 집으로 돌아오자 농부가 기뻐 이렇게 말한다. "오, 얘야, 장하구나! 네 얼굴을 보니 기쁘기 한량없다. 네 몸엔 벌써 부정하고 반박하는 습관이 배어 있구나. 그리고 네 얼굴에는 그런 말들이 벌써 빛나고 있어. 또 가해자를 오히려 피해자로 보이게 하는 몰염치도. 너의 눈초리는 정말 아티카풍이 되어 있어. 자, 전에 이 아비가 파산한 건 너 때문이었다. 이제는 네가 이 아비를 구해낼 차례다." 이 말은 아들이 소크라테스에게서 배운 변론술이 상대의 주장을 '부정하고 반박하는' 반론술 내지 논쟁술이라는 것을 뜻한다.

마침내 농부는 아들의 변론술 덕에 채권자들을 따돌리고, 잔치를 벌인다. 그런데 시인에 대한 이야기를 하다가 아버지와 아들이 서로 다투게 된다. 그러자 아들이 자기가 어렸을 적 아버지가 매를 들었듯이 자신도 아버지를 때려도 된다며 농부를 구타한 다음, 어머니까지 구타하겠다고 한다. 그제야 농부는 아들에게 반론술을 가르친 자신의 어리석음을 뉘우치고 소크라테스가 제자들을 가르치는 이른바 '사상의 집'으로 달려가 불을 지른다.

아리스토파네스는 아버지에게 욕을 하고 발길질을 하면서도 뻔뻔한 궤변을 늘어놓는 아들을 통해, 당시 젊은이들 사이에서 특히 인기가 높았던 소피스트들의 교육이 가져오는 폐해를 풍자했던 것이다. 우리는 똑같은 염려를 플라톤이 《구름》보다 적어도 50년쯤 뒤에 쓴 《국가》에서 했다는 것을 앞에서 이미 보았다. 플라톤은 반론술이 젊은 사람들의 손에 들어가 잘못 사용되었을 때 그들에게 걸려드는 사람들을 산산이 부숴놓고 "건방진 강아지처럼 즐거워할 것"(《국가》, 539b)이라 염려했다.

20세 약관의 나이에 소피스트들의 수사학 교육이 젊은이들에게 가져올 부작용을 간파하고 앞을 미리 내다본 아리스토파네스의 식견은 감탄할 만하다. 그러나 우리가 정작 놀라워해야 할 아리스토파네스의 선견지명은 따로 있다.《구름》이후 정확히 24년이 지난 기원전 399년에 소크라테스가《구름》에서 아리스토파네스가 풍자한 바로 그 내용, 곧 신을 믿지 않고, 젊은이들을 타락시킨다는 이유로 고소를 당해 재판을 받고 사형에 처해졌기 때문이다. 이 문제의 관건은 소크라테스가 과연 그랬느냐 하는 것인데, 재판장에서 소크라테스는 자연철학자도 아니고 소피스트도 아니라서 그런 일을 한 적이 없었다고 자신을 변호했다.

플라톤이 쓴《소크라테스의 변명》을 보면, 소크라테스는 자기를 고발한 세 사람(멜레토스, 아니토스, 리콘)이 예전에 자기와 대화를 나눈 적이 있는데, 그때 자신들의 무지함이 드러나자 분노하여 원한을 품은 나머지 아리스토파네스가《구름》에서 풍자한 내용을 빌려다 무고한 자기를 법정에 세웠다고 주장한다. 그 근거로 자기가 신을 부정하는 자연철학에 관해서는 한마디도 한 적이 없고(누구든 그런 말을 들은 사람이 있으면 말해보라 한다), 돈을 받고 젊은이들을 타락시키는 반론술을 가르칠 능력이 없다는 것을(그런 일을 한다는 파로스의 에우에노스라는 철학자를 부러워했다는 사실을 통해) 증명하기도 한다.(《소크라테스의 변명》, 19b~20c)

그렇다! 소크라테스는 분명 무고하다. 그래서 플라톤도 평생을 두고 스승이 자연철학자도 아니고 소피스트도 아니라는 것을 그들과 날카롭게 대립하는 소크라테스를 등장시킨 저술들—《프로타고라스》,

《고르기아스》, 《소피스테스》, 《테아이테토스》 등—을 통해 강조했다. 이 점에서 플라톤은 아리스토파네스와 정반대 입장을 취했는데, 소크라테스의 다른 제자이자 역사가인 크세노폰 역시 같은 태도를 견지했다. 그는 《회상록》에서 소크라테스가 "우주의 본성이나 그것이 생겨난 방식 그리고 천체들을 지배하는 필연적 법칙들에 관해서는 한마디도 한 적이 없다"는 말로 스승을 옹호했다.(《회상록》, 1.1.11)

그런데 과연 그럴까? 다시 말해 아리스토파네스의 풍자가 모두 그르고, 플라톤과 크세노폰의 옹호가 전부 옳을까? 내 생각에는 아니다. 아리스토파네스가 기원전 423년에 발표한 《구름》에서 소크라테스를 자연철학에 관심을 둔 소피스트로 풍자한 것은 연극인 만큼 약간의 과장은 있었겠지만 사실과 무관하지는 않았다. 커퍼드가 《소피스트 운동》에서 한 표현을 빌리자면 "소크라테스가 아리스토파네스를 비롯한 그의 동시대인들에 의해 그렇게 간주되었음에는 의심의 여지가 없다."[5] 《구름》이 발표되었을 때 플라톤이 불과 네 살, 크세노폰이 일곱 살 남짓했다. 그렇다면 그들이 젊은 날의 스승과 당시 상황에 관해 자세히 알지 못했을 수 있다. 아니면 알고 있었지만 그것은 스승의 본질이 아니라고 생각해서 무시했는지도 모른다.

전해오는 이야기에 의하면, 소크라테스 역시 《구름》을 보았는데, 관람 후 웃으면서 자리를 떠났다 한다. 이것이 사실이라면, 당시 47세였던 소크라테스 역시 아직 몰랐던 것이다. 훗날 자신이 어떤 일을 하게 될지 또 어떤 사람이 될지를 아직 몰랐고, 말이 씨가 된다는 것, 설마가 사람 잡는다는 것을 아직 몰랐던 것이다. 만일 알았더라면, 그는 24년 후에 법정에서 스스로를 변호하듯이 자신은 그런 사람이 아니라는 것을 그 자리에서 밝혀야 했다. 훗날 자신이 어떤 일을 하게 될지를 아직 몰랐기 때문에, 그래서 자신은 그런 사람이 아니라는 것을 밝히지 않았기 때문에 결국 말이 씨가 되고, 설마가 사람 잡았다.

이러한 사실들은 우선 소크라테스가 적어도 아리스토파네스가《구름》을 발표한 47세까지는 자연철학이나 수학에 관심을 두었다는 것, 돈은 받지 않았지만 반론술을 가르치는 소피스트였다는 것, 그 이후에 어떤 계기가 있어 자신이 고안한 문답식 대화를 사용해 지혜를 탐구하는 철학자가 되었다는 것을 가늠하게 한다. 그렇기 때문에 아리스토파네스가 본 소크라테스와 플라톤과 크세노폰이 만난 소크라테스가 상당히 달랐다는 것이 이치에 맞고, 그에 대한 두 평가 가운데 어느 것이 전부 옳고 어느 것이 전적으로 그르다는 것은 설득력이 없다.

그렇다, 소크라테스는 생의 어떤 시점에서 분명 달라졌다. 그가 결혼을 하고 석공 일을 그만둔 50세쯤이리라 생각되는데, 물론 그렇다 해서 전부 변한 것은 아닐 것이다. 보통의 경우, 사람이 어느 시점에 갑자기 전적으로 달라질 수는 없기 때문이다. 그러나 소크라테스는 적어도 사유하는 방법과 하는 일에서는 언젠가부터 전적으로 달라졌다. 그리고 그 달라진 소크라테스가 플라톤과 크세노폰이 우리에게 전한 소크라테스, 그래서 오늘날 우리가 알고 있는 철학자 소크라테스다.

만일 그가 달라지지 않았더라면 어쩌면 우리는 그를 몰랐거나 변변치 않은 소피스트들 가운데 하나로 기억할 것이다. 왜냐하면 앞서 살펴본 것같이—그리고 소크라테스 자신이 "마침내 나 자신이 이런 종류의 탐구에는 전혀 소질이 없다는 생각이 들었네"(《테아이테토스》, 96c)라고 고백했듯이—그는 자연철학자나 수학자 또는 수사학자로서는 이렇다 할 성과를 이루지 못했기 때문이다. 이제 우리의 이야기는 자연스레 그가 갑자기 달라진 계기가 무엇이고, 또 그 결과가 무엇인지로 달려갈 수밖에 없다.

소크라테스를 소크라테스로 만든 것

•••

기원전 399년 5월, 아테네는 봄의 한 중심을 지나고 있었다. 불과 5년 전에 끝난 펠레폰네소스 전쟁(기원전 431~기원전 404)으로 허물어진 성벽과 골목 담벼락 곳곳에는 빨강, 하양, 노랑 각양각색의 물감을 한 동이씩 쏟아놓은 듯 봄꽃들이 흐드러지게 피었다. 그렇다, 폐허에도 꽃은 핀다. 그러나 폐허가 된 아테네 사람들의 마음에는 꽃이 피지 않았다. 알고 보면 소크라테스를 죽음으로 몰고 간 그날 법정은 그래서 열렸다.

27년 동안이나 이어진 전쟁으로 헤아릴 수조차 없는 남자들이 전장에서 쓰러졌다. 그리고 살아남은 자들은 역병으로 죽어갔다. 기원전 429년에는 페리클레스 역시 예순여섯의 나이에 역병으로 삶을 접어야 했다. 페리클레스 시대의 아테네는 20만 명이 넘는 인구를 자랑했지만, 기원전 399년 무렵 아테네에 거주하는 성인 남성은 전성기 인구의 10분의 1에 불과했다. 그만큼 많은 여인들이 과부가 되었고, 그에 못지않은 수의 아이들이 고아가 되었다. 전쟁을 계속하기 위해서라도 아테네는 인구를 늘려야 했다. 그래서 여성들에게 아내가 있는 남자와도 결혼할 수 있도록 허락했다. 그 결과 당시 아테네의 남성들은 결혼했더라도, 다른 여성과 이중결혼해서 아이를 낳는 것이 일반적이었다. 프롤로그에서 밝혔듯이, 소크라테스가 친구의 딸 미르토를 둘째 아내로 둘 수 있었던 것도 그 덕분이었다.

아테네가 다른 도시국가의 모범이자 스승이라는 자부심은 패전과 함께 사라졌다. 기원전 429년에 페리클레스가 죽은 후에도 펠로폰네소스 반도에서는 스파르타와의 전쟁이 지속되었다. 하지만 그 와중에도 아테네 내부에서는 민주파와 과두파의 힘겨루기가 격화되었다. 설득을 통해 통합을 이끌어내던 위대한 지도자가 사라졌기 때문이다. 기원전 410년에는 클레이스테네스가 민주정을 연 이후 100년간 이어오던 민주정이—아이러니하게도 민주적 투표에 의해—무너지고, 400인의 귀족들이 이끄는 과두정이 들어섰다. 예나 지금이나 독재자들은 암살과 숙청과 같은 폭력을 통해 통치한다. 그들은 '헬라스 청년대'라는 무리를 대동하고 다니며 민주주의자들에 대한 숙청을 감행했다.

그러나 기원전 409년에는 다시 민주정이 들어서고 역시 보복학살이 일어났다. 예나 지금이나 민주파는 민중demos을 동원해 폭력을 행사한다. 아테네에서는 그것이 재판이었다. 거의 날마다 재판이 열렸고, 사형이 집행됐다. 심지어는 아르기누사이 해전(기원전 406년)을 승리로 이끈 6명의 장군까지도 재판에 붙여졌다. 죄목은 아테네 병사들의 시신을 수습하지 않은 '반민주적 행위'를 했다는 것이었다. 그러자 프롤로그에서 언급했듯이, 일체의 정치활동을 금하던 소크라테스가 자진해서 당일 의장으로 참여했다. 그리고 민주파의 거센 반발에도 눈 하나 꿈쩍하지 않고, 판결을 진행하지 않았다. 하지만 다음 날 다른 의장에 의해 불법 인민재판이 열려 6명의 장군이 모두 사형에 처해졌다. 이래저래 아테네에는 피 냄새가 그칠 날이 없었다.

기원전 404년에 펠로폰네소스 전쟁이 아테네의 패배로 끝났다. 승리를 이끈 스파르타 장군 리산드로스가 과두파와 친親스파르타계 30인으로 구성된 위원회를 만들어 통치를 맡김으로써 아테네에 다시 참주정치가 시작되었다. 30인의 참주는 플라톤의 어머니의 사촌이자 한때 소크라테스의 제자이기도 했던 크리티아스Kritias, 기원전 460~기원전 403가 이끌었다. 그들이 통치한 기간은 1년도 채 안 되었지만 그동안에 쥐도 새도 모르게 암살당한 사람이 매일 50명이 넘어, 적게 잡아도 총 1,500여 명에 달했다. 어떤 이는 자다가 목이 졸려 죽었고, 어떤 이는 어두운 골목에서 칼을 맞아 죽었고, 그보다 더 많은 사람들이—나중에 소크라테스가 감옥에서 마시고 죽은—독당근즙에 의해 독살되었다. 유례가 없는 공포정치의 시대였다.

그러자 이번에는 테베와 메가라로 도피했던 민주주의자들이 다시 돌아와 30인의 참주들과 싸웠다. 그들 가운데 2년 후에 소크라테스를 법정에 세우는 일을 주도했던 아니토스가 들어 있었다. 스파르타가 군대를 보내 과두파와 민주파를 중재하려 했지만, 기원전 401년에 민주파가 남아 있는 과두파를 모두 살육하고 정권을 잡았다. 크리티아스도 이때 죽었다. 다시 날마다 재판이 열렸고, 그때마다 사형이 행해졌다. 《아테네의 변명》을 쓴 베터니 휴즈Bettany Hughes의 말대로 "아테네인들이 같은 아테네인들의 피를 보는 데 익숙해진 것은 분명했다." 한때 '제비꽃 화관을 쓴 도시', '세련되고 기름진 도시'로 불리며 서양문명의 상징으로 군림하던 아테네를 구축한 시민들이 자신들이 누리던 자유를 야만의 시대로 들어서는 데 사용한 것이다. 그리고 결국 망했다.

이러한 이유에서 기원전 399년 아테네에는 이미 칠흑 같은 어둠이

드리워져 있었다. 문명의 암흑기는 항상 그 어둠과 그 가운데서 행해지는 부끄러운 일들의 책임을 떠넘길 가엾은 희생양을 필요로 하는데, 소크라테스가 적임자였다. 그는 과두파는 아니었지만, 민주주의를 공공연하게 비난했다. 평소에는 물론이거니와 심지어는 재판장에서까지 아테네인들이 신성하게 여겨 민주적 방법으로 사용하던 제비뽑기에 대해 불신을 표했다. 6명의 장군을 재판하는 법정에서는 법을 내세워 그들을 사형에 처하려는 민주파들의 요구를 거절한 적도 있다. 게다가 아테네를 배신한 기회주의자 알키비아데스와 공포 정치를 주도한 크리아티스가 모두 그의 제자였다. 요컨대 민주주의자들에게는 그가 눈엣가시였다. 기원전 399년에 열린 소크라테스 재판은 아테네가 그 불편한 가시를 마침내 뽑아버린 사건이었다.

그러나 이 같은 장광설은 후세에 고담준론高談峻論을 즐기는 학자들이 남아 있는 사료들을 짜맞추어 만든 말일 뿐이다. 여러 정황을 고려해보면 그 같은 정치적·사회적 원인이 전혀 없었던 것은 아니다. 하지만 당시 소크라테스 본인은 자신에게 일어난 일에 대해 전혀 그렇게 생각하지 않았다. 중요한 것은 당사자의 생각이 아닌가? 그는 자기가 고발당한 이유를 정확히 알고 있었고, 법정에서 자신의 입으로 상세히 밝혔다. 소크라테스는 말하길 그가 아테네에서 "무언가를 알고 있는 것처럼 여겨지는 사람"들에게 다가가 문답식 대화를 통해 그들의 무지를 드러내 보임으로써 그들을 화나게 했고, 그래서 그들이 거짓말을 꾸며 자기를 고발했다고 증언했다.

소크라테스를 고발하는 고소장에 이름을 올린 사람은 셋이었다. 원고는 귀족적인 풍모를 지닌 멜레토스Meletos라는 무명의 시인이다. 그를 부추겨 소크라테스를 고발하게 하고 스스로 변호를 맡은 주동자는 아니토스Anytos라는 피혁업자 출신의 민주파 정치인이다. 그리고 소크라테스를 고발하는 데 필요한 사무적 일들을 추진한 사람이 변론가 리콘Lycon이다. 이들은 모두 소크라테스에게 논박을 당했거나 그런 사람들을 대변하는 사람이다. 자기를 고발한 이 세 사람에 대해 소크라테스는 법정에서 이렇게 증언했다.

> 아테네 시민 여러분, 바로 이런 검토(논박술)로부터 나에게 대한 미움이 생겨났는데, 그것은 참으로 성가시고 참기 어려운 것이었으며, 그로부터 많은 중상이 생겨났는데, 내가 지혜로운 사람sophos이라고 이야기될 정도였소. 내가 어떤 주제에 관해 다른 사람들을 논박할 때마다 곁에 있는 사람들은 매번 내가 그 주제에 관해 지혜롭다고 생각하거든요.(《소크라테스의 변명》, 23a)

> 멜레토스가 나에게 공격을 가해 온 것도, 아니토스와 리콘이 나를 공격한 것도 다 이 때문이며, 멜레토스는 작가들을 대신해서, 아니토스는 수공인들과 정치가들을 대신해서, 리콘은 변론가의 입장에서 나를 미워하고 있는 것이오.(《소크라테스의 변명》, 23e~24a)

그렇다. 한마디로 소크라테스는 오랫동안 작가, 정치가, 수공업자, 변론가 등, 온갖 아테네 사람들의 자존심에 상처를 입히며 그들을 괴롭혀왔다. 그리고 그 일로 그들에게서 미움을 받았다. 그렇다면 한 가지 의문이 든다. 소크라테스는 왜 사람들에게 원한을 사서 고소를 당할 만한 일을 하루이틀도 아니고 근 20년 동안이나 하고 다녔느냐는 것이다. 그것도 온갖 부당한 대우, 심지어는 구타까지 당해가면서 말이다. 《소크라테스의 변명》을 보면, 소크라테스 자신이 재판장에서 그 계기와 이유에 대해 장황하게 설명했다. 간단히 말하자면 다음과 같다.

카이레폰Chaerephon이라는 소크라테스의 친구가 있었다. 그는 뭔가를 시작하면 아주 열중하는 성격의 사람이었는데, 그래서였는지 그가 언젠가 델포이 신전에 가서 신탁을 구했다. 그 내용이 조금 특별한데, '소크라테스보다 더 지혜 있는 사람이 있느냐' 하는 것이었다. 그러자 예언녀가 '더 지혜 있는 자는 없다'는 신탁을 주었다.(《소크라테스의 변명》, 21a) 그 말을 전해 들은 소크라테스는 적지 않게 놀랐다. 그리고 다음과 같이 생각했다. '신은 대체 무슨 말을 하는 것일까? 이 수수께끼는 도대체 무슨 뜻일까? 나는 많든 적든 간에 나 자신이 결코 지혜 있는 사람이 아니라는 것을 알고 있으니 말이다. 그렇다면 나를 가장 지혜 있는 사람으로 선언함으로써 신은 대체 무슨 말을 하고자 하는 것일까? 그는 적어도 거짓말을 할 까닭이 없으니 말이다. 왜냐하면 그것은 신으로서 있을 수 없는 일이기 때문이다.'(《소크라테스의 변명》, 21b)

소크라테스가 신탁을 곧이곧대로 믿었다는 것이 흥미로운 사실이기는 한데, 어쨌든 그는 오랫동안 고민한 끝에 신의 뜻을 가늠할 방법 하나를 고안해냈다. 그것은 자기보다 더 지혜 있는 사람을 찾아보는 것이다. 그러다 언젠가 그런 사람을 만나면 "이 사람이 나보다 더 지혜가 있습니다. 그런데 당신은 왜 나를 가장 지혜 있는 자라고 말씀하셨습니까?"라고 예언녀에게 따져볼 생각이었다.(《소크라테스의 변명》, 21c)

참으로 순진한 생각이다. 그렇지 않은가? 하지만 우리가 그의 말을 그대로 믿는다면, 소크라테스가 아테네 사람들에게 원한을 사서 고소당할 만한 일을 그토록 오랫동안 하고 다닌 이유는, 델포이에서 친구가 받아온 신탁 때문이었다. 신탁을 듣고 그는 하던 일을 모두 그만두었다. 그리고 그때부터 날마다 저잣거리에 나가 오직 자기보다 더 지혜 있는 사람을 찾기 위해 문답식 대화—이것을 당시 아테네 사람들은 엘렝코스라 하고, 오늘날 우리는 논박술이라 한다—를 하는 일에 매진했다.

그때가 정확히 언제였을까? 모를 일인데, 학자에 따라서는 그것이 소크라테스가 포테이다이아 전투에서 돌아온 기원전 430년, 그의 나이 40세경이었다고 짐작하기도 한다. 그러나 여러 가지 정황을 고려해보면, 그가 자신에 대한 델포이의 신탁을 확인하기 위해 고안한 특별한 문답식 대화를 본격적으로 시작한 것은 빨라도 아리스토파네스가《구름》을 발표한 기원전 423년—당시 그의 나이가 47세였다—이후부터였을 것이다. 왜냐하면《구름》에는 신탁에 대한 이야기는 나오지 않는 데다, 소크라테스가 단지 자연철학에 몰두한 소피스트로만 묘사되어 있기 때문이다.

하지만 그때는 늦어도 기원전 418년, 그의 나이 52세 이전이었을 것이다. 왜냐하면 그가 라케스와 니키아스를 만나 문답식 대화를 나눈 것이 기원전 423년에서 기원전 418년 사이였다고 추정되기 때문이다. 그러니 소크라테스가 논박술을 시작한 시기는 그의 나이 대략 50세 전후라고 하는 것이 이치에 맞다. 그리고 이때부터의 소크라테스가 플라톤과 크세노폰이 우리에게 전해준 소크라테스다.

괴롭기도 하고 두렵기도 했지만

• • •

그런데 조금 이상하지 않은가? 아리스토파네스가《구름》에서 풍자한 정도는 아닐지라도 그가 한동안 아낙사고라스와 아르켈라오스의 밑에서 자연철학을 공부한 지식인이었다는 사실을 감안하면, 그리고 당시 대부분의 소피스트들이 신탁을 믿지 않았다는 것을 고려하면, 그가 단지 신탁 때문에 20여 년 동안이나 논박술을 행하고 다녔다는 사실에는 의심이 간다. 그럼에도 소크라테스는 재판장에서 분명 그렇게 변론했고, 그 일은 대강 다음과 같이 진행되었다.

소크라테스는 먼저 지혜 있는 사람으로 이름이 난 어느 정치가—그의 이름은 밝히지 않았다—를 찾아가 선함이란 무엇이고, 아름다움이란 무엇인지에 대해 대화를 나눠보았다. 그랬더니 채 몇 마디 나누기도 전에 그가 전혀 지혜 있는 사람이 아니라는 것을 알아챌 수 있었다. 그래서 소크라테스는 그 사실을 본인에게도 알리려고 애를 썼다. 그 결과 "그 사람과 그 자리에 있던 많은 사람들에게 미움을 받게 되었다."(《소크라테스의 변명》, 21c~d) 그래서 그는 집으로 돌아가며 다음과 같이 생각했다.

> 나는 이 사람보다 지혜가 있다. 왜냐하면 우리 두 사람은 다 선함과 아름다움에 대해 전혀 모르고 있는데도 이 사람은 뭔가 알고 있는 듯이 생각하고 있지만, 나는 모르는 것을 그대로 모른다고 생각하고 있기 때문이다. 즉, 모르는 것을 모른다고 생각하는 그것만으로도 내가 이 사람보다 더 지혜가 있다.(《소크라테스의 변명》, 21d)

이 말이 그 유명한 '무지의 지epistēmē anepistēmosynēs'라는 말의 기원인데, 소크라테스의 입장에서 볼 때는 델포이의 신탁의 진위를 시험해보고자 하는 소박하고 절실한 마음에서 나온 것일 수 있다. 그러나 곰곰이 따져보면, 이 말은 적어도 대화의 상대에게는 억지이거나 매우 부당한 궤변이다. 왜냐하면 자신의 답변이 완전하지 못하다고 해서 그에 대해 아예 모른다는 소크라테스보다 열등하다는 판단을 받아야 하기 때문이다. 그들은 비록 완전치는 않아도 조금이라도 안다면, 아예 모르는 것보다는 낫지 않은가 하고 생각했던 것이다. 그래서 플라톤의 대화편에 등장하는 대부분의 대화 상대자들은 소크라테스의 주장에 대해 동의하지 않거나 화를 냈던 것이다.

문제는 이 일을 통해 소크라테스가 자신이 하는 문답식 대화 때문에 사람들에게 미움을 받는 줄을 알고 있으면서도 그것을 계속한 데

▲ 산치오 라파엘로, 〈아테네 학당〉의 일부. 오른편에 치자색 옷을 입은 사람이 소크라테스이고, 그 앞에 갑옷을 입고 서 있는 젊은이가 알키비아데스다.

서 생겼다. 이후에도 그는 아테네에서 "무언가를 알고 있는 것처럼 여겨지는 사람"이 있으면 누구든지 찾아가 같은 일을 반복했다. 그들은 대부분 정치가, 시인, 변호사, 웅변가를 비롯한 각 분야의 전문가들이었는데, 소크라테스는 논박을 통해 그들의 무지를 여지없이 들춰냈고 그때마다 크든 작든 미움을 샀다. 그에게 "입과 영혼을 마비시키는 전기가오리"(《메논》, 80a~80b)라는 평판이 따라다닌 것이 이때부터다.

그뿐 아니다. 아테네에 웬만큼 이름난 전문가를 모두 찾아다니며 그들의 무지를 까발린 다음에, 그는 수공업자들까지 찾아가 같은 일을 반복했다. 그랬더니 그들도 자기가 일하는 분야에서는 지혜를 갖고 있었지만, 그 밖의 분야에 대해서는 자신들이 지혜를 갖고 있다고 생각할 뿐 역시 무지하다는 것을 알았다.(《소크라테스의 변명》, 22d) 소크라테스는 그들의 무지를 드러내는 데도 진력을 다했고, 그 때문에 그들에게서 폭행을 당하기도 했다. 라에르티오스는 《그리스 철학자 열전》에 다음과 같이 기록했다.

> (소크라테스가) 그와 같은 탐구를 할 때, 그의 논의는 점점 더 강인해져갔으므로 그는 사람들에게 주먹세례를 받거나 머리끄덩이를 잡히는 경우도 때때로 있었다. 또 대부분의 경우는 바보취급에 조롱을 당했지만, 그래도 그는 이런 모든 것을 묵묵히 참고 견뎠다.(《그리스 철학자 열전》, 2.5.21)

그러면서도 소크라테스는 그 일을 멈추지 않았는데, 그 이유에 대해서는 "내가 미움을 받고 있다는 것을 알고 있으면서도—그것은 괴롭기도 하고 두렵기도 했지만—역시 신을 가장 소중히 여겨야 한다고 생각했던 것이오"(《소크라테스의 변명》, 21e)라고 변명했다.

이에 덧붙여 그는 "그리고 이 일이 바쁘기 때문에 나라 일이건 가정 일이건 이렇다 할 값어치 있는 무엇을 할 여가가 없어 무척 가난하게 살고 있소만, 이것도 다만 신을 섬기기 위한 것이오"(《소크라테스의 변명》, 23b~c)라고 자신을 변호했다. 얼핏 들으면 가정일과 나랏일을 돌보지 않는 자신의 나태함을 변명하는 소리 같지만, 이 말이 법정에서 자기변호가 되는 이유는 그의 고소장에 적힌 다음과 같은 내용 때문이다.

> 파토스구에 사는 멜레토스의 아들 멜레토스가 알로페케구에 사는 소프로니스코스의 아들 소크라테스를 다음과 같이 공소하고, 선서한 다음 구술하는 바이다. 소크라테스는 국가가 인정하는 신들을 인정하지 않고, 다른 새롭고 기묘한 신령 따위를 들여오는 죄를 저지르고 있다. 또 청년들을 타락시키는 죄도 저지르고 있다. 이리하여 사형을 구형한다.(《그리스 철학자 열전》, 2.5.40)

그렇다, 소크라테스가 고발당한 공식적인 이유는 두 가지다. 하나는 국가가 인정하는 신을 믿지 않는다는 것이고, 다른 하나는 청년들에게 유해하고 파멸적인 영향을 끼쳤다는 것이다. 때문에 신을 섬기기 위하여 나랏일이건 가정일이건 할 여가가 없어 무척 가난하게 살고 있다는 말은 국가가 인정하는 신을 믿지 않는다는 고발 내용에 대한 변호가 되는 것이다.

그러나 소크라테스의 말을 곧이곧대로 믿으면 안 된다. 그는 본디 변명의 달인이다. 그 덕에 《소크라테스의 변명》이라는 책이 2,400년이 지난 지금까지 잘 팔리고 있지 않은가. 신탁 때문에 그 일을 시작한 것은 아마 사실일 것이다. 하지만 그가 20여 년을 줄곧 그 일에만 매달린 데는 분명 다른 이유가 있지 않았나 하고 의심해보아야 한다. 처음에는 아마 상대가 가진 지식이 잘못되었음을 들춰내면서 모종의 쾌감을 느꼈을 것이다. 그러다가 언제인가부터는 자신이 하는 일이 '최소한' 아테네 사람들을 편견과 무지에서 깨어나게 할 수도 있다는 점에서 보람도 느꼈을 것이다. 그리고 한걸음 더 나아가 '잘만 하면' 그것이 진리를 탐구하는 방법이 될 수 있다는 점에서 일종의 사명감도 갖게 되었을지 모른다.

그런데 문제는 여기에서 그치지 않았다. 당시 아테네의 젊은이들이 소크라테스가 하는 문답식 대화를 흉내 내기 시작한 것이다. 그 이유는 그것이—일찍이 고르기아스가 호언장담했듯이, 그리고 아리스토파네스가 《구름》에서 풍자적으로 묘사했듯이, 또한 훗날 플라톤이 《국가》에서 우려했듯이—상대의 지위고하를 막론하고 무지를 들춰냄으로써 그의 권위를 단번에 무너트리고 심지어 조롱할 수 있는 강력한 수사학적 장치라는 것을 그들이 알아챘기 때문이다. 이것이 소크라테스를 고발한 사람들이 그가 청년에게 유해하고 파멸적인 영향을 끼쳤다고 주장하는 이유다. 소크라테스는 이 같은 정황에 대해서는 다음과 같이 변론했다.

> 게다가 젊은이들이—매우 한가하고 돈 많은 집안의 아들들이—자발적으로 나를 따라다니면서 세상 사람들이 나에게 검토받는 것을 들으며 즐거워했습니다. 그리고 자기들도 내 흉내를 내어 남을 검토해보게 되었지요. 그러면서 그들은 무언가를 알고 있는 줄 알지만 실은 거의 모르거나 혹은 아예 모르는 사람들을 세상에서 무척 많이 발견한 모양이오.

그러자 젊은이들의 문답을 받은 자들은 자기 자신에게 화를 내지 않고 나한테 화를 내면서, 소크라테스는 참 고얀 놈이다, 젊은 사람들에게 좋지 않은 영향을 주고 있다고 말하게 됐소.(《소크라테스의 변명》, 23c~d)

이 말은 믿을 만하다. 그렇지만 여기에서 또 다른 의문이 하나 든다. '소크라테스가 한 문답식 대화가 도대체 무엇이기에, 아니 어떻게 진행되기에 여기에 걸려들기만 하면 그 분야의 내로라하는 전문가들마저 너 나 할 것 없이 자신이 무지함을 드러낼 수밖에 없는가?' 하는 것이다. 백번 양보해서, 소크라테스 본인은 성품이 끈질기고 언변이 탁월한 데다 워낙 오랫동안 그 일을 했기 때문에 그에게 걸려들면 꼼짝없이 당할 수밖에 없었다고 하자. 그렇지만 단지 그것을 몇 번 지켜본 풋내기 젊은이들마저 상대가 누구인가를 불문하고 그의 무지함을 드러내 모욕을 줄 수 있었다는 것은 이해하기 쉽지 않기 때문이다. 이런 궁금증과 의문과 함께 우리는 이제 흔히 소크라테스의 '문답법' 또는 '논박술'이라 불리는 논증적 수사가 과연 무엇인지, 매우 심상치 않은 눈길로 그 골격부터 들여다보고자 한다.

논박술 들여다보기

•••

소크라테스는 스토아 바실레이오스Stoa Basileios의 주랑柱廊(기둥만 있고 벽이 없는 복도)의 서늘한 그늘 한편에 앉아 있었다. 지중해를 건너온 바람이 벌써 열기를 품었고, 얼마 전 나이 일흔을 넘긴 그의 다리는 예전 같지 않았기 때문이다. 근래 새로 지어진 이 건물은 아테네를 다스리는 10명의 통치관 중에서 첫 번째 서열인 바실레이오스Basileios가 주로 종교재판을 주관하는 곳이다. 소크라테스는 얼마 전에 '국가가 인정하는 신을 믿지 않고 새로운 신을 믿는다'는 불경죄로 고소를 당해 자신의 죄목이 공표되는 것을 들으러 이곳에 출두한 것이다. 때는 그를 죽음으로 몰고 간 재판이 열리기 한 달쯤 전이었다.

4월의 봄은 화창했다. 저만치 눈부신 햇살 속에 '법의 여신' 테미스Themis의 청동상이 두 눈을 두루마리 헝겊으로 가린 채 한 손에는 저울을, 다른 손에는 칼을 들고 서 있었다. 테미스 동상 주변 화단에는 '금빛 제우스의 눈썹'이라 불리는 마거리트 꽃이 제철을 만나 하얗게 피었다. 테미스와 제우스 사이에서 태어난 디케Dike가 '정의의 여신'인 것은 '법이 정의를 낳는다'는 그리스인들의 생각에서 나왔다. 그렇지만 과연 그럴까? 예나 지금이나 의심스럽기는 마찬가지다. 얼마나 지났을까, 40대 중반의 한 사내가 기나긴 주랑을 따라 걸어와 소크라테스에게 말을 건넸다.

> 무슨 일이 생겼나요, 소크라테스님? 지금쯤이면 으레 시간을 보내시던 뤼케이온 부근이 아니라 여기 바실레이오스의 주랑에 계시다니요. 설마 선생님도 저처럼 바실레이오스 앞에서 진행하게 되어 있는 무슨 소송이 있지는 않을 텐데요.(《에우튀프론》, 2a)

플라톤의 대화록 《에우튀프론》은 이렇게 시작한다. 사내는 에우튀프론Euthyphrōn이라는 종교인으로, '고지식한' 사람이다. 우연히 그의 이름이 그리스어로 '곧게euthy 생각한다phronein'라는 의미를 지녔다. 그래서 학자들은 이 인물은 실제 존재한 게 아니고, 플라톤이 '경건'

이라는 이 책의 주제에 합당하게 만들어낸 가상의 인물일 거라고 추정하기도 한다. 그날 에우튀프론은 마치 자기 이름값이나 하려는 듯이 자신의 아버지를 살인죄로 고소하려고 스토아 바실레이오스를 찾은 것인데, 그가 소크라테스에게 털어놓은 사연은 이렇다.

에우튀프론의 가족은 아테네의 식민도시인 낙소스에 살고 있는데, 어느 날 에우튀프론의 품꾼이 술에 취해 집안 노예 한 명을 살해했다. 그러자 에우튀프론의 아버지가 그 품꾼을 묶어두고 그를 어떻게 처리할지를 문의하러 아테네로 전령을 보냈다. 그런데 묶여 있던 품꾼이 전령이 돌아오기 전에 추위와 굶주림으로 죽어버렸다. 그래서 에우튀프론은 그 품꾼을 제대로 돌보지 않았다는 이유를 들어 자기 아버지를 살인죄로 고소하러 출두한 것이다. 가족들은 이런 일로 아들이 아버지를 고소한다는 것은 불경죄에 해당한다고 그를 비난했지만, 에우튀프론은 그의 가족들은 무엇이 경건하고 무엇이 불경한지를 몰라서 그런 것이라 치부해버린다.(《에우튀프론》, 4b~e)

에우튀프론의 이야기를 들은 소크라테스는 "경외하는 에우튀프론, 그럼 나는 당신의 제자가 되는 것이 제일 좋겠군요"라고 말한다. 이유인즉 에우튀프론이 자신의 아버지를 고소할 정도로 경건에 대해 잘 아는 전문가인 만큼, 불경죄로 고소당한 자신도 그에게서 경건이 무엇인가를 배워 자신의 재판에 사용하겠다는 것이다.(《에우튀프론》, 5a~b) 이에 내심 우쭐해진 에우튀프론은 소크라테스의 문답식 대화에 선뜻 응한다. 소크라테스는 "그럼 말해주시죠. 경건한 것과 불경한 것이 무엇이라고 주장하십니까?"(《에우튀프론》, 5d)라는 질문으로 대화를 시작한다. 이후 두 사람 사이에 1) 정의定義를 내리는 방법에 대한 대화와 2) 소크라테스의 종교에 관한 비판, 그리고 3) 경건이 무엇인가에 대한 대화가 차례로 이어진다. 그 가운데 우리의 이야기와 연관된 것은 1)과 3)이다.

경건이란 무엇인가를 묻는 소크라테스의 물음에 에우튀프론은 먼저 다음과 같이 답한다. "저는 경건한 것이 바로 지금 제가 하고 있는 것이라고 이야기하겠습니다. 살인이나 신성한 것들을 훔치는 일이나 그 밖의 다른 어떤 잘못을 범함으로써 부정의한 행동을 하는 자를, 그가 아버지든 어머니든 다른 어떤 사람이든 상관없이 고소하는 것이라고요. 고소하지 않는 것은 불경한 일이고요."(《에우튀프론》, 5d~e) 그는 경건의 정의를 묻는 물음에 자기의 경우를 하나의 경건한 사례로 제시한 것이다. 오늘날 논리학에서는 이같이 정의하는 법을 보통 명시적 정의ostensive definition 또는 대표적 사례를 통한 정의definition by paradigm case라 한다.

그러나 그것은 소크라테스가 원하는 대답이 아니었다. 그래서 소크라테스는 "내가 많은 경건한 것들 중 한두 개를 가르쳐달라고 한 것이 아니라, 모든 경건한 것들이 그것에 의해 경건한 것이 되는 그 형상eidos 자체를 요구한 것을 기억합니까?"(《에우튀프론》, 6d)라고 되묻는다. 요컨대 그가 원하는 것은 경건함을 대표하는 사례 한둘을 대는 명시적 정의가 아니라 이러한 사례들이 공통적으로 가진 경건의 본질을 설명하는 단 하나의 보편적 정의universal definition라는 것이다. 논리학에서는 이를 그 개념에 속하는 것들이 공통적으로 지닌 성질을 규정하는 것이라는 의미로 내포적 정의라고도 한다.°

소크라테스가 원한 답은 내포적 정의다. 때문에 그는 에우튀프론의 첫 번째 주장(p1)에 대해서는 논박하지 않고 자신이 원하는 답이 아니라며 아예 배제한 것이다. 그러자 에우튀프론은 "선생님이 그런 식으로 원하신다면, 그런 식으로 말씀해드리죠"라면서, "신에게 사랑스러운 것은 경건한 것이고 사랑스럽지 않은 것은 불경한 것입니다"라며 두 번째 주장(p2)을 답변으로 제시한다.(《에우튀프론》, 6e~7a) 이 대답은—옳건 그르건, 경건한 것들 모두에 적용되는 것이기 때문에—소크라테스가 원하는 내포적 정의라 할 수 있다.

그래서 소크라테스는 "아주 훌륭합니다, 에우튀프론. 이제 내가 당신에게 대답하라고 요구했던 방식으로 대답했군요"라고 칭찬한 다음, "그런데 그게 참인지는 아직 모르겠습니다. … 자, 그럼 우리가 무슨 이야기를 하는 것인지 따져봅시다"라며 비로소 논박술을 시도한다.(《에우튀프론》, 7a) 이어지는 논박의 과정을 보기 쉽고 이해하기 쉽게 도식화하면 다음과 같다.

p: 경건은 신들에게서 사랑받는 것이다.(《에우튀프론》, 6e~7a)

q: 불경은 신들에게서 미움을 받는 것이다.(《에우튀프론》, 7a)

° 현대논리학에서는 정의를 크게 두 가지로 나눈다. 하나는 외연적 정의外延的 定義, extensional definition라 하고, 다른 하나는 내포적 정의內包的 定義, intensional definition라 한다. 외연이란 개념이 적용되는 대상의 집합을 말한다. 예를 들면 모든 고양이는 '고양이'라는 개념의 외연이다. 따라서 외연적 정의는 그 개념의 외연에 속하는 개체를 지시하거나 열거하여 규정하는 것이다. 사례를 통해 정의하는 명시적 정의나 대표적 사례를 통한 정의 또는 여러 사례들을 나열하는 열거적 정의列擧的 定義가 이에 속한다. 이와 달리 내포적 정의는 그 개념의 외연에 속하는 것들이 공통적으로 지닌 보편적 성질을 규정하는 것이다. 예컨대 '원은 중심점으로부터 같은 거리에 있는 점의 집합이다'와 같은 인과발생적 정의因果發生的 定義나 '삼각형은 세 변을 가진 다각형이다'와 같은 '유類와 종차種差에 의한 정의'가 이에 속한다.

r: 신들은 서로 적대적이다.(《에우튀프론》, 7b)

s: 동일한 것(예: 정의, 아름다움)이 어떤 신들에게는 사랑받고 어떤 신들에게는 미움도 받는다.(《에우튀프론》, 8a5~6)

c: 동일한 것들이 경건한 것이면서 불경한 것이다.(《에우튀프론》, 8a9~10)

이 같이 전개되는 소크라테스의 논박을 에우튀프론은 흔쾌히 수긍하고 따라간다. 그러나 그가 수긍한 결론(c)은 "신에게 사랑스러운 것은 경건한 것이고 사랑스럽지 않은 것은 불경한 것입니다"라는 자신의 두 번째 주장과 모순을 이룬다. 그러자 소크라테스는 "놀라운 사람, 그럼 당신은 내가 질문한 것에 올바른 대답을 한 것이 아닙니다"(《에우튀프론》, 8a12~13)라며 p의 부당함을 지적한다.

이후에도 두 사람의 문답식 대화는 이런 식으로 계속되고, 에우튀프론이 제시하거나 동의하는 새로운 정의들과 그에 대한 소크라테스의 논박도 계속 이어지지만, 그에 대한 추적은 건너뛰자. 왜냐하면 앞에 소개한 도식으로 논박술의 골격이 이미 드러났기 때문이다.

그렇다! 소크라테스의 논박술은 언제나 '그것은 무엇인가'라는 물음을 던져 상대에게 보편적 정의를 요구한다. 《에우튀프론》에서는 경건이란 무엇인가를 물었지만, 《히피아스》에서는 아름다움이란 무엇인가를, 《라케스》에서는 용기란 무엇인가를, 《국가》에서는 정의란 무엇인가를, 《카르미데스》에서는 절제란 무엇인가를 물어 각각에 대한 보편적 정의를 요구한다. 그리고 대화는 매번 앞의 도식과 거의 같은 형태로 전개된다. 정말 그런지, 다른 예를 하나 더 살펴보자. 다음은 절제란 무엇인가를 묻는 《카르미데스》에 나오는 논박 가운데 하나를 도식화한 것이다.

p: 절제는 자기 일을 하는 것이다.(《카르미데스》, 161b4~5)

q: 절제는 국가를 잘 경영한다.(《카르미데스》, 162a4~5)

r: 절제는 자기 일을 하는 것이 아니다.(《카르미데스》, 162a7)

c: 절제는 자기 일을 하는 것이고 자기 일을 하는 것이 아니다.(《카르미데스》, 162a10~b2)

이어서 소크라테스는 "절제는 자기 일을 하는 것이라고 하다가 남의 일을 하는 것이라고 주장한다면 문제가 있는 게 아닌가 살펴보게"(《카르미데스》, 163a6~8)라고 상대에게 충고도 한다.

물론 논박술이 자유로운 대화를 통해 진행되는 만큼 사례마다 주제와 전개되는 양상이 조금씩 다르다. 때문에 앞의 사례들처럼 간략히 도식화하는 데는 무리가 있다. 그럼에도 플라톤의 대화편에 등장하는 소크라테스의 논박들의 전개과정을 정리해보면 일반적인 정형定型, pattern이 나타나는데, 그것은 대강 다음과 같다.

1) 소크라테스가 어떤 주제에 대해 본인은 알지 못한다는 단서를 달아 '그것은 무엇인가ti-esti, what is it?'라는 물음을 대화상대자들에게 던진다.
2) 소크라테스의 대화상대자들은 대부분 그 주제에 대한 전문가이기에(또는 스스로 그렇게 생각하고 있기에) 소크라테스의 물음에 대해 자신들의 지혜를 드러내는 주장 p를 답변으로 제시한다.
3) 소크라테스는 p로부터 통념에 부합하는 명제들인 q, r, s … 등을 추론해내는데, 대화상대자들은 이를 흔쾌히 수용한다.
4) 소크라테스는 논리적 타당성과 내용의 건전성을 검토하는 방식을 통

해 p가 통념에서 벗어나거나 q, r, s 등에 모순된다는 점을 증명해보인 다음, p가 옳지 않다고 결론(c) 내린다.

5) 소크라테스의 논박을 견뎌내지 못한 대화상대자들은 새로운 대답을 제시할 것을 요구받는다. 이에 그들은 새로운 대답을 제시하지 못하거나, 제시하더라도 그 대답이 또다시 소크라테스의 논박을 통과하지 못해 자신이 안다고 믿었던 것에 대한 무지를 드러내게 된다.

6) 결국 소크라테스와 대화상대자는 답을 찾지 못하고 문답식 대화는 아포리아aporia(막다른 곳에 다다름)로 끝난다.

이것이 소크라테스의 논박술의 골격이다. 자, 그럼 살펴보자. 어디 눈에 띄는 특별한 곳이 없는가? 그렇다. 논박술은 언제나 P∧~P라는 모순에 도달한다. 따라서 논박술에서 결론은 이중 논변과 같은 형식으로 표현된다.

앞에서 소개한 《에우튀프론》에서 보면, '경건은 (어떤 신들에게서는) 사랑받는 것이자 (어떤 신들에게서는) 미움을 받는 것이다', 또 '동일한 것이 경건한 것이면서 불경한 것이다'가 그렇고, 이어지는 대화에서 '경건은 (일부는) 정의로운 것이고 (일부는) 정의로운 것이 아니다'(《에우튀프론》, 11e~12e)가 그렇다. 《카르미데스》에서는 '절제는 (일종의) 신중함이면서 (일종의) 신중함이 아니다'(《카르미데스》, 159b~160b)가 그렇고, 이어지는 대화에서 '절제는 (어떤 사람에게는) 부끄러워함이자 (어떤 사람에게는) 부끄러워함이 아니다'(《카르미데스》, 160e~161a), '(어떤 때는) 자기 일을 하는 것이자 (어떤 때는) 자기 일을 하는 것이 아니다'(《카르미데스》, 161b~162b)… 등과 같은 표현들이 그렇다.

여기에서 우리가 주목할 것은 모순율(P≠~P)에 대한 당시 사람들의 입장이다. 앞에서 이미 설명했듯이 그들은 오늘날 우리가 모순율을 합리적 사고의 기본으로 인정하는 것과는 달리 3가지 다른 견해를 갖고 있었다. 1) 하나는 이중 논변으로, P와 ~P, 둘 모두의 정당성을 인정하는 사고이고, 2) 다른 하나는 제논의 귀류법으로, ~P의 부당함을 통해 P의 정당함을 이끌어내는 사고이고, 3) 마지막은 소크라테스의 논박술로, P와 ~P의 모순을 바탕으로 논증을 아포리아로 끌고 가, 그 둘 모두의 정당성을 부정하는 사고다. 이 책에서 사용하는 용어로 정리하자면, P와 ~P 가운데 이중 논변은 둘 모두의 긍정, 귀류법은 둘 가운데 하나(~P)의 부정, 논박술은 둘 모두의 부정에 이르는 논증적 수사인 셈이다.

우리는 이로써 논박술의 골격을 대략 들여다보았다. 그러나 무엇이든 골격만으로는 그것의 진면모를 파악했다 할 수 없는 법이다. 어떤 것의 진면모를 알기 위해는 그것의 외모와 쓸모에 대해서도 알아야 하지 않겠는가. 그래서 이제 우리는 논박술의 민낯과 그것의 사용에서 드러나는 빛과 그림자에 대해 살펴보고자 한다. 먼저 그림자부터 살펴보자.

논박술과 파리지옥

• • •

당신은 혹시 파리지옥Flytrap이라는 식물을 아는가? 아마 그럴 것이다. 그것은 촉수가 달린 두 개의 널찍한 잎사귀를 갖고 있는데, 이 잎사귀가 파리, 나비, 거미와 같은 곤충을 잡는 일종의 트랩(덫)이다. 곤충들이 가까이 오면 파리지옥은 그것들을 유인하는 냄새를 뿌려 트랩 안으로 들어오게 한다. 그다음 곤충이 촉수를 건드리면 즉시 트랩을 닫아 그것들을 가두고 천천히 녹여 먹는다. 내가 보기에 소크라테스의 논박술은 파리지옥이다. 그것에 파리지옥이 지닌 유인 물질과 덫이 모두 숨겨져 있기 때문이다. 생경하고 과격한 비유라 할 수 있지만, 다음 두 가지 면에서 따져보면 사실이 그렇다.

1) 첫째, 소크라테스가 상대의 직업이나 분야에 연관된 물음, 예컨대 종교인에게 경건이란 무엇인가, 또 군인에게 용기란 무엇인가를 묻는 질문을 던진 것 자체가 일종의 함정이자 유인 물질이다. 파리지옥에 빠지지 않는 유일한 방어책은 그것이 뿌리는 유인 물질에 현혹되지 않는 것뿐이다. 그런데 소크라테스의 논박술에는 그것이 쉽지 않다. 소크라테스가 먼저 '그것이 무엇인가'라는 질문을 던지는 데다, 그가 던지는 질문이 상대의 직업이나 전문분야에 연관되어 있기 때문이다. 그러니 소크라테스처럼 딱 잘라 '나는 그것에 대해 모른다'고 답할 수가 없다.

예컨대 만일 당신이 소크라테스가 경건이란 무엇인가를 물은 에우튀프론처럼 종교인이라면 어떻게 '나는 경건을 모른다'고 답할 수 있으며, 용기란 무엇이냐고 물은 라케스처럼 이름난 장군이라면 어떻게 '나는 용기가 무엇인지 모른다'고 답할 수 있겠는가. 그래서 당신은—자신이 적어도 남들보다는 잘 알고 있다고 생각하기 때문에 또는 자신의 직업이나 전문분야에 대한 긍지 때문에—기꺼이 나름의 대답을 하게 된다. 그것은 당신뿐 아니라 누구든지 마찬가지다. 그러나 바로 그 순간 당신은 논박술에 숨겨진 유인술에 걸려든 것이다. 여기에 한번 걸리면 빠져나올 길이 없다. 그래서 파리지옥에 비유한 것이다.

플라톤도 이미 스승의 논박술에 쉽게 걸려들 수밖에 없는, 그리고 한번 걸려들면 도저히 빠져나올 수 없는 파리지옥이 감춰져 있다는 것을 알고 있었다. 그는《라케스》에서 라케스와 마찬가지로 펠로폰네소스 전쟁에서 활약한 아테네의 장군 중 하나인 니키아스의 입을 빌려 그 사실을 다음과 같이 폭로했다.

> 누구든지 소크라테스와 가까이 지내면서 대화하고 교제하는 사람이라면, 혹 그가 뭔가 다른 주제로 대화를 시작했다고 할지라도 그는 계속해서 소크라테스의 말에 끌려다니지 않을 수 없을 터인데, 결국 지금 자기가 어떤 방식으로 살아가고 있으며, 과거에 어떻게 살아왔는지에 대해 해명하는 단계에 걸려들 때까지 그럴 겁니다. 그런데 소크라테스의 논박술에 걸려들면 (무슨 주제에 대해서든) 그것들을 잘 그리고 훌륭히 검토하기 전까지 소크라테스가 먼저 그를 놓아주지는 않으리라는 거죠.(《라케스》 187e~188a)

2) 둘째, 소크라테스가 상대에게 던진 '그것이 무엇인가?'라는 질문은 그 자체가 강력한 덫이다. 왜냐하면 '그것이 무엇인가'라는 물음—학자들은 이 질문을 편의상 '무엇-물음'이라 한다—은 얼핏 들으면 누구나 알 것 같지만, 막상 답을 하려면 누구도 정확히 답하기 어렵기 때문이다. 소크라테스가 에우튀프론에게 "내가 많은 경건한 것들 중 한두 개를 가르쳐달라고 한 것이 아니라 모든 경건한 것들이 그것에 의해 경건한 것이 되는 그 형상 자체를 요구한 것을 기억합니까?"라고 되물었듯이, 무엇-물음은 사례를 통해 규정하는 '명시적 정의'가 아니라, 대상의 본질을 규정하는 '보편적 정의' 또는 '내포적 정

의'를 요구한다.

그런데 보편적 정의를 답하기란 몇몇 특별한 경우—예를 들어, 사용하는 전문용어terminus의 의미를 미리 분명히 규정해놓고 시작하는 수학이나 논리학, 법학 등—를 제외하면 거의 불가능하다. 생각해보면 무척 놀랄 만한 일이지만, 사실인즉 우리는 각자가 마주하거나 사고하는 대상의 본질에 대해서는 아는 것이 거의 없기 때문이다. 우리는 단지 대상에 대한 개인적 지각이나 경험, 또는 자신이 속한 공동체적 합의convention를 통해 얻은 부분적이고 불완전한 지식—이것을 보통 사견私見이나 상식常識이라 한다—을 갖고 있을 뿐이다.

만일 당신이 지금 고개가 갸웃해진다면, 가령 사과가 무엇인지를 정의해보라. 뭐라 할 것인가? 마땅치가 않다. 어른 주먹만 하고 둥글고 빨갛고 달고 신맛을 가진 나무열매라 할 것인가? 그렇다고 해서 그것이 사과의 정의로 만족할 만한가? 아마 아닐 것이다. 자두나 천도복숭아도 그렇지 않은가? 사과처럼 우리가 항상 보고 만지고 먹는 대상도 정의하기가 이리 쉽지 않은데, 하물며 경건, 절제, 용기, 정의, 아름다움과 같은 추상적 개념은 어떻겠는가. 당신은 그것의 본질을 온전하고 완전하게 규정할 수 있겠는가? 더욱 아닐 것이다. 이것이 소크라테스의 대화상대자가 그가 던지는 무엇-질문에 답하는 데 항상 실패하는 본질적인 이유다.

그런데 이 말이 무엇을 뜻하는가? 그것은 소크라테스는 애초부터 온전하고 완전하게 답할 수 없는 질문을 던졌다는 것을 의미한다. 바로 이것이 소크라테스의 논박술이 상대의 무지를 드러내는 데는 언제나 성공하지만, 보편적 정의에 도달하는 데는 항상 실패하는 이유다. 또한 바로 이것이 소크라테스가 논박술로 공격하는 당신의 아킬레우스건이자, 내가 말하는 논박술에 숨겨진 덫이다. 이 덫에 한번 걸리면 오직 파국만 있을 뿐 빠져나오기는 불가능하다. 그래서 파리지옥에 비유한 것이다. 요컨대 어떤 대상에 대한 보편적 정의란 대부분 불완전하거나 불가능하다.

알고 보면, 오늘날 우리가 사용하는 각종 사전이 그래서 나왔다. 사전이란 어떤 언어공동체에서 사용하는 단어(예를 들어 '사과')에 대해 당시 사회 또는 학술단체가 공식화한 정의들을 일정한 순서대로 모아놓은 것이라 볼 수 있다. 그럼에도 그것 역시 무엇-물음에 대한 온전하고 완전한 정의라고는 할 수 없다. 왜냐고? 예컨대 국어사전에서 '사과'가 무엇이라 규정되어 있는지 찾아보라. 아마 "사과나무의 열매"라고 나와 있을 것이다. 어떤가? 웃음이 나오지 않는가? 대부분의 정의가 이렇게 엉성하다. 그러나 그것마저 없다면 우리의 정신활동과 언어활동이 극히 제한될 수밖에 없기 때문에, 우리는 그것들을 통해 대상을 분별하고 이해하며 또 사고하고 소통한다.

그런데 소크라테스 시대에는 사전이나 백과사전이 없었다. 때문에 당시 지식인들의 가장 큰 과제이자 공동의 관심사가 다양한 무엇-물음에 답하는 것이었다. 프로타고라스, 프로디코스, 히피아스와 같은 소피스트들이 '이름들의 올바름onomatōn orthotēs'이라는 용어로 그 일을 서양사유사에서 처음 시작했다. 따져보면 기원전 5세기 아테네의 소피스트들이 18세기 프랑스의 드니 디드로Denis Diderot, 장 르 롱 달랑베르Jean-Baptiste Le Rond d'Alembert와 같은 백과사전학파Encyclopédistes 사람들이 했던 일을 2,200년쯤 앞서 처음으로 시작한 셈이다.

한마디로 정리하자면, 엄밀한 의미에서의 보편적 정의는 기원전

5세기 아테네에서도, 18세기 프랑스에서도, 21세기 서울에서도 역시 불가능하다. 자, 그렇다면 생각해보자. 소크라테스의 논박술은 무엇-물음, 다시 말해 그 당시 누구도 심지어는 오늘날 사전까지도 온전하고 완전하게 답할 수 없는 질문을 상대에게 던진 다음, 그에 대한 완벽한 답을 내놓지 못하면 무지하다고 몰아붙이는 문답식 대화술이다.° 이것이 과연 건전하고 공정한 논증 내지 대화의 방법이라 할 수 있을까? 내 생각에는 아니다. 그래서 논박술을 한번 들어가면 빠져나올 수 없는 파리지옥에 비유한 것이다.

언어학에서 논리학으로

• • •

기원전 5세기 아테네의 소피스트들은 오늘날 우리의 눈으로 보면 단순히 말재주나 가르치는 수사학자가 아니라 일종의 언어학자이기도 했다. 그들은 한 이름onoma(오늘날 용어로는 명사 또는 개념)을 다른 이름들과 구별하여 분류해놓는 것은 신이 한 사물을 다른 사물들과 구분하여 만들어놓은 것과 같아야 한다고 생각했다.《생각의 시대》에서 나는 다른 누구보다 프로디코스Prodicos, 기원전 465~기원전 395가 천착한 이 같은

° 이러한 이유에서 소크라테스는 당시에도 소피스트와 그들의 추종자들에 의해 상대가 논박당하는 데서 기쁨을 느끼는 부도덕한 성격장애자로 취급받기도 했다.(《고르기아스》, 461b7~c2, 499b) 또 스스로는 무지를 자처하고 진리를 추구하지도 않으면서 상대에게는 진리를 성취하라고 닦달하는 야비하고 공격적인 비판자로 평가받았다.(《고르기아스》, 461c3~4, 《국가》, 337e2~3)

작업이, 문장은 "사실의 그림像, Bild"(《논리-철학 논고》, 4.01)이라며° "한 이름은 한 사물을 나타내고, 다른 이름은 다른 사물을 나타내며, 그것들은 서로 연결되어 있다"(《논고》, 4.0311)라고 주장한 루트비히 비트겐슈타인의 전기 언어철학과 맞닿아 있다고 설명했다.[6]

소피스트들이 이 같은 언어 탐구에 몰두한 까닭은 사물과 이름이 맞아떨어지는 로고스(주장)가 그렇지 않은 로고스보다 '더 나은 로고스'여서, 광장에서 연설을 할 때나 법정에서 변론을 할 때 사람들을 더 잘 설득할 수 있다고 생각했기 때문이다.[7] 그래서 프로디코스는 '이름들의 올바름'이라는 제목 아래 개념들을 분류하는 작업에 매진했는데, 그가 사용한 방법은 x에 속하지 않는 y(또는 ~x)를 제거함으로써 언어를 교정하는 것이었다. 다시 말해 프로디코스는 'x가 무엇인가'를 묻는 것이 아니라, 'x는 y와 어떻게 다르냐'를 물어 그 둘의 차이를 확인해 x와 y(또는 ~x)를 분류하는 방법을 사용했다.[8]

예를 들자면, 그는 '생물은 광물(~생물)과 어떻게 다르냐'를 묻고, '동물은 식물(~동물)과 어떻게 다르냐'를 묻고, '인간은 짐승(~인간)과 어떻게 다르냐'를 물어, 생물은 광물(~생물), 동물은 식물(~동물), 인간은 짐승(~인간)과 구분해 자연의 질서에 합당하게 이름들을 분류하는 작업을 실행했다. 다시 말해 프로디코스는 같은 유類, genus에 속하는 종種, species들의 차이—이것을 종차種差, species difference라 한다—를 물어 개념들을 차례로 정리했다. 알기 쉽게 도식화하면, 다음과 같다.

° 이하 《논리-철학 논고Tractatus Logico-Philosophicus》를 《논고》로 줄여 표기하기로 한다.

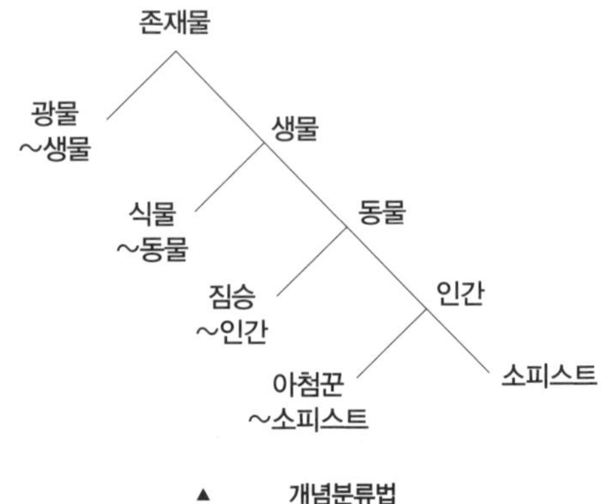

▲ 개념분류법

오늘날 학자들은 프로디코스의 '이름들의 올바름'이 x에서 y(또는 ~x)를 구분하고 분류해나간다는 점에서 소크라테스가 개발한 논박술의 선구이자, 훗날 플라톤이 변증술이라고도 부르며 이어받은 '개념분류법diairesis'의 효시라고 본다. 이미 살펴보았듯이 소크라테스의 논박술은 'x가 무엇인가'라는 물음을 통해 ~x를 구분하고 제거해가는 논증적 수사이고, 플라톤의 개념분류법은 프로디코스의 기법을 계승 발전시킨 것이기 때문이다.

얼핏 보아 별것 아닌 것 같지만, 개념분류법이 훗날 아리스토텔레스가 정리한 '유와 종차에 의한 정의'와 '삼단논법'의 기반이 되었다. 이 말은 오늘날 우리가 아는 논리학이 프로디코스의 '이름들의 올바름'에서부터 시작되었다는 것을 뜻한다. 이에 대해서는 《생각의 시대》 3부 3장 '로고스—문장' 가운데 '플라톤이 심고 아리스토텔레스가 거둔 열매'에 자세히 설명해놓았다. 궁금하다면 돌아가 보는 것도—논리학의 시원과 계보를 추적해본다는 의미에서—유익하고 흥

미로울 것이다.°

라에르티오스가 전하는 바에 의하면, 개념분류법과 연관해 웃지 못할 이야기가 하나 전해온다. 플라톤의 아카데메이아에서 일어난 일이다. 어느 날 플라톤이 "인간은 털 없는 두 발 달린 동물이다"라는 정의를 내렸다. 그러자 항상 플라톤의 수업에 냉소를 던지던 견유주의 철학자 시노페의 디오게네스가 털을 모두 뽑은 수탉 한 마리를 가져와 "여기 플라톤의 인간이 있다"고 비웃었다.(《그리스 철학자 열전》, 6.2.40) 플라톤과 아카데메이아 학생들은 크게 당황했다. 그리고 닭과 인간의 차이점에 대해 토론을 벌인 결과는 '닭은 발톱이 좁고 인간은 넓다'는 것이었다. 그래서 다시 내린 정의가 "인간은 발톱 넓은 털 없는 두 발 달린 동물이다"였다.

어쩌면 후대의 누군가가 만든 우스갯소리일지도 모른다. 그럼에도 이 이야기는 소크라테스와 플라톤 당시 사람들에게 무엇-물음에 답하는 것이 얼마나 긴요했으며 또 얼마나 어려운 일이었는지를 짐작하는 데 도움을 준다. 훗날 아리스토텔레스가 이 같은 노력의 결과들을 정리해 '인간은 이성적 동물이다'라고 정의하고, 《오르가논》에 '유와 종차에 의한 정의'라는 이름을 붙인 것은 한참 후의 일이었다. 오늘날 우리도 사용하고 있는 이 정의법에 대해 조금 자세히 설명하자면, '인간은 이성적 동물이다'에서 '인간'은 종種이고 '동물'은 유類다. 인간이

° 프로디코스가 기반을 닦고, 플라톤이 《파이드로스》, 《소피스테스》와 같은 후기 저작들에서 변증술dialektikē이라는 이름으로 개발한 개념분류법을 가볍게 보아서는 안 된다. 왜냐하면 앞에 제시한 개념분류 도식diairesis schema 안에는 유와 종차에 의한 정의법은 물론이거니와 문장의 기본 구조와 삼단논법 체계의 씨앗들이 고스란히 담겨 있기 때문이다. 자세한 내용은 《생각의 시대》 288~295쪽을 참조하기 바람.

▲ 작자 미상, 〈디오게네스, 플라톤에게 털 뽑은 닭을 가져오다〉, 19세기.

동물의 한 종이라는 뜻이다. 그리고 '이성적'이라는 것이 인간을 동물의 다른 종들과 구분하는 속성, 곧 종차種差다. 따라서 아리스토텔레스의 유와 종차에 의한 정의를 도식화하면, [종개념] = [종차] + [유개념]이 된다.

라에르티오스가 전하는 이야기대로라면, 플라톤과 아카데메이아 학생들은 인간이라는 종을 동물이라는 유에서 분류한 것은 옳았지만 종차를 잘못 잡은 것이다. 그렇다면, '인간은 이성적 동물이다'라는 아리스토텔레스의 정의는 보편적 정의라고 할 수 있는가? 당신의 생각은 어떤가? 답은 명백하다. 만일 그것이 온전하고 완전한 보편적 정의라면, 아리스토텔레스 자신이 《정치학》에서 '인간은 사회적 동물이다'라는 새로운 정의를 제시할 필요가 없었을 것이다. 둘 다 불완전하기는 마찬가지다. 그래서인지 우리말 국어사전에는 인간을 "언어를 사용하고 사고할 줄 알고 사회를 이루며 사는 지구상의 고등동물"이라 규정해놓았다.

아주 흥미로운 정의다. 왜냐하면 어쩌면 존재할지도 모르는 외계의 이성적·사회적 고등동물까지 가정해 그들과 구분하기 위해 "지구상"이라는 종차를 미리 넣었기 때문이다. 그래도 불완전하기는 마찬가지다. 이미 지구가 아닌 우주정거장에서도 사람이 몇 개월 또는 그 이상도 살고 있기 때문이다. 또 언젠가 인간이 달이나 화성에서도 살게 된다면 그때는 이 정의도 수정해야 하지 않겠는가? 이렇듯 정의는 종차(또는 내포)를 아무리 확장한다 해도 한계를 가질 수밖에 없고, 보편적 정의와는 여전히 거리가 멀다.

뚫지 못하는 방패, 막을 수 없는 창

• • •

설마 그렇지 않겠지만, 만에 하나 당신이 소크라테스를 사랑해서든, 아니면 그의 명성에 압도되어서든 내 말에 선뜻 동의하기가 어렵다면, 정리하는 의미에서 다음과 같은 사고실험thought experiment을 하나 해보자.

어느 날 길을 가는 당신에게 소크라테스가 먼저 다가온다. 그는 자신을 한껏 낮추며 자기는 자신이 당신에게 던지려는 주제에 대해 아는 것이 전혀 없다고 미리 알린다. 그다음 당신을 한껏 높이며, 그러니 그것에 관해 잘 아는 당신이 답해달라고 요구한다. 그리고 '정의란 무엇인가'나 '용기란 무엇인가'와 같은 무엇-물음을 던진다. 그런데 그것은 앞에서 설명한 대로 완벽한 답을 하는 것이 아예 불가능하다. 때문에 당신은 부분적으로 옳거나 불완전한 답을 내놓을 수밖에 없고, 그때마다 소크라테스는 그것과 모순이 되는 사례를 들어 논박한다. 그러다 끝내 당신이 그가 만족할 만한 완벽한 답을 내놓지 못하면, 자기는 그것에 대해 아무것도 모른다는 것을 이미 알고 있지만 당신은 그것마저 몰랐으니, 자기가 당신보다 더 지혜로운 사람이라고 단정한다.

당신이 보아도 이것은 건전하지도 않고 공정하지도 않은 대화방식일 것이다. 우리 눈에만 그런 것이 아니다. 플라톤의 《고르기아스》를 보면, 당시 사람들의 눈에는 소크라테스의 논박술이 어떻게 보였는가를 알 수 있다. 《고르기아스》에 등장하는 소크라테스의 대화 상대자(폴로스, 칼리클레스)들은 그가 상대의 주장에서 모순을 끌어내 논박하려고 호시탐탐 기회를 엿보고, 또 억지를 부리는 청소년이나 무뢰한(《고르기아스》, 461b~c, 499b) 같다고 불만을 토로한다. 그들도 논박술이 공정하지 않은 대화방식이라고 항의했던 것이다. 앞에서 살펴보았듯이 제논의 귀류법은 강한 반론술이다. 그러나 소크라테스의 논박술은 그보다 더 강력하다.

플라톤은 극구 부인했지만, 내가 보기에 소크라테스의 논박술은 스스로 포기하지 않는 한 결코 패할 수 없는 강력한 논쟁술이다. 그 비결은 둘이다. 1) 하나는 '내가 아는 것은 아무것도 모른다는 것이다'(무지의 지, oida ouk eidōs)라는 자기방어적 고백이고, 2) 다른 하나는 상대가 무너질 때까지 반복하는 상대파괴적 논박이다. 전자는 어떤 창도 뚫지 못하는 방패이고, 후자는 어떤 방패도 막을 수 없는 창이다. 왜냐고? 우선 왜 논박이 무적의 창인지를 보자. 앞에서 설명했듯이 논박술은 무엇-질문을 던져 보편적 정의를 요구하는데, 그것은 누구도 완벽히 답할 수 없다. 때문에 상대가 어떤 답을 해도 그것을 공격할 수 있다. 이 말은 모든 논쟁에서 무엇-질문은 사실상 누구도 막을 수 없는 창이라는 것을 뜻한다.

이제, '무지의 지'가 왜 무적의 방패인지를 보자. 소크라테스는 대화를 시작하자마자 항상 그들이 다룰 주제에 대한 자신의 '무지의 지'를 상대에게 알린다. 학자들은 그것을 '겸손이라는 미덕의 산물'일 뿐 아니라, 한발 더 나아가 '진정한 지식 내지 지혜를 탐구하는 시발점'이 된다는 점에서 높이 평가해왔다. 소크라테스의 무지의 지라는 자기고백을 프롤로그에서 설명한 '오류가능주의'와 연결해 해석하는 칼 포퍼도 여기에서 벗어나지 않는다. 그러나 논쟁에서 이 말은 '나는 더 이상 잃을 것이 없다' 내지 '밑져도 본전이다'라는 것을 알리는, 그럼으로써 어떤 경우에도 최소한 패배는 하지 않는 완벽한 방패로 작동한다. 이 점에서 보면 프리드리히 니체Friedrich Nietzsche, 1844~1900가 《우상의 황혼》에서 소크라테스의 논박술에 퍼부은 다음과 같은 비난도 결코 지나친 말이 아니다.

> 어떤 사람이 변증가라면 그는 무자비한 무기를 하나 소유하고 있는 것과 같다. 그것으로 그는 폭군으로 군림할 수 있다. 그는 상대방을 압도해버리는 방식으로 [상대방의 무지를] 폭로한다. 변증가는 자신과 논쟁하는 상대방으로 하여금 자신이 바보천치가 아니라는 사실을 증명하게

한다. 그는 상대방을 분노로 떨게 하는 동시에 무력하게 만들어버린다. 변증가는 상대방의 지성에서 힘을 제거해버린다.—뭐라고? 변증법은 소크라테스의 경우에는 복수의 한 형식에 지나지 않는단 말인가?[9]

그렇다. 논박술은 사실상 무자비한 폭군이자 복수의 한 형식이다. 바로 그래서 소크라테스의 문답식 대화를 단지 몇 번 지켜본 풋내기 젊은이들마저 상대가 누구인가를 불문하고 그의 무지함을 드러내 모욕을 줄 수 있었던 것이다. 내 생각에는 가령 소크라테스와 당신이 입장을 바꿔, 다시 말해 당신이 소크라테스에게 그가 했던 방식으로 논박술을 실행한다 해도 결과는 마찬가지일 것이다. 당신이 그를 궁지로 몰아 그의 무지를 들춰내고 화나게 했을 것이라는 말이다. 물론 그는 노회한 전문가이기 때문에 "나는 그것에 대해 모릅니다. 그러나 당신은 알겠지요?"라는 식으로 당신의 공명심을 자극하며 판을 뒤집어 당신을 다시 파리지옥으로 끌어들이려고 하겠지만 말이다.

논박술은 승리의 화관을 이미 준비하고 있다. 때문에 만일 당신이 누군가의 무지를 들춰내 조롱거리로 만들고 싶다면, 그를 상대로 소크라테스가 했던 방식으로 문답식 대화를 시도하면 된다. 하지만 그것은 공정하지 않은 승리다. 내가 보기에는 이것이 논박술이 지닌 오점이다. 만일 소크라테스가 논박술을 통해—상당수의 학자들이 주장하는 것처럼—대화의 주제에 대한 보편적 정의를 찾고자 했다면, 그럼으로써 사견과 편견에 얽매인 아테네 사람들을 깨우치고 진리와 정의를 탐구하는 데 기여하려 했다면, 그는 그것을 전혀 다른 식으로 시작하고 또 조금 다른 식으로 전개했어야 할 것이다.

예컨대 칼 포퍼가 논박술과 거의 같은 구조를 갖고 있는 자신의

'추측과 논박'이라는 진리 탐구 시스템을 기반으로 비판적 합리주의 critical rationalism를 구축한 것처럼 말이다. 여기가 소크라테스의 합리주의와 포퍼의 비판적 합리주의가 온도 차이를 보이는 지점인데, 포퍼는 1947년 7월 브뤼셀 예술원에서 〈유토피아와 폭력〉이라는 제목으로 한 연설에서 다음과 같이 말했다.

> 나는 내가 옳다고 생각합니다. 그러나 내가 틀리고 당신이 옳을 수도 있습니다. 어떠하든 그것을 논의하기로 합시다. 왜냐하면 우리는 이런 방법을 통해서 우리 각자가 자기만 옳다고 주장할 때보다 더 참된 이해에 도달할 수 있기 때문입니다.[10]

옳은 말이자 옳은 태도가 아닌가? 그렇다, 마땅히 그래야 한다. 하지만 논박술에 대한 비판은 여기서 잠시 멈추자. 왜냐고? 우리가 전개한 비판에는 우리가 놓친 매우 중요한 사안이 하나 있기 때문이다. 그것은 포퍼의 위와 같은 성찰은 소크라테스가 아테네 시장골목에서 지나가는 사람들을 붙잡고 논박술을 펼치던 시대로부터 2,300년도 더 지난 후에 생겨난 것이라는 사실이다. 그것은 포퍼도 1, 2차 세계대전을 겪으며 근대적 이성의 폭력성에 소스라치게 놀란 다음에야 얻은 깨달음이라는 진실이다. 소크라테스 당시에는 이 같은 문제는 상상조차 할 수 없었다. 게다가 이제 곧 뒤에서 설명할 다급하고 심각한 다른 문제가 아테네 전역에 역병처럼 번지고 있었다. 그리고 그 역병을 치유하는 데는 논박술이 특효약이었다.

생각해보라. 소크라테스가 법정에서 자신의 입으로 증언했듯이, 논박술은 토론과 논쟁을 즐기던 당시 아테네 사람들에게도 몹시 성가

시고 불쾌한 논변이었다. 그런데 그가 어떻게 그것을 20여 년이나 계속해서 실행할 수 있었을까? 아무리 델포이의 신탁을 확인하고자 하는 개인적 동기가 있었다 하더라도, 그것이 사회에 불편과 불화만 낳을 뿐 어떤 식으로든 기여하는 바가 없었다면 그토록 오랜 세월을 견딜 수 있었을까? 이런 의문들과 함께 우리는 논박술이 지닌 또 하나의 얼굴에 눈을 돌리게 된다. 그리고 그것이 소크라테스가 이룬 위대한 업적이 무엇인지를 한 폭의 그림처럼 펼쳐 보여준다.

아침을 고대하는 어둑새벽

• • •

플라톤의 대화록에서 소크라테스와 그의 대화 상대들이 나누는 대화 또는 논변을 볼 때마다 누구나 깜짝 놀라는 것이 있다. 그것은 그들의 대화가 때로 걷잡을 수 없을 만큼 장황하게 전개되면서도 대화의 일관성을 유지해나간다는 사실이다. 물론 플라톤이 놀라운 문학적 재능으로 그것을 재구성한 덕도 있을 것이다. 그것을 감안한다 해도 우리는 적어도 2,400년 전에 그들이 주고받는 대화와 논변이 우리의 그것에 비해 손색이 없거나, 오히려 뛰어나다는 느낌을 자주 받는다. 그뿐 아니라 대화 내용을 골격만 뽑아 간단히 정리해보지 않으면 그 논리적 전개를 종종 놓치기도 한다. 그렇다, 그들은 분명 대화와 논변에 뛰어났다. 놀라운 것은 그 같은 사실이 곧바로 당시 사람들의 논리적 사고가 그만큼 뛰어나다는 것을 말해주지는 않는다는 사실이다.

왜냐고? 우리가 간과하고 있는 사실이 하나 있기 때문이다. 당시 사람들은 기억력이 우리와는 비할 바 없이 뛰어났다는 사실이다. 그 이유는 기원전 5세기경 아테네 사람들에게는 읽기와 쓰기보다는 음송과 암송이 여전히 더 친숙했기 때문이다. 예컨대 호메로스의 《일리아스》는 총 24권, 대략 1만 5,000행으로 된 장대한 서사시다. 그런데 그것을 암송하는 것이 당시 교육의 기본이었다.° 음송과 암송이 뇌를 활성화시키고 기억력을 증진시킨다는 사실은 현대 뇌신경과학이 증명하는 바다.

물론 소크라테스에게 이런 뇌신경과학적 지식이 있었을 리는 만무하다. 그렇지만 그는 분명 그러한 사실을 알고 있었다. 플라톤이 전하는 바에 의하면, 소크라테스는 당시 새로운 유행이 된 문자의 사용 때문에 젊은이들의 기억력이 쇠퇴할 것을 크게 염려했다. 어쩌면 소크라테스가—자기보다 훨씬 전 세대인 아낙시만드로스나 헤라클레이토스도 자신의 생각을 책으로 남기는 시대에 살았는데도 불구하고—단 한 권의 책도 쓰지 않은 것이 그래서인지도 모른다. 우리는 플라톤의 《파이드로스》에서 다음과 같은 이집트 신화를 들려주는 소크라테스를 발견할 수 있다.

어느 날 문자를 발명한 신 테우트Theuth가 이집트 왕 타무스Thamus에게 문자가 이집트 사람들의 지혜와 기억력을 높여줄 것이라고 자랑했다. 그러자 왕은 "그대는 문자의 아버지로서 그것에 선의를 품고 있기 때문에 그것이 할 수 있는 것과 정반대를 말했소. 왜냐하면 문자는

° 20세기 영국의 대표적 고전학자였던 험프리 키토Humphrey. D. F. Kitto, 1897~1982에 의하면, "《일리아스》와 《오디세이아》는 그리스인의 성서로 불렸다. 이 두 시들은 수백 년 동안 공식적인 학교 교육과 일반 시민의 문화생활을 통틀어 그리스 교육의 기본이었다."(H. D. F, 키토, 박재욱 옮김, 《고대 그리스, 그리스인들》, 갈라파고스, 2008, 67쪽.)

그것을 배운 사람들로 하여금 기억에 무관심하게 하여 그들의 영혼에 망각을 낳을 것이니, 그들은 글쓰기에 대한 믿음 탓에 바깥에서 오는 낯선 흔적들(정보)에 의존할 뿐 안으로부터 자기 자신의 힘을 빌려 상기하지 않기 때문이오"라고 대답했다.(《파이드로스》, 274d~275a)

기원전 5세기 아테네 지식인들 사이에서는 이미 문자 사용이 일반화되어 있었다. 그럼에도 대부분의 사람들은 여전히 호메로스의 《일리아스》와 《오디세이아》나 헤시오도스의 《신통기》와 같은 서사시들을 책으로 읽기보다는 음송하고 암송하며 살았다. 때문에 이 시대 사람들의 뛰어난 기억력은 우리의 상상을 불허할 수밖에 없는데, 그것이 복잡하고 장황한 대화와 논변 속에서도 논리적 일관성을 유지하는 데 기여했다는 것에는 의심의 여지가 없다. 이에 반해 당시 사람들의 논리적 사고력은 실로 보잘것없었는데, 거기에는 그럴 수밖에 없는 이유가 있었다. 그것은 적어도 두 가지다.

1) 하나는 소크라테스가 살았을 당시 그리스어에 제대로 된 문법—더 자세하게는 문장론syntax—이 없었다는 점이다. 이것이 의미하는 바가 매우 심중하다. 문장이 논리적 또는 비판적 사고라는 건물을 지어내는 벽돌이기 때문이다. 벽돌이 단단하지 않으면 집을 지을 수 없거나 지어도 곧 허물어지듯이, 문장이 부실하면 논리적 사고가 불가능하거나 허술하다. 이 말은 문장론이 정비된 다음에야 논리학이 가능해진다는 뜻을 갖고 있다. 프로타고라스, 프로디코스를 비롯한 소피스트들이 '이름의 올바름' 또는 '올바른 어법'이라는 명칭으로 개념들의 올바른 사용의 탐구에 매달린 것이 그래서고, 플라톤이 후기 저술들에서 개념분류법을 추론의 기술인 변증술이라 부른 것도 그래서다.°

어디 그뿐인가. 훗날 아리스토텔레스가 총 여섯 권으로 쓴 최초의 논리학 저서 《오르가논》이 제1권인 《범주론》과 제2권인 《명제론》에서 문장의 기본을 먼저 다진 다음, 제3권인 《분석론 전서》에서 삼단논법을 다룬 것도 역시 그래서다.[oo] 바꿔 말하자면 그가—설령 이 순서대로 책을 쓰지 않았다고 하더라도—오늘날에는 문법에 해당되는 《범주론》과 《명제론》을 논리학 저술에 굳이 끼워 넣은 이유는, 문장이 다져지고 난 후에야 논리적 사고가 가능하다는 것을 알았기 때문이다. 무슨 소리냐고? 설명을 약간 덧붙이자면 이렇다.

아리스토텔레스는 《범주론》에서는 문장의 요소인 낱말에 초점을 맞춰 그 기본적인 그 성질을 주로 10가지 범주로 구분해 분석했다. 그리고 《명제론》에서 우선 논리적 사고가 가능한 명제의 4가지 형식을 확정했다. 즉 '모든 A는 B다'라는 전칭긍정판단(A), '모든 A는 B가 아니다'라는 전칭부정판단(E), '어떤 A는 B다'라는 특칭긍정판단(I), '어

o '올바른 어법orthos logos'이라는 이름 아래 행해진 언어에 대한 소피스트들의 연구는 크게 보아 다음 세 부분으로 나누어진다. 하나는 상대를 설득함에 있어서 동일한 의미를 가진 단어들 가운데 가장 효율성이 높은 것을 찾아내는 동의어에 대한 것이고, 다음은 연설과 토론 및 논쟁의 중심이 되는 논증의 구조와 문장들이 어우러져 형성된 문단에 대한 것이다. 마지막으로 그들은 연설을 할 때는 발성이 중요하다는 것을 알고 소리가 어우러지는 요소 중 하나인 음절에 관해 연구했다.

oo 《오르가논》은 총 6권으로 된 방대한 저작인데, 차례로 《범주론》, 《명제론》, 《분석론 전서》, 《분석론 후서》, 《토피카》, 《소피스트적 논박》으로 구성되어 있다. 그 내용은 오늘날 우리가 아는 논리학이 아니라 인간의 사유가 어떻게 시작하여 전개되는가 하는 것의 총괄적인 분석이라 할 수 있다. 《범주론》, 《명제론》은 문장의 구성을 다루고 있어 논리학보다 문법에 가깝고, 《분석론 전서》, 《분석론 후서》는 최초의 연역법이라 할 수 있는 삼단논법에 관한 것이고, 《토피카》, 《소피스트적 논박》은 다양한 귀납추론과 궤변에 관한 내용들을 다루고 있다.

떤 A는 B가 아니다'라는 특칭부정판단(O)이 그것이다. 그리고 그들의 상호관계를 분석했다. 이어진 《분석론 전서》에서는 이 네 가지 명제 형식을 바탕으로 삼단논법을 구성하고 그들의 관계를 탐구했다. 이 말은 그가 '문장이 논리적 사고의 출발이다'라고 생각했다는 것을 뜻한다.

그러나 이러한 성찰과 탐구는 소크라테스 시절에는 아직 이뤄지지 않았다. 문장이 명사와 동사로 이뤄진다는 것을 처음 규정하고, 문장에 대해서 '로고스logos', 명사에 대해서 '오노마onoma', 동사에 대해서 '레마rhema'라는 용어를 처음으로 사용한 사람은 플라톤이다. 그뿐 아니다. 앞에서 인간에 대한 정의를 두고 플라톤과 디오게네스가 벌인 촌극에서 보았듯이, 이때까지는 개념에 대한 정의를 내리는 법마저 아직 정해지지 않았다. 한마디로 소크라테스가 살았던 시대에는 논리적 사고를 할 수 있는 문장의 구조와 올바른 사용 규칙들이 아직 마련되지 않았다. 당시 사람들은 논리적 사고에 취약할 수밖에 없었는데, 이것이 당시 아테네에 억견과 궤변이 역병처럼 퍼졌던 이유 가운데 하나다.

2) 다른 하나는 앞에서 살펴보았듯이 오늘날에는 정신의 선험적 법칙이라고까지 여겨지는 동일률(A=A), 모순율(A≠~A), 배중률(A∨~A)도 소크라테스 당시에는 아직 사고의 기반으로 자리 잡지 못했다는 점이다. 여기에는 당시 그리스인들의 정신과 언어에 이미 자리 잡은 독특한 사유방식—다시 말해 그리스어에 발달한 대조법, 헤라클레이토스와 같은 철학자들의 모순어법, 프로타고라스와 같은 소피스트들의 이중 논변 등—이 커다란 장애물이 되었다. 아리스토텔레스가 《형이상

학》에서 다음과 같이 지적한 것이 그래서다.

> 헤라클레이토스의 '모든 것은 존재하며 존재하지 않는다'는 가르침은 모든 것을 '참'으로 만든다. 이에 반해 '모순되는 것 사이에 중간자가 있다'는 아낙사고라스의 설명은 모든 것을 '거짓'으로 만든다. 왜냐하면 혼합된 모든 것, 예컨대 '선善'과 '선이 아닌 것'이 혼합된 어떤 것에 대해서는 '참'을 말할 수 없기 때문이다."(《형이상학》, 1012a)

그렇다! 'men~, de~(한편으로는 …지만, 다른 한편으로는…)'라는 대조법 형식의 문장이 발달해 있는 언어를 사용하고, "신은 밤이며 낮이고, 겨울이며 여름이고, 전쟁이며 평화이고, 포만이며 굶주림이다"와 같은 모순어법을 사용하는 철학을 받아들이며, "모든 사안에는 서로 반대되는 두 가지의 로고스(논변)들이 있다"라고 가르치는 수사학이 유행하는 풍토는 사변과 발언의 다양성을 구축하는 데는 밑거름이 되었을지언정 참과 거짓을 가리는 논리적 사고에는 걸림돌이 되었다.

독일의 고전문헌학자 브루노 스넬Bruno Snell, 1896~1986이 《정신의 발견》에서 언급한 대로, "논리적인 것을 표시하는 언어적 수단은 비교적 후기에 들어서서 발전하게 되었다." 더 정확히 말하자면 아리스토텔레스의 《오르가논》에 와서야 비로소 제 꼴을 갖추었다. 물론 당시라고 해서 논리적 사고가 전혀 없었다는 뜻은 아니다. 스넬의 말대로 "원초적 상태에서는 논리적인 것이 '암묵적으로만' 언어 속에 나타나고 있었다." 그러다 보니 당시 사람들의 논변 대부분은, 그것이 번지르르하고 장황하면 할수록 덩치만 컸지 뼈대가 약해 언제 무너질지 모르는 건축물 같았다. 또 어떤 것들은 아예 잘못된 뼈대 위에 세워졌다. 우리는 그것을 억견doxa 또는 궤변sophistry이라 불러왔다.

한마디로 소크라테스가 살았던 시대는 문법과 논리, 그리고 이성 모두의 여명기였다. 밤을 새운 파수꾼이 아침을 고대하는 어둑새벽이었다. 플라톤이 《에우튀데모스》에—항상 그랬듯이 소크라테스의 입을 빌려—당시의 정황을 가감 없이 기록해, 소크라테스가 살았던 시대 아테네 저잣거리에서 행해지던 논변들이 얼마나 어불성설語不成說, lack of logic이었는지를 증명해놓았다. 그것을 통해 우리는 아테네의 밤이 얼마나 캄캄했는지, 소크라테스가 어떤 새벽을 지키던 파수꾼이었는지를 능히 짐작할 수 있다.

파수꾼이여, 밤이 어찌 되었느냐

• • •

어느 날 소크라테스가 거리에서 평생지기 죽마고우인 크리톤을 우연히 만났다. 두 사람 모두 중년에 접어들어 귀밑이 하얗다. 크리톤은 자신이 그동안 아들의 교육에 무심했다는 후회를 털어놓았다. 그리고 며칠 전에 소크라테스가 체육관에서 외지에서 온 소피스트들과 토론을 하고 있는 것을 먼발치에서나마 보았는데, 그들이 누구냐고 물었다.

소크라테스가 그들은 아테네 인근 키오스에서 온 에우튀데모스Euthydemus와 그의 동생 디오뉘소도로스Dionysodorus라는 사람들인데, 모든 면에서 놀라운 지혜를 갖고 있는 데다, 상대를 단박에 논박할 수 있는 기술을 갖고 있어 많은 제자들이 따른다고 대답했다. 그래서 자기도 그들의 제자가 되려 한다는 말도 덧붙였다. 그러자 크리톤이 그러기에는 나이가 너무 많지 않으냐면서도, 그들의 지혜가 도대체 뭐냐고 물었다. 이에 소크라테스가 그날 일어난 일들을 하나하나 자세히 설명하며 플라톤의 《에우튀데모스》가 시작한다.

에우튀데모스와 디오뉘소도로스는 모두 노년에 소피스트가 된 인물이다. 소크라테스보다도 나이가 많은데, 이미 여러 해째 인근 지방을 떠돌며 논쟁술을 가르치고 있었다. 《에우튀데모스》는 소크라테스의 부탁으로 그들이 클레이니아스Kleinias와 크테십포스Ktēsippos라는 젊은이들을 상대로 자신들의 논쟁 실력을 자랑하는 내용이 주를 이룬다. 그런데 그 내용을 들여다보면, 두 젊은이들을 혼란에 빠트려 소크라테스마저 경탄하게 하는 그들의 논변이 모두 오류라는 것을 알 수 있다. 몇 가지만 골라 그 내용을 간추려 대화형식으로 재구성해 소개하면 다음과 같다.

에우튀데모스 클레이니아스, 배우는 사람들은 어느 쪽 사람들인가? 지혜로운 사람들인가? 무지한 사람들인가?

클레이니아스 지혜로운 사람들입니다.

에우튀데모스 그런데 자네는 누군가를 선생이라 부르지? 그러면 선생은 배우는 자들의 선생이 아닌가?

클레이니아스 그렇지요.

에우튀데모스 그렇다면 자네들이 배울 당시에는 자네들이 배우는 것들을 아직 모르고 있었겠지?

클레이니아스 그렇습니다.

에우튀데모스 그러면 자네들이 그것을 알지 못할 때 자네들은 지혜로웠는가?

클레이니아스 결코 아닙니다.

에우튀데모스 지혜롭지 않았다면 무지했겠지?

클레이니아스 물론입니다.

에우튀데모스 클레이니아스, 그러니 자네가 애초 생각한 것과는 달리, 지혜로운 사람이 아니라 무지한 사람들이 배우는군.

(《에우튀데모스》, 275d~276b)

자, 어떤가? 당신이 듣기에는 에우튀데모스의 논변이 타당한가? 아닐 것이다. 클레이니아스가 배우는 사람들은 지혜로운 사람들이라고 말했을 때는 뭔가를 '배우는 행위'가 지혜롭다는 것을 뜻한다. 그러나 에우튀데모스가 지혜롭지 못한(무지한) 사람들이 배운다고 할 때는 '배우는 주체'가 지혜롭지 못하다(무지하다)는 것을 뜻한다. 요컨대 '지혜롭다'라는 형용사에 대응하는 주어가 각각 다르다. 오늘날 논리학에서는 이것을 애매구에 의한 오류amphiboly(모호한 어법)라고 부른다.°

애매구에 의한 오류란 전제에서는 그 전제를 참으로 만드는 해석을 사용하고, 결론에서는 그 전제를 거짓으로 만드는 해석을 이용해서 논증할 때 범하는 오류를 말한다. 고전적인 예로 헤로도토스Herodotos, 기원전 484~기원전 425의 《역사》에 나오는 리디아의 마지막 왕 크로이소스Kroisos, 기원전 560?~기원전 546 재위와 델포이 신탁에 얽힌 흥미로운 이야기를 들 수 있다.

크로이소스가 델포이에 있는 아폴론 신전에 가서 260킬로그램이

° 논리학에서 오류는 옳은 것처럼 보이지만 검토해보면 사실은 옳지 않은 논증의 형태를 가리킨다. 따라서 오류론은 논리학의 탄생과 함께 생겨났다. 아리스토텔레스의 《오르가논》 6권 《소피스트적 논박》에는 이미 13가지의 논리적 오류가 등장한다.

나 되는 황금사자를 제물로 바치고, 키루스 2세가 이끄는 페르시아와 전쟁을 하면 어떻게 될지를 물어보았다. 예언녀가 내린 답변은 페르시아와 전쟁을 하면 '위대한 왕국'이 멸망할 것이니, 가장 강력한 헬라스 국가를 찾아내어 동맹을 맺으라는 것이었다. 크로이소스는 이 말을 페르시아 제국이 멸망할 것으로 해석하고 당시 강대국의 하나인 라케다이몬과 동맹을 맺은 다음, 곧바로 페르시아와 전쟁을 벌였다. 그런데 그 결과 그의 군대가 전멸했다.(《역사》, 1. 46~70)

이후 리디아 왕국을 멸망시킨 키루스 2세가 크로이소스를 묶었던 족쇄를 델포이 신전에 공물로 바치며, 엉터리 신탁으로 전쟁을 부추긴 것을 조롱했다. 예언녀는 자기가 말했던 위대한 왕국은 크로이소스 왕의 리디아 왕국이었으며, 원래 선조의 왕위강탈로 인해 보다 일찍 멸망할 운명을 아폴론을 잘 섬겨서 몇 년간 늦췄다고 뻔뻔스레 대답했다.(《역사》, 1. 90~91) 요컨대 신탁이 틀린 것이 아니라 크로이소스 왕이 신탁을 잘못 해석했다는 뜻이다. 그렇다, 이것이 애매구에 의한 오류다. 그런데 사실상 이것이 신탁이 지닌 효용의 비밀이 아니던가?

이번에는 에우튀데모스의 동생 디오뉘소도로스가 소크라테스에게 펼쳐 보인 다른 논변을 하나 살펴보자!

디오뉘소도로스 소크라테스, 당신이 지금 말하는 것을 부인하지 않도록 주의하십시오.

소크라테스 주의하고 있습니다. 결코 부인하는 일은 없을 것입니다.

디오뉘소로도스 어떻습니까? 당신들(소크라테스와 크리톤)은 클레이니아스가 지혜롭게 되기를 바란다고 말합니까?

소크라테스 물론입니다.

디오뉘소도로스 그런데 지금 클레이니아스는 지혜롭습니까, 아닙니까?

소크라테스 '아직까지는 아니다'라고 그 자신이 말하죠. 그는 허풍쟁이가 아닙니다.

디오뉘소도로스 당신들은 그가 지혜롭게 되기를, 그리고 무지하지 않기를 바라고요?

소크라테스 그렇습니다.

디오뉘소도로스 그러면 당신들은 그가 그이지 않은 사람이 되기를 바라는 한편, 현재 그로 있는 사람이 더 이상 있지 않기를 바라시는군요.

소크라테스 (어리둥절해져서) …

디오뉘소도로스 지금 그인 그가 더 이상 아니기를 당신들이 바란다니, 그러면 당신들은 그가 죽기를 바랄 뿐이라고 봐도 되겠습니까? 자신들이 사랑하는 소년이 죽어 없어지는 것을 최고로 여기는 친구와 그를 사랑하는 자들이라니, 그와 같은 이들이 정말이지 퍽이나 가치 있겠습니다.

(《에우튀데모스》, 283c~283d)

이 논변은 어떤가? 타당한가? 역시 아닐 것이다. 더구나 이 논변은 해결해야 할 논리적 문제가 아니라 언어적 문제를 끌어안고 있다. 그것은 영어의 be동사에 해당하는 그리스어 '에이나이einai' 때문에 생긴 문제다. 다시 말해 이 동사가 우리말로는 서술문에 등장하는 계사繫辭, copula인 '이다'와 존재를 나타내는 동사인 '있다'라는 두 가지 의미를 함께 갖고 있기 때문에 발생한 혼란이다.

무슨 소리냐고? 우리는 앞에서 파르메니데스의 잠언(DK 28B26)에 들어 있는 "'있다'라는, 그리고 '있지 않을 수 없다'라는 길"이라는 말을 존재론적으로는 "'있는 것은 있다'라는, 그리고 '있지 않을 수 없다'라는 길"이라고 해석하지만, 논리학에서는 "A는 A이다(A=A)라는, A는 ~A가 아니다(A≠~A)라는 길"이라고 해석하는 것을 보았다. 이것도 역시 einai를 존재를 나타내는 동사로 보느냐, 아니면 서술형 계사로 보느냐에서 나온 차이라 할 수 있다. 이 같은 중의적 해석이 파르메니데스의 잠언의 경우에는 긍정적 결과를 낳았다고 볼 수 있다. 그러나 디오뉘소도로스의 경우에는 반대로 궤변을 낳았다. 그래서 소크라테스가 어리둥절해진 것이다.

"당신들은 그가 그이지 않은 사람이 되기를 바라는 한편, 현재 그로 있는 사람이 더 이상 있지 않기를 바라시는군요"라는 디오뉘소도로스의 말을 보자. 이 문장에서 "그가 그이지 않은 사람이 되기를 바라는 한편"이라는 부분에서는 디오뉘소도로스가 einai를 서술문에 등장하는 계사 '~이다'로 사용했다. 그리고 이어지는 "현재 그로 있는 사람이 더 이상 있지 않기를 바라시는군요"라는 부분에서는 einai를 존재를 나타내는 동사 '있다'로 사용했다. 그리고 그 말을 '현재 존재하는 그 사람이 더 이상 존재하지 않기를 바란다'라는 의미로 규정한 다음, "당신들은 그가 죽기를 바랄 뿐이라고 봐도 되겠습니까?"라고 몰아붙인 것이다.

논리학에서는 이렇듯 한 단어가 가진 두 가지의 뜻을 구분하지 않고 혼동해 사용해서 생긴 오류를 애매어에 의한 오류equivocation라고 한다. 디오뉘소도로스가 고의로 이 오류를 범했다. 그런 다음 뻔뻔하게도 "자신들이 사랑하는 소년이 죽어 없어지는 것을 최고로 여기는 친구와 그를 사랑하는 자들이라니, 그와 같은 이들이 정말이지 퍽이나 가치 있겠습니다"라며 소크라테스와 크리톤을 거세게 몰아세운 것이다. 어떤가? 참으로 어처구니없는 일이 아닌가?

플라톤은 《에우튀데모스》에서 더 기가 막힌 궤변도 숱하게 소개한다. 세어보면 모두 20개인데, 대부분이 애매어, 애매구, 구문구조의 애매함, 수식어구의 제거 등을 이용한 궤변들이다. 그 가운데 하나만 더 소개하고자 한다. 다음은 디오뉘소도로스가 크테십포스라는 젊은이와 나눈 대화의 일부다.

디오뉘소도로스 크테십포스, 말해보게. 자네에게는 개가 있나?

크테십포스 네, 아주 몹쓸 것이기도 하지요.

디오뉘소도로스 그러면 그것은 새끼들이 있는가?

크테십포스 네, 그것도 아주 각양각색입니다.

디오뉘소도로스 그러면 그 개가 그것들의 아버지이지 않은가?

크테십포스 그렇습니다. 그것이 암캐를 올라타는 것을 바로 제가 봤답니다.

디오뉘소도로스 그렇다면 어떤가? 그 개는 자네 것이 아닌가?

크테십포스 물론 제 것입니다.

디오뉘소도로스 그러면 그것이 아버지이면서 자네의 것이니, 그러므로 그 개가 자네의 아버지이고 자네는 강아지의 형제가 되지 않는가? 하나 더 묻지. 자네는 그 개를 때리는가?

크테십포스 (화가 나서) 그래요. 당신을 때리고 싶지만 그럴 수 없으니까요.

디오뉘소도로스 그럼 자네는 자네 자신의 아버지를 때리는 것이 아닌가?

(《에우튀데모스》, 298d~298e)

궤변도 이 정도 되면 설명할 필요조차 없다. 그럼에도 굳이 언급하자면, 디오뉘소도로스는 그 개가 '강아지들의 아버지이면서 자네의 것이니'라고 했어야 하는 대목에서 '강아지들의'라는 수식어를 빼고 '아버지이면서 자네의 것이니'라고 한 다음, '강아지들의' 대신에 '자네의'라는 수식어를 넣어 '그 개가 자네의 아버지이고 자네는 강아지의 형제'라는 황당한 결론을 이끌어낸 것이다.

앞에서 밝혔듯이, 이때는 아리스토텔레스가 《오르가논》 2권 《명제론》에서 자연언어로 된 문장을 논리형식에 맞추려면 어떤 형태를 갖추어야 하는가를 정리하기 전이었다. 게다가 '~의 아버지다'나 '~의 것이다'처럼 관계를 나타내는 문장을 형식화하는 일은 20세기 초 고틀로프 프레게와 버트런드 러셀이 개발한 술어논리述語論理, predicate logic에 와서야 가능해졌다. 그래서 생긴, 또는 그래서 고의로 만들 수 있었던 오류라고 볼 수 있다. 자, 그럼 생각해보자. 플라톤은 왜 이처럼 어이없는 궤변들을 모아 《에우튀데모스》라는 책을 한 권 썼을까? 또 나는 왜 이처럼 장황하게 그것을 당신에게 소개했을까? 이런 궁금증과 함께 우리는 자연스레 소크라테스의 논박술이 당시 아테네에서 지녔던 사회적 의미로 눈을 돌리게 된다.

소크라테스의 파레시아

• • •

에우튀데모스와 디오뉘소도로스는 비록 노년에서야 소피스트가 되었지만, 한 무리의 제자를 거느리고 다니며 돈을 받고 논쟁술을 가르치던 수사학 선생이었다. 그러니 보통 사람들보다는 훨씬 논변에 뛰어났을 것이다. 그런데 그런 사람들마저도 입만 벙긋하면 오류에서 벗어나지 못했다는 사실—그게 아니라면 의도적으로 이런 오류들을 이용해 돈을 벌 수 있었다는 사실—은 당시 아테네 사람들의 사고가 얼마나 걷잡을 수 없는 혼란과 혼돈에 빠져 있었나를 가늠케 한다. 플라톤은 그 같은 사실과 정황의 심각함을 보여주고 싶었던 것이다. 한발 더 나아가 그 혼란과 혼돈에 맞서 싸운 소크라테스와 자기 자신의 정당성을 증명해 보이고 싶었던 것이다. 그래서 그는《에우튀데모스》를 썼다. 이 같은 당시의 정황은 소크라테스와 플라톤을 비난했던 니체마저도《우상의 황혼》에서 다음과 같이 인정했다.

> 게다가 소크라테스는 전 세계가 자신을 필요로 하고 있다는 사실을—자신의 수법, 자신의 치료법, 자신의 개인적 자기 보존술을 필요로 하고 있다는 사실을 알고 있었다. 도처에서 본능들은 무정부 상태에 빠져 있었다. 사람들은 도처에서 지나친 방종에 빠져 있었다. 즉, 정신의 괴물 상태가 보편적인 위험으로 존재했다.[11]

지금까지 우리는 소크라테스와 그가 실행했던 논박술의 의미와 가치를 오늘날 우리의 상황과 요구에 맞춰—예컨대 포퍼의 비판적 합리주의와 견주어—평가했다. 하지만 논박술의 진정한 의미와 가치를 이해하려면 당시 아테네 사람들의 정신이 얼마나 깜깜한 어둠 속에 갇혀 있었는가를 먼저 파악하고 고려해야 한다.

다시 말해 당시 아테네 사람들이 아침부터 밤까지, 아고라에서, 김나지온에서, 뤼케이온에서, 게다가 법정에서까지, 문법도 없는 말로 서로 다투고, 논리도 없는 논변으로 논쟁했다는 사실을 알아야 한다.

"정신의 괴물 상태가 보편적인 위험으로 존재했다"는 니체의 지적도 감안해야 한다. 때문에 그들이 아무리 장황하고 번지르르하게 떠벌리고 다녀도 억견과 궤변만 늘어날 뿐, 자신들이 원하는 진리와 정의는 찾을 길이 없었고, 아테네의 밤은 점점 더 깊어만 갔다는 진실도 염두에 두어야 한다. 오직 부릅뜬 눈으로 밤을 새우던 파수꾼 소크라테스만이 그들의 깊은 잠을 두드려 깨우려고 동분서주 애썼다는 사실도 고려해야 한다.

그렇다! 이제야 소크라테스가 왜 자기 자신을 소나 말에 달라붙어서 따끔히 쏘아 그것들의 잠을 깨우는 말파리에 비유했는지가 자명해졌다. 소크라테스는 자기가 논박술을 통해 편견과 억견 그리고 궤변에 빠져 있는 아테네 사람들—그는 이런 사람들을 "뭔가를 안다고 생각하지만 실은 거의 혹은 아예 알지 못하는 사람들"(《소크라테스의 변명》, 23c)이라고 불렀다—을 일깨우려 했다. 그럴 수만 있다면, 그 과정에서 무지가 드러남으로써 당사자들이 느낄 수 있는 수치심은 그들이 기꺼이 치러야 할 정당한 대가일 뿐 아니라, 오히려 그들 자신에게도 이득kerdos이라고 생각했다.(《고르기아스》, 461a)

논박술이 가져다주는 이득은 적어도 세 가지다. 1) 첫째는 논증적 측면에서의 이득으로, 논박을 통해 논리적 모순에서 벗어날 수 있다는 것이다. 2) 둘째는 윤리적 측면에서의 이득으로, 미덕에 대한—예컨대 경건에 대해서, 절제에 대해서, 용기에 대해서, 정의에 대해서—잘못된 의견을 버림으로써 바르게 살게 된다는 것이다. 3) 셋째는 영혼을 돌보는 기술, 곧 심리적 측면에서의 이득으로, 부끄러워하는 마음aischynesthai[12]과 두려워하는 마음fovismeni kardia[13]을 갖게 된다는 것이다. 소크라테스가 생각하는 이상적인 시민은 미덕들에 대한 자신의 잘못된 생각과 행동에 대해 항상 부끄러워하는 마음과 두려워하는 마음을 지닌 사람이며, 그가 꿈꾸는 이상적 사회는 그러한 인간의 마음을 존중하고 소중히 대하는 공동체다.

그런데, 잠깐! 여기에서 우리가 프랑스 철학자 미셸 푸코Michel Foucault, 1926~1984가 소크라테스의 논박술을 '파레시아'의 일종으로 규정한 사실을 잠시 살펴보는 것이 논박술의 사회적 의미를 탐색하는 지금 우리의 이야기와 연관하여 흥미롭기도 하거니와 도움이 된다. 왜냐하면 푸코의 후기 철학의 핵심이자 그가 남긴 "최후의 중요한 철학적 기여"[14]로 평가되는 파레시아에 대한 탐색이, 현대 철학이 소크라테스의 논박술이 지닌 의미와 가치에 대해 다룬 주목할 만한 분석과 평가를 포함하고 있기 때문이다.

우선 파레시아parrhesia°란 무엇인가부터 살펴보자. 그것은 본디 고대 그리스에서 '솔직하게 말하거나 그렇게 말할 수 있도록 용서를 물어 하는 자유로운 발언'을 뜻했다. 때문에 "파레시아라는 말은 '솔직히 말하기', '진실 말하기', '진실의 용기', '발언의 자유' 등으로 번역"[15] 되어왔다. 그런데 푸코가 1982년 5월 18일에 프랑스 그르노블대학교에서 진행한 강연 〈파레시아〉와 이듬해 10월 24일에서 11월 30일까지 미국 캘리포니아대학교 버클리캠퍼스에서 매주 한 번씩, 총 여섯 차례에 걸쳐 진행한 강연 〈담론과 진실〉에서, 잊혀진 고대의 개념인

° 그리스어 'parrhesia'를 '파르헤시아' 또는 '파르헤지아'라고 읽을 수 있지만, 이 책에서는 오트르망(심세광·전혜리)이 옮긴 미셸 푸코의 《담론과 진실》(동녘, 2017)을 따라 '파레시아'로 표기한다.

'파레시아'를 다시 불러내 탐색했다.

푸코가 "한 4~5년 전까지만 해도 제 전문 분야는 고대 철학과는 거의 무관했습니다"[16]라는 말로 그르노블대학교에서의 강연을 시작했듯이, 파레시아에 대한 탐구는 그에게도 새롭고 특별한 일이었다. 그럼에도 푸코는 1년 후 버클리캠퍼스 강연에서 이 작업을 더 확장하고 심화했다. 그는 그리스 3대 비극 작가 중 한 명인 에우리피데스의 여섯 작품에 나타난 파레시아, 다음으로 플라톤의 대화편에서 드러나는 소크라테스의 파레시아, 그리고 디오게네스의 견유주의 파레시아 등을 집중적으로 분석해, 차례로 강연하고 참석자들과 대담을 나누었다. 그럼으로써 파레시아가 고대 그리스와 로마에서 어떤 방식으로 출현해 변해왔는지, 그 계보를 상세히 탐색하고, 그것을 통해 파레시아에 새로운 의미와 가치를 부여했다.

푸코는 1983년 10월 24일 버클리캠퍼스에서 행한 첫 번째 강연에서 우선 파레시아의 의미를 새롭게 규정했다. 파레시아란 1) 화자話者가 자신이 생각하는 모든 것을 말하는 것pan-rêsia이고, 2) 그중에서도 자신의 신념과 일치하는 진실을 말하는 것이며, 3) 이때 화자에게 어떤 형태로든 반드시 위험이 수반되어야 하고, 4) 언명한 진실이 청자聽者에게 상처를 주거나 분노를 촉발하는 특징을 가진 게임이라는 것이다.[17] 푸코가 파레시아를 일종의 '게임'으로 규정한 데는 이유가 있다. 고대 사회에서 파레시아는 대개 군주에게 직언 또는 간언의 형태로 실행되었기에, 화자인 파레시아스트parrhesiaste와 청자인 군주 사이에는 화자를 징벌하지 않겠다는 암묵적인 약속이 전제되어 있었기 때문이다.

내 생각에는 이런 의미에서의 파레시아가 행해진 전형적인 사례가,

푸코가 1983년 11월 21일, 버클리캠퍼스 다섯 번째 강연에서 설파한 디오게네스의 파레시아다. "소원이 무엇이냐"고 묻는 알렉산드로스 대왕에게 디오게네스가 기울어진 권력관계 아래서도 자신이 생각하는 모든 말, 자신의 신념과 일치하는 진실한 말, 자칫 목숨을 잃을 수도 있는 위험을 수반한 말, 상대에게 상처를 주거나 분노를 촉발할 수 있는 말을 당당하게 건넸기 때문이다. 이에 대해 우리는 8장 '디오게네스—냉소'에서 다시 자세하게 살펴볼 것이다. 화급하게 그 이야기를 미리 꺼낸 이유는 당신도 잘 아는 이 에피소드가 푸코가 새롭게 규정한 파레시아의 의미를 선명하게 드러내주기 때문이다.

다음은 푸코가 새롭게 부여한 파레시아의 역할과 가치인데, 푸코의 강연과 대담 내용들을 묶어 출판된 《담론과 진실》의 서문을 쓴 푸코 전문연구자 프레데리크 그로Frédéric Gros 교수가 이를 간단명료하게 정리했다. 그로에 의하면, 푸코가 규정한 파레시아는 1) 민주주의와 진실 간의 관계를 재평가할 수 있는—즉, 능동적 주체는 자유로운 발언을 행할 수 있다는—중요한 '정치적 가치'를 지닌다. 2) 주체와 진실 간의 관계를 문제화하는 데—다시 말해 능동적 주체는 진실을 말해야 할 의무로서뿐 아니라, 동시에 자신의 삶에서 보여주어야 할 의무로서 받아들여야 한다는—결정적인 '윤리적 가치'를 지닌다. 3) 비판적 태도의 계보를 위한—즉, 사유한다는 것은 자율적이고 비판적으로 판단할 뿐 아니라 공공선을 위해 그것을 실현할 용기를 갖는다는—특정한 '철학적 가치'를 갖는다.

이어서 그로는 파레시아에 대한 이 세 가지 화용론적 평가는 "독해의 격자일 뿐이다. 실제로 이 셋은 분리 불가능하고 보완적이며 끊임없이 상호 교차한다"[18]고 했다. 즉, 한 가지 파레시아적 행위 또는 사건에도 이 세 가지 역할과 가치가 겹쳐 있다는 것이다. 그럼으로써 파레시아는 "진실한 삶 속에서의 시금석"[19]이 된다. 어떤 사람의 삶이 진실한가를 판단하는 기준이 파레시아의 실행 여부에 의해 정해진다는 뜻이다. 자, 여기에서 우리가 주목하고자 하는 것은 푸코가 플라톤의《법률》과《라케스》를 통해 분석한 소크라테스의 파레시아가 "진실한 삶 속에서의 시금석"이 되는가이다. 달리 말하자면 푸코가 "소크라테스의 게임"이라고 부르는 논박술이 정치적·윤리적·철학적 가치를 갖는가 하는 것이다. 결론부터 말하자면, '그렇다'이다.

논박술은 본래 기울어진 권력관계 아래서 행해지는 대화도 아니고, 때문에 상대에게 상처를 주거나 분노를 촉발한다 하더라도, 자칫 목숨을 잃을 수도 있는 위험을 수반한 대화가 아니다. 따라서 엄밀하게 말하자면, 논박술은 푸코가 버클리캠퍼스 첫 번째 강연에서 규정한 파레시아의 형식과 의미에서 벗어난다. 이 점에서 논박술은 또한 디오게네스가 보인 견유주의적 파레시아와도 분명 다르다. 그러나 논박술은 담론의 화용론적 측면에서는, 다시 말해 그것이 당시 아테네에서 지녔던 정치적·윤리적·철학적 역할과 그 가치에서는 푸코가 말하는 파레시아에서 조금도 어긋나지 않는다.

앞에서 살펴보았듯이, 소크라테스는 논박술을 통해 우선 상대가 논리적 모순에서 벗어날 수 있게, 다시 말해 경건, 절제, 용기, 아름다움, 정의와 같은 미덕들에 대한 편견과 억견을 버릴 수 있게 하려 했다. 그 결과 아테네 사람들이 진실하고 아름다운 윤리적 삶을 살게 함으로써—푸코는 이것을 '자기 돌봄epimeleia heautou'이라 했다—아테네를 진리와 정의가 바로 선 이상적인 도시국가로 변화시키려고 했다.

요컨대 소크라테스는 "그와 대화하는 자들이 그들의 삶의 방식을 변화시키고 자기를 돌보는 법을 배울 수 있도록 용기 있게 지속적으로 말함으로써, 결국 아테네 도시국가의 안녕에 기여하고자 했던 것이다."[20]

그렇다. 소크라테스는 논박술이 진실한 담론의 토대이고, 진실한 담론이 아름다운 삶의 기반이며, 시민들의 아름다운 삶이 도시국가의 주춧돌이라는 것을 추호도 의심하지 않았다. 소크라테스와 더불어 진실을 말하기, 윤리적 삶을 살기, 공공선을 위한 비판하기가 분리 불가능하고 보완적이며 끊임없이 상호 교차하는 파레시아가 아테네에서 처음으로 시작된 것이다. 그가 아고라에서 '너 자신을 알라'라는 슬로건으로 가르친 '자기 돌봄'이 그 같은 파레시아의 시작이고, 소크라테스가 법정에서 행한 자기 변론이 그 같은 파레시아의 종착이라고 할 수 있다.

헤라클레스의 외양간 치우기

• • •

소크라테스는 아테네를 사랑했다. 때문에 아테네가 앞으로도 계속해서 '제비꽃 화관을 쓴 도시', '세련되고 기름진 도시'로 불리며 도시국가들의 스승으로 군림하기를 바랐다. 그래서 그는 달걀을 깨트리지 않고서는 오믈렛을 만들 수 없다고 생각했을 것이다. 아니, 허물을 벗지 못한 뱀은 죽을 수밖에 없다고 생각했을지도 모른다. 때문에 그는 온갖 험한 꼴을 당하면서도 20여 년을 한결같이 아고라로, 김나지온으로, 뤼케이온으로, 마치 대화를 구걸하는 걸인처럼 사람들을 쫓아

다니며 그들을 일깨우려다 결국 사형을 당했다.

플라톤은 그런 스승의 일거수일투족을 곁에서 지켜보며 청년 시절을 보냈다. 풍부한 문학적 소양과 상상력을 가졌던 그가 훗날 이 위대한 인간의 행적을 회상하며 만든 우화가 그의 대표작《국가》7권 서두에 써넣은 '동굴의 비유'다. 널리 알려진 이 이야기에 따르면, 인간은 태어날 때부터 동굴에 갇혀 지내는 수인囚人이다. 그들은 뒤를 돌아보지 못하도록 다리와 목이 묶여 구금되어 있어 오직 동굴 벽만을 바라보며 살아가기 때문에 그들이 보는 것은 벽면에 비친 실체의 그림자들뿐이다. 그런데 언젠가 '구금에서 풀린 자'가 있어 그가 동굴을 벗어나 지상에 나온다. 그는 지상세계와 실체들을 보고 행복을 느끼는 동시에 아직도 동굴에 갇혀 있는 동료들에 대한 연민을 갖는다. 그리고 동굴로 다시 돌아가 자기가 지상에서 본 것을 전함으로써 동료들을 일깨우려다 죽임을 당한다.(《국가》, 514a~517a)

이 이야기에서 '구금에서 풀린 자', '처음으로 동굴에서 빠져나온

▲ **플라톤 동굴의 비유** Wikimedia Commons/4edges (CC BY-SA 4.0)

자', '그림자가 아니라 실체를 본 자', '동료들에 대한 연민을 느끼고 그들을 일깨우려는 자', 그 때문에 '죽임을 당한 자'가 바로 플라톤이 본 소크라테스다. 탁월한 비유다. 그렇지 않은가? 무엇보다도 우리가 《에우튀데모스》에서 확인한 것처럼, 당시 아테네 사람들의 정신이 동굴 속처럼 깜깜한 어둠에 갇혀 편견과 억견에 묶여 있었다는 것을 생각하면 무릎을 탁 칠 만하다. 그러나 이 비유에는 플라톤 자신의 이론인 이데아 가설이 바닥에 깔려 있다. 때문에 플라톤의 《국가》에 등장하는 소크라테스는 플라톤이 자신의 이론으로 재구성한 소크라테스다. 그래서 나는 조금 다른 비유로 소크라테스를 평가하고자 한다.

내가 보기에 소크라테스는 아우게이아스의 외양간을 치운 헤라클레스다. 역시 널리 알려졌듯이, 제우스의 사생아인 헤라클레스는 그의 아내 헤라의 저주로 광기에 휩싸여 자신의 처자식을 살해한다. 그 벌로 10가지 불가능한 임무를 수행해야 했는데, 그중 다섯 번째가 '아우게이아스의 외양간 치우기'다. 아우게이아스Augeias는 이 신화에 나오는 엘리스Elis의 왕이다. 그는 3천 마리의 소를 기르고 있었는데, 외양간을 30년 동안이나 청소하지 않아 거기서 나온 오물 때문에 온 나라에 악취와 역병이 돌고, 농민들이 농사를 지을 수도 없게 되었다. 헤라클레스는 그 외양간을 하루 안에 깨끗이 청소해야 했다. 그는 외양간의 양쪽 벽을 부수고 알페이오스 강물을 끌어다 페네이오스강으로 흐르게 하여 모든 오물들을 한꺼번에 말끔히 씻어냈다.

소크라테스가 보기에는, 당시 아테네에서 오가는 대화와 논변에서는 아우게이아스의 외양간보다 더 지저분하고 해로운 악취가 났다. 그래서 그는 아테네 전역에 악취와 역병이 돌고 시민들이 진리와 정의를 추구하는 데 방해가 된다고 생각했을 것이다. 그대로 두었다가는 학문에서, 예술에서, 그리고 민주주의에서 기적처럼 솟아나던 아름다운 꽃망울들이 제대로 피어보지도 못하고 시들어버릴 수밖에 없다는 것을 깨달았을 것이다. 때문에 그는 아테네 시민들의 정신에 쌓여 있는 편견과 억견 그리고 궤변이라는 오물을 말끔히 치워버리기로 결심했을 것이다.

소크라테스가 논박술을 고안해낸 것이 그래서다. 그것이 그에게 가능했던 것은 그가 아버지 소프로니스코스로부터 배운 석공 기술이 다름 아닌 깨부수기, 제거하기, 곧 빼기였기 때문이다. 또한 그것이 다이몬의 소리로 귀에 들릴 만큼 그의 정신에 내면화되었기 때문이었다. 그리고 참과 거짓의 구분을 없애버리는 소피스트들의 이중 논변이 그에게 내적·외적 동기를 제공했고, 상대의 주장에서 모순을 이끌어내 반박하는 제논의 귀류법이 그에게 논박의 전형을 제시했기 때문이다. 그는 이 모두에 힘입어 논박술을 고안한 다음, 석공소를 아내에게 맡기고 아테네에 악취와 역병을 퍼트리는 오물들을 제거하기에 나선 것이다. 그리고 그 일을 마지막 숨결이 떠날 때까지 했다. 열심히, 참으로 열심히 했다.

자, 그렇다면 생각해보자! 소크라테스가 자신이 가장 지혜로운 자라는 델포이 신탁을 확인하려고 20여 년 동안이나 그런 일을 했다는 뻔뻔한 말은 어쩌면 핑계일 수 있다. 그렇지 않겠는가? 그는《파이돈》에서는 다음과 같이 말했다.

> 심미아스여, 케베스여, 나는 이런 마음으로 로고스로 향하는 길erkomai epi logon을 걸어갈 생각이네. 하지만, 자네들이 만약 내 말에 동의한다면,

> 소크라테스는 크게 염두에 두지 말고 진리에 무게를 더 두게. 만약 내가 자네들에게 말한 것이 진리라면, 이에 동의해주게. 그렇지 않다면, 모든 로고스를 동원해 반박해주게나. 내가, 내 말에 도취해서 나 자신은 물론 자네들까지 속이지 않도록. 마치 꿀벌이 침을 쏘고서 날아가 버리듯이, 그렇게 나도 빠져나가지 못하도록 주의하면서 말일세.(《파이돈》, 91b~c)

보라! 소크라테스는 제자들에게 자기가 진리에서 벗어난다면 자신을 논박해주길 부탁하지 않는가. 오직 진실만을 말하기를 원하지 않는가. 자기가 가장 지혜로운 자라는 것을 확인하려는 뻔뻔함이 어디에 있는가.《크리톤》을 보면, 사형을 앞둔 자기를 도망치게 하려고 애쓰는 죽마고우에게 다음과 같은 말도 한다.

> 나는 지금뿐 아니라 언제나, 내게 가장 좋은 것으로 보이는 이성logos 이외에는 내게 속한 그 어떤 것도 따르지 않는 그런 사람이기 때문이네. 그러니 내게 이런 운명이 닥쳤다고 해서 내가 이전에 따르던 이성을 내던져 버릴 수는 없네.(《크리톤》, 46b)

> 우리는 이것을 고찰해야 하네. 아테네인들이 나를 석방해주지 않았는데도 내가 여기서 나가려 시도하는 것이 정의로운지 정의롭지 못한지를 말일세. 그래서 만일 정의로운 것으로 드러나면 우리는 그것을 시도해보되, 그렇지 않으면 그만두도록 하세.(《크리톤》, 48b~c)

또한 보라! 죽음을 앞두고서도 오직 이성만을 따르겠다고 하지 않는가. 진리만을 따르겠다고 하지 않는가. 정의만을 따르겠다고 하지 않는가. 오직 진실하고 아름다운 삶을 살기를 원하지 않는가. 또 친구에게도 그런 삶을 권하지 않는가.

하지만 어디 말뿐인가? 소크라테스는 법정의 판결을 따라 독당근즙을 마시고 죽음을 받아들임으로써, 말logos과 삶bios이 일치해야 한다는 비판적 태도의 모범을 아테네 사람들에게 보여주었다.° 그럼으로써 아테네의 안녕과 번영에 기여하고자 했다. 여기에서 우리는 여태까지 이야기해온 소크라테스와는 전혀 다른 소크라테스를 만난다. 그는 단순한 소피스트가 아니라 푸코가 규정한 파레시아스트였다.

그렇다. 그동안 우리는 소크라테스의 한 면만을 보고 다른 한 면을 보지 못했다. 겉으로 나타난 소피스트만 보고 속에 들어 있는 파레시아스트는 보지 못했다. 그의 사유와 삶이 지닌 개인적인 계기만 보고 사회적 동기는 보지 못했다. 그래서 델포이 신전의 신탁을 듣고 자기가 가장 지혜로운 자라는 것을 확인하러 다니는 소크라테스만 보았다. 그래서 진리와 정의를 탐색하여 시민의 아름다운 삶과 도시국가의 안녕과 번영에 기여하려는 소크라테스는 보지 못했다. 아테네 사람들의 정신 속에 있는 억견과 궤변이라는 양쪽 벽을 깨부수고, 알페이오스 강물을 끌어다 페네이오스강으로 흐르게 하여 악취와 오물이 넘치는 그들의 삶과 도시국가를 구석구석 청소하려는 소크라테스는

° 논박술을 '소크라테스 게임'이라 칭하는 푸코도 버클리캠퍼스 네 번째 강연에서 "소크라테스의 게임은 사람들이 자기 자신의 삶을 설명할 능력이 있는지 여부의 문제였습니다. 소크라테스는 자기 자신의 삶을 설명할 능력이 있습니다. 아니, 오히려 그는 자신의 삶을 설명할 필요조차 없습니다. 왜냐하면 그가 말하는 바와 행하는 바 사이에는 어떤 부조화도 없음이 명백해 보이기 때문이지요."(미셸 푸코, 《담론과 진실》, 245~246쪽)라는 말로 소크라테스에 있어 로고스와 비오스의 일치를 강조했다.

보지 못했다. 그는 청소부였다. 인간의 사유와 삶과 사회에서 악취와 오물을 제거하려는 위대한 청소부였다. 헤라클레스 같은 청소부였다.

그러나 우리가 보지 못한 바로 그 소크라테스 때문에 '소크라테스 스타일'이 제자들에게 계승되어 하나의 전통이 되었다. 만일 그 같은 소크라테스가 없었더라면 '소크라테스 스타일'은 그저 기원전 5세기에 살았던 어느 까칠한 개인의 사유방식으로 지금은 누구도 모르게 까마득히 잊혀졌을지도 모른다. 하지만 역사는 그렇게 흘러가지 않았다. 지난 2,400년 동안 이어온 철학의 속성이자 사명 가운데 위대한 하나가 비판하기, 편견·억견·궤변 제거하기, 깨부수기, 빼기인 것이 그로부터 시작된 전통이다. 예컨대 칸트는 그의 철학적 방법인 비판Kritik이 "진리를 발견하는 대신 오류를 막는"(《순수이성비판》, A795) 일을 한다고 천명함으로써 그 전통을 이었다.° 이른바 사유방식으로서의 소크라테스 스타일 이펙트다. 우리는 이 유구한 사유방식의 계보에 대해 그동안 눈감아왔다.

또 지난 2,000년 동안 이어온 그리스도교의 윤리적 전통 가운데 하나가 세속적인 것들과 이별하기, 그것들을 자신의 영혼과 삶에서 빼기, 제거하기, 부정하기인 것이 보통 스토아 철학이나 신플라톤주의의 영향인 것으로 알려졌지만, 앞에서 살펴보았듯이 그것은 본디 소크라테스로부터 시작되었다. 지난 2,000년 동안 그리스도교 윤리학이 절제, 인내, 경건, 무욕 등을 미덕으로 교훈함으로써 이 전통을 이

° 칸트가 정립한 '비판' 개념은 헤겔, 마르크스, 포퍼, 프랑크푸르트학파의 사회비판이론으로 계승되었다. 푸코가 비판을 '이런 식으로 통치받지 않으려는 기술', '자발적 불복종의 기술', '숙고된 비순종의 기술'로 규정할 때도 이 전통에 서 있었다.

었다. 이른바 삶의 방식으로서의 소크라테스 스타일 이팩트다. 우리는 이 거대한 윤리적 전통의 계보에 대해 그동안 입을 봉해왔다.

한마디로, 우리의 사유와 삶과 사회에서 오물들을 제거하려는 그 소크라테스 때문에 소크라테스 스타일은 이성이라는 인간 정신기능의 본질 가운데 하나가 되었다. 그럼으로써 서구문명을, 나아가 인류 문명을 구축하는 데 이바지해왔다. 이것이 내가 말하는 소크라테스 스타일 이팩트다. 자, 이제부터 이 우뚝하고 뚜렷한 사유와 삶의 계보에 대해 이야기하자.

Socrates Style

2부

소크라테스 스타일 이펙트

고대가 있었다고 믿는다면 그것은 엄청난 착각이다.
고대는 지금 비로소 생겨나기 시작했다.

– 노발리스

그렇다! 고대는 없다. 언제나 현대가 고대를 고대라는 이름으로 불러낸다. 이것이 소크라테스 스타일 이팩트가 역사 안에 부단히 다시 나타나는 이유다. 돌아보면 소크라테스 스타일 이팩트는 지난 2,400년 동안 아우게이아스의 외양간이 있는 곳마다, 오물이 쌓여 악취와 역병이 돌 때마다 나타났다. 시대에 따라, 장소에 따라, 쌓인 오물과 도는 역병에 따라 나타난 양상은 달랐지만, 그것은 시대와 장소를 불문하고 어김없이 다시 나타났다.

그 결과 이 책에서 '빼기', '제거하기', '부정하기', '배제하기' 등으로 규정한 소크라테스 스타일은 서양문명을 깎아 다듬어온 생각의 기술일 뿐 아니라, 시대적 징후를 읽어내는 하나의 코드code가 되었다. 그 기술이 만들어낸 현상, 그 코드들이 드러내 보이는 증상, 모두를 싸잡아 나는 소크라테스 이팩트라 부른다. 그 가운데는 소크라테스에게 직접 영향을 받은 경우도 있지만, 시간이 흐름에 따라 그렇지 않은 경우가 점점 더 많아졌다. 그럼에도 그것들은 모두 소크라테스 스타일의 소산이고, 그것의 본질은 하나같이 '빼기', '제거하기', '부정하기', '배제하기'다.

우리는 이제부터 그 코드들을 찾아 그것이 드러내는 현상과 증상들을 읽어보려고 한다. 그것은 마치 아이들이 하는 숨은그림찾기와 같이 매우 흥미롭겠지만, 작업은 당연히 방대할 수밖에 없다. 소크라테스 스타일 이팩트가 사실상 서양역사에서 인간의 이성적 사유와 삶이 구현되는 모든 분야에서 매우 독특하고 고유한 징후로 나타났기 때문이다. 그러나 천리 길도 한 걸음부터라고 하지 않았던가. 그래서 자세하고 체계적인 작업은 다음 기회로 미루고, 이 책에서는 그 숨은 사례들 가운데 대표적이고 상징적인 것만 몇 골라 들여다보며 지난 2,400년 동안 이어온 소크라테스 스타일의 계보의 윤곽만을 간추려 살펴보는 수준에서 만족하고자 한다.

그럼에도 머리말에서도 밝혔듯이, 이 책의 목적은 과거에 대한 조명이 아니라 미래에 거는 희망에 있다. 고색창연한 유적 탐사가 아니라 우리 살고자 하는 세계의 설계에 있다. 지금 여기에 다시 소크라테스를 소환하는 데 있다. 현대와 고대 사이에 존재하는 계몽의 변증법을 다시 한번 작동하는 데 있다. 그럼으로써 우리의 사유와 삶의 본질을 되찾는 데 있다. 그렇다면 관건은 오늘날 우리의 정신에 쌓인 오물과 우리의 삶과 사회에 도는 악취 또는 역병이 무엇인가다. 사람에 따라, 보는 관점에 따라 각기 다르겠지만 중요한 세 가지만 꼽자면, 나는 다음 세 가지를 고르고 싶다.

하나는 20세기 후반부터 진행된 세계화, 정보화의 발 빠른 진척으로 인한 정보와 지식의 폭발적 증가와 그에 편승해 우후죽순처럼 자라난 날조된 지식과 가짜 뉴스, 황당한 헛소리와 개소리들 때문에, 우리의 정신이 아우게이아스의 외양간이 되었다는 것이다. 다른 하나는 역시 20세기 중반 이후 대두한 후기자본주의後期資本主義, Spätkapitalismus가 차용한 실천이데올로기인 소비물질주의 때문에, 우리의 삶과 사회에 악취와 역병이 돈다는 것이다. 마지막 하나는 악취와 역병을 일으키는 우리의 삶의 방식 때문에, 파괴된 자연의 역습이 시작되어 이제 감당할 수 있는 한계를 넘어섰다는 것이다. 지금 우리가 경험하고 있는 코로나바이러스감염증-19 팬데믹과 기후변화는 거대한 악몽의 서막에 불과한지도 모른다.

물론 새로운 이야기는 아니다. 아마 누구나 알고 있을 '진부한' 이야기다. 하지만 아무리 반복해도 부족한 '진지한' 이야기이기도 하다. 왜냐하면—독일의 철학자 페터 슬로터다이크Peter Sloterdijk가 간파한 대로—우리는 계몽되었지만 무감각해졌기 때문이다. 그런데 왜 그럴까? 왜 우리는 당면한 심중한 문제들에 대해 무감각한 것인가? 사실은 이것이 문제 자체보다 더 심각하다. 그래서 소개하고픈 글이 하나 있다. 20년 전쯤에 써서 내 책《타르코프스키는 이렇게 말했다》(이론과실천, 2004)에 실었던 것이다.

케케묵은 진술을 다시 불러오려는 데는 이유가 있다. 그때나 지금이나 우리가 마주하고 있는 상황에는 변한 게 조금도 없기 때문이다. 그래서 적어도 내게는 이 글이 오히려 왜 우리는 계몽되었지만 무감각한지, 왜 알고 있지만 반응하지 않는지를 보여주는 엄연한 증거물이 되었다. 이 증거물을—우리가 앞으로 20년 후에도 역시 변하지 않을지도 모른다는 염려, 그리고 그때는 모든 상황이 돌이키기에는 이미 늦을지도 모른다는 우려와 함께—다음과 같이 제시하고자 한다.

> 오늘날 우리들의 삶에 대한 비판적 성찰과 자각은 다양하고도 심각하다. 무엇보다도 모든 욕망의 무제한적 충족은 결코 행복에 이르는 길도 아니고, 최대 쾌락을 누리게 하는 길도 아니라는 사실이 누누이 지적되었다. 우리는 쾌락적이지만 불행하다는 경험도 확산되었다. 부자가 되었지만 동시에 노예가 되었다는 자각도 생겨났다. 우리의 욕망도 취미

도 사고도 모두 정치와 산업 그리고 그것들이 지배하는 대중문화와 대중매체에 의해 조작되고 있다는 것도 차츰 드러났다. 그럼으로써 자기 생활에 주인이 된다는 '근대적 자유에의 꿈'은 이미 산산이 부서져버렸다.

물질적 풍요는 분명 하나의 가치이지만 그 밖에도 상실해서는 안 될 많은 가치들이 있다는 주장도 널리 확산되었다. 너무나 황폐한 삶을 살아간다는 의식이 팽배해졌기 때문이다. 무한경쟁의 사회에서는 인간성이 존재할 수 없고, 인간과 인간 간의 유대는 기껏해야 집단이기주의로 변질될 수밖에 없다는 것도 드러났다. 파괴된 자연 속에서는 건강한 삶을 누릴 수 없다는 사실은 이제 무엇보다도 안심하고 먹을 수 있는 식품조차 없다는 데서 체험되고 있다.

경제적 진보는 여전히 풍요한 나라와 부유한 국민에게 한정됨으로써, 부유한 사람들과 가난한 사람들 사이의 간격이 한층 더 넓어지게 되었다는 사실도 일반화되었다. 따라서 전체적 부가 증대하고 있는데도 사회는 더욱 불안해졌다는 것, 극단적인 개인범죄의 증가뿐만 아니라 생화학무기나 핵무기 같은 대량살상무기에 의한 가공할 만한 테러의 위험이 높아진 것도 이미 잘 알려진 사실이다.

정보기술, 유전공학기술 같은 과학기술의 진보가 삶의 편이성을 제공하고 있지만 그로 인한 인간 존엄성의 파괴, 문화의 하향평준화 그리고 전체주의의 위험이 오히려 증대되었다는 것도 이미 상식이 되었다. '운명의 시계'가 나날이 더 앞당겨지고 있다는 것은 더 이상 비밀이 아니다. 그래서 문명 전반에 걸친 패러다임의 전환만이 인류에게 남은 유일한 살 길이라는 경고도 이제 들을 만큼 들었다.

우리는 이러한 성찰적 경고들과 비판적 자각에 대해 저항하려는 의도를 전혀 갖고 있지 않다. 그러나 문제는 단지 일찍이 자본주의가 내건

저 위대한 약속, 곧 물질적 풍요, 절대적 자유, 무한한 행복이라는 달콤한 유혹에 저항할 힘을 우리가 여전히 갖고 있지 않다는 데에 있다. 더 많은 소유와 소비 그리고 물질에 의한 자유와 행복에 대한 환상이 우리를 파멸로 몰고 가고 있다는 것이 이미 밝혀졌음에도 불구하고, 그것들에 대한 집요한 탐욕을 우리들은 도저히 억제할 수 없다.

자본주의는 일찍이 거룩한 성인聖人들과 위대한 철인哲人들이 지하감옥에 묶어놓았던 탐욕이라는 마성을 불러일으켰다. 그러자 교활하고도 광폭한 그 마성은 상업성 위주의 대중문화와 대중매체 그리고 광고와 유행의 힘을 빌어 우리의 허영을 충동질하고 타인에 대한 선망과 질투를 불러일으킴으로써 물질적이고 이기적인 욕망을 즉각 실현하도록 추궁해왔다. 만일 우리가 이에 응하지 못할 경우 한없이 불행하다거나 비참하다는 생각을 갖게 했다. 소비물질주의가 지배하는 오늘날 자본주의 사회에서 소비하지 않는 자는 존재하지도 않는다. 때문에 그 수많은 종교적·철학적·사회학적·생태윤리학적 성찰과 그에 따른 위협적 경고조차도 우리에게는 마냥 무력하기만 하다. 마치 미끄러운 경사길에 올라선 것처럼 우리의 삶은 이미 스스로의 통제력을 잃었다.

숱한 고뇌 가운데서라도 '이것이냐 저것이냐'를 선택할 수 있었던 햄릿이나 키르케고르는 우리보다 오히려 행복했을지 모른다. 지금 우리들에게 주어진 자유는 파멸로 치닫고 있는 이 미끄러운 경사길에서 내리느냐 마느냐를 선택하는 데에 있는 것이 아니라, 열광적 환상을 갖고 파멸하느냐 아니면 비관적 전망을 갖고 소멸하느냐를 결정하는 데에 있는 것처럼 보인다. 오늘날 신자유주의라는 이름으로 세계화된 자본주의 사회가 우리에게 부여하는 자유는 점심으로 햄버거를 받는 아이들이 곁들여 먹을 소스를 고를 수 있는 것만큼이나 초라해졌다.

이것이 이미 20년 전 상황이고 진술이다. 그리고 지금은 모든 것이 더 심각하게 악화되었다. 그래서 이제 우리는 무감각할 뿐 아니라 아예 무기력해졌다. 마치 더위에 지쳐 누운 소처럼, 어떤 경고나 자성에도 꿈쩍하지 않는다. 내가 보기에는 바로 이것이 아테네의 말파리를 소환해 우리의 정신을 따끔하게 쏘아 일깨우게 할 이유다. 우리의 삶과 사회에 알페이오스 강물을 끌어다 페네이오스강으로 흐르게 해야 할 까닭이다. 소크라테스 스타일 이팩트를 다시 일으켜야 할 사정이다.

그런데 어떻게? 중요한 문제는 항상 '무엇을 해야 하나'보다는 '어떻게 해야 하나'에 달려 있다. 철학이란 본디 어떻게 사유하고, 어떻게 살아야 하는가에 대한 탐색이 아니던가. 나는 이제부터 살펴볼 에피소드들이 우리에게 그 해결의 실마리를 한 가닥 건네주리라 믿는다.

8장

디오게네스—냉소

Diogenes of Sinope, 기원전 400~기원전 323, 철학

그는 미친 소크라테스다.

- 플라톤

어느 날 플라톤이 시라쿠사의 디오니시오스 왕Dionysius I, 기원전 430~기원전 327이 보내온 귀한 손님들을 초대하고 그들을 맞으려고 집에 호화로운 융단을 깔았다. 평소 플라톤은 사치스럽고 오만하며 그의 수업은 심심풀이에 불과하다고 폄하해온 시노페의 디오게네스가 그 말을 듣고 찾아갔다. 더러운 발로 융단을 밟고 돌아다니면서 "플라톤의 허식을 짓밟아주는 것이다"라고 냉소를 보냈다. 그러자 플라톤이 "디오게네스여, 그대는 허식 없음을 보여줌으로써 도리어 얼마나 많은 허식을 사람들 앞에 보여주고 있는가"라고 응수했다.(《그리스 철학자 열전》, 6.2.26)

라에르티오스의 《그리스 철학자 열전》에 나오는 에피소드인데, 여기서 우리는 디오게네스에게 나타난 소크라테스 스타일 이펙트인 냉소冷笑, kyniko chamogelo의 의미를 알 수 있다. 그렇다, 냉소는 허식과

그것의 근원인 허위의식에 대한 폭로이자 비판이다. 허위의식Falsches Bewußtsein이 무엇이던가? 그것은 현실을 왜곡 또는 전도하고 있는 사상이나 이념을 뜻하는 마르크스주의 용어다. 카를 마르크스와 프리드리히 엥겔스가 함께 쓴《독일 이데올로기》에서 허위의식을 매개로 이데올로기의 본질을 밝히고 비판했다.

두 사람은 카메라 옵스쿠라°에서 상像이 실제 사물에 대해 거꾸로 맺히는 것처럼, 인간의 의식이 대상에 대해 전도되어 나타날 때 이데올로기라는 개념을 사용했다. 여기서 주목해야 할 것은 '전도顚倒'라는 개념이다. 마르크스는 이 개념을《헤겔 법철학 비판》에서 인간과 신의 관계를 설명할 때 사용했다. 종교에서는 신이 인간을 만들었다고 하지만 사실인즉 거꾸로 인간이 신을 만들었으며 신의 속성은 인간의 속성이 종합된 것에 불과하기 때문에, 그것은 "전도된 세계의식", 곧 허위의식에 불과하다고 비판한 것이다. 그가 종교를 이데올로기로 보는 것이 그래서다.

마르크스와 엥겔스에 의하면, 전도된 현실이 전도된 의식을 만들고, 그 전도된 의식이 다시 전도된 현실을 만드는 순환 고리를 형성한다. 그런데 순환이 거듭될수록 이 고리가 더 단단히 꼬여 결국 고르디아스의 매듭Gordian knot처럼 풀려야 풀 수 없는 것이 되는데, 바로 이것이 이데올로기다. 따라서 어느 시대, 어느 누구든 이 악순환의 고리를 끊으려면 정치적·경제적·사회적 투쟁뿐만 아니라 '이데올로기 투쟁'도 함께 수행하지 않으면 안 된다. 그런데 내가 보기에는 고대 아

° 카메라 옵스쿠라camera obscura는 캄캄한 암실 한곳에 작은 구멍을 뚫어놓아 반대편에 외부 정경이 거꾸로 맺히게 하는 장치를 일컫는다.

테네에서 이 일을 가장 과격하고 탁월하게 수행했던 이가 디오게네스다.

디오게네스는 이데올로기 투쟁, 곧 기행과 냉소라는 행위를 통해 아테네 시민들의 허위의식을 폭로하고 깨트리는 데 생애를 바쳤다. 이데올로기 투쟁은 이론에 그치는 것이 아니다. 그것은 행동을 통해 이뤄진다. 마르크스와 엥겔스의 〈공산당 선언〉이 러시아와 동구, 그리고 중국에서 혁명으로 이어진 것이 그래서다. 우리가 디오게네스를 '철학자'라고 부른다면, 그것은 "철학자들은 세계를 단지 여러 가지 방식으로 해석해왔다. 중요한 것은 세계를 변화시키는 것이다"(포이어바흐 테제, 11)라는 마르크스의 입장을 2,300년 전에 이미 선취했다는 의미에서라고 해야 할 것이다.

디오게네스의 생각에는 진실한 철학자는 '자기 자신이 사는 대로' 말하고 교훈해야 한다. 즉, 말하는 바logos와 사는 바bios 사이에 어떤 불일치도 없어야 한다. 그렇지 않고 '자기 자신이 아니라 남들이 살아야 하는 바'를 말하고 가르치는 것은 모두 허위의식의 소산이다. 그래서 그는 자신은 그렇게 살지 않으면서 남들에게는 그렇게 살라고 가르치는 철학자들과 그들이 말하는 모든 도덕적 교훈에 대해 냉소를 던졌다. 그에게 철학은 이론이 아니라 실천이다. 디오게네스가 보기에는 플라톤의 이상주의idealism 철학이 대표적인 허위의식의 산물이다. 그가 플라톤을 비롯한 아카데메이아학파 사람들에게 유독 적대적이었던 것이 그래서였다.

그는 소크라테스에 대한 플라톤의 해석을 낱낱이 비판하기도 하고, "인간은 털 없는 두 발 달린 동물이다"라고 정의한 플라톤의 강의 현장에 털 뽑은 닭을 가져가 "여기 플라톤의 인간이 있다"라고 조롱하는가 하면, 때로는 토론 중에 음식을 가져와 쩝쩝거리는 소리를 내고 먹음으로써 강의를 산만하게 하는 등 방해를 했다. 그런가 하면 플라톤이《국가》에 서술한 전체주의적 이상국가와 그곳의 시민들이 갖춰야 할 소양에 대해 설계하고 강의할 때, 그는 자기는 세계시민 cosmopolitan이라고 선언하고 자연주의적 삶을 추구했다.(《그리스 철학자 열전》, 6.2.26)

디오게네스는 행복을 얻기 위해서는, 이런저런 검증되지 않은 이론들을 주고받는 것보다 인간이 가지고 있는 자연적인 욕망을 간단하고도 쉬운 방법으로 만족시켜야 한다고 주장했다. 그리고 인간의 자연적인 욕구는 추한 것이 아니므로 공공연하게 만족케 하는 것이 옳다고 생각했다. 그것을 실천하기 위해 그는 거리에서 먹고, 자고, 심지어 자위를 하거나 여성과 성교도 했다. 어느 날에는 광장에서 수음手淫에 열중하면서 "아, 이렇게 비벼대기만 하면 배고픔이 사라진다면 오죽 좋을까"라고 토로하기도 했다.(《그리스 철학자 열전》, 6.2.46) 나는 니체가《우상의 황혼》에서 다음과 같이 말할 때 그의 머릿속 한구석에는 디오게네스가 자리하고 있었다고 생각한다.

> 가장 눈부신 햇빛, 어떤 대가를 치르더라도 합리적으로 존재한다는 것, 밝고, 냉철하고, 신중하고, 의식적이며, 본능이 결여되어 있으면서 본능에 저항하는 삶은 그 자체가 일종의 병, 또 하나의 병에 지나지 않았다.—그리고 그것은 결코 '미덕'과 '건강'과 행복으로 되돌아가는 길이 아니었다. 본능과 싸워서 이겨야만 한다는 것,—그것이 데카당스의 공식이다. 삶이 상승하고 있는 한, 행복은 본능과 동일한 것이다.[1]

이 점에서 보면 디오게네스는 또한 "금지하는 것을 금지하라", "구속 없는 삶을 즐겨라", "행복은 살 수 없다. 그것을 훔쳐라", "행복이야말로 새로운 이념이다"라고 외치면서, 거리에서 키스하고 골목에서 섹스하며 68혁명을 이끌었던 프랑스 낭테르 대학생들의 선구라고 할 수 있다. 당시 기성시대가 '미친 낭테르Nanterre, la folle'라고 불렀던 68혁명의 주역들은 "나이 서른이 넘은 사람과는 이야기하지도 말라", "도망쳐라, 동지여! 낡은 세계가 너를 뒤쫓고 있다"를 외치며—프랑스대혁명 때 그들의 조상이 앙시앵 레짐ancien régime을 타파하려 했듯이—기성세대와 그들이 만든 권위주의적 또는 전체주의적 도덕과 제도 안에 숨어 있는 허위의식을 폭로하고 비판했다. 디오게네스가 2,400년 전 아테네에서 하고자 한 일이 바로 그것이었다.

파리에서 68혁명이 불붙던 시기에 샌프란시스코에서는 히피hippie들이 나타났다. 그들은 도덕과 이성보다는 자유로운 감성을 중시하며 개인의 행복에 최대의 관심을 가지고, 비틀스와 도어스의 음악과 사이키델릭 밴드의 음악을 즐기며 자유로운 성관계와 대마초, LSD와 같은 마약도 서슴지 않았다. 그러면서도 다른 한편으로는 기존의 사회적 통념, 제도, 가치관을 부정하고, 근대가 이룬 물질문명을 거부하며 인간성의 회복과 자연에의 귀의 등을 강조하면서, 벌거벗고 월남전 반대 시위를 하는 등, 반체제·반사회적 집회를 열어 평화주의 운동을 전개했다. 한마디로 1960년대 세계 젊은이들의 이슈는 '반체제적 쾌락주의', '반체제적 자연주의'였다. 그들은 20세기가 불러낸 디오게네스들이었던 셈이다.

디오게네스 스타일

• • •

디오게네스는 지금의 터키 북부와 흑해 연안에 위치한 도시 시노페에서 태어났다. 하지만 환전상이었던 아버지가 조악한 위조 화폐를 주조해 바꿔치기한 일이 들통나서 사형당하는 바람에 시노페에서 추방되어 떠돌다 아테네로 이주했다. 쓰디쓴 경험 때문이었는지, 그는 세속을 등지고 소크라테스의 제자인 안티스테네스에게서 견유주의 사상을 배웠다. 그래서 소小 소크라테스학파로 분류되지만, 디오게네스에게 나타난 소크라테스 스타일 이펙트가 단순히 그런 학문적 계보 때문이라 보면 그의 진면모가 가려진다. 왜냐하면 디오게네스의 진가는 그가—소크라테스가 그랬듯이—당시 아테네인들이 지닌 허위의식을 폭로하고 비판하는 일을 감행한 데 있기 때문이다. 그 일을 실행하는 소크라테스의 도구가 논박술이었다면, 디오게네스의 무기가 냉소였다.

소크라테스가 한 일이 무엇이던가? 그는 겉옷 하나만 걸치고 맨발로 시장통을 오가며 사람들이 왜 이리 많은 물건들이 필요한가를 궁금해 하고, "은접시도 자줏빛 옷도, 비극작가에게는 도움이 되지만, 살아가는 데는 쓸모없는 것들"이라고 읊조리지 않았던가? 겉모습보다 내면을 아름답게 가꾸라고 교훈하지 않았던가? 그런 허위의식을 제거하고 난 다음에야 진정한 삶을 살 수 있다고 가르치지 않았던가? 또 "뭔가를 안다고 생각하지만 실은 거의 혹은 아예 알지 못하는"(《소크라테스의 변명》, 23c) 아테네인들의 허위의식을 깨트리는 일에 매진하지 않았던가? 그런 허위의식에서 벗어나야 진리와 정의를 탐구하고 실천할 수 있다고 교훈하지 않았던가? 바로 이것이 삶의 방식으로서의 소크라테스 스타일, 사유방식으로서의 소크라테스 스타일이 아니던가?

디오게네스는 소크라테스가 한 일을 보다 노골적으로, 보다 과격하게, 다시 말해 문답식 대화가 아니라 행동과 실천으로, 그리고 교육이 아니라 냉소를 통해 수행했다. 이것이 디오게네스 스타일Diogenes Style이다. 플라톤이 "그는 미친 소크라테스다"라고 뼈 있는 험담을 한 것도 그래서인데, 그것은 안티스테네스로부터 내려오는 견유주의 전통이기도 하다. 견유주의자들은 소크라테스학파의 주류인 플라톤과 그의 제자들처럼 논증이나 이론을 통해서 가르침을 전하지 않았다. 그들은 모든 개인적 또는 사회적 허위의식을 고발하는 냉소와 기행 그리고 그것을 전하는 에피소드들을 통해서 사람들의 삶과 당시 사회를 바로잡고자 했다. 요컨대 그들의 훈육은 '이론이 아니라 삶'을 통한 것이었다.

견유주의자들의 훈육은 우리에게는 익숙하지 않은 철학하는 방법이자 교육하는 방식이다. 그것은 또한 자기 수련의 방식이자 윤리적 퍼포먼스다. 이것이 디오게네스 스타일을 이해하는 데 매우 중요하다. 뒤에서 다시 언급하겠지만, 예컨대 몽테뉴, 볼테르, 니체 등에 의해 면면히 이어져 내려온 '교육이 아니라 냉소를 통한 훈육'은 미셸 푸코가 '파레시아'라는 그리스 용어로 재조명한 윤리적이고 정치적인 태도의 전범이기도 하다. 또한 '이론이 아니라 삶을 통한 훈육'은 루트비히 비트겐슈타인이 윤리적인 것에 관한 명제는 '말해지는 것gesaht'이 아니라 '보여지는 것gezeigt'이라고 규정한 사유의 모범이기도 하다.[9] 우리는 이런 관점에서 디오게네스가 남긴 흥미로운 에피소드들을 다시 살펴볼 필요가 있다.

디오게네스는 옷 한 벌, 식량을 담을 두타頭陀주머니 하나, 그리고 지팡이 하나 외에는 아무것도 지니지 않을뿐더러, 거리에 놓인 술통 안에서 살았다. 그것을 단순히 '개같이 자연스러운 생활kynicos bios'을 지향하는 견유학파의 관습 내지 전통 정도로 생각하면, 사실은 보았지만 진실은 보지 못하는 것이다. 그것은 사치와 호화로운 풍습에 젖어 사는 당시 아테네 시민들의 허위의식에 대해 던지는 통렬한 냉소였다.

그들이 그리스의 도시국가들이 이미 모두 알렉산드로스 대왕이 이끄는 마케도니아에 정복되었음에도 불구하고—마치 아테네가 지중해 국가들의 맹주로서 델로스 동맹국들로부터 세비를 거둬들이던 페리클레스 시대처럼—여전히 거들먹거리며 사치 속에 살고 있었기 때문이다. 디오게네스가 아테네 시민들의 긍지였던 디오니소스 축제와 민주주의를 비웃었던 것도 그래서다. 그는 디오니소스 축제는 "바보들에 의한 대형 인형극"이라고 조롱했고, 민주주의를 지지하는 지도자는 "군중들의 꼭두각시"에 불과하다고 냉소를 보냈다.(《그리스 철학자 열전》, 6.2.24)

라에르티오스가 《그리스 철학자 열전》에서 전하는 에피소드에 의하면, 디오게네스는 대낮에도 등불을 들고 거리를 돌아다녔는데, 사람들이 왜 그러느냐고 물으면, "나는 정직한 사람을 찾고 있다"고 대답했다. 2,200년쯤 지나 니체가 《즐거운 학문》에서 "그대들은 밝은 대낮에 등불을 켜고 끊임없이 나는 신을 찾노라, 나는 신을 찾노라 외

° 우리는 14장 '루트비히 비트겐슈타인—침묵'에서 이에 대해 자세히 다룰 것이다.

치는 광인에 대해 들어본 일이 있는가"라고 패러디한 것은 디오게네스에게 바치는 그의 오마주hommage에 불과하다. 이때 디오게네스가 말하는 '정직한 사람'이란 허식과 허위의식이 없는 사람이다. 어느 날 디오게네스가 거리에서 "이보시오, 사람들!"이라고 외쳐서 사람들이 모여들었는데, 그는 그들에게 지팡이를 휘두르며 "내가 부른 것은 인간이지 쓰레기가 아니다"라고 한 것도 그래서다. 무척 무례해 보이지만, 이 역시 당시 아테네 사람들에게 던지는 그의 교훈, 곧 냉소였다.(《그리스 철학자 열전》, 6.2.32)

디오게네스는 아테네 사람들이 마라톤과 같은 경주를 할 때는 옆 사람을 팔꿈치로 치거나 발로 차면서까지 겨루면서 선한 인간이 되기 위해서는 아무도 겨루지 않는다고 비웃었다. 또한 학자들이 오디세우스의 결점을 찾는 데는 혈안이 되어 있으면서도 자기 자신의 결점에 대해서는 무지하다고 조롱했으며, 천문학자들이 태양이나 달에는 눈을 돌리지만 자기 발밑에서 벌어지고 있는 일에 대해서는 눈을 감고, 변론가들이 정의에 대해 논하는 데는 열성이지만 그것을 실행하는 데는 냉담하다고 비난했다. 일반 시민들뿐 아니라, 당시를 풍미하던 소피스트들, 자연철학자들, 변론가들에게 거침없이 냉소를 던진 것이다.(《그리스 철학자 열전》, 6.2.27) 이것이 내가 '교육이 아니라 냉소를 통한 훈육'이라 칭한 디오게네스 스타일이다.

그뿐이 아니었다. 디오게네스는—마치 석공이 무형의 돌에서 사자가 아닌 것들을 모두 쪼아내 사자를 불러내듯이—자신의 삶에서 그리고 사유에서 모든 허위의식을 제거하고 삶과 사유를 살아 숨 쉬게 하려 했던 소크라테스 스타일을 자기 자신의 삶에서도 구현하고자 했다. 그리고 그것을 통해 아테네 시민들의 삶을 바로잡으려 했다. 그래서 그에게 나타난 소크라테스 스타일 이팩트가 무욕無慾, askesis과 자족自足, autarkeia 그리고 무치無恥, anaideia다. 설명을 덧붙이자면, '무치'라 번역한 그리스어 '아나이데이아'는 본디 '부끄러움이 없음'을 의미하지만, 우리말로는 '뻔뻔함', '당당함', 또는 '상대를 의식하지 않음無視'을 뜻하기도 한다. 디오게네스는 참으로 무욕, 자족, 무치의 삶을 살았다. 이것이 내가 '이론이 아니라 삶을 통한 훈육'이라 칭한 디오게네스 스타일이다.

쾌락에서 자유로울 때만 쾌락을 즐기는 자유

• • •

무욕, 자족, 무치, 이 세 가지를 바퀴로 굴러가는 디오게네스의 삶과 그것을 통한 훈육을 대부분의 아테네 사람들은 비웃었다. 하지만 그것을 높이 평가하고 부러워한 사람이 당대에 적어도 셋이 있었다. 그중 둘은 아테네의 고급 매춘부였던 라이스Lais와 프리네Phryne이고, 다른 하나는 마케도니아의 알렉산드로스 대왕이다.

동성애와 이중결혼이 허락되는 당시 아테네 시민들은 성생활에서 무척 자유로웠다. 때문에 당시 사람들이 '필라카스 포르네이온fylakas porneion'이라 부르던 매춘부는 단순히 몸을 파는 창녀가 아니었다. 마치 17세기 이후 낭만주의 시대를 풍미했던 프랑스 살롱salon의 마담madame이나 조선 시대의 기생처럼 교양과 문예를 갖춘 지식인 접대부였다. 소크라테스에게 수사학을 가르쳐주었다고 알려진 페리클레스의 내연녀 아스파시아가 당시 사람들에게 '필라카스 포르네이온'으로 불린 것도 그런 의미였다. 플루타르코스에 의하면, 아스파시아의 집은 아테네 지식인들의 집결지가 되어, 소크라테스를 비롯한 다수의 저명한 작가와 사상가가 찾았다. 라이스와 프리네도 바로 그와 같은 의미에서 매춘부였다.

독일의 철학자 페터 슬로터다이크가《냉소적 이성 비판》에서 전하는 에피소드에 의하면, 그녀들이 디오게네스에게 "불쌍한 건달들은 꿈도 꾸지 못할 특별한 호의를 무료로 베풀었다."[2] 이 에피소드의 관건은 그 특별한 호의가 무엇이었느냐에 있지 않다. 우리가 주목해야 할 것은 디오게네스의 원칙인 무욕이 훗날 그를 이상적인 현인 가운데 하나로 추앙했던 스토아 철학자들이 추구했던 절제節制, moderātiō에 가깝고, 중세 수도승들이 자학적으로 수행했던 금욕禁慾, abstinentia과는 거리가 있다는 것에 있다. 즉, 디오게네스가 추구한 무욕의 묘미는 스토아 철학의 지혜인 "가지지 않은 것처럼 가져라habere ut non"라는 모순어법이 대변한다.

도대체 이게 무슨 말인가? 슬로터다이크가 든 예를 빌려 설명하자면, 무욕이란 케이크를 먹고 싶은데도 먹기를 참는 것이 아니다. 그것은 금욕이다. "케이크 없이도 잘 지낼 수 있을 때만 케이크를 먹는"[3] 것이 무욕이다. 디오게네스가 추구했던 무욕의 묘미는 쾌락의 억제를 통해 자유를 얻는 것이 아니라, 쾌락에서 자유로울 때만 쾌락을 즐기는 자유의 명랑성에서 나온다. 가지지 않아도 괜찮을 때만 가지는, 가지더라도 잃을까 봐 불안해하지 않는 자유의 아이러니에서 나온다. 그가 가진 이 '명랑하고 아이러니한' 무욕의 자유에—성욕의 노예가 된 난봉꾼들에게 신물이 난—고급 매춘부들이 현혹되어 특별한 호의를 무료로 베풀었던 것이다. 알렉산드로스 대왕 역시 같은 이유에서

▲ **존 윌리엄 워터하우스**(1849~1917), **〈디오게네스〉**, 1882

디오게네스를 부러워했다.

알렉산드로스가 누구인가? 그는 열여섯 살 때부터 전장에 뛰어들어 스무 살에 왕위에 올랐고, 서른세 살로 죽을 때까지 오직 정복욕에 활활 불타는 삶을 살았다. 전해오는 이야기에 의하면, 알렉산드로스는 어려서부터 '아버지로부터 상속받을 영토가 넓어질수록 자기가 정복할 땅이 적어진다'며 안타까워했다. 학자들은 알렉산드로스의 비정상적인 정복욕이 그가 어릴 때 아버지 필리포스 2세의 인정을 받지 못하고 무관심과 냉담함 속에 자란 것이 원인이었다고 본다.

그래서 알렉산드로스는 아버지가 평생 이루지 못한 소원인 페르시아제국의 정복을 기원전 331년, 불과 스물다섯의 나이에 보란 듯이 이뤄냈다. 그러나 그는 거기에서 멈추지 않고, 아프리카와 인도 서부에 이르는 대정복을 감행했다. 역사상 유례를 찾기 힘든 알렉산드로스의 정복욕은 고대 시대에 가장 넓은 영토를 가진 제국을 가장 빠른 시기에 완성하게 했다. 당시 하루 평균 34킬로미터를 진군한 군대는 알렉산드로스의 보병밖에 없었다. 당연히 가는 곳마다 헤아릴 수조차 없는 젊은이들의 피가 대지를 적시며 강으로 흘러갔다. 그 자신

▲ 가에타노 간돌피(Gaetano Gandolfi, 1734~1802), 〈알렉산드로스와 디오게네스〉, 1792.

역시 서른셋이라는 젊은 나이에 열병으로 타지에서 바람같이 세상을 떠났다.

욕망의 화신인 알렉산드로스와 무욕의 상징인 디오게네스가 만난 적이 있다. 알렉산드로스가 원정길에 아테네에 들렀을 때였다. 그가 디오게네스를 찾아가 "소원이 무엇이냐?"고 물었다. 그러자 디오게네스는 "아무것도 필요 없으니, 해를 가리지 않게 비켜 서달라"고 했다. 정복욕으로 가득한 알렉산드로스의 허위의식에 뻔뻔하게—상대가 상대인 만큼 이 경우는 '당당하게'라고 표현해야 합당할 것이다—냉소를 던진 것이다. 당시 두 사람의 위치를 감안하면, 자칫 목숨이 위태로운 순간이었다. 여기에서 우리가 '파레시아'라는 고대의 개념을 떠올리지 못하면, 서양의 숱한 화가들의 작품에도 등장하는 두 사람의 극적인 만남은 한낱 흥미로운 이야깃거리로만 남을 것이다.

디오게네스의 파레시아

• • •

그랬다. 그날 그때 "소원이 무엇이냐"고 묻는 알렉산드로스 대왕에게 "아무것도 필요 없으니, 해를 가리지 않게 비켜 서달라"라고 한 디오게네스의 말은 분명 파레시아였다. 7장 '소크라테스의 파레시아'에서 살펴보았듯이, 그것은 푸코가 '자신이 생각하는 모든 말, 그중에서도 자신의 신념과 일치하는 진실한 말, 그래서 자칫 목숨을 잃을 수도 있는 위험을 수반한 말, 상대에게 상처를 주거나 분노를 촉발할 수 있는 말'이라고 규정한 파레시아였다.

1983년 11월 21일에 캘리포니아대학교 버클리캠퍼스에서 진행한

다섯 번째 강연에서, 푸코는 서기 1세기 로마 제국의 그리스인 연설가이자 저술가인 프루사의 디온Dion of Prusa, 40~115°이 남긴 이야기 안에 들어 있는 디오게네스와 알렉산드로스 대왕 간의 대화를 예로 들어가며 디오게네스가 행한 파레시아의 특성을 낱낱이 해석하고 매우 흥미롭게 설명했다. 그러나 그것은 사실인즉 디온이 만든 허구를 바탕으로 한 데다 지나치게 장황하다. 그래서 그 내용은 건너뛰고자 한다. 그 대신 라에르티오스의《그리스 철학자 열전》등을 통해 우리에게 이미 잘 알려진 이야기만으로 그날, 그곳에서 디오게네스가 행한 파레시아가 어떤 의미를 갖고 있는가를 들여다보고자 한다.

디오게네스는 본디부터 파레시아를 행하는 파레시아스트였다. 푸코에 의하면, 파레시아는 직접적인 발화 행위로 나타날 수도 있지만, 밥을 먹는 등의 일상적인 행위나, 몸가짐 및 의복을 통해 드러나는 삶을 대하는 태도, 심지어는 침묵을 통해서도 나타날 수 있다. 그렇다면 알몸으로 거리에서 먹고, 자고, 자위도 하는 디오게네스의 삶의 태도와 알렉산드로스 대왕에게까지도 냉소를 던진 행위는 분명 파레시아였다. 그것은 마치 소크라테스의 논박이 그랬듯이 진실을 드러내 보여주지만 상대를 불편하게 하거나 분노를 불러일으키기에 충분했기 때문이다.

하지만 알렉산드로스가 누구인가. 소년 시절 아리스토텔레스에게

° '디온 크리소스토모스Dion Chrysostomos' 또는 '디오 코케이아누스Dio Cocceianus'로도 불리는 프루사의 디온은 80편의 연설문과 몇몇 서신, 수필, 소수의 미완 유고를 남겼다. 연설가로서의 성공을 알리는 그의 별칭 '크리소스토모스'는 '황금의 입'을 의미한다.

서 7년 동안이나 철학을 개인교습 받았던 인물이 아닌가! 그는 관용이 무엇인지를 누구보다도 잘 알았다. 게다가 디오게네스가 던진 냉소의 의미를 몰랐을 리 없다. 그는 그것이 기울어진 권력관계에서조차 위험을 감수하고 진실을 말하는 실천을 통해 정치적이고 윤리적인 태도를 견지하는 파레시아인 줄 곧바로 간파했다. 때문에 알렉산드로스는 채우려야 채울 수 없는 정복욕에 밤잠조차 자지 못하는 자신이 부끄러웠고, 디오게네스의 무욕, 자족, 당당함이 부러웠을 것이다. 그래서 그는 "내가 알렉산드로스가 아니었다면 디오게네스였을 것이다"라고 한탄하며 자리를 떴다.

당신도 익히 들었을 만큼 널리 알려진 현대 우화 가운데 '백만장자와 어부'가 있다. 어느 백만장자가 멕시코 연안에서 배에 누워 한가히 햇볕을 쬐는 어부를 만났다. 그래서 어부에게 왜 물고기를 잡지 않느냐고 묻자, 어부가 "오늘 먹을 만큼은 다 잡았다"고 했다. 백만장자가 "나 같으면 물고기를 더 많이 잡아 시장에 팔아 돈을 벌어 큰 배를 사고, 어부들을 고용해 더 많은 물고기를 잡아 또 시장에 팔아 나처럼 백만장자가 되겠다"고 했다. 그러자 어부가 "그러면 뭐가 좋으냐"고 물었다. 백만장자가 "쉬면서 인생을 즐길 수 있다"고 대답했다. 어부는 "그런 것이라면 지금도 하고 있다"고 냉소했다.

이 우화는 현대판 알렉산드로스와 디오게네스 이야기로 알려져 있다. 그러나 만일 당신이 이야기에 등장하는 어부와 디오게네스가 같다고 생각한다면 디오게네스를 크게 오해한 것이다. 어부와 디오게네스, 두 사람 모두 무욕, 자족, 무치한 것은 같지만, 디오게네스는 단순히 '쉬면서 인생을 즐기기' 위해 견유생활을 한 것이 아니다. 그것을 통해 아테네인들에게 역병처럼 퍼져 있는 허위의식을 깨트리려고 개처럼 생활했던 것이다. 그것은 푸코가 정의한 파레시아였다. 바로 이것이 어부와 디오게네스가 다른 점이고, 어떤 사람이 보이는 무욕, 자족, 무치가 소크라테스 스타일 이팩트냐 아니냐를 가리는 중요한 시금석이다.

디오게네스가 알렉산드로스에게 "해를 가리지 않게 비켜 서달라"고 한 것은 단순히 자신의 미덕인 무욕, 자족, 무치를 자랑하기 위해서가 아니었다. 일광욕을 즐기기 위해서는 더욱 아니었다. 가는 곳마다 젊은이들의 피로 강을 이루고 다니는 알렉산드로스를 꾸짖기 위해서였다. 그들에게 '더 많은 빛을 볼 수 있게 해달라'는 간언, 다름 아닌 파레시아였다. 그래서 알렉산드로스는 자신을 부끄러워했고 디오게네스를 부러워했지만, 백만장자는 자신을 부끄러워하지도 어부를 부러워하지도 않았다. 그렇다. 왜곡된 현실을 만들어내는 왜곡된 의식을 깨트려 인간과 세상을 바꾸려는 디오게네스의 파레시아, 이것이 디오게네스 스타일이다. 그리고 그것이 그에게 나타난 소크라테스 스타일 이팩트다. 그렇다면 우리가 그에게서 무엇을 배워야 할지는 자명한 것이 아닌가?

우리는 먼저 우리 자신의 허위의식을 가차 없이 돌아보아야 할 것이다. 우리의 왜곡된 의식이 왜곡된 현실을 만들고 있지 않은가 살펴보아야 한다. 마찬가지로 우리의 왜곡된 현실이 왜곡된 의식을 만들고 있지 않은가 돌아보아야 한다. 그리고 스스로에게 어김없이 냉소를 던져야 한다. 자기 자신에게 진실을 말하는 용기, 곧 파레시아를 가져야 한다. 달리 말해 푸코가 설파한 파레시아의 윤리적 형태인 '자기 돌봄'을 행해야 한다. 만일 그렇지 않으면 시쳇말처럼 사는 대로 생각하고 생각하는 대로 살게 마련이기 때문이다. 소크라테스가 "반성 없는 삶은 무가치하다"고 말했을 때 겨냥한 것이 바로 이것이다.

그뿐 아니다. 우리는 또한 사회의 모든 허위의식에도 어김없이 냉소를 던져야 한다. 우리의 전도된 현실이 전도된 의식을 만들고 있지 않나, 마찬가지로 우리의 전도된 의식이 전도된 현실을 만들지 않나 살펴보아야 한다. 그리고 위험을 감수하고 진실을 말하는 파레시아를 감행해야 한다. 푸코가 말하는 파레시아의 철학적 가치인 공공선을 위한 '비판적 태도'를 유지해야 한다. 왜냐하면 포퓰리스트들이 만들어낸 신기루가 아른거리는 땅에서는 우리가 제정신으로 살 수 없기 때문이다. 개소리꾼들이 만들어낸 오로라가 펼쳐지는 하늘 아래에서는 우리의 아이들을 올바로 기를 수 없기 때문이다. 디오게네스가 대낮에도 등불을 켜고 다닌 것이 그래서가 아니었겠는가?

9장

세네카 — 절제

Seneca, 기원전 4~기원후 65, 철학

우리가 하는 것뿐만이 아니라
기꺼이 놓아버리는 것들 역시 우리라는 사람을 만든다.
무언가 기꺼이 내려놓은 때, 삶은 비로소 틀을 얻는다.
– 애덤 필립스

독일 베를린에 있는 베를린 고古미술관Altes Museum에는 3세기 전반에 만들어진 것으로 추정되는 소크라테스-세네카 쌍둥이 흉상Double Herm of Socrates and Seneca, 200~250이 전시되어 있다. 1813년에 빌라 셀리몬타나Villa Celimontana에서 발견된 이 흉상은 한쪽에는 소크라테스를, 다른 한쪽에는 로마의 철학자 세네카의 흉상을 머리 뒤에서 서로 결합해놓았다.

쌍둥이 흉상이 오늘날 우리 눈에는 매우 특이해 보이지만, 고대 서양에서는 상당히 흔한 조각 형식이었다. 그것은 고대 그리스와 로마 사람들이 어떤 면에서 서로 '유사한' 또는 '대립하는' 사람을 함께 묶어 대비하는 것을 즐겼기 때문이다. 그것이 빚어내는 효과는 표현하고자 하는 바를 더욱 두드러지게 드러낼 수 있다는 데 있다.

예컨대 《플루타르코스 영웅전》을 보라! 그 안에는 모두 마흔여덟

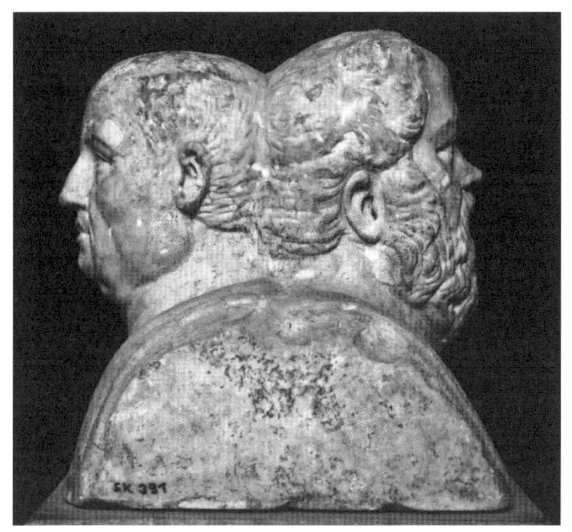

▲ **소크라테스-세네카 쌍둥이 흉상(200~250)**
Photo: Sergey Sosnovskiy, 2008 (CC BY-SA 4.0)

명의 인물이 등장하지만, 서로 견주어보거나 대비시켜 볼 만한 두 인물, 예를 들자면 테세우스와 로물루스, 알렉산드로스와 카이사르, 솔론과 포플리콜라, 페리클레스와 파비우스 막시무스 등을 함께 묶어 대조해 설명해놓았다. 그래서 대비열전對比列傳, Parallel Lives이라고도 불리는데, 얼핏 보면 사소한 일 같지만 서양 사유의 역사를 추적하는 우리로서는 그냥 지나칠 일이 아니다. 왜냐하면 그것이 고대 그리스에서 시작해 로마로 이어지며 서양문명을 구축해온 독특한 사유방식 가운데 하나이기 때문이다.

고대 그리스인들이 개발한 이 같은 '대조적 사유방식contrastive thinking style'을 확인할 수 있는 가장 일반적인 예를 그들이 사용해온 언어에서 먼저 발견할 수 있다. 20세기 영국의 대표적 고전학자였던 험프리 키토는《고대 그리스, 그리스인들》에서, "한 민족의 정신을 가장 직접적으로 표현하는 것은 그 정신이 만들어낸 다른 어떤 것이 아니라 바로 언어의 구조다"[1]라고 단정했다. 언어의 구조와 그 언어를 사용하는 사람들의 정신의 구조가 같다는 말이다. 그리고 그는 전형적인 예로 'men~, de~(한편으로는 …지만, 다른 한편으로는…)'라는 문장형식을 들었는데,[2] 이것은 고대 그리스인들의 정신 안에는 대상을 두 가지 대립하는 관점에서 이중적으로 파악하는 대조적 사유방식이 이미 자리 잡고 있었다는 것을 알려준다.

대조적 사유방식이 발현한 문예적 수사법이 4장 '페리클레스 시대'에서 소개한 대구법 내지 대조법이다. 그것이 언제부터 시작되었는지는 알려져 있지 않다. 하지만 우리는 5장 '프로타고라스의 이중 논변'에서 그 같은 사유방식과 표현형식이 늦어도 기원전 6세기 이후부터—그러니까 "신은 밤이며 낮이고, 겨울이며 여름이고, 전쟁이며 평화이고, 포만이며 굶주림이다"(DK 22B67)라는 헤라클레이토스의 잠언이 나온 후부터—는 하나의 철학적 방법론 내지 표현법으로 고착되었다는 것을 살펴보았다. 그리고 그것이 발현한 논증적 수사법이 "병은 병자에게는 좋지 않지만 의사에게는 좋다"나 "죽음은 죽는 사람들에게는 좋지 않지만, 약탈자와 무덤 파는 사람에게는 좋다"와 같은 '프로타고라스의 이중 논변'이라는 사실도 확인했다. 그뿐 아니다. 이 같은 대조적 사유방식과 표현방식은 그리스도교로 들어가 고대에는 예컨대 삼위일체론, 그리스도론, 교회론 같은 그리스도교 신학의 중추를 정립하는 데 쓰였고, 이후 중세와 근대로 이어지면서 상반 또는 대립하는 대상을 포용하고 통합하는 이 종교의 본질로 자리 잡아 내려오고 있다는 것도 이미 살펴보았다.

따라서 여기에서 우리가 새로이 조명하고자 하는 것은 바로 이 대조적 사유방식과 표현방식이 언어적 사고와 표현에서뿐 아니라—키토의 말처럼 언어의 구조가 곧 정신의 구조이기 때문에—회화, 음악, 연극 등 다양한 예술장르에서도 고유한 표현양식으로 나타났다는 사실이다. 그리스 로마 시대에서 흔히 볼 수 있는 쌍둥이 흉상이나《플루타르코스 영웅전》의 서술방식은 그것의 사소한 예일 뿐이다. 우리는 고대 그리스인들의 이 독특한 사유방식이 이른바 '안티테시antithesi'(대조)라는 이름으로 서양예술 각 분야의 심층을 이루는 중요한 표현 양식 내지 기법으로 자리 잡아 지금까지도 내려온다는 것을 확인할 수 있다.

오늘날에는 보통 영어로 안티테시스antithesis라고 불리는데, 그것은 예컨대 연극, 드라마, 영화 등에서 여전히 사용되는 고전적 기법의 명칭이기도 하다. 연극인과 영화인들은 주동인물主動人物, protagonist과 반동인물反動人物, antagonist의 대립, 주제主題, thesis와 반주제反主題, antithese의 대립 등을 통해 등장인물의 성격이나 주제를 인상 깊게 하는 연출기법을 안티테시스라 한다. 또한 서양 다성음악polyphony의 기본을 이루는 대위법對位法, counterpoint도 역시 안티테시스이다. 당신도 알다시피, 대위법이란 원가락으로 정해져 바탕이 되는 정한가락定旋律, cantus firmus과 이에 대립하는 대한가락對旋律, Gegenstimme이 동시에 결합하여 전체적인 조화를 이루는 작곡기법이다.

수사법에서 대구법과 대조법 그리고 이중 논변이 그렇듯이, 또한 연극·드라마·영화에서 대조법이 그렇듯이, 그리고 음악에서 대위법이 그렇듯이, 사유방식으로서의 안티테시스는 단순히 양자의 대립하는 상태만을 조명하는 것이 아니다. 거기서 한발 더 나아가 전체가 조화harmony를 이뤄 우리를 '새로운' 사유의 지평으로 이끌고 간다. 만일 당신이 여기에서 예컨대 고대 그리스도교 신학에 등장하는 "신은 아버지이며 아들이다"나 "예수는 진정한 신이면서 진정한 인간이다"와 같은 이중 논변적 표현이 이 종교에 무슨 일을 했는가를 다시 떠올려본다면, 이 말을 이해하는 데 도움이 될 것이다. 그렇다면 소크라테스-세네카 쌍둥이 흉상도 그렇게 우리를 새로운 사유의 지평으로 이끌고 갈까? 그리고 마침내 도착할 그곳은 어디일까? 이번 에피소드는 여기에서 시작한다.

살 줄도 알고 죽을 줄도 아는 용기

•••

65년 어느 화창한 봄날이었다. 로마 시대 최고 문학가 가운데 한 사람이자 후기 스토아 철학의 대가인 루키우스 안나이우스 세네카Lucius Annaeus Seneca의 교외 별장으로 갑자기 병사들이 밀어닥쳤다. 백부장이 가져온 네로 황제의 친서에는 '피소Gaius Calpurnius Piso의 음모'에 가담한 세네카는 즉시 스스로 목숨을 끊으라고 적혀 있었다. 세네카가 음모에 직접 가담했는지는 분명치 않다. 그러나 정황을 살펴보면, 그가 적어도—공화정 말기에 일어난 카이사르 암살 사건 때 키케로Cicero가 그랬던 것처럼—음모자들의 정신적 횃불이었던 것은 분명해 보인다.

당시에는 불과 열 살의 소년이었지만 훗날 로마의 정치가이자 역사가가 된 타키투스Tacitus, 55?~117?의 《연대기》에 의하면, 한때 자신의 제자였던 황제의 명령이 전해졌을 때 세네카는 조금도 동요하지 않고 오히려 태연했다. 그는 이미 각오하고 있었다. 자객을 보내 어머니를 살해하고 간통 혐의를 씌워 아내를 죽인 황제이니, 반역 혐의를 씌워 스승인들 죽이지 못할 까닭이 없다고 생각했을 것이다. 자살 명령을 받은 세네카는 눈물을 흘리며 슬퍼하는 친구들을 오히려 다음과 같이 꾸짖었다.

> 그대들의 철학은 다 어디로 갔는가? 눈앞에 닥치는 불행과 맞서겠다던 그 결심은 또 어디로 갔는가? 그토록 오랜 세월 함께 닦아온 철학과 결심들이 사라졌단 말인가?(《연대기》, 15. 62)

죽음을 앞두고 세네카가 보인 이 같은 놀라운 평온, 이 같은 당당함, 이 같은 품위, 이 같은 절제는 도대체 어디에서 왔을까? 그는 왜 죽음을 두려워하지 않았을까? 우리로서는 짐작조차 할 수 없지만, 마침 떠오르는 장면이 하나 있다. 그보다 정확히 464년 전에 소크라테스가 감옥에서 죽음을 맞는 모습이 그것이다.

소크라테스 역시 죽음을 앞두고 평온하고 초연했다. 그는 자기를 감옥에서 탈출시키려는 친구 크리톤을 장시간에 걸쳐 설득해서 결국 포기하게 하고(《크리톤》, 48b~c), 백조白鳥, kyknos는 죽음이 다가오는 것을 느끼게 되면, 그들의 주인인 아폴론의 품으로 돌아가게 됨을 기뻐한 나머지 평소보다 더욱 아름답게 노래를 한다면서,(《파이돈》, 84e~85b) 대화를 주저하는 제자들과 지구의 지질학적 구조에 대한 문답을 이어갔다.(《파이돈》, 108d~113c) 소크라테스가 독당근즙을 마시자, 슬픔을 못 이겨 울음을 터트리는 친구와 가족들을 오히려 나무라며 "무슨 짓들인가, 이 놀랄 만한 사람들아. 바로 이래서 내가 여자들을 내보낸 거라네. 이런 소란을 피우지 말라고 말일세. 그리고 나는 엄숙하게 죽음을 맞아야 한다고 들었네. 자, 조용히 하고 참아내게"(《파이돈》, 117e)라며 절제를 당부했다. 그가 남긴 마지막 말은 "크리톤, 우리는 아스클레피오스에게 닭 한 마리를 빚지고 있네. 부디 잊지 말고 갚아주게"(《파이돈》, 118a)였다.

우리는 이것만으로도 3세기의 어떤 알려지지 않은 조각가가 왜 소크라테스-세네카 쌍둥이 흉상을 제작했는지를 얼추 짐작할 수 있다. 그러나 풀리지 않은 의문은 아직 남아 있다. 두 사람은 어떻게 죽음 앞에서 그리 초연할 수 있었는가 하는 것이다. 그런데 그것 역시 그리 어렵지 않게 알 수 있다.

소크라테스는 크리톤에게 자기가 왜 탈옥을 하지 않는가에 대해 "나는 지금뿐 아니라 언제나, 내게 가장 좋은 것으로 보이는 로고스 이외에는 내게 속한 그 어떤 것도 따르지 않는 그런 사람이기 때문이네"(《크리톤》, 46b)라고 밝혔다. 그리고 꿈에 어떤 절세미인이 흰옷을 입고 나타나, 세 번째 날(모레)에 비옥한 영혼의 고향 프티아Phthia에 도착할 것이라고 알려주었다고도 했다.(《크리톤》, 44b) 그것은 소크라테스가 영혼불멸을 믿었고—그가 법정에서 한 변론의 마지막 부분에서도 장황하게 밝혔듯이—로고스를 따라 산 사람에게 주어지는 죽음 이후에 있을 좋은 세상과 좋은 일들에 대한 확고한 기대를 갖고 있었음을 알려준다.(《소크라테스의 변명》, 40c~41c)

세네카의 경우도 마찬가지였다. 그에게도 죽음은 로고스를 따르는 것이었다. 스토아 철학에서 로고스는 우주만물을 창조하고 지배하는 신의 섭리providentia다. 이 섭리는 세계에는 그것을 창조하고 움직이는 '자연의 이법'으로, 인간에게는 마땅히 따라야 할 '도덕의 이법'으로 작용한다. 그리고 그것은 그 누구도 거역할 수 없을 정도로 강력하다. 심지어 신마저도 자신이 만든 그 섭리를 따라야 한다.° 따라서 섭리는 인간의 운명fatum이기도 하다. "네가 동의하면 운명은 너를 인도하고 네가 동의하지 않으면 운명은 너를 강제한다"(《서간》, 107.11)라는 세네카의 말이 뜻하는 바가 그것이다.

세네카는 이처럼 신마저도 옭아맬 정도로 강압적인 섭리를 따르는 것이 인간에게 결코 쉬운 일이 아니며, 때로는 불행과 고통이 될 수 있다는 것을 잘 알고 있었다. 그래서 그는 섭리를 따르는 일이 때때로 "슬프고 무섭고 견디기 힘든 일"이지만 용기를 갖고 참고 견뎌야 한다고도 가르쳤다.

> 운명이 우리를 인도하며 각자의 수명은 태어나는 순간 결정되오. 또 모든 것이 인과관계로 서로 연결되어 있으며, 사물의 영속적 질서가 개체와 전체를 모두 지배한다오. 만사는 우리 생각처럼 우연히 발생하는 것이 아니라 필연적으로 일어나기 때문에 용감하게 참고 견뎌야 하오.(《섭리, 자연의 원리와 법칙에 대하여》, 5)

그러나 스토아 철학자들이 죽음을 인간의 운명이자 신의 섭리로

° 세네카는 《섭리, 자연의 원리와 법칙에 대하여》에서 섭리가 가진 절대적 강제성에 대해 다음과 같이 설명했다. "선한 사람이 할 일이 무엇이겠소? 자신을 운명에 맡기는 것이오. 우리가 우주와 함께 휩쓸려 간다는 것은 그나마 큰 위안이오. 우리더러 그렇게 살라고, 그렇게 죽으라고 명령한 것이 무엇이든 간에 그것은 똑같은 필연성으로 신들도 옭아매고 있소. 신도 인간과 마찬가지로 돌이킬 수 없는 길로 나아가기 때문이오. 만물의 창시자이자 조종자, 운명의 법을 만들어 정하신 그분도 그것을 따르고 있소. 그분은 단 한번 명령하고는 늘 복종하지요."(《섭리, 자연의 원리와 법칙에 대하여》, 5)

받아들이라고 했을 때, 그것이 단순히 마음의 평정apatheia을 얻기 위한 체념을 가르치는 것이 아니라는 것을 알아야 한다. 알고 보면 그것에는 나름의 속셈이 있었다. 그들이—소크라테스가 그랬듯이, 그리고 세네카가 그랬듯이—운명이자 섭리인 로고스를 따라 태연히 죽음을 맞이할 수 있었던 것은 신적 영원성과의 합일이라는 '존재론적 승화'에 대한 믿음이 깔려 있었던 것이다. 존재론적 승화라니? 이게 도대체 무슨 말인가 하는 생각이 들 것이다. 설명하자면 이렇다.

세네카에 의하면, 자신의 본성상 고통을 아예 모르는 신은 고통의 '저쪽beyond'에 있다. 하지만 인간으로서 고통 속에서 태어나 이성과 용기로 고통을 극복한 스토아 철학자들은 고통의 '위쪽above'에 있다. 자, 여기서 주목하자! '저쪽'과 '위쪽'이라는 구별에 가치판단이 들어 있다. 요컨대 고통의 '위쪽'에 있는 스토아 철학자들은 스스로 고통을 극복했기 때문에, 고통의 '저쪽'에서 그것을 아예 모르는 신보다 더 우월하고 위대하다는 뜻이다. 바로 이런 논리에서 세네카는 참된 스토아 철학자은 '신들 위의 신God above gods'이라고 주장했다.(《섭리, 자연의 원리와 법칙에 대하여》, 6)

이 얼마나 담대한 발상인가! 스토아 철학자들은 이런 사유를 근거로 그들 자신이 죽은 후에 신이 되거나 또는 그보다 더 우월한 존재가 될 수 있다고 믿은 것이다. 참으로 당돌하고 엉뚱한 생각이다. 하지만 바로 이것을 이해해야만 예컨대 마르쿠스 아우렐리우스 황제와 에픽테토스와 같은 스토아 철학자들이 보여준 놀라운 절제와 용기가 어디에서 왔는가를 비로소 알아차릴 수 있다. 세네카가 살아서 그토록 절제할 수 있었고, 죽을 때에 그렇게 당당할 수 있었던 것도 바로 이 같은 생각 때문이었다.

세네카는 말하길, 모든 인간에게 삶의 불안과 죽음의 공포는 서로 상호의존 관계에 있다고 했다. 죽을 수 있는 용기와 살 수 있는 용기도 역시 상호의존 관계에 있다. 따라서 삶을 긍정하지 못하는 것이 죽음을 긍정하는 것을 의미하지 않는다. 오히려 긍정되지 않는 삶의 뒷면에는 죽음에의 공포가 있다. 때문에 세네카는 이렇듯 '살고 싶어 하지도 않으면서 죽을 줄도 모르는 인간'들은 향락주의자라고 했다. 그리고 이들은 필히 삶에 대한 불안과 절망 그리고 죽음에 대한 공포에 시달린다. 그러나 같은 이유에서 삶을 긍정할 줄 아는 사람에게는 죽음이 주는 공포도 없다.[3]

하지만 어디 죽음에의 용기뿐이겠는가? 삶에의 용기도 역시 인간의 존재론적 승화, 신들 위의 신이 되려는 것에서 나온다. 파울 틸리히는 이러한 용기를 '존재에의 용기The Courage to Be'라고 이름 붙였는데, 알고 보면 이 용기, 곧 살 줄도 알고 죽을 줄도 아는 용기, 신들 위의 신이 되려는 용기에서 스토아 철학이 지향하는 절제節制, moderātiō라는 미덕—사실은 관용, 검소, 인내, 평정과 같은 모든 미덕—이 나왔다. 그렇다, 바로 이것이다! 존재에의 용기에서 나오는 절제가 열어 보이는 세계가 소크라테스-세네카 쌍둥이 흉상이 우리를 이끌고 가는 '새로운 사유의 대지'다. 이제부터는 그 대지의 풍경을 잠시 들여다보자.

체리의 향기를 포기하고 싶소?

• • •

세네카, 마르쿠스 아우렐리우스, 에픽테토스 등이 대변하는 후기 스토아 철학에 의하면, 인간의 자연적 욕망은 원래 무한한 것이 아니다.

그 본성이 비뚤어지지 않은 한, 그것은 객관적 요구needs에 의해 한정되어 있기 때문에 만족시킬 수 있다. 그러나 본성이 왜곡되어 객관적 요구가—스토아 철학자들이 '감각적 욕망epithymia'이라 이름 붙인—주관적 욕망wants으로 변하면, 도저히 만족시킬 수 없는 '무한한 것'이 된다.[4]

예컨대 인간의 자연적 식욕은 하루에 세 번 음식을 먹음으로써 충족될 수 있지만, 진귀한 음식을 먹고자 하는 욕망은 한계가 없기 때문에 어떻게 해도 만족될 수 없다. 더위와 추위를 피하려는 자연적인 요구는 적당한 옷을 입음으로써 채워질 수 있지만, 아름다운 옷을 입고 싶은 욕망은 무한하기 때문에 어떻게 해도 채워질 수 없다. 이것은 마치 해를 등진 채 제 그림자를 따라잡으려고 뛰고 있는 것과 같다. 만일 당신이 그렇다면, 당신의 고단한 질주와 방황에는 끝이 없다!

쾌락주의에 대한 철학자들의 반박 중 '쾌락주의 역설'이라는 것이 있다. 쾌락주의자들은 쾌락을 찾는 데 주력하지만, 쾌락은 그 본성으로 볼 때 누군가 그것을 추구하는 한, 설사 그것을 아무리 주도면밀하게 추구한다 하더라도 찾거나 획득할 수 없다는 것이다. 일찍이 소크라테스는 《고르기아스》에서 무지한 자들의 영혼을 "구멍이 숭숭 난 항아리"에 비유했다. 아무리 채우려 해도 채울 수 없다는 뜻이다. 같은 말을 영국의 철학자 프랜시스 브래들리Francis Bradley, 1846~1924는 "쾌락은 망해감의 연속이다. … 우리는 쾌락이 머무는 동안에는 여전히 쾌락을 갈망하기 때문에 만족을 못하고, 사라지고 나면 아무것도 남는 것이 없다"[5]라고 했다.

호주 출신 실천윤리학자 피터 싱어Peter Singer도 《이렇게 살아가도 괜찮은가?》에서 재산의 증식을 예로 들어 쾌락의 속성을 밝힌 바 있다. 곧 재산의 증식에서 오는 쾌락은 비록 재산이 점점 불고 있어도 그 성장률이 예전보다 둔화되면 사라진다는 것이다. 또 자기 재산 성장률이 이웃이나 친구의 그것보다 낮아도 사라진다.[6] 한마디로 우리가 쾌감을 느끼기 위해서는 내가 일등석에 앉은 것만으로는 충분치 않고, 이웃이나 친구가 2등석에 앉아야만 한다는 것이다. 따라서 부의 증대가 행복과 무관함은 물론이거니와, 이런 종류의 쾌감이란 한없이 강도를 높여야 하는 일종의 중독과 같아서 결국은 자기 자신을 파괴한다는 것이다.

그렇다면 해법은 무엇인가? 세네카는 물론이거니와 동서고금을 막론하고 현자, 철학자, 정신분석학자들은 하나같이 입을 모아 쾌락에 대한 욕망을 포기하라 한다. 왜곡된 욕구를 절제하라 한다. 평범하고 고전적인 이 해법을 영국의 낭만주의 시인 퍼시 비시 셸리Percy Bysshe Shelley, 1792~1822가 그의 시 〈오지만디아스〉에서, 욕망하던 모든 것을 성취한 '왕 중의 왕' 오지만디아스가 자신이 한 일을 한탄하는 입을 빌려 다음과 같이 읊었다.

> 내 이름은 오지만디아스 / 왕 중의 왕이다. / 힘 있는 자들이여, 내가 이룬 것을 보아라. / 그리고 (그것을 이루려는 욕망을) 포기하라!

그렇다. 행복해지기 위해서라면 사람은 헛된 세속적 욕망을 자신의 생각에서, 그리고 삶에서 제거해야 한다는 것이 고금의 지혜다. 스토아 철학에서는 이것을 절제라 한다. 어쩌면 당신은, 아마도 포스트모던한 당신은 여기에서 내게 이렇게 물을 수 있다. '그렇게 모두를 빼내고 나면 인생에서 남는 것이 뭔가? 소크라테스나 세네카가 품었던,

죽은 후에 올지 모르는 좋은 세상에 대한 기대인가? 그런데 내게는 그런 기대가 아예 없다면 어떻게 할까? 무엇을 위해 절제가 필요할까?' 그렇다면 내가 당신에게 들려주고 싶은 이야기가 하나 있다.

1997년 칸영화제에서 황금종려상을 차지한 아바스 키아로스타미 Abbas Kiarostami, 1940~2016의 영화 〈체리 향기〉에는 자살을 하려는 주인공 청년에게 자신의 경험을 이야기하는 한 노인이 나온다. 노인도 젊었을 때 목을 매 자살하려고 동트기 전에 집에서 나가 나무 위에 올라간 적이 있었다. 그런데 그 나무가 우연히 체리나무였는지라 무심코 그것을 따먹어 보니 너무 향기롭고 달았다. 그래서 아무 생각 없이 계속 따먹었더니 어둡기만 하던 세상이 왠지 밝게 느껴지더라는 것이다. 이윽고 여명이 다가와 산등선 너머에서 붉은 태양이 장엄하게 떠올랐다. 이어 학교 가는 아이들이 재잘거리는 소리가 평안하게 들려왔다. 그래서 노인은 체리를 따서 아이들에게 나누어주고 나무에서 내려왔다. 죽으러 갔다가 체리를 한 바구니 따가지고 돌아왔더니 아내는 아직 자고 있더라는 것이다. 이야기를 마치고 노인은 사내에게 다음과 같이 묻는다.

> 아침에 일어나 하늘을 보지 않나요? 새벽에 태양이 떠오르는 모습을 보고 싶지 않아요? 석양에 붉게 노을 지는 그런 것이 보고 싶지 않나요? 보름달 뜨는 달밤의 고요, 그것을 다시 느껴보고 싶지 않나요? 사계절을 생각해봐요. 계절마다 색색가지 과일이 있고, 여름, 가을, 겨울에는 각각 다른 과일이 나오죠. 봄에도 마찬가지이고, 아무리 훌륭한 어머니도 그렇게 갖가지 과일을 준비하진 못하죠. 체리의 향기를 포기하고 싶소?

그러자 사내는 "그래서 달라진 것이 무엇이냐?"고 묻는다. 죽으러 갔다가 따온 체리 한 바구니가 당신을 죽음으로 몰아가던 상황을 조금이라도 바꿀 수 있었느냐는 것이다. 이에 노인은 "내가 달라졌다"고 답한다. 그리고 몸이 아파서 의사를 찾아간 어느 사람의 이야기를 들려준다.

어떤 터키 사람이 의사에게 찾아가 "손으로 몸을 만지면 몹시 아파요. 머리를 만져도 아프고, 다리를 만져도 아프고, 배를 만져도 아프고, 손을 만져도 아파요"라고 했더니, 의사는 신중하게 진찰해본 다음 "당신은 몸이 아픈 것이 아니고, 손가락이 부러졌습니다"라고 했다는 것이다. 이 이야기를 통해 노인은 부러진 손가락을 고치면 아무 데도 아프지 않게 되듯이, 자신이 달라지면 삶이 그리고 세상이 달라진다고 사내에게 전한 것이다. 자신이 달라지면—달리 말해 왜곡된 욕망을 버리면, 삶의 방식으로서의 소크라테스 스타일을 받아들이면—세상은 아름다운 곳이고 삶은 사랑할 만한 것이라고 키아로스타미 감독은 노인의 입을 통해 우리에게 전한 것이다.

같은 이야기를 세네카는 〈루킬리우스Lucilius에게 보내는 편지〉에 삶에서 "기쁨을 느낄 수 있는 방법을 배우라"는 말로 권고했다. 이때 세네카가 말하는 기쁨이란 그 어떤 것을 소유하거나 이루었을 때, 곧 욕망을 채웠을 때 느끼는 잠깐 동안의 쾌락이 아니다. 그것은 오히려 욕망을 절제하고야 비로소 얻는 홀가분함과 명랑함, 왜곡된 욕망을 초월한 영혼이 느끼는 행복이다. 그는 이어서 다음과 같이 썼다.

> 누구에게나 한없고 중단 없는 노예 상태는 가장 무거운 짐이다. 그러나 그것을 파괴하기는 어렵지 않다. 만일 네가 많은 것을 네 자신에게 요구

한다면, 만약 네 자신에게 보상을 주기를 원한다면, 만약 너의 눈과 너의 본성과 생애보다도 더 우선할 수 있다면 육신의 욕망에서 정신을 자유롭게 하는 것을 첫째로 삼아라. 그리고 너는 자신에게 말하라. 무엇을 위해 방황하는가? 무엇을 위해 숨을 쉬는가? 무엇을 위해 저잣거리를 헤매는가? 삶이란 그다지 많은 것도 아니고, 긴 것도 아니다.[7]

그렇다. 한없고 중단 없는 노예 상태에서 벗어나는 것, 육신의 욕망에서 정신을 자유롭게 하는 것, 그럼으로써 살 줄도 알고 죽을 줄도 아는 존재에의 용기를 갖는 것, 이것이 세네카가 말하는 절제다.

당신을 진열해드립니다°

자, 그럼 여기서 잠시 생각해보자. 우리는 왜 2,000년 전부터 내려오는 미덕을 아직도 배우지 못하는가? 왜 아직도 우리는 욕망이라는 무거운 짐을 지고 그것의 노예로 살아가는가? 무엇을 위해 방황하는가? 무엇을 위해 숨을 쉬는가? 무엇을 위해 저잣거리를 헤매는가? 요컨대 왜 스스로를 절제하지 못하는가? 왜 자신의 삶에서 기쁨을 느끼는 방

° "당신을 진열해드립니다"라는 문구는 함성호(1963~) 시인의 연작시 〈건축사회학〉 중 〈잠실 롯데 월드—건축사회학〉에서 빌려왔다. "당신의 휴식 공간 롯데는/ 우리를 모두 젊은 베르테르의 사랑에 빠지게 한다/ 욕구의 끓는 기름과 조갈의 불화살을 쏴/ 끊임없이 당신을 상품화하고/ 끊임없이 당신을 당신이 소비하도록/ 구애한다/ "여러분은 지금 롯데 월드로 가시는 전철을…"/ /욕/망/을/드/립/니/다/ /쾌/락/을/드/립/니/다/ "내리시면 바로 당신을 진열해드립니다"(〈잠실 롯데 월드—건축사회학〉 부분)

법을 배우지 못하는가를 우리 자신에게 한번 물어보자는 말이다. 그것이 사실상 이 글의 목적이 아니겠는가? 그것을 위해 간단한 사고실험을 하나 해보자.

가령 오늘 저녁 (만일 당신이 남성이라면) 헬스로 다져진 몸에 조르지오 아르마니 수트를 걸치고 고급 승용차를 몰고, (만일 여성이라면) 샤넬 원피스를 입고 마놀로 블라닉 하이힐을 신고 루이뷔통 백을 들고 압구정동이나 청담동에 있는 소비물질주의의 '낙원'에 가서 쇼핑이나 유흥을 즐긴다고 가정하자. 당신은 물론 신용카드를 사용할 것이고 그것은 당신이 자신의 욕망과 쾌락을 위해 기꺼이 지불하는 대가다. 하지만 그것이 전부일까? 그것, 곧 당신의 욕망과 쾌락에는 혹시 소비를 통해 생존하려는 자본주의의 욕망이 섞여 있는 것은 아닐까? 달리 말해 자본주의가 만들어낸 허위의식이 당신을 그렇게 소비하도록 떠민 것은 아닐까?

당신은 당연히 아니라고 할 것이다. 그러나 다시 생각해보라. 럭셔리한 당신의 차림새는 다른 사람들의 시선을 끌기 때문에 그것이 불러오는 쾌감이 욕망의 증식을 낳는다. 사치스런 당신의 나들이는 경제 능력을 과시하는 기호이기 때문에, 그것이 가져오는 쾌감이 과도한 소비를 정당화한다. "가끔은 주목받는 생이고 싶다!"라는 프랑스 제화회사 슈발리에의 광고 문안이 겨냥하는 것이 바로 그 같은 욕망의 증식과 과잉소비이고, 그것을 부추기는 자본주의의 전략이 "당신을 진열해드립니다"이다. 한마디로 당신에게 '가끔은 주목받는 생이고 싶다'는 욕망을 불러일으킨 것도, '당신을 진열해드립니다'라고 꼬드긴 것도 자본주의라는 뜻이다.

무슨 말이냐고? 요점은 이것이다. 우리가 욕망이라는 무거운 짐을 지고 그것의 노예로 살아가는 것에도, 공연히 저잣거리를 헤매는 것에도, 스스로를 절제하지 못하고 과도한 소비를 하는 것에도, 소비가 받쳐주지 않으면 생존할 수 없는 자본주의의 욕망과 전략이 작용하고 있다는 것이다. 그 결과 오늘날 우리는 스스로 자신을 하나의 자본이자 소비 대상으로 취급하게 되었다. 이른바 자기 상품화다. 일찍이 프랑스의 사회학자 장 보드리야르Jean Baudrillard, 1929~2007는 《소비의 사회》에서 자본주의가 부추기는 자기 상품화 현상을 다음과 같이 갈파한 바 있다.

> 자본주의 사회에서는 육체 그 자체와 육체를 이용한 사회적 활동 및 정신적 표상이 사유재산 일반과 똑같은 지위를 부여받고 있다. (…) 우리가 보여주고 싶은 것은 현재의 생산/소비 구조가 사람들의 마음속에서 자신의 육체로부터 분리된 (그렇지만 깊은 곳에서는 연결되어 있는) 표상과 결합한 이중의 취급을 이끌어내는 것, 즉 자본으로, 물신(또는 소비 대상)으로 육체를 취급하는 것이다.

하지만 이것만 해도 20세기 후반 이야기다. 소셜 미디어 서비스SNS가 일반화된 21세기를 사는 당신과 나는 트위터나 인스타그램과 같은 사이버 공간에서도 '가끔은 주목받는 생이고 싶다'는 욕망을 표출하고 또 실현한다. 그래서 또 그러기 위해서 사진과 동영상을 올려 스스로를 진열한다. 이제 사이버 공간은 자본주의가—공공연하게 그러나 은밀한 의도와 함께—열어놓은 또 하나의 진열장이 되었다. 자신을 전시할 수 있는 소비물질주의의 낙원으로서의 공간이—도시 공간뿐 아니라 사이버 공간으로—무한히 확장된 셈이다. 그럼으로써 우리의 욕망의 증식과 자기상품화에는 끝이 없어졌다. 그러나, 아니 그래서 우리는 진정한 행복을 잃어가고 있다.

이러한 사실은 이제 행복을 주관적이고 심리적인 요소가 주로 작용하는 개인적 차원에서뿐만 아니라, 객관적이고 구조적인 요소들이 주가 되는 사회적 차원에서도 다루어야 한다는 것을 말해준다. 그래서 오늘날 진보적인 학자와 언론인들은 '사적 행복'과 구분되는 '공적 행복'이라는 용어를 사용하여, 행복 문제를 사회와 연관해 다루기 시작했다. 그 가운데 눈에 띄는 것이 개인의 행복을 침해하는 소비물신주의를 일종의 유행성 전염병인 '어플루엔자affluenza'로 규정하고 대책을 마련하려 하는 존 드 그라프John de Graaf, 데이비드 왠David Wann, 토머스 네일러Thomas Naylor의 저서다.

세 사람이 함께 쓴《소비중독 바이러스 어플루엔자》에 의하면, '어플루엔자'는 물질적 풍요를 뜻하는 '어플루엔스affluence'와 유행성 독감을 뜻하는 '인플루엔자influenza'를 합하여 만든 용어다. 물질적 풍요가 만들어낸 치명적인 유행성 바이러스라는 뜻인데, 지금 이것이 마치 유령처럼 후기자본주의 사회를 떠돌아다니고 있다는 것이다. 세 저자는 어플루엔자를 "고통스럽고 전염성이 있으며 사회적으로 전파되는 병"으로 규정하고, 그것은 "끊임없이 더 많은 것을 추구하는 태도에서 비롯되는 과중한 업무, 빚, 근심, 낭비 등의 증상"을 나타낸다고 경고했다. 이어서 다음과 같은 장면을 상상해보라 한다.

한 의사가 값비싼 옷으로 치장한 예쁜 여성 환자를 진료하고 있다. 의사가 말한다. "몸에는 이상이 없습니다." 환자는 도무지 알 수 없다는 표정이다. "그럼 왜 이렇게 기분이 엉망일까요? 커다란 새 집을 장만하고 차도 최신형으로 사고 새 옷장도 구했어요. 직장에서 봉급도 크게 올랐고요. 그런데도 아무런 흥이 나지 않고 오히려 비참한 생각이 들어요. 치료약은 없을까요?" 의사는 고개를 젓는다. "안됐지만, 없습니다. 당신의 병을 치료할 약이 없어요." 환자가 깜짝 놀라 묻는다. "무슨 병인데요, 선생님?" 의사는 어두운 표정으로 대답한다. "어플루엔자예요. 신종 유행병입니다. 감염력이 극히 높아요. 치료는 가능하지만 쉽지 않습니다."[8]

물론 만들어낸 이야기이다. 하지만 우리에게 시사하는 바가 크다. 아마도 우리가 이미 어플루엔자에 감염되어 있기 때문일 텐데, 그것은 전염성이 강한 데다, 한번 감염되면 치료가 쉽지 않다. 왜냐고? 혹시 이런 이야기를 들어보았는가?

에스키모인들은 늑대를 잡기 위해서 날카롭게 날이 선 칼에 동물 피를 조금 묻혀 눈밭에다 거꾸로 박아놓는다. 그러면 피 냄새를 맡고 늑대가 다가온다. 처음에는 칼날에 묻은 피를 핥지만 일단 피를 핥다 보면 날카로운 칼날에 혀를 베이게 되어 칼날에 늑대 자신의 피가 줄줄 흘러내리게 된다. 그런데도 이미 피 맛을 본 늑대는 멈추지 못하고 계속 칼날을 핥다가 결국엔 피를 많이 흘려 죽게 된다.

프랑스의 촉망받는 분자생물학자였다가 티베트 승려가 된 마티외 리카르Mathieu Ricard, 1946~가 쓴 《행복 요리법》에 들어 있는 이야기인데, 나는 이것이 오늘날 자본주의가 "당신을 진열해드립니다"라는 깃발과 함께 눈밭에다 박아놓은 칼날을 "가끔은 주목받는 생이고 싶다!"라는 욕망 때문에 앓고 있는 우리들의 모습이라 생각된다. 어떤가? 끔찍하지 않은가? 그래서 내놓은 리카르의 처방전은 세네카의 그것과 크게 다르지 않다.

리카르는 먼저 쾌락과 행복을 혼동하지 말 것을 당부한다. 쾌락은 "마치 닳아 없어지는 양초처럼" 시간이 갈수록, 또 반복될수록 고갈되는 것이고, 행복은 일종의 '존재상태'이기 때문에 "오래 지속되며 맛볼수록 커지며 충만"해진다 한다. 그것은 "집착"을 버린 "완벽한 내적 자유"이며, 그 자유를 선택할 때 누리게 되는 '평심平心'이다. 세네카의 언어로 바꾸자면, '절제에서 나오는 자족'이다.

그렇다. 지금 세계화의 물결을 타고 어플루엔자가 이미 팬데믹이 되어 세상을 떠돌고 있다. 그것은 코로나바이러스감염증-19 팬데믹보다 먼저 시작했고, 감염력과 독성은 그보다 훨씬 더 강하다. 그렇다면 2020년부터 우리가 경험하고 있는 코로나바이러스감염증-19 팬데믹과 마찬가지로 어플루엔자에도 개인적 차원의 방역과 사회적 차원의 대응이 당연히 필요하지 않겠는가?

우선 거리두기다! 개인적 차원에서는 '가끔은 주목받는 생이고 싶다'는 욕망과의 거리두기를 실행하는 것이고, 사회적 차원에서는 '당신을 진열해드립니다'라는 자본주의의 꼬드김과 거리두기를 유지하는 것이다. 달리 말해, 전자를 위해서는 제 그림자 따라잡기같이 부질없는 욕망에서 벗어나는 것이고, 후자를 위해서는 그것을 자극해 소비를 부추기는 자본주의 전략에 저항하는 것이다.

그러나 세네카와 리카르에게는 그보다 나은 처방이 있다. '쾌락이 아니라 기쁨을 느낄 수 있는 방법을 배우라'는 것이다. 그것은 세네카가 교훈한 '절제에서 오는 자족', 리카르가 권하는 '집착을 버린 내적 자유'에서 나온다. 내 생각에는 두 사람이 내린 처방은 개인적 차원에서 '제 그림자 따라잡기'와 같은 헛된 욕망을 포기하게 할 뿐 아니라, 사회적 차원에서 늑대의 칼날 핥기와 같은 자본주의의 전략에서 탈출하게 하는 최상의 백신이자 치료제다. 왜냐하면 우리는 욕망을 억제해야 행복한 것이 아니고, 행복해야 욕망을 억제할 수 있기 때문이다. 왜냐하면 우리는 자본주의의 전략에서 벗어나야 행복한 것이 아니고, 행복해야 자본주의의 전략에서 벗어날 수 있기 때문이다.

우리가 하지 않기로 선택한 것이 지금의 우리를 만들었다

•••

덴마크의 철학자 스벤 브링크만Sven Brinkmann은 《절제의 기술》에서 "우리가 하지 않기로 선택한 것이 지금의 우리를 만들었다"며, 소크라테스 스타일에 딱 적합한 발언을 했다. 또한 그는 "반성 없는 삶은 무가치하다"라는 소크라테스의 통찰을 살짝 비틀어 "우리는 우리가 살지 않은 삶을 검토할 필요가 있다"라고 주장한 영국의 정신분석학자 애덤 필립스Adam Phillips의 주장도 다음과 같이 소개했다.

> 필립스는 우리가 살지 않은 삶이 실제로 우리가 살아가는 삶보다 중요할 때가 있다고 생각한다. 무책임한 현실도피를 옹호하는 말이 아니다. 그와 반대로 우리를 지금의 모습으로 만든 것은 우리가 하지 않기로 기꺼이 놓아버리기로 선택한 것들이라는 말이다. 실존주의자들은 한 개인이 누구인지 그가 하는 행동이 말해준다고 주장한다. 틀린 말이 아니다. 그러나 그에 못지않게 우리는 우리가 '하지 않는' 것에도 달려 있음을

생각해야 한다. 우리가 하는 것뿐만이 아니라 기꺼이 놓아버리는 것들 역시 우리라는 사람을 만든다. 무언가 기꺼이 내려놓은 때, 비로소 삶은 틀을 얻는다.[9]

이제 우리는 로마의 무명 조각가가 왜 소크라테스와 세네카의 쌍둥이 흉상을 만들었는지를 확실히 알 수 있다. 그렇다, 그것은 단순한 흉상이 아니다. 그것은 스토아 철학에 나타난 소크라테스 스타일 이팩트다. 제 그림자를 따라잡으려 헛된 욕망에 시달리는 우리에게 던지는 묵직한 돌덩이다. 육신의 욕망에서 정신을 자유롭게 하라는, 그럼으로써 기쁨을 느낄 수 있는 방법을 배우라는 또렷한 이정표다. 우리가 하지 않기로 선택하지 못한 것, 우리가 기꺼이 놓아버리지 못한 것들이 지금의 우리를 만들었다고 경고하는 북소리다. 절제가 무엇인지를 한눈에 보여주는 상징물이다.

스토아학파의 창시자인 키프로스의 제논은 "소크라테스에게로 돌아가라"고 외쳤다. 그의 선포를 따라, 세네카는 소크라테스 스타일을 자신의 삶에서, 그리고 죽음에서도 재현해내려 했다. 그는 기회가 있을 때마다 소크라테스와 디오게네스를 "현자" 또는 "위대한 정신의 소유자"라고 높이며, 그들의 언행을 우리가 따라야 할 전범으로 제시했다. 그뿐 아니라 평소 소크라테스의 죽음에 대해서 말하면서 "나는 이 사람이 얼마나 부러운지 모른다네"(《섭리, 자연의 원리와 법칙에 대하여》, 3) 라고 고백하고 결국 그와 마찬가지로 초연히 죽음을 맞을 수 있었다.

그렇다, 절제가 살 줄도 알고 죽을 줄도 아는 존재에의 용기를 낳는다. 우리가 하지 않기로 선택한 것, 우리가 놓아버린 것들이 기쁨을 불러온다. 그래서 당신에게 조심스레 당부하고 싶은 말이 있다. 자신을 전시하려고 저잣거리를 헤매지 말 것. 제 그림자를 따라잡으려고 뛰는 헛된 욕망들을 포기할 것. 손가락이 부러진 줄 모르고 온몸이 아프다고 징징대지 말 것. 존재 자체의 기쁨을 맛보려 힘쓸 것. 매일 아침 일어나 태양이 장엄하게 떠오르는 하늘을 볼 것. 석양이 붉게 노을 지는 저녁 들녘을 바라볼 것. 달 밝은 밤이면 밤의 고요를 느껴볼 것. 체리의 향기를 포기하지 말 것. 그리고 이 모든 것들을 향유할 수 있는 당신의 존재 자체에 깊이 감사할 것!

10장

위-디오니시우스 — 부정

Pseudo-Dionysius, 6세기, 신학

이것은 낯설고 세속적인 것들과의 이별이며,
세속적 쾌락을 초월한 삶이고
단독자로서 단독자로의 비행이다.
– 플로티노스

'황야의 별'이라 불리던 사람이 있었다. 그리스도교 역사에 최초의 은수사hermit(은둔해 수행하는 수도사)로 기록된 성 안토니우스St. Antonius, 251~356다. 홍해가 내려다보이는 이집트 콜짐산Mt. Colzim에 가면, 아직도 그의 이름을 간직한 성 안토니우스 수도원St. Antony's Monastery이 고색창연한 모습으로 남아 있는데, 그리스도교 역사상 최초로 세워진 수도원이다.

안토니우스는 이집트 코마Coma에 있는 콥트 족의 부유한 그리스도교 가정에서 태어났다. 하지만 부모가 죽자 물려받은 거대한 토지와 막대한 부를 모두 가난한 사람들에게 나눠주고 황야로 나가 동굴 속에서 살았다. 짐승 가죽으로 옷을 지어 입고, 날곡식과 소금만 먹고, 온갖 환상 속에서 욕망과 싸우며 금욕과 수도의 생활을 했다. 이후 그를 닮으려는 은수사隱修士들이 생겨났는데, 그들도 역시 일체의 세속적 삶을 버리고 끝없는 기도와 가차 없는 고행, 그리고 중단 없는 금욕생활을 하며 살았다. 왜 그랬을까?

19세기 영국의 계관시인으로 명성을 떨친 앨프리드 테니슨Alfred Tennyson, 1809~1892이 동방정교의 성 시므온St. Symeon, 390~459이라는 은수사에게 깊은 감명을 받았다. 그래서 그는 아무도 없는 한밤에 기둥 위에 홀로 서서 별이 빛나는 밤하늘을 쳐다보며 신을 향해 했음직한 성 시므온의 기도를 시로 묘사했는데, 다음은 그 일부다.

주님, 주께서 아시듯이
전 처음에는 이 고통을 꽤나 잘 견디었나이다.
그때는 몸이 건장해서
비록 추위에 이가 딱딱 마주치고(지금은 다 빠져 형편없이 되었지만)
싸늘한 달빛 아래에서 된서리에 수염이 엉겨 붙어도
거룩한 찬미와 시편으로 부엉이 울음을 덮었고
그런 저를 지켜보는 천사의 모습도 가끔 보았나이다.
이젠 심히 노쇠했고, 제 종말도 다가왔나이다.
그날을 저는 사모하나이다. 이젠 귀도 반쯤 먹어
기둥 밑에서 사람들이 뭐라 해도 잘 듣지 못하고
눈도 거의 멀어 앞에 펼쳐진 들판도 거의 보이지 않나이다.
다리는 온통 이슬로 짓물렀나이다.
그럴지라도,
이미 굳어버린 척추가 지친 제 머리를 지탱하는 동안
사지가 힘없이 무너지는 그 순간까지

간구하고 부르짖기를 그치지 않겠나이다.

제게 자비를 베푸시옵소서. 제 죄를 도말해주옵소서.[1]

시므온은 은수자들 가운데서도 가장 극단적이고 기이한 방법으로 수행을 하여 유명해진 사람이다. 그는 423년, 그의 나이 서른셋에 안티오크Antioch(지금의 터키 남동부 도시)에서 약 100킬로미터 정도 떨어진 황야에 기둥을 세워놓고 그 위에 올라서서 세상을 뜰 때까지 총 36년 동안을 금욕하고 기도하면서 방문객들에게 회개하라고 외쳤다. 그는 낮에도 밤에도, 여름에도 겨울에도, 폭우가 내려도 폭풍이 불어도, 태양이 작열해도 눈보라가 몰아쳐도 한결같이 드높은 기둥 위에 서서

▲ 작자 미상, 〈주상고행자 성 시므온〉

금욕과 고행, 그리고 명상과 기도에 힘썼다.

아무도 흉내 낼 수 없는 놀라운 일이었기에, 생전에 이미 '주상성인柱上聖人, stylites saint'이라 불렸고, 그리스도교인들은 물론이거니와 이스마엘족, 이베리아족, 페르시아족 같은 이교도들, 평민뿐 아니라 페르시아 왕들과 로마의 테오도시우스 2세, 레오, 마르키아누스 같은 황제들에게까지 존경을 받았고, 그들에게서 축복과 자문을 요청받았다.[2]

그런데 시므온은 왜 이런 기이한 행동을 했을까? 그는 왜 광야로 나가는 것도 부족해 기둥 위로 올라갔을까? 왜 세상에서 그리 자꾸 멀어지려고 했을까? 그가 직접 세워서 4년을 지낸 첫 번째 기둥의 높이는 약 3미터였고, 두 번째 기둥은 약 6미터, 세 번째 기둥은 약 11미터, 네 번째이자 마지막 기둥은 사람들이 그를 위해 지어주었는데 약 18~20미터 높이였다. 꼭대기의 면적은 직경이 90센티미터 정도밖에 되지 않았지만, 학자들은 그가 기대어 자거나 쉴 만한 난간이 있었을 것으로 본다. 음식과 물은 제자들이 사다리를 놓고 올려주었다고 한다.

성 안토니우스와 성 시므온이 대표적인 인물이지만, 4세기 초에는 그들의 제자들을 비롯한 상당수의 그리스도교인이 은둔수도 생활을 하였다. 알렉산드리아 남서부의 니트리아 사막에서 시작해 나일 삼각주로 들불처럼 번진 이들의 은둔수도는 점차 스케테 사막의 동굴과 암자들로 확대되어갔다. 학자들은 그리스도교 수도사들의 삶의 형식을 수도원주의monasticism라고 하는데,[o] 그중에서 완전히 홀로 사는 은수사들의 수도생활에는 두 가지 공통된 특징이 있다. 1) 하나는 세상에 대한 병적인 혐오다. 그래서 그들은 단순히 도시와 촌락을 떠날 뿐 아니라, 성 시므온과 같이 기둥 위로 올라가거나, 아니면 나무 위로 올라가 살았다. 세속으로부터 단 한 발짝이라도 더 멀어지려는 것이 그들의 뜻이다. 2) 다른 하나는 육체와 육적 욕망에 대한 극단적인 능멸이다. 그래서 그들은 육신의 모든 욕망을 없애기 위해 자학적인 금욕과 고행을 스스로 감행하였다.

은수사들은 자신의 육체를 씻거나 단정히 하는 것을 오히려 부끄럽게 여겼고, 마치 인도의 고행수행자들처럼 거의 벗은 몸으로 살거나 바위에 몸을 묶는 등, 스스로에게 고통을 가하는 것을 자랑스럽게 생각했다.[3] 금식도 그중 하나였다. 예컨대 은수자 알렉산드리아의 이시도루스Isidorus of Alexandria는 고기는 아예 바라보지도 않았고 결코 포식하지 않았으며, 오랜 금식 끝에 살기 위해 음식을 조금 먹는 것조차 부끄러워 식탁 앞에서 종종 눈물을 흘렸다. 그뿐 아니라 대 마카리우스Macarius Magnus는 일주일에 한 번만 식사를 했으며, 잠도 선 채로 장대에 기대어 잤다고 한다.[4]

은수사들의 상상을 초월할 만한 고행에 경의를 표한 수많은 이콘icon(동방정교의 성화상)들이 남아 있은데, 그중에는 성 안토니우스와 성 시므온의 이콘이 가장 많다. 또 이들의 수도생활은 서방교회에도 알려져 높이 평가받았기 때문에 부오나로티 미켈란젤로, 폴 세잔, 살바도르 달리 같은 서방의 거장들도 성 안토니우스의 수도생활을 주제로

○ 이집트에서 시작된 초기 수도원주의에는 세 가지 주요한 형태의 수도 생활이 출현했다. 1) 완전히 홀로 생활하는 은수사의 형태, 2) 서로 돕기 위해 근처에 모여 사는 독거자들의 형태, 3) 여럿이 한 집에 모여 사는 공주共住 수도원 형태가 그것이다.

하는 작품을 다수 남겼다.° 여기서 우리가 주목하고자 하는 것은 이들이 왜 그런 생활을 했느냐 하는 것이다. 은수사들이 행한 병적인 은둔과 극단적인 금욕 그리고 자학적인 고행은 이교도들의 도덕적 영웅주의에 오히려 가깝고, 엄밀히 말하자면 성경의 가르침과 그리스도교 교리에서 벗어나는 것이었다. 그렇다면 그들은 왜 그런 일을 수십 년씩이나 계속했을까? 이번 에피소드는 여기에서부터 시작하자.

낯설고 세속적인 것들과의 이별

• • •

그리스도교 역사를 들여다보면, 4세기 초부터 오늘날 우리가 수도원주의라 부르는 새로운 물결이 일어나기 시작했다. 다양한 개별적인 이유들이 있었지만,°° 주되고 공통적인 원인은 교회의 급속한 세속화 때문이었다. 특히 콘스탄티누스Constantinus, 306~337 재위 황제가 313년

° 서방에 수도원주의가 최초로 보급된 것은 4세기에 활동한 위대한 신학자인 알렉산드리아 주교 아타나시우스Athanasius, 295~373의 저서《안토니우스의 생애》가 라틴어로 번역되어 서방교회에 알려진 것이 계기가 되었다.(360년경) 이후 밀라노의 주교 암브로시우스Ambrosius, 339~397, 최초의 라틴어 성서인 불가타Vulgate 성서의 번역자 히에로니무스Hieronymus, 347~419, 그리고 아우구스티누스 등이 수도원주의를 옹호함으로써 서방교회에도 수도원주의가 정착되기 시작했다. 그러나 사막의 은수사들이 행했던 극단적인 은둔과 금욕생활은 시간이 흐름에 따라 동방에서마저 사양길에 들어서고, 서방교회에서는 극히 예외적인 것으로 간주되었다.

°° 필립 샤프는《교회사 전집》에서 "수도원주의의 확산과 가치를 평가할 때는 대중을 타락시키는 극장의 악영향, 과중한 세금, 노예제도, 끊이지 않는 내전, 그리고 로마제국의 절망적 상태를 모두 감안해야 한다"(《교회사 전집》 3권, 156쪽)고 주장했다.

에 〈밀라노 칙령〉을 발표하여 그리스도교를 승인하자 교회는 완전히 새로운 국면으로 접어들었다. 모진 박해 속에서 순교로 맞서며 어렵게 성장했던 교회가 여러 가지 특권을 누리고 많은 신도들과 부富를 갖게 되자 세속화를 피할 수 없었던 것이다.

황제들이 교회에 간섭하기 시작했고, 교황과 주교들은 그들과 타협했고, 성직자들은 로마, 안디옥, 알렉산드리아를 거점으로 편을 갈라 삼위일체 논쟁과 그리스도론 논쟁에 뛰어들었다. 그러자 그리스도인들은 이들의 세속화에서 예수가 마지막 날 빌라도에게 "내 나라는 이 세상에 속한 것이 아니니라"(요한복음 18:36)면서 대했던 태도와는 전혀 다른 모습을 발견했다. 이에 환멸을 느낀 신실한 성직자들과 신도들이 불꽃같았던 순교시대의 신앙을 되살리기 위해 교회를 등지고 사막으로 나가 은둔하여 명상, 기도, 금욕생활을 시작했던 것이다.

그런데 문제는, 앞에서 언급했듯이 은수사들의 이러한 세상에 대한 극단적 혐오와 육체에 대한 병적인 능멸이 성경의 가르침과 정통 그리스도교 교리에서 벗어난다는 데에 있다. 4~5세기에 살았던 '5인의 위대한 교회 지도자' 가운데 하나인 암브로시우스나 히에로니무스와 같은 수도원주의 옹호자들은 구약성서에 등장하는 엘리야, 엘리사와 같은 선지자들 그리고 신약성서에 나오는 세례 요한을—그들이 광야에서 살았다는 이유를 들어—수도원주의의 아버지로 제시하지만, 설득력이 약하다. 왜냐하면 신구약성서는 이들이 세상에 끼친 영향을 소개할 뿐, 우리가 구체적으로 본받아야 할 모범으로 가르치지 않기 때문이다.[5]

더욱 중요한 사실은 성서와 그리스도교가 신자들의 삶의 모범으로 제시하는 예수는 수사나 은수사, 또는 어떤 유형의 세상혐오자나 금욕주의자가 아니었다는 사실이다. 또한 그런 식의 삶의 방식을 직접 권장하거나 교훈한 적이 없다. 예수가 세상과 사람들을 꾸짖을 때에도 혐오해서가 아니고 오히려 사랑해서 '세상을 하나님 나라로', '사람들을 하나님의 백성'으로 변화시키려 그랬다는 것이 정통 그리스도교 교리다. 그렇다, 은수사들이 행한 사막에서의 수도생활은 예수와 그가 준 가르침에서 어긋날 뿐 아니라 심지어는 거스르는 삶의 방식이었다.

구체적인 예를 하나 들자면, 예수는 "네 마음을 다하고 목숨을 다하고 뜻을 다하여 주 너의 하나님을 사랑하라 하셨으니 이것이 크고 첫째 되는 계명이요, 둘째도 그와 같으니 네 이웃을 네 자신같이 사랑하라"(마태복음 22:37~39)라는 새 계명New Commandment을 제자들에게 주었다. 그런데 사막에서 홀로 사는 은수사들의 삶은 이 계명 가운데서 전자인 '하나님 사랑'은 구현할 수 있을지 모르지만, 후자인 '이웃 사랑'을 실천할 수는 없다는 심각한 문제를 안고 있었다. 그렇다면 그들은 무엇 때문에 예수의 계명까지 거스르면서 사막으로 나가 육체의 쾌락과 세속적 삶을 포기하고 상상조차 할 수 없는 고통을 스스로 감내하는 생활을 하게 된 것일까? 이것은 단순히 세속화된 교회로부터 벗어나려 했다는 말로는 더 이상 설명이 되지 않는다. 그렇지 않은가?

그래서 말인데, 혹시 그것이 유대교 전통에서 나온 것은 아닐까? 은수사들이 예를 들어 기원전 1세기경에 '사해사본Dead Sea Scroll'이 발견된 쿰란Qumran°과 같은 한적한 사막에서 공동체를 형성하여 살

° 쿰란은 사해 북서쪽에 위치한 키르벳에 있다. 1947년에 이곳 부근의 동굴들에서 오늘날 보통 '사해사본'이라고 부르는 수사본들이 발견되었다. 주변의 화강암 테라스

았던 에세네파Essenes 유대인들의 정신을 이어받은 것은 아닐까 말이다. 그런데 아니다. 에세네파 유대인들은 종말론자였다. 그래서 그들은 사막으로 나가 공동체를 이루어 금욕과 기도, 명상생활을 하고 살며, "새 예루살렘"과 "새 성전"이 실현될 '시대의 징조'를 식별하기 위해 예언들을 연구하는 데 몰두했다. 그러나 사막으로 나갔던 4세기 은수사와 그들을 따르는 그리스도인들은 종말론자가 아니었고, 시대의 징조를 알려고 성서 연구에 매달리지도 않았다. 그렇다면 은수사들의 극단적인 현세 부정과 자기 부정은 도대체 어디에서 기인했을까?

수도원주의 옹호자들은 밝히기를 선뜻 내켜하지 않지만, 4, 5세기 동방의 은수사들이 행한 은둔과 금욕생활에는 다른 이론적 근거와 이유가 있었다. 우리는 그 답을 초기 그리스도교 신학에 지대한 영향을 미친 신플라톤주의에서 찾을 수 있다. 신플라톤주의자들은 욕정에 물든 자신의 육체에 대한 능멸과 죄악에 찌든 세상에 대한 혐오, 곧 자기 부정과 현세 부정을 통해서만 구원에 이를 수 있다고 믿었다. 그것은 플로티노스가 내세운 신플라톤주의의 강령이기도 했다. 은수사들은 특이하게도 예수의 계명보다 플로티노스의 강령을 따른 것이다. 이러한 사실은 소크라테스 스타일 이팩트라는 이름으로 서양 사유의 계보를 추적하는 우리의 이야기에서 매우 중요하다. 그래서 약간의

들에 대한 고고학적 탐사에 의해 건축물들, 목욕탕, 저수탱크, 도자기 작업장 등이 발견되었는데, 이들로 미루어 기원전 100년에서 기원후 68년까지 이곳이 에세네파 공동체의 주거지로 쓰였다는 것이 밝혀졌다.

설명을 덧붙이자면, 다음과 같다.

성서와 그리스도교 신학은 물질과 그것으로 창조된 세상만물—여기에는 당연히 인간의 육체도 포함된다—을 선하고 아름답다고 본다. 〈창세기〉에서 신이 매번 창조 때마다 "보시기에 좋았더라"(창세기 1:1~31)라고 한 말이 그 시원적 근거다. 비록 아담의 범죄 이후 인간과 만물이 모두 타락했지만, 그 본질은 변하지 않았다는 것이 그리스도교 신학이 견지하는 입장이다. 사도 바울이 인간이 타락했음에도 여전히 신의 형상을 갖고 있으며(고린도전서 11:7), 땅과 거기에 충만한 것이 모두 신의 것이고(고린도전서 10:26), 창조된 세계가 아직도 신에 대해 말한다(로마서 1:19~20)고 교훈한 것이 그래서다. 한마디로 "하나님께서 지으신 모든 것이 선하다"(디모데전서 4:4)는 것이다.

초기 그리스도교 신학이 신플라톤주의에서 지우려야 지울 수 없을 만한 영향을 받았음에도 불구하고, 그것과 확연히 갈라서는 분기점 가운데 하나가 바로 여기다. 왜냐하면 플로티노스는—자신의 주장이 자신의 다른 이론들과 때로 모순되며, 자신의 영원한 지표였던 플라톤의 원리에서 벗어남에도 불구하고—인간의 육체와 물질을 추하고 악한 것으로 보았기 때문이다.(《엔네아데스》, 1.8.3~14, 2.4.16) 그래서 플로티노스는 신과의 합일을 위한 도덕적 훈련, 금욕, 신비체험 등을 강조했다. 3장의 '자연의 사다리에서 야곱의 사다리로'에서 이미 살펴보았듯이, 그는 이 같은 수행과정을 "낯설고 세속적인 것들과의 이별이며, 세속적 쾌락을 초월한 삶이고 단독자로서 단독자로의 비행이다"(《엔네아데스》, 6.9.11)라고 표현했다. 이것이 은수사들이 은둔, 금욕, 기도, 명상을 통해 수행한 자기 부정과 현세 부정의 기원이다.

여기서 만일 당신이 프롤로그에서 살펴본 에로스의 사다리에 대한 소크라테스와 플라톤의 입장 차이를 다시 떠올려본다면, 그리스도교 수도사들의 은둔과 금욕의 생활을 이해하는 데 적지 않게 도움이 될 것이다. 결핍에서 풍요로 향하는 에로스의 상승은 분명 '지상의 것의 빼기'와 '천상의 것의 더하기'를 동시에 해야 하는 이중운동이지만, 이 운동에서 소크라테스는 '지상의 것의 빼기'에 중점을 두었고, 플라톤은 '천상의 것의 더하기'에 방점을 찍었다. 그리고 "꿈속에서도 플라톤의 공리를 해석하곤 했다"는 플로티노스가 여기서만은 플라톤과 기꺼이 결별하고 소크라테스가 개척한 빼기의 길을 따랐다.

그리고 이 차이가 그리스도교에 들어가 서방신학과 동방신학의 차이로 드러났다. 이 말은 빼기를 본질로 하는 소크라테스 스타일 이팩트가 동방교회에서, 더하기를 본질로 하는 플라톤 스타일 이팩트는 서방교회에서 상대적으로 더 강하게 나타났다는 것을 의미한다.° 이 같은 사안을 학적으로 정리해 동방교회 신학뿐 아니라 서방교회 신학에도 커다란 영향을 끼친 위대한 신학자가 있었다. '위-디오니시우스'라고 불리는 사람이다.

° 여기에서 '상대적'이라는 표현을 쓴 것은 요하네스 스코투스 에리우게나, 토마스 아퀴나스, 마이스터 에크하르트와 같은 서방 신학자들도 "알 수 없는 신unknowable God"에 대해 언급하면서 '부정의 길'에 대해서도 소개했기 때문이다. 특히 토마스 아퀴나스는《신학대전》에서 인간이 신을 인식하는 방법으로 '긍정의 길', '부정의 길', '유추의 길via eminentiae'을 소개하면서, 위-디오니시우스의 글을 1,760번이나 인용했다.

긍정의 길, 부정의 길

• • •

신약성서에는 사도 바울이 오늘날 아레오파기타Areopagita라고 불리는 아레오바고에서 설교한 다음에 디오니시우스라는 사람이 그 뒤를 따랐다는 기록이 있다.(사도행전 17:34) 그런데 이후 500년쯤 지난 6세기 초에 아레오바고의 디오니시우스Dionysius of Areopago라는 이름으로 쓰인 그리스어 저술이 여러 권 발견되었다. 《신의 이름들》, 《신비신학》, 《천상의 계층구조》, 《교회의 계층구조》와 10개의 〈서신〉 등이다. 오늘날도 남아 있는 이 저술들에는 플로티노스가 그리스도교 신학에 끼친 가장 큰 영향으로 평가되는 부정신학Negative Theology이 체계적으로 정리되어 있다. 때문에 곧바로 중요한 그리스도교 문서로 인정되어 널리 읽혔다.

15세기에 와서야 이 저작들이 바울의 동반자인 아레오바고의 디오니시우스의 저술이 아닌 것이 밝혀졌다. 당시 학자들은 5세기 말~6세기 초에 살았던 시리아의 한 이름 모를 수도사가 그 이름을 빌려 저술했던 것으로 추정했다. 그때부터 학자들은 이 신비로운 수도사를 '위-디오니시우스Pseudo-Dionysius'라는 이름으로 부르기 시작했다. 플로티노스의 일자 형이상학을 그리스도교 신학에 깊숙이 접목한 그의 저술들에는 카파도키아의 위대한 세 교부Three Great Cappadocians°와

° 카파도키아의 위대한 세 교부란 동방정교의 기반을 닦은 카이사레아 주교 바실리우스Basilius Magnus, 300~379, 그의 동생이자 니사의 주교인 그레고리우스Gregorius Nyssenus, 335~394, 그리고 이들 형제와 친교를 나눈 콘스탄티노플 대주교 나지안주스의 그레고리우스Gregorius Nazianzenus, 329~389를 가리킨다.

프로클로스Proklos, 410~485에 이어 동방교회 신학을 구축하는 데 크게 기여할 만큼 새롭고도 중요한 내용들이 들어 있다. 그래서 오늘날 신학자들은 위-디오니시우스를 비잔틴 형태의 동방신학의 개척자이며, 그리스적 신플라톤주의의 주요한 매개자로 평가하고 있다.

위-디오니시우스는 우선 우리의 정신이 신에게로 나아가는 길, 곧 신을 인식하는 방법을 '긍정kataphasis'과 '부정apophasis', 두 가지로 나누었다. 중세신학자들은 '긍정의 길via positiva'과 '부정의 길via negativa'이라고도 일컬었는데, 그는 각각에 대해 긍정신학, 부정신학이라 이름 붙였다.(《신비신학》, 3) '긍정의 길'이란 신의 속성에 부합하는 요소를 예컨대 '신은 선하다', '신은 능력이 있다'와 같이 하나씩 긍정문 형식으로 밝혀나가는 방법이다. 위-디오니시우스는《신의 이름들》에서 이 방법에 의해 선, 스스로 존재하는 자, 생명, 예지, 능력… 등과 같은 명사들이 어떻게 신에게 적용될 수 있는가를 밝혔다.

> 그러면서도 성경기자들은 (신에게) "스스로 있는 자", "생명", "빛", "하나님", "진리" 등 많은 이름을 부여합니다. 지혜로운 성경기자들은 존재하는 모든 것의 원인이 되시는 분을 찬양할 때, 그분으로 인해 존재하게 된 모든 것에서 끌어낸 이름을 사용합니다. 선한 이, 아름다운 이, 지혜로운 이, 사랑하는 자, 신의 신, 주의 주, 지극히 거룩한 자, 영원하신 하나님, 스스로 있는 자 …(《신의 이름들》, 6)

이 말은 성경에 기록된 신의 이름은 인간을 포함한 세상 만물이 지닌 모든 긍정적 가치들—예컨대 존재, 빛, 생명, 진리, 선함, 아름다움 등—에서 끌어낸 것이라는 뜻이다. 왜냐하면 신이 그 모든 가치들의 원인이자 정점頂點이기 때문이다. 따라서 신에 대해 '선한 이'라 부르는 것은 우리가 인식할 수 있는 '선'을 근거로 그것의 완전한 형태, 곧 선의 극한의 형태로서의 선을 가정하고 하는 말이고, 마찬가지로 우리가 신을 '능력 있는 이'라 부를 때도 그것은 우리가 상상할 수 있는 '능력'의 최고의 형태, 곧 전지전능全知全能을 가정하고 지칭하는 것이라는 말이다.

후일 캔터베리 대주교 안셀무스나 성 토마스 아퀴나스와 같은 서방교회 신학자들이 기꺼이 이어받은 긍정의 길은 이데아가 그의 피조물에게 '부분적으로' 들어 있다分有는 플라톤의 분여이론을 근거로 하고 있다. 이 경우 신과 그의 피조물은 예컨대 그의 선함이나 능력에서 '양적으로만 차이가 날 뿐 질적으로는 차이가 없다'는 것이 전제되어 있다. 이 같은 전제 아래 안셀무스Anselmus, 1033~1109는 신을 "최고 본질, 최고 생명, 최고 이성, 최고 행복, 최고 정의, 최고 지혜, 최고 진리, 최고 신성, 최고 위대, 최고 미, 최고 불사성, 최고 불변성, 최고 복락, 최고 영원성, 최고 권능, 최고 일자성一者性"(《모놀로기온》, 16)이라고 규정했다.

이 최고의 가치로부터 부분적으로 부여받은 것이 세상 만물이 지닌 가치(본질, 생명, 이성, 행복, 정의, 지혜 등)다. 때문에 인간의 가치는 모두 신에게서 그의 은총으로 오는 것이며, 구원 역시 오직 그것을 통해 이뤄진다. 따라서 인간은 마땅히 그 같은 가치들을 '더해가면서' 살아야 한다. 요컨대 우리가 보통 미덕이라 하는 그리스도교적 가치를 실천하면서 살아야 한다. 이것이 긍정의 길이라는, 가톨릭과 프로테스탄트가 속한 서방교회 신학의 기본틀이다.

부정의 길은 다르다. 이 길은 신이 그의 피조물과 모든 면에서, 다시 말해 '양적으로뿐만 아니라 질적으로도 아주 다르다'는 데서 시작한다. 19세기 덴마크의 철학자 쇠렌 키르케고르Søren Kierkegaard, 1813~1855가 "신과 인간 사이의 절대적 상이성"이라 표현하고,[6] 20세기 스위스 출신의 신학자 카를 바르트Karl Barth, 1886~1968가 "신은 하늘에 있고, 너는 땅 위에 있다"라는 말로 선언한, 신과 인간 사이에 놓인 "무한한 질적 차이" 때문에,° 긍정의 길로는 신적 본질에 도저히 도달할 수 없다는 것이다. 그의 초기 신학에서 부정의 길을 선호했던 바르트는 이 말을 다음과 같이 했다.

> 모든 인간적인 것에 무한한 질적 차이로 대립하고 있으며 우리가 신이라고 부르고 알고 체험하고 경배하는 것과 결코 일치하지 않는 (분), 모든 인간적 불안정에 대한 무조건적 정지! 모든 인간적 안정에 대한 무조건적 정지! 우리의 부정 속의 긍정! 우리의 긍정 속의 부정! 처음 그리고 나중, 그 자체로서 알려지지 않은 분, 결코 우리에게 알려진 여러 것 가운데 큰 것이 아닌 분, 주, 창조자, 구원자 하나님—살아 계시는 하나님이다.[7]

이로써 우리가 이해할 수 있는 대상으로서의 신은 사라지고, 그런 신에게 의지하는 통속적 신앙은 인간적인 것, 거짓된 것, 위선적인 것, 무의미한 것이 되어버린다. 일찍이 아우구스티누스가 "네가 신

° 카를 바르트가 그의 《로마서 강해Der Römerbrief》 2판(1921) 서문에서 특히 강조한 신과 인간 사이의 무한한 질적 차이라는 개념은 키르케고르에게서 얻어온 것이다.

을 파악하지 못한다는 것이 뭐 그리 놀라운 일인가? 만일 네가 그분을 파악한다면, 그분은 신이 아니다qui mirum si non comprehendis? Si enim comprehendis, non est deus"[8]라고 천명한 것이 그래서고, 키르케고르가 그리고 바르트가 당시의 세속화된 교회와 신학과 싸운 것도 그래서다. 위-디오니시우스는 신에게 다가가기에는 긍정의 길보다 부정의 길이 더 좋은 방법이라면서, 같은 말을 다음과 같이 했다.

> 나는 신에 대해 말하는 이 두 번째 길(부정의 길)이 훨씬 적절하다고 생각합니다. 왜냐하면 은밀하고 거룩한 전승이 가르치듯이, 신은 존재하는 것들과 같지 않으며, 우리는 신의 불가해하고 표현할 수 없는 초월성과 불가시성에 대해 전혀 알지 못하기 때문입니다.(《천상의 계층 구조》, 1. 3)

'부정의 길'은 신의 속성에 부합되지 않는 요소들을 하나하나 밝혀 제거해감으로써 신의 본질을 인식하는 방법이다. 예를 들자면, '신은 거짓되지 않다', '신은 악하지 않다', '신은 광폭하지 않다'와 같이 신에게 합당치 않은 요소들을 부정해나가는 것이다. 이러한 지속적인 '제거의 방법'에 의해서 신에 대한 우리의 인식은 점점 더 '불가해한 어둠tenebrae incogniscibitatis'에 빠지게 되며, 결국에는 신의 본질에 대한 '절대적 무지'에 도달하게 된다. 위-디오니시우스는 이 말을 다음과 같이 했다.

> 우리가 위로 오를수록 우리의 단어들은 우리가 형성할 수 있는 개념들로 한정됩니다. 이제 우리는 지성을 초월하는 어둠으로 뛰어들면서, 우리에게는 단어만 부족한 것이 아니라, (신에 대해서는) 우리가 일체의 언급

을 못할 만큼 무지하다는 것을 깨달을 것입니다.(《신비신학》, 3)

부정의 길은 이렇듯 인식론적으로는 소득이 거의 없다. 그러나, 또 그렇기 때문에 윤리적 또는 종교적으로는 결과가 오히려 풍성하다. 프롤로그에서 이미 밝혔듯이, 도덕이나 종교에서는 '해야만 하는 것'을 아는 것도 중요하지만, '하지 말아야 하는 것'을 아는 것이 그보다 더 우선적이고 중요하기 때문이다.

자기 부정을 통한 자기 긍정

• • •

동방정교 신자들은 사유에서뿐 아니라 삶에서도 당연히 '부정의 길'을 따라야 한다. 이 말은 신자들이 신의 개념에서 제거되어야 하는 모든 개념들—예컨대 거짓, 악함, 술 취함, 광폭함 등—을 그들의 삶에서도 하나씩 제거해가야 한다는 것을 뜻한다. 그럼으로써 모든 인간적 쾌락, 현세적 욕망, 그리고 이성적 사고마저도 버리고 결국에는 금욕과 침묵 속에서 관조하는 '자기 부정', '자기 비움'의 상태에 이르러야 한다. 그래야만 신을 향해 점점 상승할 수 있으며 궁극에는 신과 합일하는 '헤노시스henosis'에 이를 수 있다는 것이 동방정교의 핵심 교리다.

이 같은 과정을 동방정교에서는 "케노시스kenosis에 의한 테오시스theosis"라는 한마디로 정의한다. 이 말이 본디 뜻하는 바는 그리스도의 성육신을 통한 인간의 구원, 곧 '신의 세속화secularization에 의한 인간의 신성화sanctification'라는 구원의 메커니즘이다. 같은 말을 동방교회의 성인 금욕자 마가Mark the Ascetic는 "육신으로 하여금 말씀이 되게 하기 위하여 말씀이 육신이 되게 하셨다"라고 표현했다. 그런데 성육신, 곧 신의 세속화란 무엇인가, 그것이 신의 자기 비움, 자기 부정이 아니라면?

그렇다면 그리스도의 형상을 닮아가는 것이 목적이자 의무인 동방정교 신도에게 케노시스는 자신을 비우고 자기를 낮추는 최고의 '자기 부정'을 실행하는 것을 뜻한다. 반면에 신성화를 의미하는 테오시스는 그리스도의 형상을 닮아감으로써 신에게 다가가는 최상의 '자기 고양自己高揚' 내지 '자기 긍정'을 이뤄내는 것을 의미한다. 루마니아에서 태어나 정교회의 영향을 받고 자란 현대 종교학자 미르체아 엘리아데Mircea Eliade, 1907~1986는 《세계종교 사상사》에서 이 말을 다음과 같이 정리해 설명했다.

> 참으로 동방정교회 신학의 중심교리라고 할 수 있을 만한 것, 즉 '테오시스Theosis'(인간의 신성화)라는 관념은, 일면 그것이 사도 바울이나 요한 복음 등의 성서적 원천에 의존하는 측면이 있기도 하지만, 실은 대단히 독창적인 사상이다. 신성화가 곧 구원이라는 이 개념은 성육신에서 비롯된 것이다. (…) 다시 말하면 말씀logos의 성육신으로 말미암아 테오시스가 가능할 수 있었다. 하지만 이는 항상 신의 은총에 의해 수행된다. 이러한 사실은 동방정교회에서 내면적 기도(후에는 '방해받지 않는 기도'가 강조됨)와 명상 및 금욕생활이 중요시되는 까닭을 잘 설명해준다. 테오시스는 신비적 빛에 대한 경험을 수반하거나 또는 그 뒤에 뒤따라 일어난다.[9]

그럼 정리해보자. '케노시스에 의한 테오시스'란 무엇을 의미하는가? 또 엘리아데가 "사도 바울이나 요한복음 등의 성서적 원천에 의존하는 측면이 있기도 하지만, 실은 대단히 독창적인 사상"이라 한 것은 무엇을 뜻하는가? 그것은 다름이 아니다. 소크라테스와 플로티노스가 교훈한 에로스의 사다리를 밟아 결핍에서 풍요로 향하는 영혼의 상승운동을 의미하는 것이다. 지상의 것의 빼기를 통한 천상의 것의 더하기를 하는 이중운동을 말하는 것이다. 그것은 플로티노스가 제자들에게 교훈한 도덕적 훈련, 명상 및 금욕을 통한 신과의 일치henosis이자, 지금도 동방정교회가 신자들에게 권면하는 '자기 부정을 통한 자기 긍정'을 뜻하는 말이다.

그렇다. 바로 그것이다. 전 세계에 퍼져 있는 2억 명가량의 동방정교 신자들은 오늘도 바로 이런 방식으로—다시 말해 삶의 방식으로서의 소크라테스 스타일을 지향하며—살아간다. 그렇다면 성 안토니우스와 주상성인 시므온을 비롯한 동방정교 수도사들이 그들의 수도생활을 통해 우리에게 교훈하고자 하는 것이 무엇이겠는가? 자기 부정을 통한 자기 긍정이 아니겠는가? 그런데 사실인즉 그 얼마나 낯설고 거북스런 말인가? 게다가 우리가 사는 현대는 자기 긍정의 시대가 아닌가? 자기 자신을 북돋우고 내세우며 살아가도 부족한 시대가 아닌가? 자기 부정을 통한 자기 긍정이라니, 너무나 시대착오적인 발상이 아닌가?

그렇다, 나도 그렇게 생각한다. 그런데 지금이야말로 은둔, 금욕, 기도, 명상을 통해 자기 부정과 현세 부정을 수행하는 수도사들의 삶의 태도를 배워야 할 때라고 강조하는 엉뚱한 사람이 있다. 누구냐고? 〈디 아메리칸 컨서버티브〉의 선임 편집인이자 작가인 로드 드레허Rod

Dreher다. 그는 종교적으로는 정교회 신자이고 정치적으로는 보수주의자다. 때문에 2017년에 펭귄 랜덤하우스에서 발간한 그의《베네딕트 옵션》에는 종파적인 또는 정치적인 색깔이 짙은 주장들이 들어 있다. 나는 그것에는 관심이 없다. 아마 당신도 그럴 것이다. 소개하고자 하는 내용은 그가 왜 포스트모던 시대, 자기계발의 시대를 살아가는 오늘날 우리에게 고대와 중세 수도사들이 감행했던 자기 부정과 현세 부정이 필요하다고 말하는 것이며, 그 의미가 무엇인가 하는 것이다.

드레허는 오늘날 우리가 사는 시대를 파편화, 두려움, 방향 상실, 표류하는 삶 등이 지배하는 '암흑의 시대'로 규정한다. 그래서 그는《덕의 상실》의 저자인 스코틀랜드 출신의 저명한 도덕철학자이자 탁월한 그리스도교 윤리학자이기도 한 알래스데어 매킨타이어Alasdair MacIntyre의 주장을 해결책으로 받아들인다.

거기에는 나름의 이유가 있다. 일찍이 매킨타이어는 서구문명이 자신을 지탱할 수 있는 개선장치를 상실하여 전통적 덕에 입각해 삶을 영위할 수 없게 되었다고 판단했다. 그리고, "6세기 서구 수도원주의의 아버지 누르시아의 성 베네딕투스St. Benedictus von Nursia, 480?~550가 로마문명의 붕괴에 대한 응답으로 수도회를 창건한 것처럼" 공동체적 삶을 영위하기 위한 새로운 길을 고안해야 한다는 것을 주장했다. 그는《덕의 상실》에서 다음과 같이 강조했다.

> 만약 덕의 전통이 지난 암흑시대의 공포를 극복할 수 있었다면, 우리가 희망을 걸 수 있는 근거가 전혀 없는 것은 아니다. 그러나 이번에는 야만인들이 경계선 바깥에서 기다리고 있지 않다. 그들은 이미 오래전부

터 우리를 지배하고 있다. 그리고 이러한 곤경의 일부를 구성하는 것은 다름 아닌 이러한 사실에 대한 의식의 결여다. 우리는 고도를 기다리고 있는 것이 아니라 다른—의심의 여지 없이 전혀 상이한—성 베네딕트를 기다리고 있는 것이다.[10]

드레허는 매킨타이어의 이러한 주장에 크게 공감하고, 매킨타이어가 제시한 이른바 "전략적 후퇴", 즉 성 베네딕투스가 행한 것처럼 자발적으로 세상의 변방으로 물러남으로써 오히려 세상에 영향을 끼치는 전략을 '베네딕트 옵션'이라 이름 지었다. 그리고 그것을 '암흑의 시대'를 살아가는 오늘날 우리가 받아들여야 할 삶의 방식으로 내세웠다. 세속의 부정을 통해 세속의 긍정을 이끌어내자는 전략이다.

그는 이탈리아로 날아가, 성 베네딕투스의 출생지인 노르차Norcia(누르시아의 현재 지명)에 있는 베네딕트 수도원을 방문해 수도사들과 인터뷰를 가졌다. 그리고 그들의 입을 통해 지금 우리에게 왜 전략적 후퇴가 필요한지에 대해 직접 묻고 들었다. 대강 다음과 같은 내용들이다.

이 수도원과 수도원 내 기도의 삶은 현대 체제에 대한 반박의 표시로 존재한다. 가드레일guardrail이 사라진 채 세계는 절벽을 질주하고 있는데, 우리는 현대 생활의 조명과 움직임에 너무도 깊이 현혹되어서 그 위험성을 깨닫지 못한다.[11]

어떤가? 공감할 수 있는 내용이 아닌가? 로마문명의 붕괴까지는 아닐지라도, 페스트에 의한 중세문명의 붕괴까지는 아닐지라도, 오늘날 우리의 삶과 사회는 분명 위험해졌고 무너져 내리고 있기 때문이다. 드레허가 내놓은 해법은 질서, 기도, 노동, 금욕, 안정성, 공동체적 삶 등과 같은 '베네딕트 규칙The Rule of St. Benedict'을 개인의 삶뿐 아니라 가정, 교회, 사회에 이식하자는 것이다. 코로나바이러스감염증-19 팬데믹을 겪은 요즈음에는 그의 이 같은 확신과 주장이 더 강해졌을 것이라 짐작할 수 있다.

물론 그가 제안한 구체적인 내용에 대해서는 이견이 있을 수 있다. 그러나 "수도승들이 이 세상을 거부했지만, 여기에는 단지 부정만 있는 것이 아니라 긍정 또한 있다"면서 "규칙의 목적은 당신을 자유롭게 하기 위한 것입니다. 이것이 사람들이 선뜻 이해하지 못하는 역설입니다"라는 베네딕트 수도사의 말이 무엇을 의미하는가를 적어도 우리는 이해할 수 있다. 이 역설paradox이 바로 동방정교의 핵심교리인 '자기 부정을 통한 자기 긍정'의 역설이자, 부수적인 것을 빼내야만 본질적인 것을 얻을 수 있다는 소크라테스 스타일이 가진 역설이기 때문이다. 또한 그 역설이 우리의 사유와 삶에 무엇을 할 수 있는지도 우리는 이미 살펴보아 알고 있기 때문이다.

11장

미켈란젤로, 칸딘스키 — 제거

Michelangelo(1475~1564), Kandinsky(1866~1944), 미술

내가 말하는 형상의 아름다움이란
많은 사람들이 예상함직한 생명체나
그것을 재현한 그림의 아름다움을 뜻하는 것이 아닐세.
– 소크라테스

로마에서 북서쪽으로 233킬로미터 떨어진 구릉지대에 아르노강江이 가로지르는 아름다운 '꽃의 도시' 피렌체가 있다. 이 도시가 아름다운 것은 르네상스 시대에 지어진 산타마리아 대성당과 조토의 종탑 뒤에서 오렌지 빛으로 물들다 사그라지는 저녁노을 때문만은 아니다. 한때 메디치가家의 저택이었던 팔라초 피티Palazzo Pitti 때문만도, 안젤리코의 벽화로 유명한 산마르코 미술관 때문만도, 단테의 《신곡》 가운데 한 구절이 붙어 있는 폰테베키오 다리 때문만도 아니다. 피렌체가 아름다운 것은 뭐니 뭐니 해도 아카데미아 박물관에 우뚝 서 있는 부오나로티 미켈란젤로Buonarroti Michelangelo의 〈다비드〉가 그것들 모두에 더해졌기 때문일 것이다.

1501년, 미켈란젤로는 피렌체 공화국으로부터 보기에도 아찔할 만큼 거대한 대리석 한 덩이를 넘겨받았다. 로렌초 메디치

Lorenzo de Medici, 1449~1492 이후 권력을 잡았던 사보나롤라Savonarola, 1452~1498를 몰아내고 공화정을 수립한 피렌체 시민의 자유정신을 상징하는 조각품을 만들라는 요청과 함께였다. 미켈란젤로는 초기의 몇 작품을 제외하고는 모든 조각에서 성서의 인물들을 형상화했는데, 이때 그가 선택한 인물이 다비드, 곧 구약성서에 등장하는 다윗이다. 그러나 이때 미켈란젤로가 선정한 것은 이스라엘을 부흥시킨 위대한 다윗왕이 아니라, 승산 없는 싸움에서 돌팔매질 한 번으로 거인 골리앗을 쓰러트려 왕국을 구한 청년 다윗이다. 그는 어깨에 멘 돌팔매 끈을 한 손으로 움켜쥔 채 적을 노려보는 청년 다윗이야말로 사보나롤라라는 골리앗을 쓰러트린 시민정신을 표현하기에 적합하다고 생각했던 것이다.

미켈란젤로가 받은 대리석은 서투른 전임자 두 사람이 이미 손대었다가 방치한 것이었는데, 높이가 5.5미터나 되고 재질이 뛰어났지만, 두께가 너무 얇다는 결정적 약점을 갖고 있었다. 특히 하단의 가장 얇은 곳은 45센티미터에 불과했다. 그 때문에 미켈란젤로는 다윗이 골리앗의 잘린 머리를 밟고 서 있는 〈다비드〉 상의 전통적인 형태를 어쩔 수 없이 포기해야만 했다. 그리고 1504년에 오늘날 우리가 보는 위대한 작품을 완성할 때까지 3년 동안, 오로지 그 거대한 돌덩어리에서 불필요한 부분을 섬세하게 제거해내는 작업을 했다. 그럼으로써 자유와 용기의 상징을 돌 속에서 불러냈다.

미켈란젤로 스타일

• • •

미켈란젤로는 신플라톤주의자였다. 그것은 15세기 중엽부터 이탈리아 북부에 거세게 불기 시작한 신플라톤주의 열풍 때문이었다. 1439년 피렌체의 산타마리아 대성당Chiesa di Santa Maria Novella에서 동방 비잔틴교회와 서방 가톨릭교회의 통합을 위한 종교회의가 열렸다. 탁월한 은행가이자 정치가였던 코시모 데 메디치Cosimo de' Medici가 700여 명의 동방정교 신학자들을 초대해 이뤄졌는데, 이 회의에 참석한 동방정교 신학자들이 플라톤 철학에 관심이 컸던 코시모에게 정교 신학의 토대를 이루는 그리스어 원전 43권을 선물했다. 여기에는 플라톤뿐 아니라 플로티노스, 프로클로스, 암블리코스, 위-디오니시우스와 같은 신플라톤주의자—그들은 자신들을 '플라톤주의자platonici' 라고 불렀다—들의 저술이 포함되어 있었다.

코시모는 당시 최고의 플라톤 주석가이자 신학자인 마르실리오 피치노Marsilio Ficino, 1433~1499에게 그것들의 라틴어 번역을 맡겼다. 피치노는 코시모의 후원을 받아 피렌체 근교에 있는 아담한 별장에 '플라톤 아카데미'를 세워 플라톤과 신플라톤주의자들의 저술을 번역하고, 각계 사람들을 널리 모아 정기적인 모임을 열어 르네상스를 일으키는 일에 매진했다.° 이것이 그가 열렬한 신플라톤주의자가 된 배경,

° 르네상스 시절에는 플라톤주의와 신플라톤주의의 구분이 없이 모두 플라톤주의로 싸잡아 불렀다. 그 같은 구분은 라이프니츠에 와서야 가능해졌다. 피치노는 젊은 시절에는 플로티노스, 프로클로스, 위-디오니시우스와 같이 오늘날 우리가 신플라톤주의자로 구분하는 학자들의 문헌을 먼저 섭렵했고, 정작 플라톤의 저작들은 오히려 그것들을 통해 접했는데, 그것이 당시의 일반적인 풍조였다.

곧 이 책에서 말하는 소크라테스 스타일을 받아들이게 된 계기였다.

독일 출신의 저명한 미술사학자 에르빈 파노프스키Erwin Panofsky, 1892~1968에 의하면, 신플라톤주의는 미켈란젤로가 조각을 하는 방법이자 삶을 살아가는 방식이었다. 그는《도상해석학연구》에 다음과 같이 기술했다.

> 미켈란젤로는 그의 동시대 사람들 가운데 신플라톤주의를 특정한 관점에서 받아들이지 않고 전체로서 수용했던, 그리고 그의 사상을 당시 유행으로 접근하지 않음은 물론이고, 설득력 있는 철학 체계로 이해하기보다는 자기 자신을 형이상학적으로 정당화시키는 수단으로서 받아들였던 유일한 인물이다.[1]

미켈란젤로는 조각을 할 때마다 피렌체로부터 110킬로미터 정도 떨어진 카라라Carrara 채석장에서 운반해 온 새하얀 대리석을 사용했다. 삶을 육체 속에 갇힌 영혼을 자유롭게 해주는 일로 간주했던 신플라톤주의의 열렬한 추종자답게, 그는 조각을 돌 속에 갇힌 형상eidos을 자유롭게 해주는 일이라고 파악했다.

〈다비드〉를 조각할 때도 미켈란젤로는 자기 앞에 놓인 거대한 돌덩어리에서 다윗의 형상에 적합하지 않은 부분을 모두 제거함으로써 그 안에 갇혔던 자유와 용기의 상징을 드러나게 하는 식으로 작업했다. 조각이란 단순히 자연을 모방하거나 재현하는 것이 아니고 '이상idea으로 존재하는 형상'을 물질이라는 '캄캄한 감옥'의 구속으로부터 자유롭게 해주는 것, 원래 상태로 되돌리는 것, 곧 '물질 속에 존재하는 정신'을 되살리는 작업이라는 것이 신플라톤주의에 의해 다져진 그의 신념이었다.

르네상스 시대의 미술가들이 조각을 할 때 사용하는 방법에는 '첨가의 방식per via di porre'과 '제거의 방식per via di levare'이 있다. 미켈란젤로는 그중에서 육체적 노동이 극심함에도 불구하고 "높은 산의 단단한 돌petra alpestra e dura"(미켈란젤로의 시에 자주 등장하는 표현)을 가져다 그것에서 원하는 형상에 합당하지 않은 부분들을 거듭 깎아내어 만드는 제거의 방식만을 고집하는 "돌의 조각가"였다.[2] 한발 더 나아가 그렇게 만들어지지 않은 작품에는 어떠한 것에도 '조각sculptura'이라는 이름조차 붙이기를 거부했다. 미켈란젤로는 말년(1547년)에 자신이 조각하는 방식을 대리석에 새겨놓았는데, 이런 내용이 들어 있다. "덧칠을 통해 이미지를 만들어가는 것이 회화라면, 불필요한 것을 제거함으로써 만들어지는 것이 조각이다." 요컨대 제거의 방식이 미켈란젤로 스타일Michelangelo Style이다.

우리는 젊은 시절 소크라테스가 석공이었다는 것을 안다. 또 그가 아버지 소프로니스코스로부터 배운 작업방식이 제거의 방식이라는 것도 기억한다. 이 책에서는 그것을 '빼기'라 이름 붙였는데, 바로 그것이 소크라테스의 사유방식이자 삶의 방식이 되었다는 것도 역시 잊지 않았다. 미켈란젤로는 작업방식에서도, 사유방식에서도, 삶의 방식에서도 소크라테스 스타일을 따랐다. 한마디로 미켈란젤로는 16세기 이탈리아가 불러낸 석공 소크라테스였다. 이번 에피소드는 이렇게 시작한다.

가려운 곳을 긁는 것과는 전혀 다른 즐거움

• • •

400년쯤 흘러 20세기가 시작되자 "덧칠을 통해 이미지를 만들어가는" 첨가의 방식으로 구현되어오던 회화에도 제거의 방식을 고집하는 일군의 화가들이 나타나기 시작했다. 우리는 그들을 싸잡아 추상화가抽象畵家, abstract painter라 한다. 칸딘스키, 말레비치, 몬드리안, 클레와 같은 20세기 추상화가들은 눈에 보이는 감각적인 것들을 제거해나가는 작업, 달리 말해 대상의 부수적인 것들을 제거함으로써—일찍이 플라톤이 '참으로 있는 것ontos on'이라고 불렀고, 그들이 '리얼리티reality'라고 일컫는—본질적인 것을 드러내는 작업을 과감히 감행했다. 칸딘스키에게 리얼리티는 '물질 안에 갇혀 있는 정신'이고, 몬드리안에게 그것은 '지각의 한계를 넘어서는 객관적이고 절대적인 것으로서 순수한 조형'이다.

그런데 혹시 당신은 여기에서 한 가지 의문이 불현듯이 떠오르지 않는가? 20세기 추상화가들은 어떻게 '제거의 방식'이라는 미켈란젤로 스타일—거슬러서는 플로티노스 스타일, 더 거슬러 소크라테스 스타일—을 회화에서 구현하게 되었을까? 우리가 지금까지 추적해온 이 경이적인 사유와 삶의 스타일이 어떻게 회화의 영역에까지 침입할 수 있었을까 하는 의문 말이다. 단순한 우연일까? 아니면 그들도 역시 미켈란젤로가 그랬듯이 신플라톤주의에 심취해서였을까? 그것도 아니면 다른 어떤 원인이 있었던 것일까? 적어도 두 가지 원인을 조명해 볼 수 있다. 1) 하나는 근대미술의 탄생이라는 역사적 흐름에서 기인한 것이고, 2) 다른 하나는 추상미술의 본질에서 비롯된 것이다.

먼저 미술사의 흐름을 살펴보자. 멀리는 1789년에 일어난 프랑스혁명을 계기로 화가들이 역사, 종교, 신화와 같은 전통적인 주제로부터 자유로워졌다. 그리고 가까이는 1826년에 프랑스의 화학자인 조제프 니엡스Joseph Niepce, 1765~1833가 찍은 최초의 사진을 시점으로 19세기 후반부터 카메라가 널리 보급되면서 화가들은 대상을 인간의 눈에 보이는 대로 재현reappearance할 필요가 없어졌다. 그 결과 성스러운 예수의 탄생이나 부활, 풍만한 여성의 나체 옆에 놓인 먹음직스런 과일들이 회화에서 추방되었다. 한마디로 근대 이후 회화에는 '재현해야 할 스토리'가 없어졌고 '재현해야 할 모델'도 없어졌다. 요컨대 주제와 표현기법 모두에서 자유로워졌다. 이것이 근대미술modern art의 출발점이다.

근대미술은 통상 19세기 후반에서 제2차 세계대전이 끝나는 1945년 전후의 미술을 총칭한다. 로즈메리 램버트Rosemary Lambert의 《20세기 미술사》에 의하면, 주제와 표현기법 모두에서 자유로워진 20세기 화가들은 고야가 했던 것처럼 특정한 정황이나 국면을 과장해서 표현하기도 하고, 고흐처럼 통념을 깨고 화가 자신에게만 의미가 있는 예상 밖의 색을 쓰기도 하고, 쇠라처럼 색의 과학적 실험을 시도하기도 하고, 세잔처럼 시선의 움직임에 따라 포착된 대상의 일부를 재정리하기도 하고, 피카소와 입체파 화가들처럼 주제를 해체시켜 재조합하기도 하고, 표현주의자들처럼 자신의 감각과 느낌에 따라 뒤틀린 형상을 그려내기도 했다. 이런 거대한 흐름 가운데 바실리 칸딘스키를 비롯한 몇몇 화가가 오직 감각과 느낌만을 표현하기 위해 인식 가능한 주제를 아예 제거해버리고 공간을 오직 선과 색으로 메꾸는 추상미술abstract art을 탄생시켰다.[3]

러시아에서 태어나 음악을 공부했던 바실리 칸딘스키Wassily Kandinsky, 1866~1944는 1895년 모스크바에서 열린 인상파 전시회에서 클로드 모네의 〈건초 더미〉를 보고—마치 음악이 그렇듯이—인식할 수 있는 대상(풍경, 정물, 여인 등) 또는 종교적 또는 신화적 주제(숭고, 공포, 관능 등)가 아니라 느낌의 표현만으로도 회화가 될 수 있다는 것을 직감적으로 알아챘다. 음악이 소리들의 묶음만으로 아름다울 수 있듯이, 회화도 선과 색을 묶음으로 충분히 아름다울 수 있다는 새롭고 기발한 생각을 처음으로 해낸 것이다.[4] 그러나 이런 각성이 그가 창시한 추상미술로 이어지는 데까지는 15년이라는 적지 않은 숙성의 시간이 걸렸다.

1910년에 칸딘스키는 추상미술의 가능성을 발견하게 된 강렬한 체험을 다시 하게 된다. 하루는 밖에서 스케치를 마치고 해 질 무렵 돌아왔는데, 화실에 들어서자마자 그는 한쪽 벽에서 눈부시게 빛나는 아름다운 그림 한 점을 발견하고 깜짝 놀랐다. 황혼이 비추는 빛을 받아 번쩍이고 있었기 때문에 그가 그림에서 알아볼 수 있었던 것은 어떤 의미 있는 주제나 대상이 아니었고, 단지 선과 색뿐이었다. 다시 보니 그것은 얼마 전에 옆으로 눕혀 벽에 비스듬히 기대어놓았던 자신이 그린 그림이었다. 다음 날 칸딘스키는 전날의 감동을 되살려보려고 똑같이 시도해보았지만 불가능했다. 그는 당시 일을 다음과 같이 회상했다.

> 내가 그린 그림을 어제처럼 다시 옆으로 눕혀도 보았으나, 그려진 대상만 보일 뿐 어제의 색과 선으로만 된 황혼의 광채는 다시 보이질 않았다. 비로소 나는 내 그림 속의 대상이 그것을 방해하고 있다는 사실을

▲ 바실리 칸딘스키, 〈코사크〉, 1910~1911

분명히 알게 되었다.[5]

이 말이 뜻하는 것은 대상의 형태나 주제가 아름다움 자체를 인식하는 것을 방해한다는 것이다. 참된 아름다움은 오히려 그 같은 부수적인 것들—예컨대 종교화에서 예수의 수염 기른 얼굴, 인물화에서 여인의 얼굴이나 몸매, 정물화에서 꽃이나 과일—이 제거되었을 때, 무의미한 선과 색으로만 드러난다는 각성이다. 칸딘스키가 같은 해(1910~1911)에 그린 〈코사크Cossacks〉는 이 같은 성찰의 산물이다.

이 점에서 놀랍고도 흥미로운 사실은 추상미술의 본질에 관한 가장 뛰어난 고전적 표현을 플라톤의 대화록《필레보스》에 실린 소크라테스와 프로타르코스의 대화에서 찾아볼 수 있다는 것이다. 나는 칸딘스키가 《필레보스》를 읽어보았는지 아닌지 모른다. 그러나 만일 그가 보았다면, 무릎을 탁 치며 경탄했을 것이다. 플라톤이 2,400년 전에 이미 소크라테스의 입을 빌려 칸딘스키가 깨달은 추상미술의 원칙들을 조목조목 나열해놓았기 때문이다. 정말이냐고? 과연 그런지, 확인해보자.

프로타르코스 그런데 어떤 즐거움을 참된 즐거움으로 보아야 할까요, 소크라테스 선생님?

소크라테스 이른바 아름다운 색깔들, 형태들, 대부분의 향기나 소리, 간단히 말해 그것들의 결핍은 느낄 수 없고 괴롭지 않지만, 그것들의 충족은 느낄 수 있는 즐거움과 관련된 모든 즐거움일세.

프로타르코스 소크라테스 선생님, 그게 정확히 무슨 뜻인가요?

소크라테스 내가 말하는 것은 당장에는 아주 분명하지 않겠지만, 설명해봐야겠지. 내가 말하는 형상의 아름다움이란 많은 사람들이 예상함직한 생명체나 그것을 재현해놓은 그림의 아름다움을 뜻하는 것이 아닐세. 내가 말하는 것은 우리의 논의에 따르면 오히려 직선과 원, 또는 컴퍼스나 목수의 자, 직각자로 만들어낼 수 있는 평면과 입체들일세. 자네도 아마 이해하겠지. 나는 그런 것들의 아름다움은 다른 것들의 아름다움처럼 상대적인 것이라 주장하지 않네. 그런 것들은 본성상 언제나 아름다우며, 가려운 곳을 긁는 것과는 전혀 다른 즐거움을 제공한다네. 또한 빛깔 중에도 그런 특성을 지닌 것들이 있네. 어떤가? 내 말을 이해하겠는가?

프로타르코스 이해하려고 노력하고 있습니다만, 소크라테스 선생님, 좀 더 분명하게 설명해주세요.

소크라테스 좋네. 내 말은 부드럽고 맑은 소리 가운데 하나의 순수한 가락音調을 내는 소리들은 어떤 다른 것과의 관계에서 아름다운 것이 아니라, 그 자체로 아름다운 것이며, 본성상 그것들에 속하는 즐거움을 수반한다는 뜻일세.

(《필레보스》, 51b~d)

보라! 소크라테스는 "아름다움이란 많은 사람들이 예상함직한 생명체나 그것을 재현한 그림의 아름다움을 뜻하는 것"이 아니라며, 그것은 "오히려 직선과 원, 또는 컴퍼스나 목수의 자, 직각자로 만들어 낼 수 있는 평면과 입체들"에서 나오는 것이라 하지 않는가. 그것은 마치 순수한 음악이 어떤 주제를 표현해서가 아니라 그 자체로 아름다운 것과 같다고 하지 않는가. 그리고 그것은 "가려운 곳을 긁는 것과는 전혀 다른 즐거움"을 준다고 하지 않는가. 여기에서 우리는 20세기 추상화가들이 '제거의 방식'이라는 소크라테스 스타일을 회화에서 구현하게 된 두 번째 이유와 만나게 된다. 그것은 '제거'가 추상미술의 표현기법이 아니라 본질이라는 사실이다.

무엇을 더 제거할 수 있을까

•••

프롤로그에서 이미 살펴보았듯이, 아름다움의 이데아는 우리가 감각기관을 통해 보고 만질 수도 있는 '가시적 세계'가 아니라 단지 정신을 통해서만 알 수 있는 '가지적 세계'에 영원불변하고 온전하게 존재한다는 것, 때문에 세상만물의 아름다움이 그 이데아의 분여물에 불과하다는 것, 그래서 아름다움 자체에 도달하려면 그 같은 감각적 요소들을 모두 제거해야 한다는 것이 소크라테스에서 시작해 플로티노스로 이어진 신플라톤주의 미학의 기본틀이다.°

칸딘스키와 말레비치를 비롯한 일군의 러시아 추상화가들은 신플라톤주의의 영향을 강하게 받은 러시아정교회를 통해—직접적으로 또는 간접적으로, 의식적으로 또는 무의식적으로—신플라톤주의 미학을 받아들였을 것이다. 그들이 대상의 재현을 거부하고 주로 기하학적 모형들을 그린 것이 그래서라고 보아야 한다. 또한 그것은 그들이 세기말과 1차 세계대전 전의 혼란스러운 현실세계에 대한 혐오와 부정을 가졌던 것과도 무관하지 않다. 파노프스키, 허버트 리드 등을 따라, 미술의 변화와 역사의 흐름 사이에 밀접한 관계가 있다고 보는 람버트가 《20세기 미술사》에서 20세기 초에 나타난 "추상미술은 현실의 각박함으로부터 물러섬으로도 볼 수 있다"[6]고 주장한 것이 그래서다.

러시아에서 추상미술이 싹트던 때와 거의 같은 시기에 네덜란드의

° 《국가》 6장에 기술된 '선분의 비유'(《국가》, 508c~509d)와 《파이돈》 100c("만일 아름다움 자체auto to kalon 이외에 어떤 아름다운 것이 있다면, 그것은 다름 아닌 아름다움 자체를 부분적으로 갖고 있기 때문이며, 그 밖의 다른 어느 것 때문도 아닌 것이라네. 또한 모든 것이 다 그렇다고 나는 말하겠네)를 참조할 것.

화가 피터르 몬드리안Pieter Mondriaan, 1872~1944도 대상의 리얼리티를 표현하는 작업, 곧 대상의 단순화를 통해 그것의 본질을 드러내는 일을 과감히 감행했다. 앞에서 언급했듯이, 몬드리안에게 리얼리티는 '지각의 한계를 넘어서는 객관적이고 절대적인 것으로서 순수한 조형'이다. 알고 보면 몬드리안의 이러한 새로운 시도 역시 신플라톤주의 미학과 무관하지 않은데, 그가 신지학神智學, theosophy에 심취했다는 것은 널리 알려진 사실이다.

신약성서 〈고린도전서〉 2장 6~7절에 처음 나오는 '신지학'이라는 말은 어원적으로 그리스어로 신神을 뜻하는 'theo'와 지혜를 의미하는 'sophia'의 합성어다. 내용적으로는 당연히 신학과 철학을 합성해놓은 것이라 할 수 있는데, 서양에서는 신플라톤주의와 영지주의Gnosticism가 이에 속한다. 이렇게 보면 몬드리안이 시도한 추상화의 정신적 기원도 역시 플로티노스 스타일, 한걸음 더 올라가 소크라테스 스타일이라는 것이 분명해진다. 이 말이 무엇을 의미하는지는 그가 수년에 걸쳐 그린 '나무 연작'을 보면 쉽게 이해할 수 있다.

우리는 〈붉은 나무〉(1908)가 〈회색 나무〉(1911)와 〈꽃이 핀 나무〉(1912)를 거쳐, 마침내 〈구성 No. II〉(1913)에 이르는 과정을 차례로 살펴보며 그가 '나무라는 대상'에서 무엇을 어떻게 제거해 마침내 자신이 생각하는 나무의 리얼리티를 표현한 순수조형에 이르는가를 알 수 있다.

몬드리안은 〈붉은 나무〉에서 시작해 차츰 감각적인 요소들을 제거해감을 알 수 있다. 〈회색 나무〉에서는 색을 제거하고 〈꽃이 핀 나무〉에서는 형태도 단순화한다. 그러다 마침내 〈구성 No. II〉에 이르러서는 거의 무슨 색인지 알아보기 어려울 정도의 파스텔톤 색만 남기고,

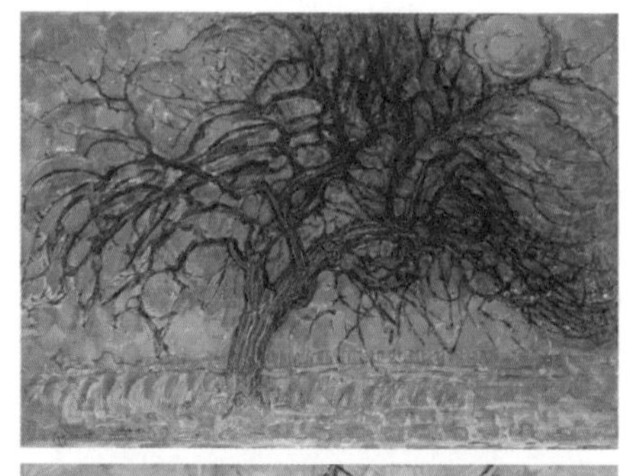

◀ 〈붉은 나무〉, 1908

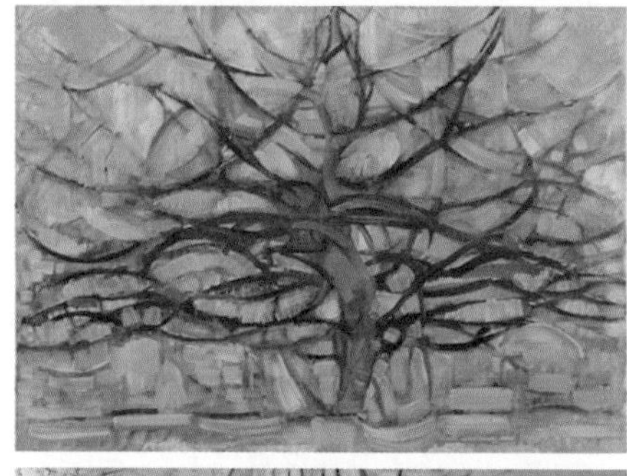

◀ 〈회색 나무〉, 1911

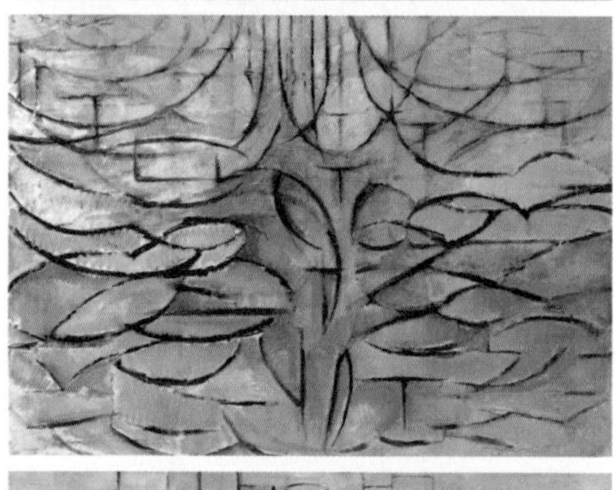

◀ 〈꽃이 핀 나무〉, 1912

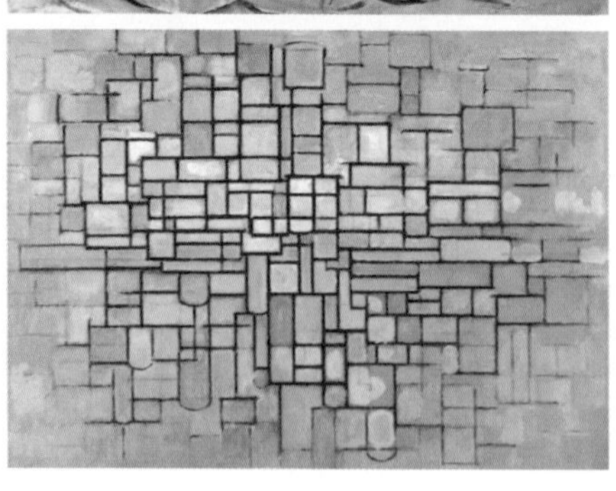

◀ 〈구성 No. II〉, 1913

나무의 형상을 수직과 수평을 축으로 하는 직선으로 도형화했다. 한마디로 그는 〈붉은 나무〉에서 색과 곡선과 사선을 차례로 제거함으로써 결국 〈구성 No. II〉를 얻어낸 것이다. 이것이 그가 말하는 나무의 리얼리티이자 추상이다.

어떤가? 바로 이것이야말로 진정한 아름다움은 우리가 감각기관을 통해 보고 만질 수도 있는 가시적 대상이 아니라 정신을 통해서 알 수 있는 가지적 대상에 있다는 신플라톤주의 미학의 산물이 아니겠는가. 부수적인 것을 모두 제거해야 본질적인 것을 만날 수 있다는 소크라테스 스타일의 소산이 아니겠는가. 그러나 몬드리안은 그 후 얼마 가지 않아 색은 다시 살려내는데, 단 빨강, 파랑, 노랑, 곧 3원색으로 한정했다. 자연에 있는 다른 모든 색이 이 세 가지 색의 혼합에서 나온다는 의미에서 그것들이 색의 본질이라고 생각한 것이다. 하지만 형태에서는 계속해서 수평과 수직으로 표현되는 직선만을 고집했다. 흥미로운 것은 그 이유가 우리가 투시도법이라고도 부르는 원근법遠近法, perspective과 연관되어 있다는 사실이다.

이게 무슨 소리인지 설명하자면, 이렇다. 당신도 알다시피 원근법은 3차원으로 구성되어 있는 자연을 2차원 평면에서 구현하기 위해 개발된 회화기법이다. 1417년 무렵 건축가 필리포 브루넬레스키Filippo Brunelleschi, 1377~1446가 투시 원근법과 소실점에 대한 과학적 이론을 개진한 이후, 그의 제자 마사초Masaccio, 1401~1428가 1427년경에 피렌체의 산타마리아노벨라 성당에 그린 7.6미터 높이의 벽화 〈성삼위일체〉에서 최초로 회화에 사용했다. 이 그림을 본 당시 사람들은 그것이 지닌 입체감 때문에 마사초가 벽을 뚫고 그린 것이 아닌가 하며 놀랐다 한다.

원근법의 비밀은 소실점消失點, vanishing point을 향해 일사불란하게 치닫는 사선斜線에 있다. 다시 말해 마사초의 〈성 삼위일체〉는 그림 하단의 십자가 밑에 있는 소실점으로 모아지는 사선들에 맞춰 그려졌기 때문에 우리 눈에 마치 벽을 뚫고 그린 것같이 입체적으로 보이는 것이다. 이 이야기는 원근법이 하는 일이 무엇인지를 또렷이 알려주는데, 그것은 원근법이 대상을 인간의 눈에 보이는 그대로 재현해내는 기법이라는 것이다. 그런데 대상의 재현은 앞서 언급한 대로 추상화가들이 가장 피하고 싶어 한 것이다.

몬드리안이 보기에는 예컨대 책상은 수평과 수직의 직선이 만든 직사각형이다. 그런데 원근법을 사용한 그림에서는 사선을 사용하여

▲ 마사초, 〈성 삼위일체〉, 1426~1428.

책상을 이등변사각형으로 그려 우리의 눈을 속인다. 그래서 몬드리안은 화폭에서 사선을 모두 제거해버리고, 형상을 오직 수직과 수평을 축으로 하는 직선으로 형상화했다. 그래서 탄생한 것이 이른바 신조형주의Neo-Plasticism로 평가되는 일련의 작품들이다.

1930년에 내놓은 〈빨강, 파랑, 노랑의 구성〉은 몬드리안의 신조형주의 시대를 대표하는 작품 중 하나다. 이 그림에서 우리가 볼 수 있는 것은 오직 수직과 수평의 검은 선이 만들어낸 크고 작은 사각형들과 빨강·파랑·노랑의 삼원색 그리고 흰 여백이 전부다. 그렇다면 이 작품은 적어도 몬드리안의 입장에서는 당시 추상의 개척자들이 공통적으로 추구하던 대상의 리얼리티—다시 말해 모든 감각적인 것을 제거한 대상의 본질—를 극단적으로 구현했다 할 수 있다. 그런 만큼 우리의 생각에는 여기에서 무엇을 더 제거할 수 있을까, 여기에서 무

▲ 피터르 몬드리안, 〈빨강, 파랑, 노랑의 구성〉, 1930

▲ 〈검은 사각형〉, 1915

▲ 〈절대주의 구성: 흰색 위의 흰색〉, 1918

엇을 더 추상화할 수 있을까 싶다. 그렇지 않은가? 그런데 거기에서도 한걸음 더 나간 사람이 있었다. 우크라이나에서 출생한 구소련의 화가 카지미르 말레비치Kazimir Malevich, 1878~1935가 그다.

소크라테스가 그림을 그렸다면

•••

말레비치의 〈검은 사각형〉은 몬드리안의 〈빨강, 파랑, 노랑의 구성〉이 세상에 나오기 15년 전에 이미 한걸음 더 나아갔다. 1915년, 말레비치는 39점으로 구성된 비구상 작품들을 '러시아의 마지막 입체, 미래파 전시회 0.10'전에 선보였다. 〈검은 사각형〉은 그중 가장 급진적인 작품으로, 단지 하얀색 바탕에 검은 사각형 하나가 있을 뿐이다.

이 작품을 보면, 그는 몬드리안이나 파울 클레처럼 기하학적 추상을 통해 대상의 바탕에 깔려 있는 근원적 형태를 찾아내려 하지 않았다. 또 몬드리안이 색의 본질이라 규정한 3원색마저도 제거했다. 그는 대상의 모든 형태와 색을 제거하고 하얀 바탕에 검은 사각형 하나만 남김으로써 추상의 궁극적 한계에 도전했다. 그리고 자신이 도달한, 그리고 회화가 도달한 그 극단지역의 원칙을 절대주의Suprematisme라고 이름 붙여 선포했다.

그런데 말레비치는 거기에서도 그치지 않았다. 3년 후, 1918년에 제작한 〈절대주의 구성: 흰색 위의 흰색〉에서는 마침내 모든 추상작업, 모든 제거작업, 모든 분리작업의 정점頂點, 나아가 종점終點에 도전했다. 화폭에서 모든 가시적 대상을 없애버리고, 모든 색을 완전히 제외시킨 것이다. 이 작품을 일컬어 '절대주의의 논리적 종결점', '말레비치의 철학적 종결점'이라 평가하는 사람들이 있는데, 수긍이 간다. 그렇지 않은가? 더 이상의 제거, 더 이상의 추상화는 불가능하기 때문이다. 그래서 말레비치의 작품들이 '무無'를 형상화하였고, 금욕주의적이며 종교적이라 평가하는 사람도 있다. 역시 맞는 말이다. 만일 여기서 말하는 철학, 무, 금욕주의, 종교가 신플라톤주의 철학과 그것의 영향을 받은 동방정교 교리를 의미한다면 말이다.

우리는 10장 '위-디오니시우스—부정'에서 동방정교 신학이 부정의 길을 주축으로 한다는 것을 살펴보았다. 지속적인 '제거의 방식'에 의해서 신에 대한 인식이 점점 더 '불가해한 어둠'에 빠지게 되며, 결국에는 신의 본질에 대한 절대적 무지無知에 도달하게 되지만, 그것이 바로 '신의 본질'을 밝히는 길이라는 것 말이다. 말레비치가 회화에서 추구한 것이 바로 이것이다. 그는 사물의 모든 형태와 색을 제거함으로써 마침내 불가해한 어둠에 빠지며, 결국에는 사물의 본질에 대한 무지에 도달하지만, 그에게는 그것이 곧 '사물의 리얼리티'를 밝히는 길이었다. 그렇다면 말레비치의 작품들은 회화로 묘사된 부정신학,

회화로 표현된 신플라톤주의 철학, 회화에서 일어난 소크라테스 스타일 이팩트의 정점이자 종점이 아니겠는가.

나는 가끔, 만일 플라톤이 그림을 그렸더라면, 아마 칸딘스키나 몬드리안처럼 그리지 않았을까 상상해본다. 그러나 소크라테스나 플로티노스라면 분명 말레비치처럼 그렸을 것이라고 생각한다. 당신의 생각은 어떤가?

12장

키르케고르 — 실존

Søren Kierkegaard, 1813~1855, 철학·신학

소크라테스는 그의 주장이 곧 삶이며,
실존이며, 존재인 사람이었다.

– 키르케고르

그러나 키르케고르는 어떤 다른 것을 행하였다.

– 에티엔 질송

나는 방금 파티에서 돌아오는 길이다. 나는 단연 파티의 주인공이었다. 재치 있는 말들이 쉴 새 없이 나의 입에서 흘러나오고 사람들은 끊임없이 웃음을 터뜨리면서 나를 선망의 눈초리로 쳐다보았다. —그러나 나는 떠나왔다.(이 줄은 지구의 반경만큼이나 길어야 한다.) —그리고 나 자신을 총으로 쏘고 싶었다.(키르케고르, 《일지》 I, A, 161)°

덴마크의 철학자 키르케고르는 이렇듯 세속적인 자기에 대한 혐오와 부정을 평생 간직하고 마치 수도사처럼 살았다. 또한 그는 과학의

° 총 20권으로 발간된 키르케고르의 《일지Papirer》는 그 내용에 따라 A(일기), B(저작의 초고), C(연구, 독서노트)로 분류되어 있다. 때문에 보통 'Pap. I, A, 161'과 같이 표기하는데, 이것은 '1권 일기, 161번'이라는 의미다.

발달에 의해 삶은 점점 더 안락해질 것이며 요식적 신앙생활에 의해 사후가 보장되리라고 믿었던 19세기 식의 계몽주의에 젖어 살던 당시 소시민들의 삶에 대한 태도—그는 이것을 대중화 또는 수평화水平化라 했다—에 대해 다음과 같이 경고하고 투쟁하며 마치 혁명가처럼 살았다.

> 여기에서도 그러한 나수가 우세하므로 개인은 자기가 하고 있는 일을 알지 못한다. 사람들은 개인으로서는 도저히 이겨내지 못할 악마를 불러낸다. 그리고 개인이 잠시 동안 수평화의 안락 속에서 이기적으로 추상을 즐기고 있는 동안, 그는 동시에 몰락에 서명하게 된다.

키르케고르가 보기에 수평화는 인간을 '여론이라는 환영', '집단주의라는 악마'에 사로잡혀 남들이 생각하는 대로 생각하고, 남들이 말하는 대로 말하고, 남들이 행동하는 대로 행동하게 할 뿐, 평생 단 한 번도 자기 자신으로 살지 못하게 한다. 그것은 삶을 끌어내리기만 할 뿐 끌어올리지는 않기 때문에 삶의 질적 파괴이며, 인간의 자기 소외이고, 개인의 소멸을 불러올 뿐이다. 그는 이상하리만큼 예민한 눈으로 70년도 더 지난 훗날 하이데거가 "세상사람Das Man"과 "잡담das Gerede"이라는 용어로 비판한 "비본래적" 삶, 야스퍼스가 경고한 "실존 없는 현존재"의 삶, 프랑크푸르트학파가 고발한 "대중적" 삶, 한마디로 오늘날 우리 모두가 경험하고 있는 일상적 삶을 미리 간파하고 이에 대해 날카롭게 경고했던 것이다.

키르케고르에게 진정한 인간은 "수평화된 대중"이 아니라, "신 앞에 홀로 서는 단독자單獨者, Enkelte"다. 그래서 그는 자신의 저술들을 통해, 시민들의 수평화를 조장하는 코펜하겐의 풍자적 신문사 코르사르Korsar와 격렬하게 싸웠다. 그리고 신도들을 세속적이고 요식적 신앙으로 이끌던 당시 덴마크 국교인 루터교회와도, 사재를 털어 〈순간〉이라는 간행물을 발행해가며(9호까지 발간되고 10호는 원고로 남았다) 힘겹게 투쟁했다. 신 앞에 홀로 서는 단독자는 그의 사상의 핵심 개념이다. 그의 모든 저술 활동의 목적이 수평화된 대중이 신 앞에 홀로 서는 단독자가 되도록 일깨우는 것이었다. 그는 "대중과의 싸움, 수평화라는 폭정과의 싸움, 피상성, 난센스, 저열성, 야수성이라는 악동과의 싸움에 비하면 왕이나 교황과의 싸움은 오히려 쉽다"고 토로하기도 했다.

키르케고르가 실행했던 투쟁의 성격은 동시대인인 카를 마르크스Karl Marx, 1818~1883의 그것과 대조해보면 더욱 또렷해진다. 두 사람은 거의 같은 시기에 '인간의 소외'를 문제 삼았던 사상가들이었다. 소외疏外, Entfremdung란 인간이 스스로 초래한 사태pragmata, Sache에 의해 자기의 본질을 상실하고 비인간적 상태에 놓이는 상태를 뜻한다. 마르크스는 인간의 소외를 '노동으로부터의 소외'로 간주하고 그 해결책을 경제적·사회적·정치적 방법으로 찾으려고 했다. 반면에 키르케고르는 그것을 '신으로부터의 소외'로 보고 그 해결책을 심리적·철학적·종교적 방법으로 찾으려고 했다.

마르크스가 선포한 해결책이 수평적이라 한다면, 키르케고르가 제시한 해결책은 수직적이다. 때문에 마르크스가 시대를 바로잡을 주체로서 사회민주주의적 '인류의 단합'을 내세울 때, 키르케고르는 수평화, 대중화, 집단화에 오히려 저항하고 '신 앞에 홀로 서는 단독자'를 내세웠다. 1848년 발표한 마르크스의 〈공산당 선언〉이 "만국의 무산자는 단결하라"는 메시지인 데 반해, 1845년 발표한 키르케고르의《문학비평》은 "각 사람은 자신의 구원을 위해 힘써야 한다"는 선포였다.

그렇다, 키르케고르는 19세기가 불러낸 소크라테스였다. 그것은 단순히 1841년에 제출한 그의 학위 논문이《아이러니irony의 개념—소크라테스를 염두에 두고》여서 하는 말이 아니다. 실제로 그는 무지를 가장하여 지혜로운 자를 자처하는 사람들의 착각을 깨트리는 '소크라테스적 아이러니Socratic irony'—우리는 그것을 논박술이라 불러왔다—를 지지하고 진리를 파악하는 자신의 방법으로 받아들였다. 그뿐 아니라 "소크라테스를 나의 스승이라 부를 수 있다"[1]고 고백하며, 아테네에 악취와 역병을 퍼트리는 아우게이아스의 외양간을 청소하려 했던 소크라테스의 사명을 코펜하겐에서 성취해야 할 자신의 소명으로 받아들였다. 그와 싸우던 〈코르사르〉가 지속적으로 키르케고르를 "거리의 소크라테스"라고 부르며 조롱한 것도 그래서다. 뭐로 보아도, 누가 보아도 그는 '코펜하겐의 소크라테스'였다.

키르케고르는 1855년 10월 2일 길거리에서 쓰러져, 다음 달 1일 병원에서 쓸쓸히 세상을 떠났다. 그는 죽을 때 "폭탄은 터져서 그 주위를 불사른다"는 말을 남겼는데, 20세기 전반에 그 폭탄이 마침내 터져 오늘날 우리가 실존주의existentialism라고 부르는 거대한 문학적·철학적 사조에 불을 질렀다.

하이데거, 야스퍼스, 사르트르, 카뮈, 마르셀, 베르댜예프 등에 의해 독자적으로 전개된 20세기 실존주의를 한마디로 요약하면 '사람이 어떻게 하면 의미 있게 살 수 있는가'에 대한 탐구이지만, 각자가 사용하는 용어와 주장하는 내용에는 차이가 있다. 그럼에도 그들의 주장에 '수평화를 야기하는 집단주의에 대한 혐오', '대중 및 대중화된 삶에 대한 저항', '자기 자신으로 존재하려는 용기', '인간 존재의 의미에 대한 탐구'라는 공통성이 들어 있다는 점에서, 키르케고르의 화인火印이 깊게 박혀 있다. 오늘날 우리가 그를 실존주의 철학의 선구로 평가하는 것이 그래서다.

그러나 키르케고르 자신은 스스로를 조금 달리 생각했다. 〈나의 저작자로서 활동에 대한 관점〉이라는 글에 "나는 종교적 저술가이며 또 언제나 그러하였다"라고 썼듯이, 그는 자신을 철학자라고 생각하지 않았다. 그는 거의 모든 글을 그리스도교와 연관해 썼고 스스로를 종교적 저술가로 여겼다. 《일지》에는 "나의 저작 활동의 사상 전체는 어떻게 사람은 그리스도인이 되는가 하는 것이다"라는 글도 남겼다. 그럼으로써 사실상 근대 그리스도교 신학에 기여한 바가 크다. 그렇다고 해서 우리는 그를 단순한 그리스도교 신학자로만 평가할 수도 없다. 그에게는 그리스도인이란 곧 진정한 인간이기 때문이다. 따라서 "어떻게 사람은 그리스도인이 되는가"라는 그의 화두는 '어떻게 사람은 진정한 인간이 되는가'라는 실존적 물음의 특수한 표현이었다.

중세철학의 거두인 프랑스 철학자 에티엔 질송은 《존재란 무엇인가》에서 "키르케고르가 단순히 종교의 이름 안에서 저항했다면, 그것은 그리스도교 역사 속에서는 물론 철학사 속에서도 전혀 새로운 것이 아니었을 것이다. 그러나 키르케고르는 어떤 다른 것을 행하였다"[2]라는 말을 했다. 이때 그가 말한 "어떤 다른 것"이 바로 인간의 실존에 대한 탐구다. 그렇다, 공정하게 평가하자면, 키르케고르는 자신의 말대로 세속화된 그리스도교인들을 계몽하려고 투쟁했던 '종교적 저술가'였다. 동시에 그는 세간의 평가대로 수평화된 인간의 삶을 개선하기 위해 싸웠던 '실존주의 철학자'였다. 그렇다면 그가 말하는 실존實存, Existenz이란 과연 무엇일까?

"나는 생각한다, 고로 존재한다가 아니라, 나는 행위한다, 고로 존재한다"[3]라고 선언한 키르케고르에게 인간이 된다는 것은 인간으로 행위하는 것이다. 그리스도인이 된다는 것은 그리스도인으로 행위하는 것이다. 단순히 인간으로 태어났다는 사실, 그래서 스스로를 인간으로 생각한다는 사실이 그가 인간임을 의미하지 않고, 단순히 세례를 받았다는 사실, 그래서 스스로를 그리스도인으로 생각한다는 사실이 그가 그리스도인임을 의미하지 않는다는 뜻이다. 그는 '겉치레로 살지 말라'고 했다. 인간이 되려면 인간답게 행동하고, 그리스도인이 되려면 그리스도인답게 행동하라는 것이다. 바로 이 같은 삶의 태도를 그는 '실존'이라 했다.

에로스의 사다리와 실존의 3단계[4]

• • •

자, 그렇다면 차제에 우리도 생각해보자! 어떻게 하면 우리가 실존할 수 있을까? 어떻게 하면 우리가 진정한 인간으로 살 수 있을까? 어떻게 하면 겉치레로 살지 않을 수 있을까? 요컨대 어떻게 하면 진정한 인간으로 행위할 수 있을까? 키르케고르가 제시한 해답을 이 책에서 우리가 사용하는 용어로 표현하자면 '빼기'다. 우리의 사유에서 오물을 제거하고, 우리의 삶에서 악취와 역병을 제거하는 것이다. 소크라테스 스타일을 따라 사유하고 사는 것이다. 물론 그것이 하루아침에 되는 것은 아니다. 그래서 키르케고르는 인간이 진정한 인간—그가 말하는 그리스도인—이 되는 과정을 세 단계로 나누어 상세히 제시했는데, 학자들은 이것을 보통 '실존의 3단계설'이라고 부른다.

실존의 3단계설은 키르케고르 자신이 체계적으로 정리한 이론은 아니다. 그의 학위 논문과 여러 저서들—예컨대 《이것이냐 저것이냐》, 《철학적 단편 후서》, 《인생길의 여러 단계》, 《공포와 전율》 등—에 단편적으로 서술된 내용이다. 그것을 같은 덴마크 철학자이자 신학자인 하랄드 회프팅Harald Höffting, 1843~1931이 연구·정리해서 《철학자로서 키르케고르》(1892)라는 저술에 소개한 이후 키르케고르 사상의 핵심으로 알려졌다. 회프팅에 의하면, 키르케고르는 인간의 성숙 단계를 '심미적 단계', '윤리적 단계', '종교적 단계'로 나누어 설명했는데, 이제 곧 드러나겠지만 알고 보면 그것은—주목하시라, 우리의 이야기에선 이것이 중요하다—소크라테스, 플라톤, 플로티노스가 설파한 '에로스의 사다리를 통한 영혼의 상승운동'의 키르케고르식 재현이다.[5] 정말인지 살펴보자.

첫 번째는 심미적 단계esthetic stadium다. 이 단계에서 인간은 "인생을 즐겨라"를 신조로 삼아 돈 후안이나 네로 황제처럼 원초적·감각적 쾌락과 욕망에 종속된다. 사람은 누구나 이 단계에서 생을 시작하기 때문에 자연적 인간은 모두 심미적 단계에 적어도 한 번은 처하게 마련이다. 심미적 단계의 인간은 "순간에서 순간으로" 또한 "향락에서 향락으로", 그것이 육체적인 것이든 아니면 정신적인 것이든 가리지 않고 행복이라는 관념 아래서 여기저기를 쫓아다닌다. 이러한 삶의 방식을 키르케고르는 '윤작輪作'이라 이름 지었다. 마치 농부가 풍성한 수확을 위해 작물의 종류를 번갈아 경작하듯이, 심미적 단계의 사

람들은 풍성한 쾌락을 얻으려고 대상을 자꾸 바꾸기 때문이다.[6]

흥미로운 것은 키르케고르가 《이것이냐 저것이냐》에서 심미적 단계를 사는 사람들의 사례를 모차르트의 오페라 〈피가로의 결혼〉, 〈마술피리〉, 〈돈 조반니〉에 등장하는 인물들에서 찾아 보여준다는 것이다. 그는 예컨대 〈피가로의 결혼〉에 나오는 백작의 시동 체루비노를 예로 든다. 여성만 보면 가슴이 뛰는 시동은 백작부인에게 "그대는 아는가, 사랑의 괴로움을Voi Che Sapete Che Cosa e Amor"이라는 아름답고 애절한 아리아를 바치지만, 동시에 가정부 마르체리나도 자꾸 넘본다. 변명인즉 "그녀도 여자다"라는 것이다.[7] 이렇듯 심미적 단계에 머무는 사람들의 생활신조는 향락적인 것이면 그것이 무엇이든 "이것도 좋고 저것도 좋다Sowohl—als auch"이다.

키르케고르는 이런 삶을 "천장이 과히 높지 않은 지하방에서 고즈넉이 살고 싶어 하는 일종의 비겁이고 인간답지 못한 짓"[8]이라고 규정했다. 이것은 지하층(심미적 단계)과 지상 1층(윤리적 단계) 그리고 지상 2층(종교적 단계)으로 된 3층집에서 살면서도 오직 지하층에서만 살고 싶어 한다는 비난이다. 육체, 정신, 영혼으로 이루어진 존재이면서 육체에만 얽매여 살고 싶어 한다는 힐난이다. 그러나 인간은 누구나 감성만이 아니라 이성도, 몸만 아니라 영혼도 갖고 있기 때문에, 심미적 단계의 사람은 언젠가는 마치 고향을 떠난 사람처럼 말할 수 없는 향수, 우울, 불안에 빠지게 된다.[9] 그래서 결국 무절제한 욕망으로 허덕이는 지하방 속의 삶에 절망하여 뉘우치게 된다. 이 말을 키르케고르는 "미적 인생관의 최후는 절망이다"라고 했다.

'뉘우침'이라는 말에 주목하자! 바로 이 뉘우침이 인간을 심미적 단계에서 벗어나 두 번째 단계인 '윤리적 단계ethical stadium'에 이르게 한다. 뉘우침으로써 인간은 비로소 선과 악이라는 윤리적 범주 아래 처하게 되는 것이며, 마침내 "이것도 좋고 저것도 좋다"가 아니라 "이것이냐 저것이냐Entweder—oder"라는 선택의 자유를 갖게 된다. 한마디로 뉘우침이 인간을 '천장이 과히 높지 않은 지하방'으로부터 해방시켜, 윤리라는 햇볕이 드는 지상 1층에 살게 한다. 그렇다면 키르케고르가 말하는 뉘우침이란 무엇이겠는가, 만일 그것이 소크라테스가 "반성이 없는 삶은 무의미하다"라는 유명한 말로 강조한 '반성'이 아니라면!

그렇다! 소크라테스가 강조한 반성이, 키르케고르가 말하는 뉘우침이 우리의 삶을 비로소 '의미 있게' 한다. 우리를 마침내 '실존하게' 한다. 키르케고르에게서나, 하이데거, 사르트르, 카뮈, 마르셀, 베르댜예프와 같은 20세기 실존주의자들에게서나 실존이란 다른 것이 아니다. 자신의 삶을 스스로 의미 있게 하는 것이다. 그래서 키르케고르는 우리에게 "절망하라. 그러면 그대 속에 깃들인 경솔한 마음이 그대로 하여금 요동치는 정신처럼 그리고 망령처럼, 그대에게는 이미 상실된 세계의 폐허 속에서 헤매는 일이 다시는 없게 할 것이다"라고 권했다. "그리고 그대의 해방된 정신은 자유의 세계로 날개 치며 솟아오를 것이기 때문이다"[10]라고 그 이유를 설명했다.

그런데 이것은 어디서 많이 들어본 이야기가 아닌가? 욕망이라는 무거운 짐을 버려야 자유로워질 수 있다는 것, 왜곡된 욕망에서 정신을 해방시켜야 한다는 것, 이것은 세네카가 교훈한 절제였다. 사자가 아닌 부분들을 모두 쪼아내야 사자가 걸어 나온다는 것, 이것은 소프로니스코스가 소크라테스에게 가르친 조각술이었다. 부수적인 것들을 모두 제거해야 삶의 본질에 이를 수 있다는 것, 이것은 소크라테스가 깨달은 지혜였다. 그렇다, 이것이 스토아 철학이 도달한 지혜이고, 삶의 방식으로서 소크라테스 스타일이고, 키르케고르가 말하는 '윤리적 단계에서의 실존'이다. 그리고 이것을 행하는 것이 에로스의 사다리를 한 계단 올라가는 영혼의 상승 운동이다.

여기에서 흥미로운 것은 키르케고르가—심미적 단계에 머문 사람의 예로 모차르트 오페라에 등장하는 세 인물을 들었듯이—윤리적 단계에 도달한 대표적 인물의 예로도 세 사람을 제시했다는 것이다. 에우리피데스의 《아울리스의 이피게니아》에 등장하는 아가멤논Agamemnon과 구약성서 〈사사기〉 11장에 나오는 옙다Jephthah° 그리고 로마 최초의 집정관 유니우스 브루투스Junius Brutus가 그들이다.[11] 얼핏 보면, 이들은 스토아 철학이나 소크라테스와 무관하다. 그런데 알고 보면 그들 모두가 다분히 스토아적이고 또 소크라테스적이다. 달리 말해 키르케고르가 말하는 '윤리적 단계에서의 실존'을 감행한 사람들이다. 왜 그런지, 우선 이 사람들의 사연을 들어보자.

미케네 왕 아가멤논은 트로이를 정복하기 위한 2년에 걸친 준비를 마치고 출발을 기다리고 있었다. 그런데 바람이 전혀 불지 않아 원정대를 실은 함선들이 출항할 수 없었다. 점을 쳤더니, 예전에 아가멤논이 사냥을 나갔다가 아르테미스 여신에게 봉헌된 수사슴을 죽인 일

° '옙다'가 우리말 구약성서에서는 히브리어 '입타흐Jephthah'를 따라 '입다'로 표기되었다. 키르케고르는 《공포와 전율》에서 그리스어 '옙타이'를 사용했는데 우리말 번역(임춘갑 역)에는 '옙다'로 표기되었다.

때문에 여신이 바람을 묶어놓았다고 했다. 게다가 여신의 분노를 푸는 방법은 아가멤논의 딸 이피게니아를 제물로 바치는 것뿐이라는 것이다.

길르앗 사람 옙다는 큰 용사였는데, 암몬 사람들과 싸우러 나갈 때 그는 여호와께 서원했다. "주께서 과연 암몬 자손을 내 손에 넘겨주시면 내가 암몬 자손에게서 평안히 돌아올 때에 누구든지 내 집 문에서 나와서 나를 영접하는 그는 여호와께 돌릴 것이니 내가 그를 번제물로 드리겠나이다."(사사기 11:30~31) 그런데 옙다가 전쟁에서 큰 승리를 거두고 돌아왔을 때 그의 집 문 앞에서 소고를 들고 춤추며 반기는 처녀가 있었다. 옙다의 무남독녀였다.

유니우스 브루투스는 로마의 왕정을 끝내고 공화정을 연 최초의 집정관이었다. 당시 '거만한 타르퀴니우스' 황제의 아들 섹스투스가 친척의 아내 루크레티아를 범했을 때, 그는 시민들 앞에 당당히 나서서 법의 공정함을 내세워 황제와 그의 아들을 비난하는 연설을 했다. 그 결과 분노한 시민들은 황제 일가를 로마에서 추방했고 이때부터 로마에 공화정 시대가 열렸다. 그러나 공화정을 반대하고 왕정복고를 결의한 반역에 그의 두 아들이 가담함으로써 역시 법을 어겼을 때, 브루투스의 손에는 아들들의 사형을 직접 집행해야 하는 칼이 주어졌다.

키르케고르는 이 세 사람 모두가 결국 자식을 죽게 하지만 거기에는 민족의 운명을 구한다는 보편적 윤리가 들어 있었다며 높이 평가했다. 그렇다! 이 세 사람은 자기 내면에서 울리는 이성의 소리에 귀를 기울여, 세네카가 《섭리에 대하여》에서 언급한 대로 그들에게 다가온 운명이 "슬프고 무섭고 견디기 힘든 일"이었지만 "용기를 갖고 참고 견디었다"는 점에서 분명 스토아주의적이다. 또한 "이성logos 이

외에는 내게 속한 그 어떤 것도 따르지 않는다"(《크리톤》, 46b)는 점에서 소크라테스적이다. 요컨대 세 사람은 모두 자식이냐 윤리냐, 즉 이것이냐 저것이냐를 선택해야 하는 갈림길에서 자식을 버리고 윤리를 선택했다는 점에서 키르케고르가 말하는 윤리적 단계의 영웅들이다.

그런데 바로 여기에 당신과 나 같은 보통 사람들이 감내해야 하는 새로운 절망이 다시 도사리고 있다. 그것은 우리가 아가멤논, 옙다, 브루투스 같은 이성적·윤리적 영웅이 될 수는 없다는 것이다. 아무나 그들처럼 자식을 버리고 이성을 따르는 윤리적 결단을 할 수 없다는 것이다. 그렇지 않은가? 당신은 참으로 아가멤논, 옙다, 브루투스와 같은 선택을 할 수 있는가? 그런 '빼기'를 할 수 있는가?

아마 아닐 것이다. 이성의 소리란 이렇듯 인간이 매번 자신의 실존적 나약함을 극복해야만 따를 수 있는 엄숙한 윤리적 요구다. 키르케고르의 말대로 윤리는 "주인공의 허약한 어깨에 거대한 책임을"[12] 지운다. 따라서 이 쇳덩이처럼 무거운 짐을 지지 못하고 쓰러지는 나약한 우리들은 '뉘우침'을 거쳐 '죄의식'이라는 더 깊고 새로운 절망에 다시 빠지게 된다.

심미적 단계에서 일어나는 뉘우침은 외부에서 다가오는 유혹을 뿌리치지 못하는 인간의 본성에 대한 뉘우침이다. 그러나 윤리적 단계에서 일어나는 뉘우침은 자기 내면에서 울리는 이성의 소리에 따르지 못한 자신의 나약함에 대한 뉘우침이다. 그래서 그 탓이 '자신에게 있다'는 죄의식으로 이어지며, 여기서 오는 절망은 심미적 단계에서 겪는 절망보다 더 처절하고 깊을 수밖에 없다. 여기에는 핑계도 탈출구도 없다.

그래서 키르케고르는 스토아 철학과 자연신학이 제시한 '이성과 도덕에 의한 인간 구원'은 한갓 허상에 불과하다고 잘라 말한다. 다시 말해 우리가 윤리적 단계에서 마주하는 절망과 죄의식이 왜 인간이 도덕으로는 구원에 이를 수 없는지에 대한 키르케고르의 철학적 답변이다. 또한 왜 그리스도교에서 인간의 자기 구원의 가능성을 주장하는 '자연신학'을 받아들일 수 없는지에 대한 신학적 답변이기도 하다.

그렇다면 어떻게 해야 할까? 이성적·윤리적 영웅이 아닌 우리는 그저 쓰라린 '뉘우침'과 '죄의식'만 가슴에 품고 깊은 절망 속에서 하루하루를 살아가야 할까? 키르케고르는 그토록 잔인한 철학만을 우리에게 남겼을까? 그건 아니다. 그는 더할 나위 없는 절망의 나락에서 다시 한번 희망을 길어 올렸다. 키르케고르에 의하면, 뉘우침이란 본디 '최고의 윤리적 표현'이지만, 동시에 '최고의 자기 부정'이다. 이 최고의 자기 부정을 그는 "무한한 자기 체념"이라고 불렀다. 그런데 바로 이것이—마치 벼랑에서 추락하는 자의 등에 홀연히 돋아나는 날개처럼—또 한 번의 비상飛上을 이끌어낸다.

키르케고르에 의하면, 이 뉘우침이, 자신의 모든 것을 내려놓는 무한한 자기 체념이, 아이러니하게도 우리와 같은 나약한 인간을 세 번째 단계인 종교적 단계religious stadium로 이끌어 마침내 구원에 이르게 한다. 마치 밤이 깊어야 이윽고 별이 뜨듯이, 어둑새벽이 가장 춥듯이, 인간은 오직 뉘우침과 죄의식이라는 처절한 절망감 속에서만 '무한한 자기 체념'을 할 수 있게 되며, 그제야 비로소 신을 발견하게 되고, 그에게 자신의 모든 것을 의지하는 종교적 단계로 들어가게 된다는 것이다. 그래서 키르케고르는 "무한한 체념은 믿음에 앞서 있는 마지막 단계"[13]라고 선언했다.

당신의 생각은 어떤가? 우리가 스스로 무절제한 욕망을 포기하고, 한발 더 나아가 자기 자신의 이성적 판단마저도 버리고, 모든 것을 신의 손에 맡기는 일이 얼마나 어려운가를 생각해보면, 그런 것 같지 않은가? 그래서 '위-디오니시우스—부정'에서 보았듯이, 황야의 별 성 안토니우스나 주상성인 성 시므온 같은 은둔수도사들이 모든 것을 버리고 사막으로 나가 금욕과 고행을 하지 않았던가? 자기 부정을 통한 자기 긍정을 시도하지 않았던가? 무한한 자기 체념, 이것이 적어도 키르케고르에게는 신을 믿는다는 말의 '진정한' 의미이자, 그가 "무한한 체념 속에는 고통 속에서의 위로와 평화와 안식이 있다"[14]라고 말한 뜻이기도 하다.

키르케고르는《공포와 전율》에서 이처럼 '무한한 자기 체념'을 통해 종교적 단계에 섰던 인물로 사랑하는 아들 이삭을 번제로 바쳐야 했던 아브라함을 내세웠다. 그리고 아브라함이 아가멤논, 옙다, 브루투스와 어떻게 다른지, 다시 말해 종교적 단계의 인간이 윤리적 단계의 영웅들과 어떻게 차이가 나는지, 그가 윤리적 단계와 종교적 단계 사이—그 사이는 실로 하늘과 땅 사이만큼이나 아스라하게 멀다—에 놓인 '야곱의 사다리'를 어떻게 올라갔는지를 세세히 설명했다.° 물론 아끼고 사랑하는 자식을 제 손으로 바쳐야 한다는 점에서는 두 부류 사이에 아무런 차이가 없었지만, '두렵고 떨리는' 그 일 앞에 선 정신과 영혼은 전혀 다르다는 것이다.

° 《철학적 단편 후서》에서는 종교성을 '종교성 A'와 '종교성 B'로 나누고 각각을 대표하는 인물로 소크라테스와 예수를 들어 설명했다.

그런데 어떻게? 결론부터 말하자면, 아브라함은 세 명의 이성적 영웅들보다 한 번 더 자기 자신을 버렸다는 것이다. 더 이상은 버릴 게 없는 자기에서 한 번 더 자기를 버렸다는 것이다. 더 이상 뺄 것이 없는 자기에서 한 번 더 자기를 뺐다는 것이다. 그럼으로써 아브라함은 '에로스의 사다리'를 한 단계 더 올라갈 수 있었다. 그것이 키르케고르가 말하는 '무한한 자기 체념'이 뜻하는 바다. 때문에 아브라함의 이삭 사건 이야기에서 관건은 그가 무엇을 버리고, 어떻게 뺀 것일까 하는 것이다. 아마 당신도 잘 아는 이야기겠지만, 우리는 이제 그것에 초점을 맞춰 다시 조명해보고자 한다.

윤리적인 것의 목적론적 정지

...

구약성서 〈창세기〉 22장을 보면, 신은 아브라함이라는 100세도 넘은 노인에게 아들을 하나 주면서 이 아들을 통해 자손이 밤하늘의 뭇별들처럼 번성할 것이라고 약속한다. 그러나 그 아들이 얼마만큼 자라 소년이 되자 신은 아무 해명도 없이 그 아들을 지정된 어떤 장소에서 번제로 바치라고 명한다.(창세기 22:1~2) 이 말에는 믿음의 대상인 신이 그 자신에 대한 믿음을 불신케 하는 명백한 모순이 들어 있다. 대를 이을 아들을 죽이고야 어찌 그를 통해 자손이 밤하늘의 뭇별들처럼 번성할 것이라는 신의 약속이 이뤄질 수 있다는 말인가! 키르케고르는 이 명백한 역설을 '부조리不條理'라고 불렀다.

부조리란 말 그대로 '조리에 맞지 않음' 또는 '이성에 의해 파악되지 않음', '비합리적임'을 의미한다. 그래서 키르케고르는 물론이고 그

후계자인 카뮈나 사르트르 같은 20세기 실존주의 작가들의 작품에서도 부조리l'absurdité는 '세계와 그 안에서의 삶이 가진 이해할 수 없음'을 뜻한다. 그런데 바로 이 '이해할 수 없음' 속에 "잠을 이루지 못하게 할 수 있는 불안"[15]이 들어 있다. 그러나 성서에는 당시 이 노인의 심정에 대해 아무런 언급이 없다. 단지 "아브라함이 아침에 일찍 일어나 나귀에 안장을 지우고 두 종과 그의 아들 이삭을 데리고 번제에 쓸 나무를 쪼개어 가지고 떠나 하나님이 자기에게 일러주신 곳으로 가더니"(창세기 22:3)라고 되어 있다.

키르케고르는 《공포와 전율》에서 이 노인의 입에 물려 있던 천 근 쇳덩이 같은 침묵과 머리 위로 쏟아지는 끓는 쇳물 같은 고뇌에 대해—아브라함을 대신하여—자세히 설명해놓았다. 그러고는 우리에게 다음과 같이 물었다. 모리아산으로 향하는 이 노인의 여정이 세계와 삶의 부조리 때문에 날마다 불안에 떠는 우리 삶과 크게 다르지 않기 때문이다.

> 현재 나의 이야기를 듣고 있는 당신은 어떤 식으로 대답하겠는가? 가혹한 운명이 저 멀리로부터 다가오는 것을 볼 때, 당신은 산을 향해서는 나를 덮어다오라고, 언덕을 향해서는 내 위에 떨어져다오 하고 말하지 않았을까? 아니면 당신이 좀 더 힘이 강하다고 한다면, 당신의 발은 비틀거리며 길을 따라 걸어갈 것이 아닌가? 당신의 발은 익숙해진 길을 따라 다시 돌아가길 원하지 않았을까?[16]

그렇다, 아마도 당신이나 나는 그리했을 것이다. 하지만 아브라함은 달랐다. 그는 아무 말도 없이 그 두렵고 떨리는 일을 행해야 하는 모리아산을 향해 초인적인 발걸음을 내디뎠다. 이때 아브라함은 무슨 생각을 했을까? 키르케고르는 《공포와 전율》에 아브라함이 다음과 같이 생각하고 행동했으리라고 썼다.

> 아브라함과 같은 사람이 위대하고 영광스러운 일 외에 다른 무엇을 할 수 있겠는가? 그는 모리아산으로 갔을 것이다. 그는 장작을 패서 쌓아 올리고 장작에 불을 지르고 칼을 뽑았을 것이다.—그는 하나님을 향해 외쳤을 것이다.
>
> "이 제물을 멸시하지 마소서. 이것은 제가 가진 것 중에서 최선은 아닙니다. 저도 잘 알고 있습니다. 약속해서 제게 주신 아들에 비하면 이 늙은이는 아무런 쓸모가 없습니다. 그러나 이것은 제가 당신에게 드릴 수 있는 것 중에서 최선입니다. 이삭이 청춘을 즐길 수 있도록, 이 사실을 이삭에게는 말하지 말아주소서."
>
> 이렇게 말하고 그는 칼로 자신의 가슴을 찔렀을 것이다. 이로써 그는 이 세상에서 경탄의 대상이 되었을 것이고 그의 이름은 잊히는 일이 없었을 것이다.[17]

그러나 경탄의 대상이 되는 것과 신에 대한 믿음을 잃고 불안에 떠는 자를 구원으로 인도하는 별이 되는 것은 별개의 것이다. 그래서 아브라함은 그렇게 하지 않았다. 그는 '세상에서 경탄의 대상이 되는 것'을 원하지 않고, 오히려 '믿을 수 없는 이를 믿는 어리석은 자'가 되는 길을 택했다.

만일 아브라함이 그때 세상에서 경탄의 대상이 되는 길을 택했다면, 그래서 자신의 가슴을 찔렀다면, 그것은 분명 하나의 자기 우상화였고, 그것은 분명 하나의 우상숭배였을 것이다. 그래서 아브라함은 아가멤논, 옙다, 브루투스와 같은 이성적·윤리적 영웅들이 간 길로 가지 않고, 자신의 나약함에 절망하여 신을 믿는 보통 사람들이 걸어야 할 새로운 길을 열었다. 다시 말해 그는 '윤리적 단계에서의 실존'을 감행하지 않고, '종교적 단계에서의 실존'을 시도했다.

여기서 우리는 그가 더 이상은 버릴 게 없는 자기에서 '무엇을' 다시 한번 버렸는가를 알 수 있다. 더 이상 뺄 것이 없는 자기에서 '어떻게' 다시 한번 자기를 뺐는가를 알 수 있다. 아브라함은 이성적 영웅이 되는 것, 그럼으로써 경탄의 대상이 되는 것을 버렸다. 그 방법은 일체의 인간적 이성, 일체의 인간적 타산을 버리는 무한한 자기 체념을 하는 것이었다. 그럼으로써 그는 윤리적 단계에서 종교적 단계로 한 걸음씩 걸어 들어갔다. 지상에서 천상으로 향한 야곱의 사다리를 한 계단 더 올라갔다.

물론 이때 아브라함에게 무한한 체념만이 있었던 것은 아니다. 그는 무한한 믿음도 함께 갖고 있었다. 신은 이삭을 원했지만 원하지 않을 것이라고, 나는 아들을 바치지만 돌려받을 것이라고, 그는 이 부조리한 것을 믿었다. 키르케고르는 이때 아브라함의 심경을 이렇게 추측했다.

> 만약 하나님께서 이삭을 요구하신다면 그는 언제든지 이삭을 기꺼이 바칠 생각이었지만, 하나님께서는 이삭을 요구하지 않으시리라는 것을 그는 믿었다. 그는 부조리의 힘으로 믿었다. 왜냐하면 거기에는 인간적 타산이 문제될 여지가 없었고, 그에게 그 요구를 하신 하나님이 다음 순간에 그 요구를 철회하신다면 그것이 바로 부조리이기 때문이다. 그는

산에 올랐다. 그리고 칼이 번쩍이는 순간까지도 그는 믿었다. 하나님이 이삭을 요구하시지 않을 것이라고.[18]

투명한 모순과 불투명한 불안 속에서도, 몸서리치게 하는 공포와 치아가 맞부딪치는 전율 속에서도, 아브라함은 신을 믿었고 추호도 의심하지 않았다. 키르케고르는 이것을 "윤리적인 것의 목적론적 정지" 또는 "부조리한 것의 힘을 빌린 믿음의 운동"이라 불렀다. 그리고 그것을 '무한한 자기 체념 운동'과 묶어 "아브라함의 마음의 이중운동 Deppelbewegung"[19]이라고 이름 붙였다.

이 두렵고 떨리는 이중운동이 아브라함이 가졌던 믿음의 실체이고, 키르케고르가 제시한 '종교적 단계에서의 실존'이 작동하는 메커니즘이다. 한마디로 자신을 버리니까 신을 믿을 수 있는 것(이것이 무한한 자기 체념이다)이지만, 신을 믿으니까 자신을 버릴 수 있는 것(이것이 부조리한 것의 힘을 빌린 믿음의 운동이다)이다. 둘은 동전의 양면이다. 이 유명한 이야기의 그다음은 당신도 알 것이다. 아브라함이 칼을 들어 아들의 목을 치려 한 바로 그 순간에 신이 사자使者를 보내 아들의 생명을 구했고 아비의 믿음을 구했다. 아브라함이 눈을 돌려 보니 한 마리 숫양이 수풀에 뿔이 걸려 있었다. 그는 그것을 잡아 아들을 대신하여 번제로 드렸다.(창세기 22:10~13)

그런데 우리가 여기서 주목하고자 하는 것은 이 이야기의 해피엔딩이 아니라, 키르케고르가 사용한 '아브라함의 마음의 이중운동'이라는 표현이다. 왜냐하면 이 말이 전혀 낯설지 않기 때문이다. 그렇지 않은가? 우리는 프롤로그에서 바로 이 같은 이중운동에 대해 이미 살펴보았다. 그것은 결핍에서 풍요로, 지상에서 천상으로 향하는 우리의 영혼이 에로스의 사다리를 따라 상승하는 운동이었다. 지상의 것들을 무한히 빼내고, 동시에 천상의 것들을 무한히 더하는 이중운동이었다. 키르케고르가 말하는 아브라함의 마음에서 일어난 이중운동이 바로 이것이다. 그럼으로써 그의 몸은 모리아산으로 향했지만, 그의 영혼은 천상으로 향했다. 키르케고르가 보기에는 이것이 '신앙의 본질'이고, '진정한 실존'이다.

정리하자. 키르케고르는 스스로 자신이 그리스도인이라는 이름을 받기에 부적합하다고 생각했다. 이유는 '진정한 그리스도인'이 되는 일, 다시 말해 아브라함과 같이 '종교적 단계에서 실존하는 일'이 너무도 어렵고 고상한 과업이라서 그 자신이 결코 성취하지 못할 것이라고 생각했기 때문이다. 나는 이 말에 백번 공감하는데, 당신은 어떤가? 그랬다. 키르케고르는 진정한 그리스도인이 되는 일, 아브라함과 같이 종교적 단계에서 실존하는 일은 포기했다. 그럼에도 그는 '진정한 인간이 되는 일', 다시 말해 소크라테스나 아가멤논, 엡다, 브루투스와 같이 '윤리적 단계에서 실존하는 일'은 결코 멈추지 않았다.

키르케고르는 그 일을 혼신의 힘을 다해 수행했다. 대중과의 싸움, 수평화라는 폭정과의 싸움, 피상성, 난센스, 저열성, 야수성이라는 악동과의 싸움을 하느라 언론, 정부, 교회와 숨을 거둘 때까지 투쟁했다. 이것이 키르케고르 자신이 감행한 실존이다. 진정한 인간이 되는 실존은 이렇듯 자신의 삶에서 본질적인 것을 위해 부수적인 것들을 빼내는 작업, 그리고 아우게이아스의 외양간같이 악취와 역병이 도는 세상의 부조리들을 깨부수고 제거해내는 일이다. 그럼으로써 스스로 자신의 삶에 의미를 부여하는 행위다.

오늘날에는 철학에도 유행이 있다. 그러다 보니 플라톤이나 아리스토텔레스의 철학처럼 2,000년을 한결같이 살아남는 철학은커녕, 200년을 견디는 철학도 드물다. 20세기 전반을 휩쓸던 실존주의 철학의 열풍도 사라진 지 이미 오래다. 하지만 생각해보자. 인간이 존재하는 한, 삶의 의미를 묻는 일이 어디 한때 지나가는 바람일 수 있겠는가? 삶의 부조리에 절망하는 일이 어디 한갓 남의 일만이겠는가?

그렇다면 어떤가? 우리도 아브라함의 신앙에는 못 미치더라도, 키르케고르의 실존에는 다가가야 하지 않을까? 종교적 단계에서의 실존은 아니더라도, 윤리적 단계에서의 실존은 부단히 실행해야 하지 않을까? 그럼으로써 매순간 자기 자신으로 살려는 용기를 가져야 하지 않을까? 그래야만 신과 세계가 드러내는 '투명한 모순'과 '불투명한 불안' 속에서도, '드러난 공포'와 '감추어진 전율' 속에서도 꿋꿋하게 세상을 살아갈 수 있지 않을까? 당신 생각은 어떤가?

13장

쇤베르크—무조無調

Arnold Schönberg, 1874~1951, 음악

단지 형상이 없을 때만 완전한 객체는 사유될 수 있다.
이처럼 형상이 없는 상태는 신학적 우상 금지와 합치된다.
– 테오도어 아도르노

1911년 12월 18일 독일 뮌헨의 탄하우저Thannhauser 화랑에서 칸딘스키, 마르크, 클레 등이 이끄는 청기사파青騎士派, Der Blaue Reiter 화가들의 첫 번째 전시회가 열렸다. 눈길을 끄는 것은 이 전시회에 작곡가 쇤베르크의 그림도 함께 걸렸다는 사실이다. '쇤베르크가 왜 거기서 나와?' 싶겠지만, 알고 보면 그는 한때 표현주의 회화운동에도 적극 참여한 수준급의 화가였기에 그리 놀랄 만한 일은 아니다.

우리가 오히려 주목해야 할 것은 칸딘스키가 1911년 1월 독일 뮌헨에서 열린 쇤베르크의 콘서트에 가서 〈현악 4중주 II, Op. 10〉(1908)과 〈3개의 피아노 소품, Op. 11〉(1909)을 들은 뒤에 그에게 보낸 편지에 이런 구절이 들어 있다는 사실이다. "당신의 곡에서 개개의 소리가 독립적으로 진행하는 것은 바로 내가 회화에서 발견하고자 애썼던 것입니다." 이것은 쇤베르크가 칸딘스키와는 서로의 예술에 대한 깊은

이해를 가진 친구 사이였다고 해도 분명 놀랄 만한 일이고, 주목해야 할 말이다.

아니, 이게 도대체 무슨 말인가? 자, 잠시 돌이켜 보자. 우리는 11장 '미켈란젤로, 칸딘스키—제거'에서 칸딘스키가 1910년 즈음에 회화에서 발견하고자 애썼던 것이 무엇인지를 이미 살펴보았다. 1895년부터 칸딘스키는 회화의 본질은 대상의 형태나 주제와 같은 부수적인 것들이 제거되었을 때 선과 색으로 드러난다는 새로운 생각을 시작했고, 1911년에는 추상화 〈코사크〉와 〈인상 III—콘서트〉를 발표했다.° 그런 그에게 쇤베르크의 새로운 곡의 어떤 것이 그가 회화에서 발견하고자 애썼던 것이었다면, 쇤베르크도 역시 음악에서 뭔가 부수적인 것들을 제거하여 그 본질을 드러내려 했다는 말이 아니겠는가?

그렇다. 쇤베르크와 그의 제자 안톤 베베른, 알반 베르크 등이 시도한 새로운 음악을 표현주의 음악Expressionist Music이라 부르는데,°° 여기에서 놀라운 것은 당시 쇤베르크가 그때까지의 작곡가들이 음악의

° 칸딘스키의 〈인상 III—콘서트〉(1911)는 그가 쇤베르크의 콘서트에서 〈3개의 피아노 소품, Op. 11〉(1909)을 듣고 받은 인상을 화폭에 옮긴 것으로 알려졌다. 그래서 쇤베르크의 곡이 연주되는 콘서트의 포스터나 음반 케이스에 칸딘스키의 이 그림이 자주 실린다.

°° 표현주의 음악은 회화분야에서 일어난 표현주의 운동이 아르놀트 쇤베르크, 안톤 베베른, 알반 베르크 등의 작곡가들—이들을 신新빈악파라 한다—에 의해 음악분야에 파급된 운동이다. 이들은 프랑스의 인상주의 회화와 음악에 대항하여 1910~1920년대에 독일과 오스트리아에서 표현주의 운동을 전개했다. 날카로운 음정의 진행, 극도로 높은 음역과 낮은 음역의 사용, 자유로운 박절拍節과 리듬의 사용 등을 특징으로 하고 있다. 바실리 칸딘스키, 오스카어 코코슈카 등 표현주의 화가들과 친교가 두터웠던 쇤베르크의 '무조음악無調音樂'이 대표적이다.

▲ 바실리 칸딘스키, 〈인상 III—콘서트〉, 1911.

본질로 취급해오던 조성調性, tonality을 오히려 음악의 본질을 해치는 부수적인 것으로 간주하고 제거하는 작업을 시도했다는 사실이다. 그리고 그때가 바로 칸딘스키가 추상화를 구상하던 시기였다. 그렇다면 칸딘스키의 말에서 "당신의 곡에서 개개의 소리가 독립적으로 진행하는 것"이란 무엇이겠는가? 그것은 쇤베르크가 1910년 전후로 창시한 무조음악無調音樂, atonal music 또는 12음 음악十二音 音樂, twelve-tone music을 가리키는 것이 아니겠는가. 예술의 본질을 해치는 부수적인 것을 제거하는 작업, 그것이 칸딘스키가 회화에서 발견하고자 애썼던 것이라는 뜻이 아니겠는가.

아르놀트 쇤베르크는 오스트리아의 수도 빈에서 구두공의 아들로 태어나 거의 독학으로 배워 작곡가, 음악이론가, 화가, 교사, 작가로 산 천재적이고 다재다능한 인물이었다. 특히 그는 20세기 가장 혁명적인 작곡가이자 영향력 있는 음악이론가인데, 그가 음악에서 이루려고 했던 혁명은 조성에서의 해방, 즉 선율melody이나 화성harmony이 하나의 음(으뜸음)을 중심으로 종속적從屬的으로 진행하는 음악의 전통을 부정하고, 한 옥타브 안에 존재하는 12개의 음°들을 모두 자유롭게 해방시키는 것이었다. "곡에서 개개의 소리가 독립적으로 진행하는 것"이라는 칸딘스키의 말이 뜻하는 것이 바로 이것이고, 쇤베르크가 연 이 새로운 음악의 가능성을 무조無調, atonality 또는 자유로운 조성free tonality라고 부르는 것도 그래서다.

그렇다면 "당신의 곡에서 개개의 소리가 독립적으로 진행하는 것은 바로 내가 회화에서 발견하고자 애썼던 것입니다"라는 칸딘스키의 말은 그가 전통적으로 회화를 지배해온 대상의 형태나 주제를 제거함으로써 회화의 본질에 도달하려 한 것처럼, 쇤베르크가 전통적으로 음악을 지배해온 조성을 제거함으로써 음악의 본질에 도달하려고 한다는 의미로 이해할 수 있다. 또한 서양 사유의 계보를 추적하는 우리의 관점에서 보면, 부수적인 것들을 제거함으로써 본질에 도달하려 한다는 점에서 두 사람은 모두 소크라테스 스타일을 계승했다고 볼 수 있다. 그렇다면 쇤베르크도 칸딘스키가 그랬듯이 신플라톤주의 내지 동방정교의 영향을 받았을까?

° 한 옥타브는 12개 음(도, 레, 미, 파, 솔, 라, 시, 도#, 레#, 파#, 솔#, 라#)으로 구성되어 있다. 피아노 건반이 7개는 하얀 건반(도, 레, 미, 파, 솔, 라, 시)이고 5개는 검은 건반(도#, 레#, 파#, 솔#, 라#)인 것이 그래서다.

그건 아니다. 소크라테스 스타일은 우리가 이미 보아왔듯이 다양한 경로를 통해 다양한 모습으로 전승되어 내려왔다. 쇤베르크는 칸딘스키와는 전혀 다른 경로를 통해 소크라테스 스타일을 계승했는데, 그것은 그가 태어나 자란 세기말 빈Wien이 만들어낸 매우 독특한 '어떤' 풍경과 연관되어 있다. 이때 말하는 세기말fin de siècle은 시기적으로는 19세기가 끝나고 제1차 세계대전이 시작하기 전까지의 시기, 그러니까 보통 1880년~1914년을 뜻하지만, 역사적으로는 근대가 끝나고 현대가 시작한 문화적 전환기를 가리킨다. 또 이때 말하는 빈은 지정학상으로는 오스트리아의 수도이지만, 문화적으로는 프랑스 파리와 견주는 유럽의 수도였다. 그러다 보니 '이때', '이 도시'의 지적·문화적 풍경이 서양 사유사에서 매우 중요한 위치를 차지하고 있다. 때문에 우리도 잠시 살펴볼 필요가 있는데, 이번 에피소드는 여기에서 시작하자.

시너지 신드롬과 문화적 창발

• • •

'현대the present time'는 매우 애매모호한 말이다. 왜냐하면 현대는 '지금 우리가 사는 시대'라는 의미를 갖고 있으므로, 어느 시대를 사는 사람이든—설사 그가 고대나 중세에 살았다고 하더라도—그 자신은 언제나 현대를 살기 마련이기 때문이다. 따라서 오늘날 우리가 현대라는 말을 역사에서 말하는 근대와 구분하기 위하여 사용하는 경우에는 보통 1880년경을 기준으로 삼는다는 것을 알아야 한다. 왜냐하면 '세기말'이라고 불리던 바로 이즈음부터 근대가 가진 두드러진 특성에 대한 저항이 싹트기 시작했기 때문이다.

근대가 가진 특성, 이른바 '근대성modernity'이란 계몽주의로 대표되는 이성숭배, 실증주의가 대변하는 과학숭배, 그리고 시계로 상징되는 기계론적 세계관이 특징지은 이념 또는 양식이라 할 수 있다. 그런데 1900년이 가까워오자 '세기말'이라는 용어가 사람들의 입에 빈번히 오르내리고, 각 분야에서 예민한 천재들이 나타나—15세기 르네상스에서 시작해 16세기 과학혁명, 17세기 계몽운동, 18세기 프랑스 대혁명, 19세기 산업혁명 등을 거치며—400년 이상 튼튼하게 자리잡아온 근대성에 대한 격한 도전이 시작되었다.

1880년에 도스토옙스키Dostoevskii, 1821~1881의 《카라마조프가의 형제들》이 나왔다. 1882년에는 '신의 죽음'을 선포한 니체의 《즐거운 학문》이, 1884년에는 《차라투스트라는 이렇게 말했다》가 빛을 보았으며, 1900년에는 지그문트 프로이트Sigmund Freud, 1856~1939의 《꿈의 해석》이 출판되었다. 이 세 사람과 그들의 작품들이 공통적으로 상징하는 것은 인간의 합리성에 대한 의심과 거부이자 비합리적 인간의 발견이었다. 인간의 이성이 불완전하다는 것, 즉 인간의 정신이 어두운 측면을 지니고 있을 가능성에 대한 신랄한 폭로였다. 그것은 곧바로 계몽주의와 이성숭배에 대한 경고이자 저항이기도 했다.

그뿐 아니다. 수학에서는 니콜라이 로바쳅스키Nikolai Lobachevskii, 1792~1856와 베른하르트 리만Bernhard Riemann, 1826~1866이 각각 개척한 비유클리드 기하학이 19세기 중엽에 이미 나왔고, 물리학에서는 1900년 막스 플랑크Max Planck, 1858~1947의 양자量子, quantum 발견을 시점으로, 닐스 보어Niels Bohr, 1885~1962가 창설한 코펜하겐연구소가 주도하는 양자역학이 시작되었다. 1905년에는 알베르트 아인슈타인의 특수상대성 원리가 발표되었다. 이러한 일련의 탐구들을 통해 절대시간과 절대공간을 바탕으로 한 뉴턴의 기계론적 세계관이 차츰 무너져 내렸다.

또한 19세기 말에서 20세기 전반까지는 서구의 예술가들이 미술, 음악, 건축, 문학 등, 각 분야에서도 파격적인 혁명을 시도해 성공적인 열매들을 거둬들이던 시기였다. 이 시기에 각지에서 일어난 아르누보 Art Nouveau(새로운 예술)와 뒤이은 아방가르드Avant-garde(전위예술)는 기존 예술을 지배하던 인식, 기법, 양식을 부정하고 새로운 예술적 토대를 구축하려는 실험적이고 혁명적인 예술운동이었다. 각 분야에서 다양한 시도들이 있었지만, 그것들의 공통점은 그때까지 본질로 인정되어 각 분야를 지배해오던 것들을 부수적인 것으로 치부해 제거해버리는 것이었다.

이 말은 세기말에서 20세기 전반까지 기존의 학문과 예술 각 분야에서 이성숭배, 과학숭배, 기계론적 세계관으로 특징지어지는 근대성을 제거하려는 물결이 거세게 일어났고, 그것을 구동한 메커니즘이—비록 그들이 의식하지 못했다 할지라도—우리가 천착해온 소크라테스 스타일이라는 것을 뜻한다. 물론 그렇다고 해서 1880년경을 전후로 계몽주의, 실증주의, 기계론적 세계관이 갑자기 사라졌다는 것은 아니다. 다시 말하지만 역사란 혼탁하게 흐르는 강물이다. 사라지는 옛것과 나타나는 새것이 언제나 뒤섞여 흐른다. 그러다가 어느 때 그 물결이 크게 격동해 범람하면 그 주변의 대지가 기름져진다. 그리고 그곳에 달고 커다란 열매들이 맺히기 마련이다.

여기에서 나는 당신이 1부 서두에서 소개한 역사적 교훈 하나를 떠올려주기를 바란다. 그것은 '문화적 창발'에 관한 이야기였다. 다양한 학파의 소피스트들이 모여들던 페리클레스 시대의 아테네, 헬레니즘과 헤브라이즘이 만난 고대 말기 알렉산드리아, 헬레니즘이 다시 부활해 중세 그리스도교와 융합하던 르네상스 시대 이탈리아, 과학혁명기의 서구 각 나라가 그랬듯이, 모든 문화적 창발의 시대는 서로 이질적이고 분산 상태에 있는 집단이나 개인이 상호작용을 통해 서로 적응하여 통합되어가는 시너지 신드롬이 일어남으로써 시작된다는 사실 말이다.

나는 인류 사유사에서 간헐적으로 또한 지역적으로 일어나는 크고 작은 문화적 창발 현상의 구동력을 사유의 시너지 신드롬이라 부르자고 했다. 그리고 모든 새로운 시대와 창발적인 문화·문명은 언제나 그것에 의해 열린다고도 했다. 그런데 벨 에포크belle époque(좋은 시대)라 불리는 19세기 말에서 20세기 전반 프랑스의 파리와 그리고 오스트리아-헝가리 제국Empire of Austria-Hungary, 1867~1918 마지막 30년 사이의 빈에서, 비록 짧은 기간이었지만 바로 그 같은 시너지 신드롬이 일어나 다시 한번 놀라운 창발을 일으켰다. 우리가 이제 주목하고자 하는 것은 20세기 초반 빈에 나타난 문화적 창발이다.

빈, 그 세기말의 풍경

• • •

미국 출생의 비트겐슈타인 전문 연구가인 앨런 재닉Allan Janik과 영국의 철학자이자 저명한 신수사학자인 스티븐 툴민Stephen Toulmin이 《비트겐슈타인과 세기말 빈》에 당시 빈의 지적·문화적 풍경을 자세히 묘사해놓았다. 두 사람에 의하면, 세기말 빈은 유럽인들의 "꿈의 도시"로서 "거대한 정신의 요람"이자 "세계 파괴의 실험장"이었다. 그 책에는 다음과 같은 구절이 실려 있다.

> 쇼펜하우어와 키르케고르에 대한 관심이 되살아난 것은 말할 것도 없고, 12음계 음악, '현대적'인 건축 양식, 법실증주의와 논리실증주의, 비구상적 회화, 그리고 정신분석학의 출현에 이르기까지 이 모든 일이 동시에 벌어졌으며, 그런 현상이 거의 대부분 빈에 집중되었다는 사실이 단지 철저한 우연의 일치에 불과한 것인가? (…) 그리고 아르놀트 쇤베르크가 작곡가와 음악이론가로서의 혁명적인 활동과 더불어 놀랄 만한 그림들과 매우 뛰어난 몇 편의 산문을 잇달아 내놓았다는 사실이 그의 개인적인 다재다능함에 대한 일신상의 찬사로 그칠 일일까?[1]

재닉과 툴민은 "아니다"라고 단언한 다음, 흥미롭고도 새로운 입장을 내놓았다. 두 사람은 방대한 자료들을 근거로 당시 빈에서 일어난 상이한 예술들 사이의 상호작용, 그리고 또 그것들과 새로운 과학, 철학, 논리학 사이의 상호의존성이 세기말 빈이 연출한 지적·문화적 풍경을 낳았다고 주장한다. 우리는 이들의 주장을—마치 페리클레스 시대의 아테네가 그랬듯이, 르네상스 시대의 피렌체가 그랬듯이—당시 빈의 학자와 예술가들 사이에 빈번하고 밀접한 교류와 상호작용에 의한 시너지가 전염병처럼 번지는 신드롬이 일어나고 있었다는 것으로 이해할 수 있다.

재닉과 툴민에 의하면, 쇤베르크가 독학으로 수준급의 화가이자 저술가, 혁명적인 작곡가이자 음악이론가가 될 수 있었던 것도 그 덕이었다. 두 저자는 당시 풍경을 다음과 같이 그렸다.

젊은 지휘자 브루노 발터가 구스타프 말러와 함께 빈에 있는 비트겐슈타인 가족의 대저택을 정기적으로 방문했던 것이 분명하고 (아마도 대화를 하던 중에 칸트주의 철학에 대한 공통의 관심사를 발견해서였는지) 훗날 말러가 1894년 성탄절에 발터에게 쇼펜하우어 전집을 선물하기에 이른 것이 단지 신기한 전기적 사실에 지나지 않는 것일까?[2] (…) 우리는 안톤 브루크너가 루트비히 볼츠만에게 피아노 교습을 해주었다는 사실을 알게 되었을 때 가벼운 충격을 느끼게 된다. 그리고 구스타프 말러가 정신적인 문제로 프로이트 박사를 찾아가곤 했던 사실, 브로이어가 브렌타노의 주치의였다는 사실, (…) 간단히 말해 후기 합스부르크 빈에서는, 모든 문화계의 지도급 인사들이 별다른 어려움 없이 서로 친분을 쌓을 수 있었다는 것이다. 예술계, 사상계, 관계官界 등 전혀 상이한 분야에 종사했음에도 불구하고 그들 중 상당수는 실제로 매우 절친한 친구 사이였다.[3]

《비트겐슈타인과 세기말 빈》에서 재닉과 툴민은 세기말 빈에서 일어난 시너지 신드롬의 두드러진 주역이자 대표적 수혜자이기도 했던 인물로, 작가이며 언론인인 카를 크라우스, 건축가 아돌프 로스, 작곡가 아르놀트 쇤베르크, 철학자 루트비히 비트겐슈타인, 넷을 골라 그들 사이에 어떤 상호작용과 상호의존성이 있었는지를 세밀하게 분석했다.

두 저자가 도달한 결론은, 이들 네 사람은 각각 문학, 건축, 음악, 철학 분야에서 일했지만, 직접적으로든 간접적으로든 서로 알고 있거나 존경하는 사이였고, 크게든 작게든 서로에게 영향을 끼쳤으며, 무엇보다도 각자의 분야에서 '부수적인 것을 제거함으로써 본질에 도달하려는 순수함'을 지녔고, 그것을 통해 '인간과 세상을 바꾸려는 고결함'을 가졌다는 것이다. 바로 이것이 이번 에피소드에서 내가 지적하고자 하는 소크라테스 스타일 이팩트인데, 그 선두에 크라우스가 있었다.

카를 크라우스Karl Kraus, 1874~1936는 우리에게는 조금 생소하지만 당시 빈에서는—훗날 비트겐슈타인도 《논리-철학 논고》의 원고를 그에게 보이고 싶어 안달했을 만큼[4]—막대한 영향력을 발휘한 언론인이자 노벨 문학상 후보로도 거론되곤 하던 작가였다. 《비트겐슈타인과 세기말 빈》에는 그에 대해 묘사한 다음과 같은 구절이 들어 있다.

> 이들[로스, 쇤베르크, 비트겐슈타인]은 모두 크라우스에게 영감을 받았음을 인정했으며, 마땅히 크라우스주의자라고 불릴 수 있는 사람들이었다. 그러나 크라우스주의자로서의 고결성은, 모름지기 도덕적이고 미적인 타락에 맞서 싸우는 예술가나 작가의 투쟁이란 어떤 경우든 각자가 가장 편하게 느끼는 특정한 영역의 인간 경험에 대한 비판의 형태로 수행되어야 함을 요구했다. 로스에게 그 영역은 건축과 설계였다. 쇤베르크에게는 음악이었으며, 그리고 비트겐슈타인에게는 철학이었다.[5]

크라우스가 평생 심혈을 기울여 했던 일은 논쟁과 풍자를 통해 세기말 빈 사람들의 허위의식과 도덕적 이중성을 폭로하고 치료하는 것이었다. 때문에 크라우스에게 논쟁과 풍자는 "시기심 많은 한 냉소주의자의 치기 어린 행동"이 아니었다. 그것은 "사람들이 인간의 사유와 행위 안에서 나타나는 모든 피상적이고, 부패하고, 비인간적인 것들에서 벗어나 모든 가치의 '기원'으로 되돌아가게 함으로써, 결과적으로 전반적인 문화의 쇄신을 성취하도록"[6] 이끌려는 윤리적 장치이자 강력한 무기였다.

그 일을 위해 크라우스가 꺼내 든 도구가 1899년 스물넷의 나이로 창간해 세상을 떠날 때까지 40년 가까이 발행했던 격주간 풍자지 〈횃불Die Fackel〉이었다. 그는 그것을 무기로 당시 국제적 명성을 누리던 빈의 주요 언론 〈신 자유신문〉과, 그것이 왜곡된 기사를 통해 미혹으로 이끄는 빈 시민들과 '신변의 위험을 감수하면서까지' 싸웠다. 그 신문은 사실상 "정권의 은밀한 대변자"였고, 기업주들의 이익을 옹호하는 나팔수였다. 때문에 크라우스의 투쟁은 "언론과 싸우고, 언론에 대한 대중의 신뢰를 허물고, 현재의 언론이 사회에 입히고 있는 피해를 복구하기 위한" 지칠 줄 모르는 노력이었다.[7]

소크라테스와 디오게네스가 각각 논박술과 냉소를 통해 당시 아테네인들의 허위의식을 폭로하고 치유하려 했던 것을 상기하면, 크라우스의 투쟁은 소크라테스-디오게네스적이라 할 수 있다. 한마디로 그는 세기말 빈이 불러낸 소크라테스 또는 디오게네스였고, 그가 한 논쟁과 풍자는 미셸 푸코가 규정한 '위험을 감수하는 말하기'이자 '윤리적 태도를 견지하기', 곧 파레시아였다. 그뿐 아니다. 키르케고르가 〈순간〉이라는 간행물을 발행해 코펜하겐의 유력 언론 〈코르사르〉와 기성 교회에 투쟁했던 것을 감안하면, 그것은 가히 키르케고르적이기도 하다. 재닉과 툴민도 같은 맥락에서 크라우스를 다음과 같이 평가했다.

> 범상함과는 완전히 거리가 먼 인격을 가진 사람만이 거의 40여 년의 세

월을 그러한 방식으로 살 수 있을 것이다. 테오도어 해커가 1913년에 발표한 연구 논문 〈쇠렌 키르케고르와 내재성의 철학〉에서 키르케고르를 크라우스와 연결시킬 수밖에 없었던 것은 괜한 공치사가 아니었다.[8]

다음은 아돌프 로스Adolf Loos, 1870~1933인데, 그는 크라우스가 언어를 가지고 했던 일을 건축에서 구현하려고 했던 인물이다. "크라우스가 이성과 환상의 구분을 흐리고 있는 [〈신 자유신문〉의] 문예란을 향해 전쟁을 선포한 것과 마찬가지로, 로스 역시 이른바 '응용예술'이라는 개념이 일상적인 도구와 예술품 사이[예컨대 요강과 도자기 사이]의 구분을 흐리고 있다는 사실에 분개하면서 [요강과 같은] 일상적 용도의 물건들을 치장하는 데 그치고 있는 당대의 '예술'과 맞서 싸우는 유사한 전쟁을 수행했다."[9] 그것은 일상적 도구와 예술품 모두에서 본질이 아닌 부수적인 것들을 제거함으로써, 일상적 도구에는 그것의 본질인 유용성을, 예술품에는 예술성을 되돌려주기 위한 투쟁이었다. 한마디로 그것은 소크라테스 스타일을 두 분야 모두에 구현하는 작업이었다.

이 말을 정확히 이해하는 데는 세기말 빈 부르주아 계층의 취향과 그것에 맞춘 당시 예술에 대한 이해가 전제되어야 한다. 재닉과 툴민은《비트겐슈타인과 세기말 빈》에 당대 부르주아 계층의 전형적인 저택을 묘사한 어느 비평가의 다음과 같은 글을 소개했다.

그들의 저택은 생활공간이 아니라 전당포나 골동품 가게였다. … 아무런 의미도 없는 장식품들에 미치는 사람들이 있었다. (…) 나선형 무늬, 소용돌이무늬, 당초문양 따위가 더 많이 들어갈수록, 색깔이 더 야단스럽고 노골적일수록 그 디자인은 훨씬 더 성공적이었다. 사정이 그러하니 유용성이나 용도에 대한 고려는 확실히 결여되어 있었다. 그 집은 순전히 보여주기 위한 것이었다.[10]

로스가 보기에는 건물과 가재도구의 설계에 나타난 '장식'은 빈 부르주아 계층의 허위의식이다. 1909년에 출간된 그의 책《장식과 범죄 Ornament und Verbrechen》가 제목에서부터 보여주듯이 로스는 장식을 심지어 범죄로 여겼다. 그래서 그가 해낸 일은 일상적 도구와 예술품을 구분하고, 일상적 도구인 건물과 가재도구 설계에 나타나는 모든 형태의 장식을 제거하는 것이었다. 그럼으로써 건축과 설계의 본질인 유용성과 용도를 되찾는 것이었다.

로스에게 건축이나 가재도구의 설계는 예술이 아니다. 그것들은 특정한 유용성과 용도를 위해 만들어지는 것이기 때문에, 예술적 양식이 아니라 삶의 양식the mode of life을 따라 설계되어야만 한다. 로스는 "나는 용도use가 문화형식이자 물건을 만드는 형식이라고 주장한다"라고 선포했다. 다음 에피소드 '비트겐슈타인—침묵'에서, 우리는 비트겐슈타인이 로스가 주장한 것과 같은 내용을, 같은 용어를 사용해 철학에서 주장했다는 흥미로운 사실을 확인하게 될 것이다.

쇤베르크와 야곱의 사다리

•••

이제 쇤베르크다. 아르놀트 쇤베르크 역시 크라우스가 문학에서 한 일에 큰 감명을 받았고 그것을 음악에서 실현하려 고군분투했다. 그가 1911년에《화성법 강의》를 출간했을 때, 그 한 권을 크라우스에게 증정했다. 그리고 "아마도 저는, 독립적인 존재로 남고 싶은 사람이라면 그 이상은 배우지 말고 자기가 알아서 해야 할 것까지 당신에게 배우고 만 것 같습니다"[11]라는 헌사를 써서 현대음악의 이정표가 된 자신의 작업이 어디에서 기원한 것인지를 고백했다. 쇤베르크가 크라우스에게서 배운 것, 즉 부수적인 것들을 제거하여 본질이 드러나게 하는 일이 현대음악에 어떻게 구현되었는가를 알아내는 일은 그리 어렵지 않다.

쇤베르크가 보기에는 19세기를 풍미하던 바그너, 브루크너, 슈트라우스, 말러와 같은 낭만주의 작곡가들은 화성을 과도하게 사용했다. 따져보면 화성은 피타고라스 이후 서양음악의 전통이고, 화성적 조성은 요한 제바스티안 바흐 이후 근대 서양음악 형식의 기반이다. 하지만 문제는 이들이 과도한 장식음과 음화音畫, musikalisches Bild(음악으로 특정한 대상이나 정경을 회화적으로 묘사하는 기법)를 사용함으로써 음악의 본질을 해친다는 것이 쇤베르크의 생각이다. 그는 그것을 하나의 질병으로 보았고, 이 질병의 치료제는 새로운 화성이론뿐이라고 판단했다. 그래서 쓴 책이 1911년에 출간해 무조음악의 교과서가 된《화성법 강의》이다.

쇤베르크에 의하면, 음악이란 감정의 언어가 아니라 음악적 논리에 의해서 이뤄져야 한다. 그래서 그는 작곡가를 논리학자라고도 생각했다. 재닉과 툴민은《비트겐슈타인과 세기말 빈》에 다음과 같이 썼다.

> 쇤베르크 자신은 그 과제를 "과거 미학의 한계를 돌파하는 것"이라고 칭했다. (…) 누구라도 쇤베르크의《화성법 강의》와 화이트헤드와 러셀이

공동 집필한 새로운 논리학의 간명한 해설서 《수학의 원리》 간에 밀접한 유비관계가 있다는 결론을 끌어낼 수가 있다. 1932년에 쇤베르크는 한 편지에서 이렇게 썼다. "나는 이런 작곡기술이 음악적 논리에서 나온 지식과 깨달음에 기초해 있을 때, 그것으로부터 의미 있는 장점이 도출될 수 있다고 믿는다."[12]

모든 혁명은 어렵다. 쇤베르크가 시도한 음악 혁명, 곧 "과거 미학의 한계를 돌파하는 것"도 마찬가지였다. "보수적인 평론가들과 청중들은 음악의 오래되고 낡은 형식이 반복되기를 기대했다. 그들에게 음악적 아름다움은 음악의 전통에 충실한 것이었고, '새로운 것'은 절대적으로 혐오스러운 것이었다."[13] 그래서 그의 혁명적인 음악은 평론가들과 청중들로부터 외면을 받았다.

쇤베르크의 오라토리오 〈야곱의 사다리〉(1920)에는 쇤베르크 자신은 물론이거니와 지상에서 천상으로 향하는 야곱의 사다리—상기하자면, 소크라테스, 플라톤, 플로티노스는 이것을 '에로스의 사다리' 또는 '존재의 사다리'라 불렀다—를 올라가려는 모든 자에게 금언이 될 만한 노랫말이 들어 있다.

> 오른쪽으로든 왼쪽으로든, 앞으로든 뒤로든 / 산을 올라가든 내려가든 / 사람들은 앞이나 뒤에 무엇이 있는지를 / 묻지 말고 계속 가야 한다. / 과제를 수행하기 위해서는 그것을 망각해야만 한다.[14]

그렇다! 그는 또 하나의 야곱이었다. 쇤베르크는 실로 앞이나 뒤에 무엇이 있는지를 묻지 않고 자신이 올라가야 할 사다리를 계속 올라갔다. 그는 "예술가는 굳이 아름다움을 바라지 않아도 그것을 손에 넣는다. 왜냐하면 그는 오직 진실함만을 애써 좇는 사람이기 때문이다"[15]라는 말도 남겼다. 쇤베르크가 이룬 음악적 성과는 그가 지닌 이 같은 진실성과 고결성의 산물이다.

오늘날 학자들은 쇤베르크 음악의 변천과정을 대개 3단계 내지 4단계로 나누어 설명한다. 그 가운데 우리의 이야기와 연관해 주목하고자 하는 것이 프랑크푸르트학파의 수장이었던 테오도어 아도르노Theodor Adorno, 1903~1969가 《신 음악의 철학》에서 쇤베르크의 음악 여정을 4단계로 구분하고 그것을 변증법적으로 분석했다는 사실이다. 그럼으로써 아도르노는 야곱의 사다리를 올라가려는 쇤베르크의 음악 여정이 어떤 사회적 의미를 갖고 있는지도 천착해 서술했는데,[16] 매우 흥미롭다. 먼저 그의 4단계 구분을 요약하면 다음과 같다.

첫 번째 단계(1898~1907)는 후기 낭만주의 성격을 지닌 조성음악의 단계다. 아도르노에 의하면 이 시기의 쇤베르크는 브람스와 바그너 음악을 변증법적으로 연결한다. 그 대표적인 예가 그의 첫 작품인 〈두 개의 연가; 1. 감사, 2. 작별〉(1898)이다. 아도르노는 거의 알려지지 않은 이 노래가 "동시대의 작곡가들이 둘 중 하나를 선택해야 하는 것으로 여겼던 브람스와 바그너의 음악언어의 특성들을 서로 연결한다"고 평가했다.[17]

두 번째 단계(1908~1924)는 무조음악의 단계다. 앞에서 잠시 언급했듯이, 칸딘스키가 듣고 공감했다는 〈현악 4중주 II, Op. 10〉(1908)으로부터 시작하는 이 시기에 쇤베르크가 자신의 음악에서 당시 서양음악의 기반인 화성적 조성을 제거하고, 한 옥타브 안의 12음 모두를 사용하는 실험을 감행했다. 마치 "몬테베르디가 르네상스 시대의 다성 음악을 단순화시켰던 것처럼, 쇤베르크 자신도 리하르트 슈트라우스, 레거, 말러 등이 구사한 끔찍할 정도로 복잡한 조성을 단순화시켰다는 것이다."[18] 그럼으로써 다음 단계인 12음 기법dodecaphony이라는 계열음악의 원칙들의 토대가 마련되었다.[19]

세 번째 단계(1925~1939)는 본격적인 12음 기법에 의한 작곡의 시기다. 12음 기법은 좀 더 '조직적' 또는 '산술적'으로 무조음악을 만들어내는 작곡기법이다. 12음 기법이 사용된 최초의 작품은 1925년에 작곡한 〈피아노 모음곡, Op. 25〉인데, 1934~1936년에 작곡한 〈바이올린 협주곡, Op. 36〉부터는 12음 기법의 전형적인 전개를 보여주면서도 그것으로부터 벗어나는 요소들을 포함하는 경향이 나타났다. 그리고 1939년에 발표한 〈실내악 II, Op. 38〉 이후 쇤베르크는 작품을 쓰지 않고 '의미 있는' 휴지기에 들어간다.[20]

네 번째 단계(1941~1950)는 쇤베르크의 음악이 전혀 새로운 단계에 돌입한 시기다. '후기 양식Spätstil'이라 칭하는 이 시기의 작품을 대표하는 곡들, 예컨대 〈오르간을 위한 서창敍唱에 대한 변주곡, Op. 40〉, 〈나폴레옹 보나파르트에게 바치는 송시, Op. 41〉, 〈피아노 협주곡, Op. 42〉 등은 낡은 형식과 새로운 형식, 즉 조성적 형식과 계열적 형식이 함께 나열되는 특징을 지닌다. 또한 이 시기의 작품들에서는 종교적 성격이 점점 짙어지는데, 〈바르샤바에서 온 생존자, Op. 46〉, 〈세 번의 천년, Op. 50a〉, 〈현대적 시편, Op. 50c〉가 대표적이다.[21]

정리해보면 아도르노가 구분한 쇤베르크의 음악 여정은 단순히 서양음악의 전통과 미학을 부수기 위한 단계적 과정이 아니라, 그 자신이 구축한 형식마저도 깨부수며 진화하는 역동적인 여로다. 그래서

'변증법적'이라 하는 것인데, 그것은 새로운 음—쇤베르크 자신의 표현으로는 "들어보지 못한 것Das Unerhörte"—을 찾아 떠나는 끝없는 길이다.

왜 그럴까? 왜 그는 항상 새로운 음을 찾아 떠나는 것일까? 쇤베르크는 이에 대해 "음악은 그것이 여전히 음악이긴 하지만 모든 본질적인 점에서 과거에 작곡된 음악과는 구별되어야만 한다"[22]라고 답했다. 이것이 그가 생각하는 이른바 '신음악neue Musik'이다. 그것의 창조를 위해서 쇤베르크는 언제나 자신이 마주하고 있는 '음악적 강제'를 제거하는 방법을 택했다. 설사 그것이 자기 자신이 창시하고 구축한 12음 기법일지라도 말이다.

진보가 퇴행으로 나타날 때

•••

쇤베르크가 가장 먼저 마주한 음악적 강제가 바로 '조성'이었다. 그래서 그는 자신의 음악에서 조성을 제거한 무조음악과 12음 음악을 만들었다. 그런데 여기에서 우리가 주목해야 할 것은 아도르노가 이 지점에서 뜬금없이 자신의 이데올로기 비판론인 '계몽의 변증법Dialektik der Aufklärung'을 쇤베르크의 음악 해석에 도입한다는 사실이다.

1927년 이후 아도르노는 줄곧 음악비평과 이데올로기 비판을 결합하려는 시도를 해왔기 때문인데, 아도르노가 보기에는 조성이란 음악의 본질이 아니라, "음악적 합리화 과정의 전개"에 불과하다. 그것은 단지 음악이 '인간화 또는 사회화되는 과정에서 생긴 부산물'이라는 뜻이다. 따라서 그것은 "역사적으로 형성된 것", "역사적으로 발원한 것", "역사적으로 진행된 것", 그래서 "지나가는 것"일 따름이다.[23] 그런데 이게 도대체 무슨 말일까? 설명이 필요하다.

귀띔 하나를 먼저 한다면, 그것은 당신이 지금 회화와 원근법이 어떤 관계를 갖는가를 떠올리면 아도르노의 말을 이해하는 데 도움이 된다는 사실이다. 자, 회화에서 원근법이란 무엇이던가? 11장 '미켈란젤로, 칸딘스키—제거'에서 이미 살펴보았듯이, 원근법은 3차원으로 구성되어 있는 자연을 2차원 평면에서 구현하기 위해 개발된 회화기법이다. 즉, 원근법이란 자연을 인간의 눈에 보이는 대로 묘사하는 인위적이고 폭력적인 기법이다. 그리고 그것은 르네상스 시대에 개발되었다.

아도르노 식으로 표현하자면, 원근법은 회화의 본질이 아니고 '회화적 합리화 과정의 전개'에 불과하며, 회화가 '인간화 내지 사회화되는 과정에서 생긴 부산물'이자 르네상스 시대에 역사적으로 발원·형성·진행된 것일 뿐이다. 그래서 폴 세잔을 비롯한 인상주의 화가들과 그 이후 칸딘스키, 몬드리안과 같은 추상화가들이 원근법을 회화에서 제거했던 것이다.

이와 마찬가지로 쇤베르크는 조성을, 음악이 '인간화 내지 사회화되는 과정에서 생긴 부산물'이자 "역사적으로 형성된 것", "역사적으로 발원한 것", "역사적으로 진행된 것"으로 간주하고 제거했다는 것이 앞에서 아도르노가 하고자 했던 말의 진의이다. 우리의 용어로 표현하자면, 쇤베르크의 무조음악과 12음 음악은 조성이라는 부수적인 것을 제거해 본질적인 것을 드러내려는 작곡기법, 즉 20세기 초 음악에서 일어난 소크라테스 스타일 이팩트일 뿐이다.

그러나 이 같은 현상이 어디 회화와 음악에서만 일어났겠는가? 앞에서 잠시 언급했듯이 20세기 초에 일어난 그 전복적이고 실험적인 예술운동을 아방가르드라 한다면, 그것은 서구 전역에서, 문화 전반에서 폭넓게 일어났다. 제1차 세계대전 전후에는 문학에서도 아방가르드 바람이 거세게 불었는데, 그 중심에 마르셀 프루스트Marcel Proust, 제임스 조이스James Joyce, 그리고 버지니아 울프Virginia Woolf 등이 서 있다. 이 작가들은 인간의 본질을 드러내기 위해 의식의 흐름stream of consciousness이라는 실험적 기법을 개발해 사용함으로써 기존의 소설에서 사건을 이끌고 가는 핵심 요소인 '순차적인 시간의 흐름'을 해체했다. 그럼으로써 소설이 외적 사건보다 인간의 내적 실존과 본질을 드러내는 데 집중하게 했다.

한 세대 건너 활동한 아일랜드 출신의 극작가 사뮈엘 베케트Samuel Beckett, 1906~1989는 한발 더 나아가 희곡에서 순차적 시간의 흐름뿐 아니라 극을 구성하는 기본 요소들을 제거하는 기법을 자주 사용했다. 그에게는 연극을 지배해온 기존의 기법과 양식들이 모두 '인간화 또는 사회화되는 과정에서 생긴 부산물'이자 '역사적으로 형성된 것'에 불과했던 것이다. 그래서 그것들을 제거하기 시작했는데, 베케트에게 노벨문학상을 가져다준《고도를 기다리며》가 그 대표적인 예다.

이 작품에서 베케트는 기존의 극에서 필수적으로 설정되어 관객에게 이해를 주는 시간적 배경, 공간적 배경, 인물의 성격 그리고 도입→상승→절정→반전→하강→파국으로 전개되는 사건의 구성 등을 모두 제거했다. 그래서 이 연극을 보는 관객들은 언제, 어디에서, 어떤 성격의 인물이, 어떤 사건을 전개하는지를 알 수 없다. 무대에는 시간의 흐름과 공간의 변화가 없고, 일어나는 사건이 없고, 인물들에게는 성격이 없다. 때문에 평론가들은 베케트의 연극들을 '부조리극' 또는 '반연극', '전위극Avant-garde Theater'으로 분류하는데, 그것 역시—조이스, 프루스트, 울프의 의식의 흐름이 그렇듯이—인간의 본질을 밝히기 위해서 베케트가 새로이 고안한 장치다.

베케트가 파악하고자 했던 인간의 본질은 어떤 특별한 시간, 공간, 성격, 사건을 통해 드러나는 개별적 인간의 그것이 아니라, 모든 인간에게, 곧 인류에게 공통적이고 근원적이면서 보편적인 어떤 것이다. 프랑스 철학자 알랭 바디우Alain Badiou는 《베케트에 대하여》에서 이것을 '유類적인 것le générique' 또는 '유적인 인류의 본질'이라고 이름지어 불렀는데, 그것을 탐색하기 위해 베케트가 동원한 수법이 "엄격한 경제성(절약)의 원칙에 의해", 작품에서 "정황상 장식으로 여겨지는 모든 것, 부수적인 유희에 해당하는 모든 것"을 제거하는 것이다.

바디우는 베케트가 시도한 이 '빼기減算'에 대해 다음과 같은 설명을 덧붙였다.

> 장식들의 감산減算은 베케트의 작품들 안에서 그 내적인 메타포를 지닌다. 말하자면, 유적인 글쓰기의 픽션을 실재화하는 등장인물들은 텍스트 전체에 걸쳐 본질적이지 않은 술어들, 의복들, 대상들, 소유물들, 몸의 부위와 언어의 단편들을 잃는다. 베케트는 빈번하게 유적인 기능들이 도래하기 위해 잃어야만 하는 것들의 목록을 작성한다. 그리고 그는 장식과 헛된 소유물을 불쾌한 수식어를 통해 우스꽝스러운 것으로 만든다. 그럼으로써 그는, 오로지 부수적이고 거추장스러운 것들을 잃어버리고 흩뜨릴 때만이 유적인 인류의 본질을 이해할 수 있다는 것을 지적하는 것이다.[24]

그렇다! 단단한 돌덩이 안에 갇혀 있는 사자를 풀어놓으려면 사자가 아닌 것들을 쪼아내야 하듯이, 어떤 대상에서나 어느 분야에서나, 본질적인 것은 항상 "장식과 헛된 소유물", "부수적이고 거추장스러운 것들"을 제거해야 비로소 드러난다.

17장 '바디우, 지젝—빼기'에서 다시 확인하게 되겠지만, 바디우가 '빼기'를 "모든 진리의 작동 방식"이라고 강조한 것이 그래서다. 20세기 초 서구 아방가르드 예술가들은 이것을 깨달았고, 그것을 각자가 자기의 분야에서 시도한 혁명의 목적이자 강령으로 삼았다. 단지 그들은 자신들이 실험하는 창조적 혁명의 원리가 소크라테스 스타일이라는 것은 알지 못했을 뿐이다.

쇤베르크도 소크라테스 스타일이라는 바로 이 창조적 혁명의 원리를 통해 무조음악과 12음 음악이라는 계몽—독일의 사회학자 막스 베버의 표현으로는 "세계의 주술로부터의 해방"—을 이뤄낸 셈이다. 이것만도 업적이라 할 수 있다. 그런데 쇤베르크는 거기에서 그치지 않고 한걸음 더 나갔다. 그럼으로써 계몽을 계몽하는, 혁명을 혁명하는 위대한 작업을 감행했다.

그것이 뭐냐고? 1939년 이후 2년여에 걸친 휴지기를 마치고, 아도르노가 구분한 4단계에서 만든 신음악들이 그것이다. 쇤베르크는 그것들을 그가 그렇게 음악에서 제거하고자 했던 '조성적 형식'을 다시 불러들여 12음 기법이라는 '계열적 형식'과 함께 나열해 만들었다. 도대체 왜 그랬을까? 그는 왜 조성에 대한 자기 자신의 부정을 다시 부정했을까? 무한한 자기 부정을 감행했던 것일까? 알고 보면 이것이 쇤베르크의 위대함인데, 이에 대한 아도르노의 해석을 들어보자.

아도르노는 무조음악과 12음 기법에 의해 만들어진 쇤베르크의 작품들을 긍정적으로 평가했다. "12음 기법은 의식이 자연 재료에 폭력을 가하는 자연 재료의 답답한 강제를 제거하고, 자연 재료를 질서 있게 명명하고 규명하는 역사적 단계를 지칭한다. 12음 기법의 명확하고 투명한 빛에서 그 이전 시기의 동굴에서 완전히 소화消火되었던 환상의 불꽃이 타오른다"[25]가 그것이다.

그러나 쇤베르크의 음악적 변천을 변증법적으로 파악하는 아도르노에 의하면, 12음 기법의 빛나는 불꽃은—그 자신이 계몽enlightenment(빛으로 밝힘)의 주체로 군림하게 됨으로써—새로운 '음악적 강제', 달리 말해 '계몽이 낳은 야만'으로 변모했다. 아도르노는 그 정황을 다음과 같이 지적했다.

> 12음 기법은 그것에 조응하지 않는 것, 그것에 따라 움직이지 않는 것을 음악 안에서 배척한다. 12음 기법은 서로 강하게 분리되려 하는 것을 묶어두는 냉혹한 족쇄다. 12음 기법은 저항하는 힘들의 유용성을 검토하지 않은 채 사용된다. 12음 기법은 저항하는 것과 조직하는 것들이 없을 때까지 음들을 조직화한다.[26]

쇤베르크가 12음 기법을 창시한 1925년 무렵에는 그의 음악을 이해한 사람이 거의 없었다. 하지만 그의 제자인 알반 베르크와 안톤 베베른에 의해 더욱 발전하고 널리 알려져 1930년대 후반부터는 현대음악의 원칙이자 작곡 기법으로 차츰 자리 잡기 시작했다. 아도르노의 생각에는 12음 기법이 이렇듯 현대 작곡의 원칙으로 격상되면서 "계몽이 신화학으로 변모한 역사적 전개, 그 역사적 전개과정에서 확인되는 '계몽의 자기파괴', '진보가 퇴행으로 나타나는 것', '새로운 형태의 야만의 탄생'이라는 《계몽의 변증법》의 주제들"[27]이 12음 기법에도 나타났다는 것이다. 그리고 그것은 모든 종류의 계몽이 필연코 맞아야 하는 비극적 운명이다.

부정을 부정하고, 혁명을 혁명하고

•••

여기서 주목하고자 하는 것은 쇤베르크가 12음 기법이 지닌 위험—'계몽의 자기파괴', '진보가 퇴행으로 나타나는 것', '새로운 형태의 야만의 탄생'—을 스스로 인식했을 때, 무엇을 했는가 하는 것이다. 계몽의 패러독스를 알아챘을 때, 쇤베르크가 자기 자신에게 부여한 새로운 과제는 12음 기법을 그것이 밟고 있는 계몽의 비극적 궤도에서 벗어나게 하는 것, 다시 말해 '계몽의 계몽'을 감행하는 것이었다. 그는 1939년 이후 아무 이유 없이 휴지기에 들어갔다. 1941년부터 다시 발표한 작품들에서는 자신이 창안하고 확산시켰던 12음 기법의 문제점을 폭로하고 부정하기 시작했다.

결코 아무나 할 수 있는 일이 아니다. 음악의 본질에 이르고자 실행하는 무한한 자기 부정, 이것이 쇤베르크의 고결함이자 위대성이다. 쇤베르크의 '후기 양식'에서는 12음 기법은 더 이상 음악의 원칙이 아니다. 이 새로운 양식에서 12음 기법은 그것이 부정했던 조성과 나란히 놓임竝列으로써 자기 자신을 부정한다. 아도르노에 의하면, 쇤베르크가 시도한 대립자의 병렬—곧 부정의 부정—은 동일성 내지 획일성으로 귀착하려는 모든 폭력을 제거하여, 조성과 12음 기법 중 그 어느 것도 계몽의 비극적 운명에 빠지지 않게 한다. 그럼으로써 동일성에 근거한 체계를 비판하고 극복하게 한다. 요컨대 계몽을 계몽하게 한다.

여기서 우리는 또한 위-디오니시우스가 제시한 부정의 길이 도달하는 곳이 어디인가도 다시 떠올려 생각해보아야 한다. 지속적인 '제거의 방법'에 의해서 신에 대한 우리의 인식은 점점 더 '불가해한 어둠'에 빠지게 되며, 결국에는 신의 본질에 대한 '절대적 무지'에 도달하게 되지만, 그것이 오히려 신의 본질을 파악하는 데 적합하다는 그의 주장을 상기해야 한다. 아도르노는 《부정변증법》에서 같은 말을 "단지 형상이 없을 때만 완전한 객체는 사유될 수 있을 것이다. 이처럼 형상이 없는 상태는 신학적 우상 금지와 합치된다"[28]라고 표현했다. 쇤베르크가 음악을 통해 걸었던 길이 바로 이 무한한 부정의 길, 우상 금지의 여정이다. 그리고 이 길이 아도르노가 예시한 '부정적 유토피아negative Utopia'에 이르는 길이다.

아도르노에게는 "어떻게 신음악이 12음 기법의 패러독스를 해결할 수 있는가?"라는 질문과 "어떻게 사회가 계몽의 비극적 운명으로부터 벗어날 수 있는가?"라는 물음은 둘이 아니고 하나다. 따라서 그 답도 역시 하나다. 그것은 무한한 자기 부정, '부정'과 '부정의 부정'을 병립시키는 것이다. 그럼으로써 모든 우상에 대한, 모든 유토피아에 대한 '기획'을 부정하는 것이다. 계몽의 비극적 운명은 계몽이 체계화된 기획에 의해 수행된다는 데서 시작한다. 따라서 그것에서 벗어나는 일은 실패한 기획의 자리에 새로운 기획을 설정하는 것이 아니라, 체계를 지향하는 모든 기획을 부정하는 것을 통해서만 가능하다.[29]

그렇다. 우리는 부정을 부단히 부정하고, 계몽을 부단히 계몽하고,

혁명을 부단히 혁명하고, 민주화를 부단히 민주화해야 한다. 그러지 않으면 언제든 '계몽의 자기파괴', '진보가 퇴행으로 나타나는 것', '새로운 형태의 야만의 탄생'을 막을 길이 없다. 이것이 소크라테스 스타일이 부단히 전승되고 시도되어야만 하는 이유이기도 하다.

14장

비트겐슈타인—침묵

Ludwig Wittgenstein, 1889~1951, 철학

비트겐슈타인의 이 하비투스는 예수가 빌라도 앞에 서 있는 것을
구현하는 것같이 '침묵하며 진리를 육화하는' 원장면이
두루 비춤으로써 종교적으로 충전된다. 이 철학자의 태도는
그가 영원히 빌라도 앞에 서는 모습을 상상하면
더 잘 이해될지 모른다.

– 페터 슬로터다이크

루트비히 비트겐슈타인은 합스부르크 왕가Habsburg Haus의 카를 1세가 지배하던 오스트리아 빈에서, 당시 미국의 카네기, 독일의 크롬에 필적할 만큼 성공한 철강재벌 카를 비트겐슈타인Karl Wittgenstein, 1847~1913의 5남 3녀 중 막내아들로 태어났다. 당신이 13장 '쇤베르크—무조'를 이미 읽었다면 이 말이 무엇을 의미하는지를 어렵지 않게 짐작할 수 있을 것이다. 그것이 비트겐슈타인이 서로 다른 분야의 창의적 인물들의 상호작용을 통한 사유의 시너지 신드롬이 한창 일어나던 세기말 빈에서 태어나 시대의 문화적 창발을 경험하며 자랐다는 것을 말해주기 때문이다.

데이비드 에드먼즈David Edmonds와 존 에이디노John Eidinow는《비트겐슈타인은 왜?》에서 세기말 빈의 풍경을 묘사하면서, 당시 빈의 카페 거리인 링슈트라세Ringstraße(환상의 길)에 자리한 카페들에 가면, 누

구나 지금은 역사책 속에서나 볼 수 있는 인물들을 쉽게 만날 수 있었다고 한다. 그러니까 가령 지금 당신이 타임머신을 타고 그 당시 빈으로 돌아가 링슈트라세에 있는 카페 무제움Café Museum이나 헤렌호프Herenhof에 간다면, 당장이라도 다음과 같은 풍경 속으로 빠져 들어가리라는 뜻이다.

당신은 그곳에서 쇤베르크나 그의 제자 알반 베르크를 만나 알프스의 만년설 같은 생크림을 얹은 커피를 마시며 12음 기법에 대해 대화를 나눌 수 있을 것이다. 혹은 아돌프 로스와 그의 제자인 파울 엥겔만을 만나 모더니즘 건축 프로젝트를 논할 수 있을지도 모른다. 운이 좋으면 수학자 쿠르트 괴델을 만나 불완전성 정리에 관한 질문을 주고받을 수 있거나, 가끔은 과학철학자 루돌프 카르나프를 만나 귀납법의 수학화에 대해 토론할 수도 있을 것이다. 또 한밤에 카페 센트럴에 가면 〈횃불〉에 올릴 논평을 쓰고 있는 카를 크라우스—그는 주로 낮에 자고 밤에 일을 했다—와 함께 구운 소세지를 안주로 맥주를 마시며 문예비평이 사회에 끼치는 영향에 대해 이야기를 나눌 수도 있다. 시간이 난다면 나중에 불세출의 혁명가 트로츠키Trotsky로 이름을 날린 정치 망명객 레프 브론슈타인과 보드카를 홀짝거리며 체스를 한판 둘 수도 있다는 것이다.[1]

그야말로 당시의 빈은 각 분야의 천재들이 만든 "거대한 정신의 요람"이자 "세계 파괴의 실험장"이었다. 그러나 비트겐슈타인이라면 경우가 다르다. 그는 어려서부터 이런 인물들 또는 이에 버금가는 천재들이 하루가 멀다 하고 이른바 비트겐슈타인 궁전Wittgenstein Palace으로 불리는 자기 집에 드나드는 것을 보면서 자랐다.

오늘날 교육심리학자나 진화심리학자들은 더 이상 '본성이냐 양육이냐' 내지 '유전자냐 환경이냐' 하는 문제로 다투지 않는다. 인간의 사회적 발달이 그 두 가지 모두에서 영향을 받는다는 것이 밝혀졌기 때문이다. 이 점에서 보면 비트겐슈타인은 적어도 양육 내지 환경에서는 우리와 같은 보통사람들은 물론이거니와, 심지어 앞의 에피소드에서 살펴본 크라우스, 로스, 쇤베르크 등과도 전혀 다른 차원의 영향을 받았다.

비트겐슈타인의 아버지 카를은 프로테스탄트교로 개종한 유대인이며, 도덕심이 남달리 강하고 근면한 엔지니어이자 사업가로, 맨손으로 시작해 거대한 부를 일궈낸 입지전적 인물이다. 그는 말하자면 일찍이 막스 베버가 《프로테스탄트 윤리와 자본주의 정신》에서 제시한 인간형의 거의 완벽한 표상이다. 어마어마한 액수의 자선 성금을 굳이 익명으로 기부하는 저명한 경제평론가인가 하면, 출장을 갈 때조차도 바이올린을 갖고 다니며 잠들기 전에 반드시 한두 곡을 연주할 정도의 음악애호가이기도 했다.

대부분의 자수성가한 사람들이 그렇듯이, 카를은 자녀들에 대한 기대가 지나치게 컸고, 그런 만큼 교육에 엄격했다. 자녀들을 학교에 보내지 않고 가정교사를 두어 집에서 가르쳤는데, 한때 스물여섯 명의 가정교사를 둘 정도였다. 집에 아예 조그만 학교를 차린 셈이다. 그러나 아이들이 천박한 귀족풍에 물들 것을 염려하여 승마를 배우는 것을 허락하지 않았다 한다. 특히 아들들의 진로 결정에 자유를 허락하지 않고 자신의 사업을 뒤이을 금융인으로 만들려고 했다. 결국 세 아들이 차례로 자살을 하는 비극이 발생한 것이 바로 그 같은 강압과 무관하지 않다는 점은 어렵지 않게 짐작할 수 있다.

비트겐슈타인의 어머니 레오폴디네는 예술, 특히 음악에 수준이 빼어나게 높은 교양인이었다. 그래서 여섯 대의 그랜드피아노를 갖고 있었던 이 집안에는 작곡가 요하네스 브람스, 리하르트 슈트라우스, 구스타프 말러, 아르놀트 쇤베르크, 안톤 베베른, 알반 베르크 그리고 지휘자 브루노 발터와 피아니스트 클라라 슈만, 첼리스트 파블로 카잘스와 같이 오늘날에는 전설이 된 당대 뛰어난 음악가들이 수시로 드나들며 연주를 했고 자녀들을 가르치기도 했다. 이러한 환경에서 자란 비트겐슈타인 형제들은 당연히 예술에 뛰어난 재능을 보였다.

루트비히 비트겐슈타인의 큰형 요하네스는 형제들 가운데 가장 뛰어난 음악적 재능을 타고나 종종 모차르트와 비교되기도 했지만, 아버지 카를과의 불화로 일찍 자살했다. 연극에 재능을 보였던 둘째 형 콘라트와 첼로 연주자였던 셋째 형 루돌프 역시, 이유는 각각 달랐지만 거의 같은 경로를 밟아 자살했다. 넷째 형 파울 비트겐슈타인Paul Wittgenstein, 1887~1961만이 당대의 탁월한 피아니스트로 성장했는데, 그것은 아버지 카를이 비교적 일찍 세상을 떠났기 때문으로 보인다. 파울은 제1차 세계대전에 나가 한 팔을 잃었다. 하지만 그는 작곡가 모리스 라벨Moris Ravel, 1875~1937에게 주문해 받은 〈왼손을 위한 피아노 협주곡 D장조〉를 1931년 파리에서 초연했다.

비트겐슈타인의 큰누나 헤르미네는 수준급의 화가였는데, 아버지 카를의 도움을 받아 미술품을 사 모으기도 하고 가난한 미술가들을 도우며 교제하기도 했다. 그 덕에 조각가 오귀스트 로댕, 건축가 아돌프 로스도 이 집을 드나들었고, 그녀의 권고로 아버지 카를이 화가 구스타프 클림트Gustav Klimt, 1862~1918가 이끄는 분리파Secession 화가들이 '분리파회관'을 지을 때 기금을 대기도 했다. 우리가 지금도 자주 보는 클림트의 대표작 중 하나인 여인 초상화 〈마르가레테〉는 클림트가 비트겐슈타인의 둘째누나 마르가레테의 결혼식을 위해 그린 것이다.[2]

마르가레테는 그들 가족 중에 예술 분야보다는 문학, 철학, 사회과학에 몰두하는 명민한 지성을 지닌 별종이었다. 정신분석학의 창시자 지그문트 프로이트와는 절친한 친구였고, 당시로는 충격적인 헨리크 입센의 《인형의 집》과 같은 사회참여적 '모더니즘' 작품들에 빠져 있었으며, 히틀러가 오스트리아를 합병하자 위기에 처한 나폴레옹의 후손인 마리 보나파르트Marie Bonaparte의 오스트리아 탈출을 돕기도 했다. 그녀가 막내 동생 '루키'—루트비히의 애칭—의 손에 자신과 친분이 있던 오토 바이닝거와 카를 크라우스와 같은 작가들의 뛰어난 인문학 저서들을 건네주었다.[3]

그런데 막내인 루트비히는 네 살이 되도록 말조차 제대로 하지 못했던 데다 유독 별다른 재능을 보이지 않아 아버지의 주목을 받지 못했다. 하지만 그 때문에 그는 오히려 어린 시절을—적어도 형들이 잇달아 자살하기 전까지는—비교적 밝고 평온하게 보낼 수 있었다. 그럼에도 따지고 보면 그가 집안 형제들 가운데 아버지 카를을 가장 많이 닮은 인물이라 할 수 있다. 루트비히는 평생 음악을 사랑하는 애호가였지만 다른 형제들과는 달리 음악가가 되려 하지 않고, 아버지처럼 엔지니어가 되려고 공학을 공부했다. 또한 아버지 못지않게 강한 도덕심을 갖고 살았다.

"비트겐슈타인은 아주 어릴 때부터 의심할 바 없는 위대한 도덕적 성실성의 화신이었다. (그 아버지에 그 아들이라고, 그가 어떻게 그렇지 않은 사람이 될 수 있었겠는가?)"[4]라는 재닉과 툴민의 평이 그래서 나왔다. 이런 이유 때문에 비트겐슈타인 집안사람 중 그 누구도 막내둥이 '루키'가 훗날 엔지니어가 아니라, 크라우스가 문학에서, 로스가 건축에서, 쇤베르크가 음악에서 했던 고결하고 위대한 일—즉, 아우게이아스의 외양간이 된 인간의 정신을 청소하는 일—을 철학에서 감행하게 되리라고는 상상조차 하지 못했다.

풋내기 마술사의 신들린 마술

• • •

1911년 겨울학기에 비트겐슈타인은 사전 약속도 없이 케임브리지로 버트런드 러셀Bertrand Russell, 1872~1970을 찾아가 제자로 받아주길 청했다. 이때 러셀은 그의 철학적 경력에 대해 아무것도 묻지 않고, 단지 그가 '흥미를 느끼는 철학적 문제'가 무엇인지를 써 가지고 오라고 했다. 이듬해 1월에 비트겐슈타인이 그것을 써 내자 러셀은 두말하지 않고 그를 제자로 받아 전례 없이 특별한 대우를 하기 시작했다.[5]

비트겐슈타인 전기를 쓴 영국 사우샘프턴대학 철학교수 레이 몽크Ray Monk는 《How to read 비트겐슈타인》에서 "그런 방식으로 비트겐슈타인을 받아들일 수 있는 대학교는 전 세계에서 아마 케임브리지밖에 없었을 것이다"[6]라고 평했다. 왜냐하면 당시 비트겐슈타인은 플라톤, 아리스토텔레스, 데카르트, 라이프니츠, 흄 그리고 칸트와 같이 철학 공부를 하려 하는 사람들이 마땅히 알아야 할 과거의 위대한 철학자들에 대한 지식을 전혀 갖고 있지 않았기 때문이다.

비트겐슈타인이 써낸 리포트의 내용이 무엇인지는 밝혀지지 않았다. 하지만 이후 전개된 여러 정황을 살펴보면 그것을 짐작하기는 그리 어렵지 않다. 그것은 러셀을 비롯한 케임브리지학파°의 분석철학자들이 풀어야 했던 난제를 해결하는 데 반드시 필요한 '어떤 것'에 대한 기획이었을 것이다. 때문에 러셀은 비트겐슈타인의 리포트를 보자마자 그를 자신의 "꿈의 화신"으로 여겼던 것이다. 그리고 1912년 여름에 비트겐슈타인의 큰누나인 헤르미네가 막냇동생을 보러 케임브리지로 찾아갔을 때는 "우리는 철학에서 다음에 내디뎌질 큰 걸음이 당신 동생의 것이라 기대하고 있소"[7]라는 의미심장한 말도 건넸다. 그렇다면 러셀과 케임브리지학파의 분석철학자들이 함께 꾼 꿈이란 무엇이었을까?

1903년에 스승 앨프리드 화이트헤드Alfred Whitehead와 함께 수리논리학의 기반인 《수학의 원리》를 출간한 러셀은 수학과 논리학을 훈련받은 정확한 정신을 가지고 '거대한 일반화'로 가득 찬 형이상학을 철학에서 몰아내려는 꿈을 갖고 있었다.[8] 그래서 동료 교수이자 《윤리학 원리》의 저자인 조지 무어와 함께 구성한 것이 케임브리지학파다.

° '케임브리지학파Cambridge School'는 보통 두 가지 의미로 사용된다. 하나는 19세기 말과 20세기 초에 케임브리지대학을 중심으로 고전학파 경제학의 거두 데이비드 리카도의 학설을 계승한 경제학파인데, 신고전학파Neo-classical School라고도 불린다. 다른 하나는 조지 무어와 버트런드 러셀을 추종하는 케임브리지의 분석철학자들로 구성된 학파다. 논리실증주의적 입장을 고수하여 형이상학을 부정하고, 철학의 과제는 오직 언어의 의미를 분석하는 데 있다고 주장했다. 초기 비트겐슈타인도 이에 속하는데, 이 책에서는 이 학파를 가리킨다.

그런데 1920년대에 오스트리아 빈에서 슐리크를 비롯하여 카르나프, 노이라트, 괴델, 바이스만 등과 같이 과학자이거나 과학에 관심이 있는 철학자와 수학자들을 중심으로 구성된 빈 학단Wiener Kreis도 같은 희망을 갖고 있었다.

20세기 초 영미철학의 주류가 된 두 학단이 공동으로 가졌던 꿈의 정체는 논리실증주의logical positivism가 무엇인가를 들여다보면 드러난다. 그것은 한마디로 오귀스트 콩트Auguste Comte, 1798~1857의 실증주의를 당시 새로운 발전을 이룬 수리논리학을 통해 현대화하려는 시도였다. 다시 말해 "모든 지식은 사실을 통해 입증, 곧 실증實證되어야 한다. 따라서 실증할 수 없는 종교적 또는 형이상학적 지식은 무의미하다"라는 콩트의 주장을 논리학을 통해 정당화하려는 노력이었다. 논리실증주의자들은 그들의 작업을 통해 과학이 모든 학문을 하나로 통합하는 통일과학unified science으로 자리 잡기를 기대했다.°

그러나 이 야심찬 기획에는 '넘지 못할 벽'이 가로놓여 있었다. 그것은 어떻게 하면 우리의 경험을 통해 드러나는 세계의 구조를 우리의 정신이 만들어낸 논리적 체계를 통해 기술할 수 있을까, 그리고 그것의 '참'과 '거짓'을 판단할 수 있을까 하는 것이었다. 러셀은 1912년 1월에 비트겐슈타인이 제출한 리포트를 보자마자, 이 젊은이가 그 '넘

° 1929년 프라하에서 발표된 〈빈 학단의 과학적 세계 파악〉이라는 빈 학단의 선언문에는 "과학적 세계 파악은 특별한 방법, 곧 논리적 분석으로 특징지어진다. 과학적 노력의 목표는 논리적 분석을 경험적 질료에 적용함으로써 통일과학이라고 하는 목표에 도달하는 것이다"라는 구절이 들어 있다. 빈 학단의 사람들은 이 선언문에서 "논리적 분석을 경험적 질료에 적용함"이라고 표현된 작업을 1921년에 간행된 비트겐슈타인의 《논고》가 해냈다고 생각하고 이 책을 자신들의 성서聖書로 여겼다.

지 못할 벽'을 넘게 해줄 '사다리'를 만들어줄 수 있다는 것을 직감적으로 알아챘다. 그리고 조지 무어를 비롯한 케임브리지학파 사람들에게 그를 "열정적이고, 심오하며, 강렬하고, 지배적인"[9] 천재로 소개했던 것이다.

그 덕에 비트겐슈타인은 20대 초반부터 케임브리지 지식인들 사이에서 남다른 대우를 받고 살았다. 하지만 그 탓에 20대 초반부터 마치 하늘을 떠받치고 있는 아틀라스처럼 감당할 수 없이 무거운 짐을 지고 살아야 했다. 당시 그가 감당해야 했던 중압감은 1913년에 비트겐슈타인이 연구에 전념하기 위해 노르웨이의 움막집으로 떠나면서 "모든 것이 끝내 나에게 분명해지도록, 그렇지 않다면 더 오래 살 필요가 없도록 신에게 기도합니다"[10]라는 글을 남기게끔 할 정도였다. 그는 자신에게 지워진 짐을 덜기 위해 실로 광기에 가까운 열정과 고뇌 속에서 고군분투했다.

비트겐슈타인의 괴팍하고 까칠한 성격이 밖으로 드러난 것도 이때부터인데, 그의 자살을 염려한 러셀이 부른 의사의 진단은 '신경과민'이었다. 그는 러셀과 케임브리지학파 사람들에 의해 천재로 소개되면서, 마치 졸지에 등이 떠밀려 엉겁결에 무대에 올라선 새내기 마술사처럼 영미 철학계에 등장했다. 그리고 자신조차도 몰랐던 신들린 마술—이 마술을 수행하는 비법을 담아놓은 책이 바로 《논고》다—을 펼쳐 결국 역사에 남는 위대한 철학자가 되었다.

이렇게 보면, 《논고》와 그것을 통해 얻은 비트겐슈타인의 평판은 러셀과 케임브리지학파 사람들이 자신들의 꿈이 빚어낸 시대적 과업을 오스트리아에서 건너온 스물세 살의 풋내기 청년에게 '천재'라는 굴레와 함께 억지로 떠맡겨 이뤄낸 성과라고 볼 수 있다. 물론 거기에는 비트겐슈타인 본인이 자초한 부분이 없지 않았다. 사전 약속도 없이 제 발로 러셀을 찾아가 그 같은 기대를 불러일으킨 장본인이기 때문이다. 여기에서 궁금한 것은 어떻게 그가 그런 일을 해낼 수 있었을까, 즉 철학에는 문외한이나 다름없는 젊은이가 어떻게 리포트 하나로 세계적인 철학자에게서 "철학에서 다음에 내디뎌질 큰 걸음"이 그의 것이라는 어처구니없는 기대와 평가를 얻어낼 수 있었을까 하는 것이다.

전형적인 빈 풍의 문건의 비밀

• • •

개인사에든, 세상사에든 때로 설명하기 어려운 신비한 구석이 있는 법이다. 우리는 그것을 보통 우연이라 하는데, 알고 보면 우연이란 원인이 감춰진 필연일 때가 많다. 이 경우가 바로 그랬다. 왜냐하면 당시 비트겐슈타인은 철학에 대해서는 아는 것이 거의 없었지만, 당대 철학이 마주한 장벽을 넘을 수 있는 사다리의 설계도를 이미 손에 쥐고 있었기 때문이다.

재닉과 툴민의 《비트겐슈타인과 세기말 빈》에 의하면, 비트겐슈타인은 그 설계도를 그가 태어나 자란 세기말 빈의 지적 풍경—내가 이 책에서 '사유의 시너지 신드롬'이라고 부르는 환경—에서 얻었다. 이 책에는 비트겐슈타인이 《논고》를 쓰는 일이 당시 빈에서 일어난 문화적 창발에 얼마나 큰 빚을 지고 있는지가 자세히 나열되어 있다.

지면상 그 내용을 상세히 소개할 수 없는 것이 아쉬운데, 그 안에는 우선 크라우스가 문학비평에서, 로스가 건축에서, 쇤베르크가 음악에서 취했던 철학적 태도, 곧 본질적인 것만 남기고 부수적인 것들은 모두 제거하는 방식이 비트겐슈타인에게 얼마나 깊은 영향을 주었는지가 들어 있다. 또한 철학자이자 비평가인 프리츠 마우트너Fritz Mauthner의 언어비판과 물리학자 하인리히 헤르츠Heinrich Hertz와 루트비히 볼츠만Ludwig Boltzmann의 역학이론이 《논고》에 어떤 영향을 미쳤는지가 상세히 담겨 있다. 심지어 《논고》의 문체인 '금언체 양식'도 당시 빈에서 유행하던 게오르크 리히텐베르크Georg Lichtenberg의 영향에서 온 것이라는 내용도 실려 있다.

그중 백미는 헤르츠의 《역학의 원리》(1894)가 비트겐슈타인에게 끼친 영향을 설명해놓은 부분이다.[11] 두 저자는 여기에서 1911년 러셀을 찾아갈 당시 비트겐슈타인이 가슴에 품었을 만한 의문—동시에 훗날 그가 《논고》에서 해결할 문제의 실마리—을 "헤르츠와 볼츠만이 이미 이론물리학의 언어에 관해 해놓은 작업을 언어 일반에 관해 수행할 수 있는 방법이 있을까?"라는 한마디 말로 정리해놓았다. 이어서 다음과 같은 설명을 덧붙였다.

> 어떻게 일반적인 기술적 언어가 사실의 모든 문제들에 대한 수학적 모델의 형태로서 표상에 관한 헤르츠적 의미에서의 그림적 표상을 제공하는 데 사용되는가 하는 문제와, 또한 어떻게 모든 윤리적 문제의 초월적 성격(…)이 동시에 그러한 분석의 부산물로서 스스로를 드러내게 되는가 하는 문제를 둘 다 해결할 수 있는 그런 방법이 과연 있는 것인가?[12]

그렇다. 러셀을 만나러 갈 때 비트겐슈타인은 "헤르츠와 볼츠만이 이미 이론물리학의 언어에 관해 해놓은 작업"이 무엇을 의미하는지, 그것이 무엇을 할 수 있는지를 이미 간파하고 있었다. 그것은 그가 베를린공대와 맨체스터대학교에서 공학도로 수학하며 헤르츠의 《역학의 원리》를 접한 덕이었다.

이 책을 통해 비트겐슈타인은 우리가 실험과 관찰을 통해 경험하는 세계를 수학처럼 계산이 가능한 기호로 기술하고(이것이 '그림이론'이다), 그것의 참과 거짓을 판단할 수 있다(이것이 '검증가능성의 원리'다)는 새로운 가능성에 처음으로 눈을 떴고, 이내 매료되었다. 그리고 훗날 그가 《논고》에서 개진해 세상을 놀라게 할 이상언어ideal language에 대한 구상을 어렴풋이나마 떠올렸을 것이다. 당시 그가 몰랐던 것, 그래서 알고 싶은 것은 오직 헤르츠가 열어놓은 그 가능성을 일상언어에서 구현하게 할 "수학적 모델"이었는데, 사람의 일이란 언제나 뜻이 있는 곳에 길이 있는 법이다.

1911년에 비트겐슈타인은 한 지인의 추천으로 1903년에 출간된—그러나 이 책이 지닌 난해성 때문에 극히 소수의 사람들에게만 알려져 있던—러셀과 화이트헤드의 《수학의 원리》를 접했다. 그리고 그 안에서 자신의 구상을 실현시킬 수 있을 것으로 기대되는 방법을 찾아냈다. 당시 고틀로프 프레게Gottlob Frege, 1848~1925, 버트런드 러셀과 같은 수학자들이 개척한 수리논리학mathematical logic이 그것이었다. 이때 그가 느꼈을 기쁨은 어렵지 않게 짐작할 수 있다. 비트겐슈타인은 곧바로 프레게를 찾아갔지만, 그가 러셀을 추천해 케임브리지로 가 제자로 받아줄 것을 요청했다. 그리고 '흥미를 느끼는 철학적 문제가 무엇인지'를 써 가지고 오라는 러셀의 요구에 즉각 응했다. 그 안에 이상언어에 대한 자신의 구상을 적어 넣었는데, 바로 그것이—우연히 그러나 놀랍게도—러셀과 케임브리지의 분석철학자들이 그토록 고대하던 내용이었던 것이다.

훗날 비트겐슈타인은 "이 세상에는 기이한 일들이 일어난다는 것을 나는 안다. 그것은 내가 살아오면서 경험한 몇 안 되는 진실 중 하나다"라는 말을 남겼는데, 아마도 이 같은 개인적 경험이 그런 말을 하게 된 동기였을 것이다. 이후 비트겐슈타인은 명제를 함수로 다루어 진리치를 계산하는 러셀의 수리논리학을 빌려다 "헤르츠와 볼츠만이 이미 이론물리학의 언어에 관해 해놓은 작업을 언어 일반에 관해 수행할 수 있는 방법"을 개발한 것이다. 이것이 오늘날 우리가 보는 《논고》다.

정리하자면, 당시 분석철학계가 마주하고 있던 문제를 비트겐슈타인이 세기말 빈에서 일어난 사유의 시너지 신드롬에서 얻은 사상과 학적 방법, 용어 그리고 문체까지 가져다 해결했다. 재닉과 툴민이 《논고》는 "전형적인 빈 풍의 문건"이고, 비트겐슈타인은 "그 책의 형식적인 기법만"을 러셀의 수리논리학에서 빌려왔다고 한 것이 그래서다.[13] 맞다! 비트겐슈타인은 깜짝 놀랄 만큼 빈에서 일어난 문화적 창발이 만들어낸 지적 풍경을 빌려다 《논고》를 완성했다. 그의 천재성은 그것을 러셀의 진리함수적truth-functional 수리논리학과 결합시킨 것에서 빛을 발했을 뿐이다.

무의미가 의미하는 것

• • •

《논고》는 1921년에 독일어판으로, 이듬해 영문판으로 출간되었다. 영문판 출간 당시 러셀의 긴 해설을 포함해서도 겨우 75쪽에 불과한 작고 얄팍한 책이 20세기 전반 영미 철학계를 마치 지진처럼 뒤흔들었다. 앞에서 잠시 언급했듯이 그것이 시대의 요구에 부응했기 때문인데, 이 책은 주제마다 번호를 매겨 총 일곱 항목으로 구성되어 있다. 그중 책의 거의 대부분을 차지하는 1항부터 6.4항까지에는 논리학 내지 논리철학에 관한, 다시 말해 세계를 수학처럼 계산이 가능한 기호로 기술하고, 그것의 참과 거짓을 계산할 수 있게 하는 이상언어에 관한 내용이 들어 있다. 그리고 그 이후 6.4.1항부터 7항까지에는 윤리학과 종교에 관한 내용이 조금 담겨 있다.

그렇다면 이 책은 서문을 쓴 러셀과 케임브리지학파 사람들이 평가한 대로, 또 훗날 이 책을 성서처럼 여겼던 빈 학단의 논리실증주의자들이 해석한 것처럼 '논리학에 관한 것'이라고 이해하는 것이 당연하다. 재닉과 툴민, 두 사람은 이러한 견해를 《논고》에 대한 "논리적 해석"이라 이름 붙였는데, 이것이 바로 20세기 후반까지 이어진 이 책에 대한 보편적 해석이자 지금까지 우리가 알고 있는 이 책에 대한 평가다. 이 해석에 의하면 《논고》의 결말 부분에 자리한 비트겐슈타인의 윤리, 미학, 종교, 삶의 의미 등에 관한 짤막한 언급 내지 고찰들은 "단지 인기를 노린 허풍이거나 지면을 메우려는 헛소리, 혹은 사사로운 추가항목들에 불과"[14]하다.

그런데 문제는 비트겐슈타인 자신이 《논고》에 대한 논리적 해석에 강하게 반대하며 그것이 '논리학에 관한 것'이 아니라 '윤리학에 관한 것'임을 지속적으로 강조했다는 사실에 있다. 만일 당신도 이 책의 내용을 알고 있다면, 무척 당황스러울 것이다. 그리고 '그가 말하는 윤리란 도대체 무엇인가' 하는 의문도 가질 수 있다. 하지만 재닉과 툴민에 의하면, 이 책이 윤리학의 문제를 다룬다는 비트겐슈타인의 '확고한' 관점에 대해서 믿을 만한 근거자료가 다수 남아 있다. 예컨대 비트겐슈타인이 《논고》의 출간을 위해 문화잡지 〈브렌너Der Brenner〉의 발행인 루트비히 폰 피커Ludwig von Ficker에게 보낸 편지에는 다음과 같은 구절이 들어 있다.

> 그 책의 요점은 윤리적인 것입니다. 한때 나는 서문에 지금은 삭제한 몇 줄의 문장을 포함할 생각이었습니다. (…) 당시에 제가 쓰고자 했던 내용은 이것이었습니다. "나의 작업은 두 부분으로 되어 있다. 여기에 제시되어 있는 것이 한 부분이며, 내가 써놓지 않은 모든 것을 거기에 더하면 된다. 그리고 중요한 부분은 바로 그 둘째 부분이다. 내 책은 윤리적인 것의 영역에 대하여, 말하자면 그 내부로부터 한계를 긋는 것이며, 나는 이것이 그런 한계를 긋는 단 하나의 엄격한 방법이라고 확신한다."[15]

이 말은 비트겐슈타인이 《논고》에서 진정 하고 싶은 말이 무엇인지를 분명히 해준다. 그래서 재닉과 툴민도 "《논고》를 이런 식으로 읽는 것이 정당한 것인가?"라고 기존의 논리적 해석에 의문을 제기하고, 다양한 취재와 풍부한 자료들을 근거로 '새로운 해석'을 내놓았다.

두 저자는 《비트겐슈타인과 세기말 빈》에서 그들이 비트겐슈타인 자신의 주장을 충실하게 반영해 내세운 새로운 견해를 《논고》에 대한 '윤리적 해석'이라 이름 붙였는데, 오늘날에는 상당수의 학자들이 이

해석을 지지한다. 윤리적 해석에 의하면, "세계는 일어나는 모든 것이다"(《논고》, 1)로 시작하는 앞부분(《논고》, 6.4 이전)에 전개된 수리논리학과 이상언어에 대한 내용은 오히려 "세계의 의미는 세계 밖에 있어야 한다"(《논고》, 6.4.1)로 시작하는 뒷부분에 실린 윤리, 미학, 종교, 삶의 의미 등에 대한 명제들을 위한 서막에 불과하다.

그렇다면 《논고》에는 두 가지 상반되는 해석이 이미 존재하는 셈이다. 그런데 나는 이 책을 '소크라테스 스타일 이팩트'라는 관점에서 새롭게 조명해보고자 한다. 그리고 이 작업을 《논고》의 서문과 마지막 항에 나오는 "말할 수 없는 것에 대해서는 침묵해야 한다"라는 명제를 열쇳말로 시작하고자 한다. 내가 보기에는 이 말이 《논고》를, 더 나아가서 전기와 후기로 나뉘는 비트겐슈타인 철학의 여러 방들을 열고 들여다볼 수 있는 마스터키다. 그는 서문에 다음과 같이 썼다.

> 이 책은 철학의 문제를 다루며, 이런 문제가 우리의 언어 논리에 대한 오해에 놓여 있음—내 생각으로는—을 보여준다. 그 전체 의미는 따라서 대략 다음과 같이 요약된다. 말할 수 있는 것은 모두 명료하게 말해야 하며, 말할 수 없는 것에 대해서는 침묵해야 한다.

우리가 이 말을 이해하기 위해서는 우선 비트겐슈타인이 말하는 '말할 수 있는 것'과 '말할 수 없는 것'이 무엇인지를 알아야 한다. 비트겐슈타인에게 '말할 수 있는 것'은 자연과학에 대한 명제인데, 이에 대해서 그는 《논고》의 앞부분에서 길게 설명했다. 그 안에 '검증가능성의 원리', '그림이론', '진리표眞理表, truth table' 등에 대한 설명들이 포함되어 있다. '말할 수 없는 것'은 철학적 문제들에 대한 명제인데,

이에 대해서는 《논고》의 뒷부분에서 짧게 언급했다. 여기에는 윤리학, 미학, 종교, 삶의 의미 등에 관한 내용들이 들어 있다.

조금 자세히 들여다보자면, 《논고》에는 이런 말이 실려 있다. "한 명제를 이해한다는 것은 그 명제가 참일 때가 어느 때인가를 안다는 것을 의미한다."(《논고》, 4.024) 쉽고 단순한 말이다. 예를 들어, "비가 온다"라는 명제는 어린아이도 쉽게 이해할 수 있다. 왜냐하면 그것이 어느 때 '참'이 되고 어느 때 '거짓'이 되는지를 경험을 통해 이미 알고 있기 때문이다. 다른 예를 들어, "이 방을 통과하는 전파가 있다"라는 명제 역시 마찬가지다. 전파는 비와는 달리 우리가 눈으로 보고 경험할 수 있는 것은 아니지만, 전파수신기를 통해 그것의 존재를 검증할 수 있기 때문이다. 빈 학단의 논리실증주의자들이 이 말을 "한 명제의 의미는 그 명제의 검증 방법이다"라고 간단히 정리하고, '검증가능성의 원리'라는 이름을 붙여 불렀던 것이다.

그러나 세상에는 또한 우리가 경험할 수 없는 명제, 곧 '참'과 '거짓'을 검증할 수 없는 명제들이 있다. 이것이 비트겐슈타인이 말하는 '말할 수 없는 것'이다. 독일 출생의 분석철학자 루돌프 카르나프Rudolf Carnap, 1891~1970가 예로 들어 유명해진 독일 철학자 하이데거의 "무無가 스스로 무화無化한다"라는 말이 그렇다. 또 "신은 죽었다"라는 니체의 말도 마찬가지다. 이러한 명제들은 경험을 통해 '참'과 '거짓'을 결정할 수 없다. 비트겐슈타인은 이렇듯 검증할 수 없는 명제들을 《논고》의 독일어판(1921)에서는 '운진니히unsinnig'하다고 했다. 케임브리지의 요절한 천재 수학자 프랭크 램지Frank Ramsey, 1903~1930가 번역한 영어판에서는 이 말이 '난센스nonsense'로 번역되었다. 우리말로는

'비의미非意味'라는 말이 더 정확하지만, 통상 '무의미無意味'로 번역하기 때문에 혼란을 피하기 위해 우리도 그렇게 쓰고자 하는데,° 《논고》에는 다음과 같은 말이 들어 있다.

> 철학적인 주제에 관한 명제나 질문은 대부분이 거짓이 아니라 무의미하다unsinnig. 그러므로 이런 종류의 질문에 답하기란 도대체 불가능하며, 우리는 단지 그것들의 무의미성을 증명할 수 있을 뿐이다.(《논고》, 4.003)

이 말은 곧 경험을 통해 '참'과 '거짓'을 검증할 있는 명제만이 유의미sinnig하다는 것을 뜻한다. 따라서 이 말은 또한 철학자들이 우선적으로 할 일이 철학이라는 성城에서 형이상학 내지 종교적 명제들을 모두 추방하는 것이라는 점을 의미한다. 비트겐슈타인은 이 말을 "철학의 성과는 '철학적 명제'가 아니라 명제의 명료화에 있다. 사고 자체는 불투명하고 흐릿하다. 철학은 이런 사고를 뚜렷하고 명료하게 경계지어야 한다"(《논고》, 4.112)라고 표현했다.

° '비의미非意味'는 '무의미無意味'와 다르다. 비트겐슈타인 자신이 각각 독일어 '운진니히unsinnig'와 '진로스sinnlos'로 구분했고, 영어로는 프랭크 램지에 의해 각각 '난센스nonsense'와 '랙 센스lack sense'로 번역되었다. 예를 들어 "무가 무화한다"나 "신은 죽었다"와 같이 그것의 '참'과 '거짓'을 검증할 수 없는 명제는 '비의미하다unsinnig, nonsense'고 한다. 그러나 A=A(예: 사람은 사람이다)와 같은 동어반복명제tautology와 A=~A(예: 사람은 사람이 아니다)와 같은 모순명제contradiction는 참과 거짓을 판단할 수 있지만 '의미가 없다', 그래서 '무의미하다sinnlos, lack sense'고 한다.

러셀과 케임브리지학파 사람들은 물론이고 빈 학단의 논리실증주의자들도 비트겐슈타인의 이러한 입장을 기쁘게 받아들였다. 비트겐슈타인이《논고》를 성서처럼 여기는 빈 학단과 지속적으로 거리를 유지했음에도 불구하고, 예컨대 카르나프는 "논리적 분석을 통하여 형이상학을 철저히 제거하는 일이 드디어 이루어졌다"고 자랑스레 선포했다. 요컨대 그들은《논고》가 "자칭 여왕(형이상학)이란 혈통이 통상적인 경험이라는 천민에서 유래되었음"—이것은《순수이성비판》 서문에서 칸트가 한 표현이다—을 밝힘으로써 "진리의 땅"에서 형이상학을 쫓아내고자 하는 철학자들의 오랜 꿈을 마침내 이룬 것으로 믿었다.

그런데 바로 여기에서 비트겐슈타인의 생각은 달랐다. 그는 분명 "철학은 자연과학에 속하지 않는다"(《논고》, 4.111)라고 선포함으로써, 의미 있는 명제와 무의미한 명제, 자연과학과 철학을 확연하게 구분했다. 하지만 철학이라는 성에서 여왕을 몰아내고 싶은 생각은 전혀 없었다. 오히려 "세계의 의미는 세계 밖에 있어야 한다", "세계 속에는 어떠한 가치도 없다. 가령 있다고 해도 그것은 가치라고 할 만한 것이 아니다"(《논고》, 6.41)라는 말로 삶과 세계의 의미와 가치는 오직 세계 밖 여왕의 영토에 있음을 분명히 했다. 그리고 "말할 수 없는 것에 대해서는 침묵해야 한다"(《논고》, 7)라는 말로 누구든 여왕에 대해 이러니 저러니 깐죽대지 못하게 입을 틀어막았다.

이 점이 비트겐슈타인이 러셀을 비롯한 논리실증주의자들과 갈라서는 분기점이자, 그들이 비트겐슈타인을 못마땅하게 여긴 이유다. 러셀은《논고》의 서두에 실은 '해설'에 그 못마땅함을 다음과 같이 표현했다.

예를 들어 비트겐슈타인은 윤리학의 주제 전체를 신비적이고 표현 불가능한 영역에 둔다. 그럼에도 그는 자신의 윤리적 견해를 전달할 수 있다. 그는 자신이 신비적이라고 부르는 것이 비록 말해질 수는 없지만 보여질 수는 있다고 반론함으로써 자신의 입장을 방어할 것이다. 이러한 방어가 적절할 수도 있지만, 내 입장에서는 그것이 상당한 지적 불편함을 안겨준다고 털어놓지 않을 수 없다.

부지깽이 스캔들

• • •

우리는 보통 비트겐슈타인 철학을《논고》에서 전개한 전기 사상과《철학적 탐구》에 나타난 후기 사상으로—러셀은 '비트겐슈타인 1'과 '비트겐슈타인 2'로—구분하지만, 둘 사이에는 그런 구분을 무색하게 하는 공통점이 있다. 철학을 언어 비판으로 생각한다는 점이 그것이다. 비트겐슈타인은 언어를 비판함으로써 2,400년이나 된 철학이라는 '아우게이아스의 외양간'을 청소하겠다는 신념을 평생 한결같이 유지했다. 그리고 이제 곧 확인하게 되겠지만, 그 같은 신념을 사유하고 수행하는 것, 그럼으로써 대중들의 사유와 삶에 건전성, 명료성, 성실성을 일깨우는 것을 그는 '윤리적'이라 생각했다. 그가《논고》를 '윤리학에 관한 것'이라고 거듭 주장하는 이유도 바로 이것이다.

여기에서 레이 몽크가《How to read 비트겐슈타인》의 서문에서 한 말을 인용하는 것은 의미가 있겠다.

1929년에서 1951년 죽을 때까지 비트겐슈타인은 철학을 하는 새로운

> 방식, 철학이라는 주제의 역사에서 전례가 없는 방식을 고안해냈다. (그러나) 그가 철학에 접근하는 방법은 《논고》에서 제시했던 견해, 즉 철학은 과학 혹은 과학 비슷한 어떤 것일 수도 없다는 입장을 충실하게 견지하려는 것이었다. 그것은 원리로 구축된 하나의 전체가 아니라 언어가 던지는 마술에 의해 던져진 혼란을 청소하는 것이었다.[16]

내 생각도 그렇다. 비트겐슈타인은 《논고》에서는 철학의 목적은 "사상의 논리적 명료화"(《논고》, 4.112)라고 주장했고, 《철학적 탐구》에서는 "철학은 언어에 의해 우리의 지성이 사로잡히는 것에 맞서는 투쟁"(《철학적 탐구》, 109)이라고 선언했다. 언어에 사로잡힌 우리의 정신을 파리통에 빠진 파리에 비유하여 "철학에서 당신의 목적은 무엇인가?—파리에게 파리통에서 빠져나갈 출구를 가르쳐주는 것"(《철학적 탐구》, 309)이라고도 했다. 어떤가? 모두 같은 말이 아닌가!

그렇다면 러셀이 '비트겐슈타인 1'과 '비트겐슈타인 2'로 나누어 구별하고, 우리가 전기 비트겐슈타인과 후기 비트겐슈타인으로 불러온 구분은 러셀과 논리실증주의자들이 '제 논에 물대기' 식으로 만들어 그의 철학에 씌운 일종의 프레임frame(대상을 바라보는 방식을 형성하는 정신적 구조물)이라고 볼 수 있다. 비트겐슈타인은 자기와 자신의 작업에 그들이 씌운 이 프레임에 대해 항상 못마땅하게 생각했고, 그것을 벗기 위해 무진 애를 쓴 것으로 보인다. 그래서 벌어진 유명한 사건이 철학계에서 흔히 '부지깽이 스캔들'이라고 회자되는 사건이다.

1946년 10월 25일, 케임브리지대학교 킹스칼리지의 깁스 빌딩 회의실 H3에서 칼 포퍼의 강연이 있었다. 이때 강연을 듣고 있던 비트겐슈타인이 불같이 화를 내며 난로 옆에 놓여 있던 부지깽이를 들고 휘저으며 포퍼와 대립했고, 그를 말리려던 러셀에게도 거칠게 항의한 다음 문을 박차고 나가버렸다.[17] 그가 왜 그리 화를 냈는가에 대해서는 의견이 분분하지만, 한 가지 분명한 것은 포퍼가 그를 논리실증주의자로 규정하고 공격했기 때문이었다. 비트겐슈타인은 자신과《논고》에 대한 그 같은 오해가 러셀이 씌운 프레임으로부터 시작되었다고 생각했다. 그가 방을 나가기 전에 러셀에게 "러셀 선생, 당신은 나를 오해하고 있어요. 당신은 날 항상 오해하죠"라는 말을 던진 것이 그 벗으려야 벗을 수 없는 프레임에 대해 그의 오래 억눌린 감정이 순간 돌출한 것이라고 보아야 한다. 다시 말해 그것은 자신의 작업에 대한 '논리적 해석'에 대한 강한 거부감의 표출로도 볼 수 있다.

여기서 비트겐슈타인이 세기말 빈에 일어난 '시너지 신드롬'의 영향을 받았다는 것을 다시 한번 상기해보자. 그리고 크라우스가 문장을 수사가 많은 '문예적 문장'과 논리 정연한 '비판적 문장'으로 구분하여 비평에서 문예적 문장을 추방해버리려고 한 일과 쇤베르크가 음악을 장식이 많은 '조성음악'과 '무조음악'으로 구분하여 현대음악에서 조성을 없애버린 일, 로스가 건축에서 '장식적인 것'과 '실용적인 것'을 구분하여 설계에서 장식적인 것을 제거해버리려 한 일을 떠올려보자. 한걸음 더 나아가 칸딘스키를 비롯한 추상화가들이 회화를 구상화와 추상화로 구분한 다음 회화에서 형태와 주제를 생략해버린 일도 상기하면 더욱 좋다. 우리는 이러한 일련의 작업들을 사유방식으로서의 스크라테스 스타일 이팩트라고 규정했다.

그뿐 아니다. 이들 네 사람(크라우스, 쇤베르크, 로스, 칸딘스키)은 이 같은 작업—즉, '부수적인 것'을 제거하여 '본질적인 것'이 드러나게 하는 일—을 실행함으로써, 허위의식 속에 살아가는 대중의 사유와 삶에 건전성, 명료성, 성실성을 일깨우려 했다는 사실도 다시 떠올려보자. 그리고 그 일에서 극도의 치밀성, 엄격성, 고결성을 유지했다는 것, 지칠 줄 모르는 인내심과 지속성도 유지했다는 것도 말이다. 우리는 이 모두를 삶의 방식으로서의 스크라테스 스타일이라고 규정했다. 내가 보기에 비트겐슈타인은 바로 이 같은 삶의 방식과 활동을 '윤리적'이라고 생각했다.

그래서 비트겐슈타인은 《논고》에서 크라우스가, 쇤베르크가, 칸딘스키가, 로스가 한 '윤리적인 작업'을 그대로 따라하고자 했다. 먼저 '말할 수 있는 것'과 '말할 수 없는 것'을 구분한 다음, '말할 수 있는 것'에 대해서는 명료하게 말하게 하고 '말할 수 없는 것'에 대해서는 침묵하게 했다. 검증이 가능한 과학에 관한 명제는 형식화하여 '참'과 '거짓'을 가릴 수 있는 진리함수적 이상언어로 말할 수 있게 하고, 윤리학, 미학, 종교, 삶의 의미 등에 관한 명제는 '말해지는 것gesaht'이 아니라 '보여지는 것gezeigt'으로 규정해 침묵하게, 그럼으로써 오직 행위하게 하려고 했다. 이것이 《논고》의 차례이자 내용이고, 알고 보면 그의 철학 전체의 여정이자 목적이다.

침묵이란 무엇인가

•••

비트겐슈타인은 《논고》 초고를 맨 처음 러셀에게 보내지 않고 빈의 출판인 야호다Jahoda에게 보내 크라우스에게 보이고 싶어 했다.[18] 우리는 이 점을 역시 눈여겨보아야 하는데, 몽크도 《How to read 비트겐슈타인》에서 야호다가 《논고》를 출판할 만한 학술서 출판인이 아니고, 카를 크라우스의 저서와 같은 문학서를 주로 발간하는 출판인이었다는 점이 흥미롭다고 했다. 그리고 그 이유를 비트겐슈타인이 야호다를 통해 《논고》의 원고를 크라우스에게 보여주어, 크라우스가 빈 사람들의 허위의식과 도덕적 이중성을 바로잡으려는 일에 자기를 동지同志로 여겨주길 바라서였다고 결론지었다.[19]

그러나 비트겐슈타인의 바람은 이뤄지지 않았고, 얼마 후 그는 야호다에게서 "기술적인 이유"로 《논고》를 출간할 수 없다는 편지를 받았다. 이때 비트겐슈타인은 매우 실망했다. 그리고 친구인 파울 엥겔만에게 그 소식을 편지로 알리면서 "크라우스가 여기에 대해 뭐라고 했는지 정말 알고 싶은데"라고 썼다. 이 말은 비트겐슈타인이 《논고》를 통해 하려고 했던 일이 무엇인지를 알려준다. 그것은 크라우스가 빈에서 하고 있던 일, 즉 사람들의 허위의식과 도덕적 이중성을 바로잡는 일이었다. 그 방법으로 그가 내세운 것이 바로 '자연과학적인 것에 대해서는 형식언어를 통해 명료하게 말하되, 윤리적인 것에 대해서는 오직 침묵하고 단지 행위를 통해 보여지게 하는 것'이다. 비트겐슈타인은 자신이 고안한 이 방법에 대한 크라우스의 의견을 '정말' 듣고 싶었던 것이다.

우리는 여기에서 비트겐슈타인이 말하는 침묵沈默, Schweigen이 무엇인가를 정확히 알 수 있다. 그것은 '말할 수 있는 것'에서 '말할 수 없는 것'으로 넘어가는 교량이다. '말해지는 것'에서 '보여지는 것'으로 들어가는 문이다. 자연과학에서 윤리학으로, 사실의 영역에서 가치의 영역으로 올라가는 사다리다. "사다리를 타고 올라간 자는 그 사다리를 던져버려야 한다"(《논고》, 6.5.4)라는 비트겐슈타인의 명제도 바로 이런 맥락에서 이해해야 한다.

다시 말해 비트겐슈타인의 침묵은 일찍이 디오티마가 소크라테스에게 '에로스의 사다리'라는 말을 통해 교훈했던 영혼의 상승 방법이자, 플로티노스가 "이것은 낯설고 세속적인 것들과의 이별이며, 세속적 쾌락을 초월한 삶이고 단독자로서 단독자로의 비행이다"라고 가르친 수행방법이고, 동방정교 수도사들이 연마했던 '최고의' 자기 부정이기도 하다. 한마디로, 침묵을 통해 인간은 사실의 세계에서 가치의 세계로, 말할 수 있는 것의 세계에서 말할 수 없는 것의 세계로 나아간다.

여기에서 흥미로운 것은 러셀이 《논고》의 '서문'에서 지적했듯이, "비트겐슈타인이 말할 수 없는 것에 대해서 상당히 많은 것을" 말했다는 것이다. 그것이 러셀뿐 아니라 당시 케임브리지 지식인들의 모임인 블룸즈버리그룹Bloomsbury Group의 사람들에게는 일종의 패러독스(자가당착)로 보였다. 그룹의 주요 멤버이자 버지니아 울프의 조카이기도 한 시인 줄리안 벨Julian Bell이 바로 이 점을 꼬집어 쓴 풍자시에는 다음과 같은 구절이 들어 있다.

> 그는 난센스한 말을 하고, 수많은 말을 하기 때문에
> 언제나 침묵하라는 자신의 맹세를 깬다:
> 윤리학, 미학에 대해 밤이나 낮이나 얘기하고,
> 이것저것을 좋다거나 나쁘다거나, 옳다거나 그르다거나 한다.[20]

사실이다. 이른바 후기 비트겐슈타인은 분명 자신이 '말할 수 없는

것', '침묵해야 하는 것', '보여져야 하는 것'이라 규정한 윤리학, 미학, 종교, 삶의 의미에 대해 많은 말을 했다. 말년으로 갈수록 더욱 그랬다. 러셀과 벨 그리고 많은 케임브리지학파 사람들은 그것을—마치 "크레타 사람은 모두 거짓말쟁이다"라고 말하는 크레타 사람의 말과 같이—일종의 패러독스라고 여기고 조롱했다.

비트겐슈타인은 왜 그랬을까? 모를 일이다. 내 생각에는 그가 윤리학, 미학, 종교와 같은 분야에 진리가 있지만 이런 진리는 참과 거짓을 가릴 수 없기 때문에 언어로 표현할 수 없으며, 그것들은 말해지는 것이 아니라 보여져야 한다고 확신한 것은 분명하다. 그렇지만 그 사실을 알리는 말만은—마치 "크레타 사람은 모두 거짓말쟁이다"라는 말처럼—반드시 말해져야 한다고 생각한 것 같다. 《논고》의 영문판 번역자이자 1923년에 오스트리아로 비트겐슈타인을 방문해 그가 다시 케임브리지와 철학으로 돌아가게끔 종용한 램지의 표현을 빌리자면, 말할 수 없는 것에 대해서도 "휘파람을 불" 수는 있기 때문이다.

그렇다. 윤리학, 미학, 종교에 대한 비트겐슈타인의 언급들은 말이 아니라 휘파람이다. 양치기들이 양들을 불러 모으기 위해 부는 신호다. 언어의 마술에 걸려 허위의식 속에 살아가는 사람들의 미몽을 깨기 위한 호루라기 소리이자 경보음이다. 그는 그런 경보음을 울려 사람들의 사유와 삶의 건전성, 명료성, 성실성을 일깨우는 것이 '윤리적'이라고 믿었다. 비유하자면, 그것은 마치 수도사들에게 수행규칙을 가르치는 수도원장의 말과 같다.

수도원장은 수도사들에게 그들이 '선하고 거룩한 것들은 말이 아니라 행동으로 보여주어야 한다'는 것을 가르쳐야 한다. 하지만 그것은 일단 말로 전할 수밖에 없다. 행동으로 보여주는 것은 그다음 일이다.° 때문에 이때 수도원장이 전한 지침은 말이 아니라 이정표다. 경보음이다. 양치기가 부는 휘파람이다. 내 생각에는 윤리학, 미학, 종교에 대한 비트겐슈타인의 많은 말들을 우리는 이렇게 이해해야 한다.

1929년에 케임브리지로 다시 돌아간 이후 마지막 숨을 거둔 1951년까지 비트겐슈타인은 러셀과 줄리안 벨이 비아냥거린 대로, 교실과 강연장에서 그리고 무엇보다도 유고가 된 후기 저술들에서, 말할 수 없는 것들에 대해 많은 말을 했다. 그러나 그것은 말이 아니라 파리통에 갇힌 파리에게 그곳에서 빠져나갈 출구를 가르쳐주기 위한 휘파람이었다.

그랬다. 비트겐슈타인은 다른 사람들을 위해서는, 그들이 언어가 만들어낸 숱한 허위의식에서 빠져나와 삶의 본질을 되찾게 하기 위해 부단히 휘파람을 불었다. 하지만 자신의 삶에서는 윤리적인 것이 무엇인지를 오직 침묵하면서 단지 보여주었다. 사실은 이것이 더 어려운 일이 아닌가? 내가 보기에는 그것이 그가 수행한 삶의 방식으로서의 소크라테스 스타일이다.

° 비트겐슈타인의 침묵을 베네딕트 수도규칙, 즉 수도원장은 제자들을 말과 행동이라는 "이중의 가르침으로 관리해야 한다"는 것에 비유해 설명한 매력적인 대목은 페터 슬로터다이크의《너는 너의 삶을 바꿔야 한다》에서 찾아볼 수 있다. 그는 예수가 빌라도 앞에서 보인 침묵이 "침묵하며 진리를 육화하는 원장면"이라면서, "말할 수 없는 것에 대해서는 침묵해야 한다"는 "이 철학자의 태도는 그가 영원히 빌라도 앞에서는 모습을 상상하면 더 잘 이해될지 모른다"고 서술했다.(페터 슬로터다이크, 문순표 옮김,《너는 너의 삶을 바꿔야 한다》, 오월의 봄, 2020, 242~243쪽 참조.)

가파르고 높은 산에 올라가려면

1913년에 아버지가 세상을 떠나자, 당시 스물네 살의 나이로 러셀 밑에서 수학 중이던 비트겐슈타인에게 30만 크로네라는 막대한 유산이 상속되었다. 그러자 그는 곧바로 그중 3분의 1을 떼어, 익명으로 가난한 예술가들을 지원해달라는 부탁과 함께 〈브렌너〉 발행인인 루트비히 피커에게 위탁했다. 나중에 알려진 사실이지만, 그 후원을 받은 예술가 중에는 시인 라이너 마리아 릴케와 게오르크 트라클, 화가 오스카어 코코슈카, 건축가 아돌프 로스 등이 포함되어 있다.

1914년 7월에 제1차 세계대전이 발발하자 비트겐슈타인은 자진해서 오스트리아군에 지원해 전장에 나갔다. 그는 전투를 피하기 위해서가 아니라 최전방에서 싸우기 위해 집안의 연줄을 이용했다. 그리고 포병 관측기지의 책임 장교로 무공훈장을 받을 정도로 용감히 싸웠다. 패전 후 포로가 되어 몬테카시노 포로수용소에 수용되었다가, 1919년 8월에 석방되어 빈으로 돌아와 자신의 나머지 재산을 모두 형제들에게 나눠주었다. 그리고 자신은 시골 초등학교 교사, 수도원 정원사로 일하며 보통사람들조차 흉내 내지 못할 정도로 가난하게 살았다.

《비트겐슈타인 약전略傳》을 쓴 핀란드의 철학자 게오르크 폰 브리크트Georg von Wright는 비트겐슈타인의 생활을 "넥타이를 하거나 모자를 쓴 그의 모습은 상상할 수 없었다. 침대와 탁자 그리고 몇 개 안 되는 의자가 그가 가진 가구의 전부였다. 장식이 될 만한 것은 무엇이든 그의 주위에서 치워졌다"라고 기록했다. 러셀도 자서전에 "그가 우유와 야채만으로 살았다"고 쓸 정도였다. 그처럼 부유한 집안에서 태어나 자란 젊은이가 할 수 있는 예사로운 일은 결코 아니었다. 오스트리아 작가 토마스 베른하르트Thomas Bernhard가 "백만장자로서 시골 마을 선생을 하는 사람은 일종의 변태임이 분명하다"[21]라고 '조금 과한' 표현을 사용하여 평가한 것도 그래서다.

왜 그랬을까? 보통 사람은 상상조차 하지 못할 어마어마한 재산을 상속받은 그가 왜 마치 사막의 수도사들과 같은 금욕적인 삶을 고집했을까? 타고난 도덕적 결벽증, 어린 시절에 감당해야 했던 형들의 잇단 자살, 참담했던 전장에서의 기억들이 청소년 시절에 접한 키르케고르와 쇼펜하우어의 철학과 맞물려 평생 그를 괴롭혔다는 것을 감안한다고 해도 이해하기가 쉽지 않다.

비트겐슈타인의 전기를 쓴 학자와 작가들은 대개 그가 전쟁 중에, 레프 톨스토이Lev Tolstoy, 1826~1910가 개작한《성경》을 우연히 읽고 큰 감명을 받았기 때문일 것으로 짐작할 뿐이다. 실제로 비트겐슈타인은 전우들에게 "복음서를 들고 다니는 녀석"이라고 놀림을 받을 만큼 전장에서도 복음서를 끼고 다녔다. 그러나 나는 그보다 그가 어려서 아버지로부터 물려받은 도덕적 결벽성에다 세기말 빈에서 일어난 사유의 시너지 신드롬 속에 자라면서—특히 크라우스, 쇤베르크, 로스 등의 영향을 통해—길러진 그의 윤리적 신념이 더해져서였다고 생각한다.

"소크라테스의 대화편을 읽을 때 드는 느낌: 원 이런 시간낭비가 있나!"[22]라는 말을 남긴 것을 보면, 비트겐슈타인이 소크라테스로부터 어떤 직접적인 영향을 받았다고 볼 수는 없다. 사실상 그는 위대한 철학자들—플라톤, 아리스토텔레스, 플로티노스, 아퀴나스, 데카르트,

라이츠니츠, 스피노자, 로크, 흄, 헤겔 등—에 대해 아는 바가 거의 없었다. 심지어 아리스토텔레스의 글을 단 한 줄도 읽지 않았음을 친구들에게 자주 '자랑하듯이' 이야기하곤 했다.

생애 후반에 가서야 아우구스티누스와 칸트의 저술들에 관심을 보였지만, 레이 몽크에 의하면 "그럼에도 한 위대한 철학자가 자신이 다루는 분야의 역사에 대해 무지했던 경우는 비트겐슈타인을 제외하면 결코 없다."[23] 몽크는 《How to read 비트겐슈타인》에 다음과 같이 썼다.

> 그는 철학을 일차적으로 직업으로서는 물론 학술적 주제로도 생각하지 않았다. 그가 볼 때 철학은 철학적 문제를 해결하는 활동이었다. 그는 자기 아버지가 사업가였던 것처럼 자신은 철학에 대해 사업적 태도를 가졌다고 말하곤 했다. 마치 사업가가 책상 위에 쌓인 문제를 처리하는 것처럼 철학적 문제를 처리하고자 한 것이다.[24]

그렇다. 비트겐슈타인은 결코 전통적인 의미에서 철학자가 아니었고, 그것이 되려고 하지도 않았다. 그를 철학자라고 한다면, 알랭 바디우가 《비트겐슈타인의 반철학》에서 라캉의 용어를 빌려 규정한 대로 그는 단지 반철학자反哲學者, antiphilosophe일지도 모른다.

바디우는 반철학자를 "당대의 혼돈 가운데 철학자는 새로운 개념들을 구축하며, 자신의 주의를 늦추어 기존의 질서의 유지에 만족하거나 이에 동참할 수 없고, 또한 철학의 장래에 최악의 위협인 강단의 지식으로서 흡수나 소화라는 운명에 빠져서는 안 된다"라고 외치는 자로 규정했다. 또한 그는 "자신의 시대에 생겨나는 진리와 동시대인이 되고자 할 뿐 아니라, 이를 위해 자신의 삶을 이념의 극장으로, 자신의 몸을 절대성의 장소로" 만드는 인간이다. 그래서 반철학자는 "자신의 동료인 철학자들에게 극단적으로 폭력적인 발언을 퍼붓는 데 전념"하는 사람이기도 하다.[25]

바디우는 철학의 역사상 나타난 대표적인 반철학자로, 디오게네스, 헤라클레이토스, 사도 바울, 파스칼, 루소, 키르케고르, 니체, 라캉, 그리고 《논고》를 쓴 전기 비트겐슈타인을 들었다.[26] (《철학적 탐구》에 나타난 후기 비트겐슈타인은 "신비주의자이자 심미가이자 영성의 스탈린주의자"로 규정하고 제외했다.) 그런데 당신은 혹시 눈치챘는가? 이들 반철학자들이 우리가 지금까지 추적해온 소크라테스 스타일을 구현한 인물들과 상당수 겹친다는 사실을?

나는 바디우가 왜 프로타고라스를 비롯한 당대 소피스트들에 대항한 소크라테스를 반철학자로 구분하지 않았는지 모른다. 그러나 내가 보기에는 철학의 시발자로도 불리는 소크라테스야말로 반철학적이고—철학은 이렇게 처음부터 반철학적으로 시작했다—비트겐슈타인이야말로 20세기를 산 그 어떤 철학자보다 소크라테스적이다. 그는 사유방식에서부터 소크라테스 스타일을 따랐다. 소크라테스가 논박술을 통해 그랬듯이, 비트겐슈타인은 전기에는 진리함수적 이상언어의 개발을 통해, 후기에는 일상언어의 용법에 대한 성찰을 통해 철학이라는 아우게이아스의 외양간을 청소하려 진력을 다했다.

그뿐 아니라 그는 삶의 방식에서도 소크라테스 스타일을 따랐다. 즉, 자신의 삶에서 모든 부차적인 것들을 제거함으로써 삶의 본질에 이르고자 최선을 다했다. 20세기 철학자들 가운데는 예컨대 포퍼와 바디우도 학적 방법론 내지 사유방식으로 소크라테스 스타일을 선택했다. 하지만 그것을 삶의 방식으로 받아들이지는 않았다. 오직 비트겐슈타인만이 삶의 방식으로서 소크라테스 스타일을 따랐다. 파울 엥겔만은 다음과 같이 증언했다.

> 그것은 분명 오랫동안 억눌린 강렬한 욕망, 즉 재산이든 넥타이든 세상을 대할 때 거추장스럽고 짐이 되는 모든 것을 다 털어버리고 싶다는 그런 욕망 때문이었을 것이다. 청년시절 그는 대단히 세심하고 정확한 감각으로 넥타이를 골랐다고 한다. 하지만 그가 속죄를 위해서 넥타이를 벗어던진 것은 아니었다. 그는 이제 하찮고 우스꽝스러워 보이는 모든 것을 다 떨쳐버리기로 결심한 것이다.[27]

비트겐슈타인은 조카—둘째 누나 마르가레테의 아들—인 존 스톤보로에게 "가파르고 높은 산에 올라가려면 무거운 배낭을 산기슭에 놓아두고 올라야 한다"[28]고 충고하기도 했다. 그런데 이것이 무엇이던가? 그것은 디오티마가 소크라테스에게 가르친 에로스의 사다리를 올라가는 방법이 아니던가. 삶의 방식으로서의 소크라테스 스타일을 이어받은 스토아 철학자들의 지혜가 아니던가. 성 안토니우스와 같은 사막의 은수사들이 감행한 수행방법이 아니던가.

비트겐슈타인이 세상을 떠났을 때, 영국의 대표적인 일간지 〈더 타임스〉는 그의 극단적인 금욕주의와 은둔으로 점철되었던 그의 생활을 소개하며 "비트겐슈타인은 은자와 같은 종교적 명상가의 특징을 보여주었다"라는 말로 평가했다. 이것이야말로 소크라테스 스타일을 자신의 사유방식으로, 또 삶의 방식으로서 견지했던 한 '특별한' 사람에게 바칠 수 있는 '최소한'의 예의가 아니겠는가. 비트겐슈타인이 남긴 마지막 말은 친구들에게—그것은 또한 우리에게 남긴 말이기도 하다—"나는 멋진 삶을 살았다"라고 전해달라는 것이었다.

17세기 영국의 시인이자 극작가인 조지 채프먼George Chapman, 1559~1634의 다음 시구를 빌려, 그의 유언에 답하고자 한다.

당신이 여전히 그것을 말로 표현할 수 없다 한들
기호나 허상이 아니라 그대의 행위 가운데서
학문이 발전해간다면 그대의 철학이
한 치라도 덜함이 있을쏘냐.
—〈지식을 꿈꾸는 젊은이에게〉의 부분

15장

포퍼—반증

Karl Popper, 1902~1994, 철학

포퍼는 우리 시대의 소크라테스다.

– 아르네 페터슨

영화로 만들어져 더욱 유명해진 움베르토 에코Umberto Eco, 1932~2016의 소설 《장미의 이름》은 1327년 프란체스코 수도회의 수사修士 바스커빌의 윌리엄William of Baskerville과 그의 시자侍者 멜크의 아드소Adso of Melk가 이탈리아 북부의 한 베네딕트 수도원에 도착하면서 시작된다.

당시 교회의 청빈을 주장하는 프란체스코 수도회와 그를 반박하는 다른 교단들의 반목이 심화되자 이를 해결키 위해 이 수도원에서 각 교단이 모여 토론을 하기로 해서다. 그런데 그들의 도착과 더불어 수도원에서는 끔찍한 연쇄 살인 사건이 벌어지기 시작한다. 수도원장으로부터 사건 해결을 의뢰받은 윌리엄은 아드소와 함께 사건 수사에 착수한다. 마지막에 가서야 모든 살인이 늙은 수도사 호르헤의 범행임이 밝혀진다.

호르헤는 플라톤 철학을 바탕으로 한 아우구스티누스 신학 전통에서 있던 보수교단인 베네딕트 수도회에 속한 신실한 수도사였다. 때문에 그는 젊은 수도사들이 프란체스코 수도회의 주장은 물론이거니와 십자군 전쟁을 통해 전해진 아리스토텔레스의 저술들—《장미의 이름》에는 분실되었다는 그의 《희극론》이 등장한다—에 근거한 새로운 신학에 현혹되는 것을 용납할 수가 없었다. 그래서 수도사들을 살해하고 나중에는 자신도 스스로 목숨을 끊는다. 한마디로 14세기 가톨릭 교단 사이의 교리 다툼이 소설 《장미의 이름》의 이론적 배경이다.

《장미의 이름 창작노트》에서 에코는 애초 주인공 윌리엄 수도사의 모델로 영국 오컴 출생의 프란체스코회 수도사 오컴의 윌리엄William of Ockham, 1285~1349을 선정했지만 포기했다고 밝혔다. 그럼에도 그는 완전히 포기하지는 못했던 것 같다. 그래서 주인공의 이름으로 오컴의 면도날Ockham's Razor로 유명한 이 중세 수도사의 이름 '윌리엄'을 사용했다. 그러나 '오컴Ockham'이라는 지명 대신 명탐정 셜록 홈스를 연상케 하는 '바스커빌Baskerville'을 넣어—셜록 홈스 시리즈 가운데 가장 널리 알려진 작품이 《바스커빌 가家의 개》다—누구나 그가 어떤 성격의 인물인지 짐작하게끔 지은 것이다.

역사적으로 보면, 이 소설의 시대적 배경인 1327년은 오컴의 윌리엄이 이단으로 고발되어(1323년) 조사 받기 위해 아비뇽의 교황청으로 소환되어 거기에서 '사도적 빈곤'을 주장하는 프란체스코 수도회와 교황 요한 23세의 논쟁에 참여한 해이기도 하다. 그런데 갑자기 웬 소설 이야기냐 싶겠지만, 이유인즉 《장미의 이름》의 끝부분에 이번 에피소드에서 다룰 칼 포퍼와 연관해 매우 의미심장한 말이 나오기 때문이다. 사건이 다 마무리된 다음, 윌리엄 수도사는 시자 아드소와 헤어지기 전에 다음과 같이 당부한다.

> 진리를 위해 죽을 수 있는 자를 경계하라. 진리를 위해 죽을 수 있는 자는 대체로 많은 사람을 저와 함께 죽게 하거나, 때로는 저보다 먼저, 때로는 저 대신 죽게 하는 법이다.

차제에 나도 당신에게 당부 하나 하자. 이 말을 잘 기억해두길 바란다. 소설에서는 호르헤가 자신은 교리Dogma가 아니라 진리Truth를 위해 살인을 한다고 주장하며 죽기 때문에 한 말이지만, 이 말은 포퍼가 논리실증주의를 공격하고, 전체주의와 공산주의를 비판한 정확하고 절실한 이유이기도 하다. 그래서 나는 윌리엄 수도사의 이 말이 포퍼가 《탐구의 논리》, 《추측과 논박》, 《역사법칙주의의 빈곤》, 《열린사회와 그 적들》 등에서 전개한 사상 전체를 한마디로 요약한 것이라고 생각한다. 또한 우리가 가짜뉴스를 퍼트리고 개소리를 짖어대는 각종 이데올로그Ideolog와 포퓰리스트들의 현혹에서 빠져나올 수 있는 지름길이라고도 생각한다. 이건 또 무슨 소리인가 싶겠지만, 이번 에피소드는 여기에서 시작한다.

누가 논리실증주의를 죽였나

•••

칼 포퍼는 비트겐슈타인보다 13년 늦은 1902년에 유태계 출신의 오스트리아인 가정에서 태어났다. 아버지 시몬 포퍼Simon Popper는 변호사였는데, 역사와 철학을 폭넓게 공부하고 사회 현실에도 관심이 깊은 지성인이었다. 특히 책을 좋아해 1만 5천 권이 넘는 장서를 갖고 있었다. 그 덕에 포퍼는 어린 시절부터 역사, 철학, 사회학 책 속에 파묻혀 지냈는데, 그것이 일찍부터 그가 사회문제에 대한 관심을 갖게 했다.

제1차 세계대전이 끝나고 빈의 젊은이들 사이에 공산주의 열풍이 일어났을 때, 아직 10대 청소년이었던 포퍼는 이에 적극 참여했다. 그는 '학생사회주의협회'에 가입하였으며 오스트리아 사회민주당Sozialdemokratische Partei Österreichs의 당원이 되었다. 그러나 얼마 가지 않아 포퍼는 마르크스주의의 역사적 유물론historical materialism에 회의를 품기 시작했고, 1919년 7월 15일에 좌익 방어동맹파가 법원을 습격한 시위 중 경찰이 쏜 총에 84명이나 사망하는 유혈사태를 현장에서 목격한 다음 폭력적 투쟁에 대한 거부감 때문에 탈당했다. 하지만 사회에 대한 포퍼의 이러한 관심과 경험이 훗날 그가 《탐구의 논리》, 《추측과 논박》을 쓴 과학철학자이면서도 역사철학 내지 사회철학에도 남다른 관심을 가져 《역사법칙주의의 빈곤》, 《열린사회와 그 적들》과 같은 기념비적인 저서들을 남기는 데 기여했다.

포퍼는 또한 음악에 조예가 깊은 어머니 예니 포퍼의 영향으로 음악가가 되려고 한때 빈 음악학교에서 공부한 일이 있다. 아르놀트 쇤베르크가 이끄는 '개인 음악협회'에 가입하기도 했다. 지그문트 프로이트의 뒤를 이은 정신의학자 알프레트 아들러Alfred Adler의 밑에서 한동안 아르바이트를 했고, 빈에 온 알베르트 아인슈타인의 상대성이론에 대한 강연도 들었다. 포퍼는 훗날 아들러의 심리학에는 비난을, 아인슈타인의 물리학에는 칭송을 보냈지만, 예민한 시기에 두 사람으로부터 강렬한 인상을 받은 것은 분명하다. 한마디로 그도 역시 세기말 빈에서 일어난 '문화적 창발'의 혜택을 받으며 자란 셈이다.

그래서였을 것이다. 1928년 포퍼가 심리학 박사 학위를 받을 때, 부전공 논문이 음악사에 대한 것이었다. 그는 음악사, 철학, 심리학 시험을 최우등으로 통과했다. 기록에 따르면, 포퍼는 이 논문에 단선율monophonic의 '그레고리오 음악'과 다성polyphonic의 '대위법 음악'의 차이에서 독단적 사고와 비판적 사고의 식별 기준을 제시했다. 또 바흐와 베토벤의 작곡상의 차이점으로부터 객관적인 것과 주관적인 것을 구분하는 기준도 정했다. 얼핏 들어도 무척 흥미로운 주제인데, 이 같은 논문은 일찍이 피타고라스학파가 탐구했던 음악과 철학의 상호의존성과 상호작용을 알아챈 사람만이 쓸 수 있는 논문이 아니겠는가.

1928년 포퍼가 대학을 졸업하고 학자로서 나서려던 시절은 빈 학단이 논리실증주의를 내세우며 활발하게 활동을 시작하던 때였다. 포퍼는 이 학단에 가입하고 싶었으나, 학단을 이끄는 지도자이자 자신의 논문 심사위원이기도 했던 모리츠 슐리크 교수의 반대로 좌절된 것으로 전해진다. 당시 빈 학단의 정신적 지주인 비트겐슈타인을 비난한 포퍼의 주장들이 그의 심기를 건드렸기 때문인데, 그 후 머지않아 포퍼는 《탐구의 논리》(1934)를 출간함으로써 빈 학단과도 반대 입장에 서게 된다.

포퍼는 훗날 그의 자서전인 《끝나지 않는 탐색》의 한 장 〈누가 논리실증주의를 죽였나〉에서 "내가 범인임을 자백해야 할 것 같다"라고 썼다. 조금 과장된 말이지만 전혀 근거 없는 말은 아니다. 이제 곧 살펴보겠지만, 그가 《탐구의 논리》에서 '반증가능성의 원리principle of falsifiability'를 제시함으로써 빈 학단의 핵심 주장인 귀납법과 검증가능성의 원리를 무용지물로 만들었기 때문이다. 간략한 설명을 덧붙이자면 이렇다.

앞서 '비트겐슈타인—침묵'에서 소개했듯이, 슐리크에 의하면 검증이 명제의 '참'과 '거짓'을 결정한다. 따라서 "신은 죽었다"와 같이 검증할 수 없는 형이상학적 명제는 모두 무의미하다. 그러나 논리실증주의자들이 "경험이 명제를 검증한다"라는 말로 정의한 검증가능성의 원리는 결정적인 약점을 안고 있다. 즉, 검증가능성의 원리를 엄격하게 적용하면 "모든 금속은 열을 받으면 늘어난다"와 같은 평범한 자연과학 명제도 역시 무의미해진다. 왜냐하면 그 명제를 시간, 공간을 초월하여 무한정으로 검증할 수 없기 때문이다. 달리 말해 언제 어디에서 열을 받아도 늘어나지 않는 금속이 나타날지 모르기 때문이다. 포퍼는《탐구의 논리》에서 이 말을 다음과 같이 했다.

> 논리실증주의자들은 형이상학을 전멸시키려고 열망하지만 이와 함께 자연과학도 전멸시키게 된다. 왜냐하면 과학법칙들도 경험의 기초적 언명으로 이론적으로 환원될 수 없기 때문이다. 만약 우리가 비트겐슈타인의 유의미성 기준을 철저히 적용하면, 자연법칙들은 무의미한 것으로 배격할 수밖에 없게 된다. 그러나 이러한 법칙 탐구야말로 아인슈타인이 말하는 바와 같이 물리학의 최고 과제인 것이다.

그렇다. 당신도 알다시피 과학이 근본적으로 추구하는 것은 "모든 금속은 열을 받으면 늘어난다"와 같이 일반적으로 적용할 수 있는 전칭명제—달리 말해 '엄격한 보편적 종합명제strictly universal synthetic statement'—이다. 그런데 검증가능성의 원리 내지 유의미성의 원리를 엄격하게 적용하면 과학에서 전칭명제의 사용이 불가능해진다. 노이라트나 카르나프와 같은 논리실증주의자들은 이 문제를 확률이론을 통해서 해결해보려고 했지만, 포퍼는 그것 역시 부질없는 노력이라 못을 박았다. 왜냐하면 아무리 많은 검증 사례들을 관찰하더라도 확률은 결국 제로(0)이기 때문이다.

무슨 소리냐고? 예를 들어보자. "모든 까마귀는 검다"라는 전칭명제가 '참'이라는 것을 증명하기 위해, 놀랄 만큼 많은 숫자인 n개의 검증 사례를 부지런히 관찰했다고 하자. 그렇지만 이때 '모든 까마귀'에 대해 가능한 검증의 수는 시간적으로, 또 공간적으로 무한(∞)이므로, 이 명제가 '참'일 확률 P=n/∞인데, 그 값은 n의 크기와 관계없이 결국 제로(0)이다. 그래서 포퍼는 일찍이 영국의 철학자 데이비드 흄 David Hume이 이미 지적했던 귀납법의 이러한 고질적인 문제를 해결하고, 경험적 과학지식을 정당화할 수 있는 새로운 방법을 제시했다. 그것이 이른바 '반증가능성의 원리'이다.

포퍼는 어떤 설명적인 보편적 과학이론도 귀납적 방법에 의한 검증으로는 그 무한정성 때문에 완전히 증명될 수 없지만, 그 반증反證, counterevidence은 가능하다고 했다. 왜냐하면 반증이란 단 하나의 '반대적 사례counter example'에 의해서도 증명될 수 있기 때문이다. 예를 들어 "이 까마귀는 검다", "이 까마귀도 검다", "저 까마귀도 검다" 등과 같은 단칭명제單稱命題들을 모아서는, 달리 말해 귀납적으로는 "모든 까마귀는 검다"라는 전칭명제가 '참'이라는 것을 정당화할 수 없다. 그러나 만약 검지 않은 까마귀가 단 한 마리라도 관찰된다면, 그것의 반증은 가능하다는 것이다. 때문에 '어떤 까마귀는 검지 않다' 내지

'모든 까마귀가 검은 것은 아니다'라는 특칭부정명제는 정당화할 수 있다. 그래서 포퍼는 자연과학이론, 특히 자연법칙이라고 부르는 것은 긍정명제보다는 부정명제로 표현하는 것이 옳다는 것이다. 그는 이 말을 다음과 같이 했다.

> 예컨대 에너지 보존법칙은 다음과 같은 형식으로 표현할 수 있다. "영구운동기관은 없다." 또 단위전하량의 가설은 "단위전하량의 정수배로 되지 않는 전하는 없다"로 표현된다. 이러한 정식화에서 자연법칙은 '배제' 또는 '금지'의 기능에 비교할 수 있다는 것을 알 수 있다. 자연법칙은 어떤 사물 또는 사태가 존재한다는 것을 주장하는 것이 아니고, 그것의 존재를 부인하는 것이다.[1]

포퍼는 이렇듯 과학의 임무는 이론들을 확증하는 것이 아니라 반증하는 것이라고 한다. 때문에 과학은 검증가능성의 원리 없이 반증가능성의 원리만으로도 발전할 수 있다는 것이다. 만일 여기에서 당신이 돌덩이에서 사자가 아닌 부분들을 정으로 쪼아내면 사자가 걸어나오게 할 수 있다는 것, 그것이 소크라테스가 논박술로 진리를 찾아가는 방법이라는 것을 상기한다면, 반증의 원리만으로도 과학이 발전할 수 있다는 말이 무엇을 의미하는지, 또 그것의 한계가 무엇인지를 이해할 수 있다.

그러나 포퍼는 여기에서 그치지 않고 한걸음 더 나아갔다. 비트겐슈타인과 논리실증주의자들이 검증가능성의 원리를 '유의미'와 '무의미'를 구분하는 기준으로 삼은 것과 달리, 포퍼는 반증가능성의 원리를 '진정한 과학'과 '사이비 과학'을 구분해주는 '경계 설정의 기준

criterion of demarcation'으로 삼았다. 그럼으로써 반증가능성이라는 논리철학의 원칙을 과학철학의 원칙으로 확장했다. 무슨 소리냐고?

과학과 사이비 과학을 구분하는 기준

•••

포퍼가 보기에, 카를 마르크스의 역사철학, 지그문트 프로이트의 정신분석학, 알프레트 아들러의 개인심리학 등은 사이비 과학pseudo science이다. 왜냐하면 이러한 이론들을 검증할 수 있는 사례들은 지지자들에 의해 얼마든지 발견되지만, 이 이론들을 반증할 수 있는 가능성이 없기 때문이다. 포퍼의 생각으로는 이러한 이론들은 마치 점성술 같다.

예를 들어 어떤 점성술사가 "당신은 잠시 돈 걱정을 하게 될 것이다"라고 예언했다고 하자. 하지만 이 말은 누구에게나 통할 수 있다. 왜냐하면 세상에 돈 걱정이 전혀 없는 사람은 많지 않을뿐더러, 그 말을 듣고 나면 그때까지 잊었던 돈 걱정을 시작하게 되기 때문이다. 결국 이러한 말들은 이래도 맞고 저래도 맞기 때문에, 반증할 가능성이 전혀 없다. 하지만 예를 들어 아인슈타인의 상대성원리나 멘델레예프의 주기율표periodic table에 의한 예측은 전혀 다르다.

1916년에 발표된 아인슈타인의 일반상대성이론에 의하면, 질량이 큰 태양 가까이를 지나는 빛은 태양의 중력장에 의해서 휘어질 것이라고 예측됐다. 그리고 그 예측은 1919년에 아서 에딩턴Arthur Eddington, 1882~1944에 의해 서아프리카의 프린시페Principe섬과 브라질의 소브랄Sobral에서 행해진 개기일식 관측 실험으로 증명되었다.° 또 하나의 유명한 사례는 드미트리 멘델레예프Dmitrii Mendeleyev, 1834~1907가 원소의 주기율표의 구조만을 살펴보고 그때까지 발견되지 않았던 원소 갈륨(Ga)과 셀레늄(Se)의 존재를 예측했다는 것이다. 그리고 얼마 지나지 않아 이 원소들이 실제로 발견되었다.

포퍼는 아인슈타인의 예측이나 멘델레예프의 예측은 나중에 아주 쉽게 거짓으로 판명날 수도 있는 것이었음에도 불구하고 과감히 제시되었고, 결국 그것이 확증되었다는 것을 높게 평가했다. 이러한 사유방식을 형식적으로 표시해보면, '$((p \supset q) \wedge p) \supset q$'가 된다. 아인슈타인의 예측을 증명한 에딩턴의 실험을 예로 들어 설명하자면, '만약 별(A)의 실제 위치와 관측 위치가 다르면(p) 빛이 휜다(q). 그런데 별(A)의 실제 위치와 관측 위치가 달랐다(p). 그러므로 빛은 휜다(q)'이다.

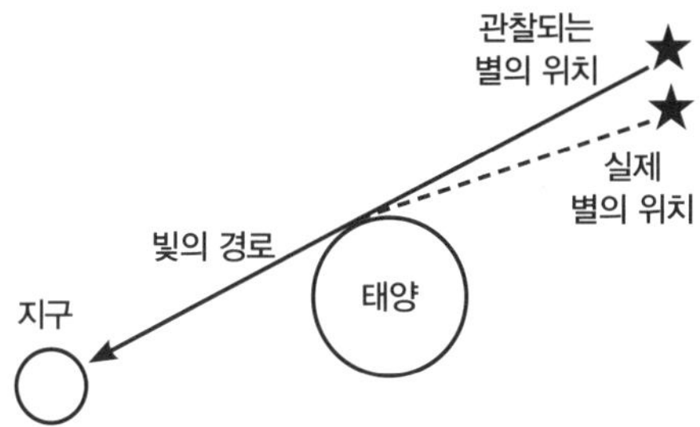

° 에딩턴의 실험은 내용상으로는 매우 간단한 것이었다. 밤에 별(A)이 보이는 실제 위치와 낮에 그 별에서 나온 빛이 태양의 가장자리를 스치듯 지날 때 관찰되는 위치를 촬영하여 서로 비교해보는 것이다. 만일 중력이 큰 태양의 주변을 지날 때 빛이 휜다면, 두 위치가 다를 것이기 때문이다. 그런데 태양이 하늘에 떠 있는 동안은 빛이 너무 밝아 그 별을 관측할 수가 없다. 따라서 그런 별들은 오직 일식이 일어난 특정 장소에만 관측할 수 있다. 에딩턴은 1919년 5월 29일에 프린시페섬과 브라질의 소브랄에서 개기일식이 일어날 때 황소자리에 있는 히아데스Hyades성단의 실제 위치와 관측되는 위치가 서로 다르다는 것을 확인해 아인슈타인의 이론을 증명했다.

논리학에서는 이러한 논증을 '전건긍정식modus ponens'이라 하는데, 전통적으로 타당한 논리형식이다. 이러한 이론들은 반증이 가능한 데다 만약에 예측이 어긋나 반증되는 경우 그 이론을 철회하겠다는 입장을 취한다. 포퍼가 보기에 바로 이것이 진정한 과학이 취해야 할 태도다.

그런데 위에서 예로 든 마르크스의 역사철학, 프로이트의 정신분석학, 아들러의 개인 심리학 등은 자신들의 잘못이 드러날 경우, 그것을 지적한 의견을 반박할 수 있는 설명까지도 갖고 있어 반증이 불가능하다. 마르크스주의자들은 경제상황에 대한 자신들의 예측이 맞든 틀리든 자본주의 부르주아지 때문이라고 주장하고, 아들러주의자들은 순종하는 아들과 반항하는 아들 모두에 대해 오이디푸스 콤플렉스 때문이라고 설명한다. 이러한 이론들은 예측이 어긋날 경우에도 그 이론을 철회하지 않는다. 바로 그것이 포퍼가 보기에 사이비 과학의 특성이다.

이 같은 주장들을 형식화해보면, '$((p \supset q) \wedge \sim p) \supset q$'가 된다. 아들러의 경우를 예를 들자면, '만약 A가 반항하는 아들이라면(p) A는 오이디푸스 콤플렉스를 가졌다(q). 그런데 A는 순종하는 아들이다(~p). 그러므로 A는 오이디푸스 콤플렉스를 가졌다(q)'가 된다. 이러한 논증은 형식적으로 부당하다. 다시 말해 내용과 관계없이 언제나 부당하다. 이 말이 타당하려면 결론이, '그러므로 A는 오이디푸스 콤플렉스를 갖거나(q) 갖지 않는다(~q)'가 되어야 한다. 즉, A는 오이디푸스 콤플렉스와 무관하다는 뜻이다. 그래서 포퍼는 마르크스의 역사철학, 프로이트의 정신분석학, 아들러의 개인 심리학 등을 사이비 과학이라고 단정하고, "한 이론의 과학적 자격의 기준은 그 이론의 반증가능성, 반박가능성, 테스트가능성이다”[2]라고 못박았다.

포퍼에 의하면, 과학의 목적은 '진리의 획득'이 아니라 “진리에의 접근”이다. 그것은 우선 참신하고 대담한 이론을 제시하고, 이 이론이 가진 약점을 실험과 관찰을 통해 제거함으로써 이루어진다. 조금 더 자세히 밝히자면, 1) 과학이론은 먼저 하나의 사실로서가 아니라 '문제problem'로서 제기된다. 2) 그러면 문제 해결을 위한 '잠정적 이론tentative theory'이 나오고, 3) 그것은 논박refutations을 통해 검증받고, “오류가 제거된EE: error elimination 이론”이 된다. 4) 그러나 그것은 진리가 아니고 잠정적 이론이다. 때문에 다시 새로운 문제(P2)가 생겨 다시 반박을 받는 과정을 반복한다.

도식화하면, 포퍼가 말하는 과학의 발전은 문제 제기(P) → 가설 설정(T) → 논박(R) → 잠정적 이론(EE)이라는 단계를 거쳐 이뤄진다. 그리고 이 과정이 지속적으로 반복된다. 즉, 'P1 → T1 → R1 → EE1 → P2 → T2 → R2 → EE2…'가 계속된다.° 그럼으로써 점점 더 진리에 가까워진다. 포퍼의 이러한 주장을 보통 '박진이론迫眞理論, theory of verisimilitude'이라고 부른다.

그런데 잠깐! 이것은 어디서 많이 들어본 것 같지 않은가? 그렇다, 박진이론은—논박을 통해 진리를 찾아간다는 점에서—2,400년 전에

° 포퍼는 《추측과 논박》에서 '문제 제기(P) → 가설 설정(T) → 잠정적 이론(EE)'이라는 단계로 설명했다. 형식화하면 'P1 → T1 → EE1'이 된다. 보통 이 도식을 따르지만, 이 책에서는 이해하기 쉽게 논박(R) 과정을 추가해 'P1 → T1 → R1 → EE1'로 표기했다.

소크라테스가 실행했던 논박술과 형식적으로 또 내용적으로 같다. 그렇지 않은가? 포퍼는 소크라테스의 논박술을 현대적으로 체계적으로 발전시켜 자신의 과학철학 이론으로 삼은 것이다. 덴마크의 철학자 아르네 페터슨Arne Petersen이 "포퍼는 우리 시대의 소크라테스다"라고 평가한 것이 그래서인데, 《추측과 논박》에서 포퍼는 다음과 같이 설명했다.

> 추측과 논박conjectures and refutations이라는 방법 밖에 더 합리적인 절차란 없다. (…) 대담한 이론들의 제안과 이 이론들이 잘못되었음을 밝히기 위한 최선의 노력, 그리고 만약에 우리들의 비판적인 노력이 성공하지 못하면 그 이론들을 잠정적으로 받아들이는 등의 추측과 논박이라는 방법 말이다.[3]

여기에서 주목해야 할 것은 포퍼가 과학이론을 최종적인 지식, 곧 진리라고 보지 않고 단지 잠정적 이론으로 간주하지만, 잠정적 이론 T2는 T1보다 진보하고 성장한 이론이라는 것이다. 이 말은 T2는 T1이 설명한 현상을 모두 설명할 뿐만 아니라 T1이 설명할 수 없는 사실까지도 설명할 수 있다는 것을 뜻한다.

예컨대 비유클리드 기하학은 유클리드 기하학을 포섭하고 있다. 따라서 유클리드 기하학이 설명할 수 없는 사실들뿐 아니라 유클리드 기하학이 설명한 사실들도 모두 설명할 수 있다. 왜냐하면 비유클리드 기하학도 공간의 곡률을 0으로 잡으면 유클리드 기하학으로 환원하기 때문이다. 마찬가지로 아인슈타인의 상대성이론도 뉴턴의 물리학 이론을 포섭하고 있다. 중력을 0으로 잡으면 아인슈타인의 상대성이론도 역시 뉴턴의 물리학으로 환원하기 때문이다. 포퍼는 이런 경우 T2가 T1보다 "진리 접근도가 높다verisimilitude"고 했다. 점점 더 진리에 접근해간다는 뜻이다. 포퍼는《끝나지 않는 탐색》에 이렇게 썼다.

> 낡은 철학은 합리성의 개념을 최종적으로 논증될 수 있는 지식과 결합시켰다. (…) 반면에 나는 합리성을 추측적인 지식의 성장과 연결시켰다. 이것 자체를 진리로 향한 점진적 접근이라는 개념 혹은 증가하는 근사적 진리 또는 진리의 접근도라는 개념과 결합시켰다. 이러한 입장을 따르면 과학자가 목적하는 것은 진리로 점점 더 가까이 가는 것이다.°

이것이 소크라테스의 논박술과 포퍼의 박진이론의 차이점이기도 하다. 소크라테스의 목표는 논박을 통해 진리에 도달하려는 것이지만, 포퍼는 단지 잠정적 진리에 이르고자 한다. 따라서 포퍼가 말하는 진리는 절대적 진리가 아니다. 그렇다고 해서 행여 포퍼를 상대주의자로 보아서는 안 된다. 1965년 7월 11일부터 17일까지 런던 베드퍼드대학에서 개최된 '국제 과학철학 세미나'에서《과학혁명의 구조》를 쓴 미국의 과학철학자 토머스 쿤Thomas Kuhn, 1922~1996이 〈발견의 논리인가 탐구의 심리학인가〉라는 제목의 강연을 하며 포퍼를 상대주의자로 규정하고 다음과 같은 발언을 했다.

° 물론 반론은 있다. 래리 라우든Larry Laudan의 이의 제기가 결정적인데, 그는 포퍼가 "만일 한 이론이 진리의 접근도가 높다면, 그 이론은 설명함에 있어 성공적이다"라는 식의 주장을 했지만, 진리 접근도와 성공적 설명 사이에 필연적 연관이 없다고 주장했다. 이에 대해서는 포퍼도 곧바로 인정했다.(신중섭,《포퍼와 현대과학철학》, 서광사, 1992, 50~52쪽 참조.)

> 칼 포퍼 경이나 나는 귀납주의자가 아니다. 우리는 사실로부터 올바른 이론을 귀납해내는 규칙이 있다거나, 혹은 올바른 것이건 그릇된 것이건 이론들이 귀납된다는 것조차 믿지 않는다. 그 대신에 우리는, 이론이란 자연에 적용시키기 위해 잇대어 발명된 상상적 가정이라고 본다.[4]

이 말은 포퍼를 잘못 이해해 나온 것이다. 포퍼는 과학적 지식이 귀납법으로는 일반화시켜 전칭명제를 얻을 수 없기 때문에 가설로 인정되어야 한다는 것을 주장하지만, 그 때문에 과학지식을 "자연에 적용시키기 위해 잇대어 발명된 상상적 가정"으로 취급하자는 것이 아니다. 즉, 그가 상대주의를 지지하는 것이 아니라는 뜻이다. 그래서 포퍼는 같은 세미나에서 한 〈정상과학과 그 위험성〉이라는 강연에서 다음과 같이 즉각 반박했다.

> 나는 왜 내가 상대주의자가 아닌지를 간략히 지적하고자 한다. 나는 A. 타르스키A. Tarski, 1902~1983가 의미하는 바의 '절대적' 혹은 '객관적' 진리를 믿는다.(물론 나나 다른 누구도 진리를 우리 손아귀에 쥐고 있다고 생각하는 그런 의미에서 '절대주의자'는 아니다.)[5]

포퍼는 종종 진리를 구름에 가려 있는 산꼭대기에, 그리고 진리를 찾는 학자들을 등산가에 비유했다. 등산가들은 산꼭대기가 구름에 가려 보이지 않는다고 해도 산꼭대기가 있다는 사실을 의심하거나 부정할 수는 없다는 것이다. 내 생각에는 프로타고라스나 고르기아스 같은 상대주의자들과 대립했던 소크라테스가 이 말을 들으면 무릎을 탁 치며 공감했을 것 같은데, 포퍼는 자신의 이러한 주장들을 '비판적 합리주의critical rationalism'라고 불렀다.

반증가능성의 원리에서 출발하여 박진이론으로 전개되는 포퍼의 비판적 합리주의는—경험적 지식을 불신하는 기존의 합리주의와 달리—과학지식과 같은 경험적 지식을 비록 잠정적이긴 하지만 합리적 지식으로 인정할 수 있다는 장점이 있다. 얼핏 보면 별것 아닌 것 같지만, 그렇지 않다. 인간은 누구나 오류를 저지를 수 있기 때문에 과학적 지식의 진보가 추측과 논박이라는 시행착오를 통해 이루어진다는 건전한 생각, 그럼으로써 우리는 점점 더 진리에 가까이 다가갈 수 있다는 바람직한 희망은, 비판적 합리주의가 20세기가 낳은 위대한 사상들 가운데 하나임을 알려준다. 우리는 그 진가를 무엇보다 포퍼가 《역사법칙주의의 빈곤》과 《열린사회와 그 적들》에서 전개한 사회사상에서 확인할 수 있다.

오직 소크라테스적 이성에 의해서

• • •

1937년 포퍼는 점점 강해지는 나치의 유대인 폭압을 피하기 위해 뉴질랜드로 떠나 켄터베리대학교의 전임강사에 취임했다. 나치와 전쟁과 서구 지식인 사회와 멀리 떨어져 포퍼는 철학을 가르치며 저술에 몰두했는데, 이 시기에 완성된 저작이 《역사법칙주의의 빈곤》과 《열린사회와 그 적들》이다. 포퍼는 두 권을 1938년 3월 히틀러가 오스트리아를 병합Anschluss했다는 소식을 듣고 저술하기 시작해, 미처 피하지 못한 친척들이 나치의 홀로코스트에 의해 희생되었다는 비보를 연이어 전해 듣고 전체주의의 폭력성에 치를 떨며 썼다.

포퍼는 오스트리아 태생의 영국 경제학자 프리드리히 하이에크Friedrich Hayek가 발행하는 〈에코노미카Economica〉에, 역사가 정해진 방향으로 나아간다는 전제 아래 전체주의 사회를 설계하는 역사법칙주의의 허위성을 폭로한 《역사법칙주의의 빈곤》을 1944~1945년에 3회로 나누어 발표했다. 이어서 1945년에는 당시 유럽을 휩쓴 두 가지 전체주의 사상인 나치즘과 마르크시즘의 본질을 유토피아주의로 규정하고 그것의 폭력성을 고발하는 《열린사회와 그 적들》을 영국에서 출간했다. 내용으로 보면, 두 저서는 모두 포퍼가 자신의 과학철학 이론을 사회과학에, 다시 말해 '오류가능성의 원리', '반증가능성의 원리' 그리고 '박진이론'을 역사적 문제와 사회적 또는 정치적 문제를 해결하는 데 적용해 얻어낸 산물이라 할 수 있다.

두 저서에서는 과학철학에서 말하는 진리가 유토피아로, 오류가능성의 원리와 반증가능성의 원리는 비판적 합리주의로, 박진이론이 점진적 사회공학으로 옷을 갈아입고 등장한다. 따라서 '과학의 목적이 진리의 획득이 아니라 추측과 논박을 통해 오류를 제거함으로써 진리에 차츰 다가가는 데 있다'는 과학철학에서의 주장도 '국가의 목적이 유토피아의 실현이 아니라 개혁이 초래할 수 있는 부작용들을 제거함으로써 유토피아에 점차 접근해가는 데 있다'는 사회철학의 격언으로 새롭게 제시된다. 이 말을 포퍼는 《역사법칙주의의 빈곤》에서 다음과 같이 했다.

> 점진적 공학자는 마치 소크라테스처럼 자신이 아는 것이 거의 없다는 사실을 잘 알고 있다. 그는 우리가 실수를 통해서만 배울 수 있다는 것을 안다. 따라서 그는 예상한 결과와 달성한 결과를 조심스럽게 비교하

고, 개혁이 초래할 수 있는 불가피하지만 바람직하지 않은 결과에 항상 조심하면서 한 걸음씩 나아갈 것이다. (…) 점진적 사회공학과 달리 전체주의적 혹은 유토피아적 공학은 결코 '사적'이지 않고 항상 '공적'인 성격을 띠고 있다. 그것의 목표는 일정한 계획과 청사진에 따라 '사회 전체'를 개조하는 것이다.[6]

'열린사회the open society'와 '닫힌사회the closed society'는 포퍼가 만든 은유적 용어이다. 그가 말하는 열린사회는 방법론적 개인주의, 자유주의, 비판적 합리주의, 점진적 공학을 지향하고, 닫힌사회는 방법론적 전일주의, 전체주의, 역사법칙주의, 유토피아적 공학을 수용한다. 이 사회에서는 국가가 크든 작든 시민생활 전체를 조직, 통제하기 때문에 개인은 무엇이 옳고 그른지 판단할 수 없으며, 오직 국가만이 판단할 권리를 갖는다. 예컨대 플라톤이 《국가》에서 "정의란 최상의 국가 이익과 같은 것이다"라고 말했을 때, 그것은 모든 개인의 삶의 기준이자 목표는 국가의 이익에 맞춰져 교육 및 조직되고 통제된다는 것을 뜻한다.

포퍼에 의하면, 이러한 전체주의全體主義, Totalitarismus적 사상은 '역사의 진전 밑바닥에는 그 어떤 역동적 법칙이 깔려 있어서 그것을 달성하는 것이 사회 목적이다'라고 주장하는 역사법칙주의歷史法則主義, Historizismus의 산물이다. 플라톤, 헤겔, 마르크스 등이 주장한 역사법칙주의, 그리고 그것의 정치적 형태인 스탈린, 무솔리니, 히틀러의 전체주의에는 사회 구성원인 개인들로 환원될 수 없는 사회 전체가 존재하며, 이것이 바로 지상천국, 곧 유토피아라는 생각이 깔려 있다. 그러나 포퍼는 '인간은 누구나 틀릴 수 있다'는 오류가능성 원리를 내세워 "지식의 열매를 먹은 자는 천국을 잃어버린 것"[7]이라면서, 모든 "지구에서 천국을 만들려는 시도는 언제나 지옥을 만들고야 만다"[8]고 단정한다.

유토피아적 공학utopian engineering에 의해 만들어진 사회에서는 무엇보다도 개인에게 가해지는 폭력과 희생이 뒤따를 수밖에 없다. 서로 다른 의견들이 합리적인 방법으로는 타협 불가능하기 때문이다. 그것은 마치 어떤 사람에게 그 사람이 믿고 있는 종교와 전혀 다른 종교를 합리적 방법으로 믿게 할 수 없는 것과 같다. 그래서 유토피아주의자들은 자신들의 목적에 동조하지 않거나 비판하는 사람들을 억압하고 결국에는 말살해버릴 수밖에 없다. 구소련의 공산당원들, 독일의 나치와 이탈리아의 파시스트 같은 20세기 유토피아주의자들이 수천만에 달하는 무고한 사람을 학살함으로써 그 사실을 소름 끼칠 만큼 또렷이 증명해 보였다.

여기에서 우리는 에코의《장미의 이름》에서 윌리엄 수도사가 시자아드소에게 "진리를 위해 죽을 수 있는 자를 경계하라. 진리를 위해 죽을 수 있는 자는 대체로 많은 사람을 저와 함께 죽게 하거나, 때로는 저보다 먼저, 때로는 저 대신 죽게 하는 법"이라고 교훈한 것을 다시 떠올려보아야 한다. 또한 우리가 지금 사는 사회가 열린사회인지 닫힌사회인지도 냉정히 진단해볼 필요가 있다. 무엇보다도 오늘날 우리가 20세기 초와 마찬가지로 각종 포퓰리스트들이 다시 기승을 부리고, 너 나 할 것 없이 '개소리'를 짖어대는 참으로 위험한 세상에서 살고 있기 때문이다.

나는 가짜뉴스와 개소리가 만연하는 세상에서 살아가는 우리야말로 소크라테스 스타일의 현대판이라 할 수 있는 포퍼의 비판적 합리주의 정신을 필히 장착해야 한다고 생각한다. 포퍼는《열린사회와 그 적들》에서 다음과 같이 선포했다.

> 지상에 천국을 건설하고자 하는 최선의 의도가 있다고 해도, 그것은 단지 하나의 지옥, 인간만이 그의 동포를 위해 준비하는 그런 지옥을 만들 뿐이다.[9]

> 우리는 금수로 돌아갈 수 있다. 그러나 만약 인간으로 남길 원한다면 오직 하나의 길이 있다. 그것은 열린사회로의 길이다.[10]

열린사회는 비판을 허용하는 자유사회이자, 전체주의에 대립하는 개인주의 사회이며, 지속적 발전이 보장되는 '점진적 공학piecemeal engineering'에 의해 이루어지는 사회다. 유토피아의 건설보다는 디스토피아의 제거, 행복의 추구보다는 고통의 감소가 목적인 사회다. "사회는 과학에 의해서도, 플라톤적인 사이비 합리적 권위에 의해서도 지배되어서는 안 되며, 오직 소크라테스적 이성의 의해서 지배되어야 한다"[11]고 주장한 포퍼의 다음과 같은 당부를 상기하며 마치고자 한다.

> 추상적인 선을 실현하려고 하지 말고 구체적인 악을 제거하기 위하여 노력하라. 정치적인 수단을 사용하여 행복을 달성하려고 하지 말아라. 오히려 구체적인 불행을 없애려고 노력하여라.[12]

당신의 생각은 어떤가? 나부터 답하겠다. 나는 이 말에 동의한다. 소크라테스도 분명 그럴 것이다.

16장

소로 — 불복종

Henry David Thoreau, 1817~1862, 사회운동

오늘날 소로는 시민 정부라는 세계적 이상과
지구 환경 윤리, 두 개념의 정점에 위치한다.

– 로라 대소 월스

"이미 재난은 닥쳐왔고, 미래는 결정되었다." "절망할 겨를도 없다. 상황은 생각보다 훨씬 더 심각하다." "최상의 시나리오마저 참혹하고 고통스럽다." 이것이 무슨 소리인가? 마치 할리우드 재난 블록버스터 영화의 광고문구 같지 않은가? 그런데 아니다! 이것은 데이비드 월러스 웰즈David Wallace-Wells가 《2050 거주불능 지구》에서 우리에게 이미 다가온 기후변화에 의한 재난을 알리려고 울리는 비상경보다. 그것은 다음과 같이 이어진다.

> 그러나 실상은 훨씬 더 무시무시하다. 일상 자체가 종말을 맞이할 것이다. 일상이 더 이상 존재하지 않게 될 것이다. 우리는 인간이라는 동물이 어느 지점까지 견딜 수 있을지 확신도 계획도 없는 도박이라도 하듯 애초에 인간이 진화할 수 있었던 환경적인 조건을 벗어던져 버렸다.[1]

미국 싱크탱크 기관인 '뉴아메리카'의 연구원이자 〈뉴욕매거진〉의 부편집장인 웰즈가 각종 연구기관의 최신 보고서와 통계자료를 취재해 종합한 바에 의하면, 지구의 이산화탄소 농도는 한계치인 400ppm을 이미 넘어섰다. 때문에 묵시록적인 재앙을 피하려면, 늦어도 2050년까지 온실가스 순배출량을 0으로 만들어야 한다. 다시 말해 이산화탄소 배출량을 지구가 자연적으로 흡수할 수 있는 수준—이른바 '탄소 중립' 내지 '순배출 제로'라고 불리는 상태—로 떨어트려야 한다. 그러기 위해서는 2030년까지는 적어도 지금 배출되고 있는 이산화탄소량의 50퍼센트를 줄여야 한다.

이것은 2015년 체결된 파리기후변화협약Paris Climate Change Accord의 목표치이기도 하다. 하지만 전문가들에 의하면, 그것은 요구되는 최소한의 목표임에도 불구하고, 실현 가능한 목표라고 낙관할 수는 없다. 이유는 크게 보아 다음 두 가지다.

1) 하나는 '경제시스템의 관성' 때문이다. 기후변화가 가져올 재앙, 다른 무엇보다도 경제적 손실을 자각한 선진국이라 해도, 발전, 철강, 석유, 시멘트, 자동차 등 기존의 산업 인프라를 친환경적으로 바꾸려면 시간과 비용이 많이 드는 데다, 산업계의 강력한 저항에 부딪힐 수밖에 없다. "내 이름이 모집 라티브Mojib Latif가 아니라면 '지구온난화Globale Erwärmung'가 될 것입니다"라고 선언한 적이 있는 독일 킬Kiel 대학교의 기상학자 모집 라티브 교수는 이것을 거대한 유조선의 항로 변경에 비유해 설명했다. 유조선은 순간순간 방향을 바꿀 수 있는 자그마한 모터보트와는 달리 항로를 바꾸는 데에 상당한 시간과 준비가 필요하다는 것이다. 게다가 전 세계 인구의 3분의 2를 차지하는 50억 가량을 보유한 개발도상국들의 값싼 화석연료를 통한 경제발전 욕구

를 막을 길이 사실상 없기 때문이다.

2) 다른 한 이유는 '자연시스템의 관성' 때문이다. 설령 기적적으로 지금 당장 인류가 탄소 배출을 중단하더라도 지금까지 배출해온 양 때문에 앞으로도 상당 기간은 추가적인 기온 상승을 막을 수가 없다는 것이다. 기후변화를 연구하는 학자들은 이것을 '저질러진 온난화committed warming' 또는 '파이프라인 안에 남아 있는 온난화warming in the pipeline'라고 부른다. 이미 엎질러진 물이라 주워 담을 수 없다는 뜻이다. 그래서 "오늘날 우리가 곳곳에서 목격하는 재난은 미래에 지구온난화가 초래할 재난에 비하면 최상의 시나리오"나 다름없다는 것이다. 게다가 세계적으로 탄소배출량이 여전히 증가하고 있기 때문에 상황은 더욱 악화될 수밖에 없다. 세계기상기구WMO의 페테리 탈라스Petteri Taalas 사무총장은 "2020년 한 해의 지구 평균기온은 산업화 이전보다 약 1.2도 높을 것으로 보고 있다"며 "올해는 불행하게도 기후 역사에서 최악으로 기록될 또 다른 특별한 해"라고 발표했다.

사정이 그런 만큼, 웰즈가 《2050 거주불능 지구》에서 그린 묵시록apocalypse은 심각하다 못해 절망적이다. 눈에 띄는 것만 간추려도 대강 다음과 같다.

지구온난화로 인해 우선 살인적인 폭염과 그로 인한 빈곤과 굶주림이 점점 심화되어갈 것이다. 게다가 산림과 주택들을 삽시에 잿더미로 바꾸는 산불이 잦을 것인데, 그에 비하면 지금 일어나고 있는 화재는 '불장난' 수준이 될 것이고, '500년에 한 번' 있을 법한 각종 재난들이 일상화될 것이다. 기후변화로 인한 물 부족과 식량 고갈은 개인의 차원에서는 해결할 수 없는 정치·경제·사회적 또는 국제적 문제다. 때문에 집을 잃은 채 새로운 거처를 찾아 황량한 땅을 떠도는 난민의 수가 기하급수적으로 늘어날 것이고, 헐벗은 지구 위에서 빽빽한 인구가 벌일 수자원 약탈과 식량 자원 전쟁이 불가피할 것이다. '설마?' 할지 모르지만, 아니다! 유엔UN에서 제시하는 시나리오에 의하면, 2050년에는 싸움을 벌이거나 도망치는 것 외에 다른 선택지가 거의 없는 취약한 빈민층이 10억 명에 달할 수 있다는 것이다. 그럴 경우 세계경제가 무너져 사회적 혼란과 전쟁을 피할 수 있겠느냐 하는 것이 웰즈의 예측이자 주장이다.

그뿐 아니다. 《2050 거주불능 지구》에 의하면, 지도를 바꿀 정도로 빨리 녹아내리는 빙하로 인해 수백만 년 동안 빙하에 갇혀 있어 존재도 몰랐던 수많은 박테리아와 바이러스가 출현할 것이다. 인류 역사 이전의 병원균들이 얼음 밖으로 나오면 우리의 면역 체계는 대응 방법조차 모를 것이다.[2] 그러니 2020년부터 전 세계를 공포와 전율로 몰아넣은 코로나바이러스감염증-19 팬데믹과는 비교조차 할 수 없는 재앙들이 시작될 것이고, 어쩌면 인류는 여섯 번째 대멸종의 희생물이 될지도 모른다. 또한 해수면이 높아져 바다가 도시들을 집어삼킬 것이다. 미국에서는 우선 뉴욕, 필라델피아, 프로비던스, 휴스턴, 시애틀, 버지니아비치, 샌프란시스코, 새크라멘토가, 유럽에서는 런던, 더블린, 브뤼셀, 암스테르담, 코펜하겐, 스톡홀름, 리가, 헬싱키, 상트페테르부르크가, 그리고 아시아에서는 도하, 두바이, 카라치, 콜카타, 뭄바이 등의 연안 도시들이 먼저 바다 아래로 가라앉을 것이라 한다.[3]

그 밖에도 숱한 종말적 재앙들이 나열되어 있지만, 이쯤에서 멈추자. 웰즈가 광범위하고 상세한 주석과 통계자료들을 곁들여 펼친

《2050 거주불능 지구》에는 우리가 알고 있는 것보다 훨씬 더 심각해 차마 견디기 어려운 수준의 이야기들이 담겨 있다. 그럼에도 웰즈는 "여기 새로운 내용은 등장하지 않는다. 이어지는 열두 장을 채우는 학술자료는 모두 수십 명의 전문가와 인터뷰한 자료, 최근 10여 년 동안 명망 있는 학술지에 실렸던 수백 편의 논문 자료에서 발췌한 내용이다"[4]라고 주장한다. 우리가 외면하든, 부인하든, 드러난 사실이 그렇다는 뜻이다.

아침식사로 지구 구하기

• • •

웰즈만 비상경보를 울리는 게 아니다. 오늘날에는 기존의 환경운동가나 생태주의자들뿐 아니라 내로라하는 과학자와 언론인 그리고 유명 작가들까지 발 벗고 나서 기후변화가 가져올 재앙에 대해 나름의 방법으로 경고하고 있다. 그런데 내게는 미국의 소설가 조너선 사프란 포어Jonathan Safran Foer가 《우리가 날씨다》에서 든 비유가 인상적이다. 그가 소설가이다 보니 긴박하고 심중한 메시지들을 아름다운 문체와 애틋한 서사로 포장해 들려주어서인데, 포어는 책에서 자신의 할머니 이야기를 자주 꺼낸다.

포어의 할머니는 스물두 살에 나치를 피해 부모님과 형제, 친구들을 두고 폴란드의 고향 마을을 떠났다. 그 후 마을에 남은 가족들은 몰살당했고 할머니만 살아남았다. 모두가 나치가 오고 있다는 것을 알았지만 할머니를 제외한 가족들은 남기를 선택했기 때문이다. 오늘날 우리가 처한 상황이 이와 마찬가지라는 것이다. 그는 우리가 지금

영위하는 생활방식이 지구를 파괴하고 있다는 것을 잘 알면서도 무언가를 하지 않는다면 결국 같은 결과를 가져올 것이라며, "어떻게 하면 삶을 사랑하는 만큼 무관심한 행동을 바꿀 수 있을까?"[5]라고 묻는다.

여기서 나도 하나 묻자. 당신은 어떤가? 지금까지 소개한 기후변화가 가져올 재난들이 현실감 있게 느껴지는가? 웰즈나 포어가 던지는 긴박하고도 절실한 경고가 진심으로 심각하게 받아들여지는가? 솔직히 말하자면, 글을 쓰고 있는 나 역시 그렇지 않다. 그런데 포어는 설사 우리가 이 같은 진실을 받아들인다 해도, 그것만으로는 미덕이 되지 않으며 우리를 구하지도 못할 것이라고 잘라 말한다.[6] 때문에 사실상 더 이상의 경고나 계몽은 필요치 않다. "더 잘 안다고 달라질 것은 없다"[7]는 말이다. 이유는 2부 서두에서 인용한 페터 슬로터다이크의 말대로, 우리는 계몽되었지만 무감각해졌기 때문이다. 그 탓에 사실상 백약이 무효다. 게다가 2050년이면 남은 시간이 겨우 30년뿐이다. 그렇다면 이제는 차라리 모두가 입을 닫고 뭔가를 행동해야 할 때가 아니겠는가!

전문가들은 빙하가 녹아내려 북극곰이 서식처를 잃었다느니, 죽은 바다거북과 고래의 위에서 플라스틱 더미가 나왔다느니 하며, 멸종위기에 놓인 동물이나 위험에 빠진 생태계를 구해야 한다고 호소하는 말들은 이제 감상에 젖은 사치스러운 언사이자 문제의 심각성을 오히려 왜곡 또는 경감하는 해로운 구호가 되었다 한다. 정작 발등에 불이 떨어진 것은 북극곰이나 바다거북이 아니라 우리 자신인데, 마치 '강 건너 불'처럼 느끼게 한다는 것 때문이다.

웰즈는 "지구의 징벌은 자연을 매개로 폭포수처럼 쏟아져 내리겠지만 대가를 치를 대상은 자연에 국한되지 않을 것이다. 우리 모두가 고통을 겪을 것이다. 대다수 사람들의 생각과 달리 나는 인류가 계속 이전처럼 살아갈 수만 있다면 '자연'이라고 부르는 존재를 상당 부분 잃는다 하더라도 별로 상관하지 않는다. 문제는 우리 인류가 결코 이전처럼 살아갈 수 없다는 점이다"[8]라고 자극적인 경고까지 던졌다. 그렇다면 우리는 이제 무엇을 어떻게 해야 할까? 이에 대한 전문가들의 의견은 분분하지만, 크게 구분하면 두 가지다. 1) 하나는 개인 차원에서 우리 각자가 생활방식을 바꾸는 것이고, 2) 다른 하나는 국가 차원에서 정치적 해결 방안을 모색하는 것이다.

포어가 제시한 해결 방법은 전자에 속한다. 그는 《우리가 날씨다》에서 다음과 같이 주장한다.

> 전 지구적 위기의 진짜 문제는 무수히 많은 고정된 '무관심 편향'과 맞닥뜨려야 한다는 것이다. 극단적인 기후, 홍수와 산불, 이주와 자원 부족 등 기후변화에 따르는 재난들 중 상당수는 생생하고 개인적이며 상황이 악화되어가고 있음을 암시하지만, 이들을 다 합쳐놓으면 영 다르게 느껴진다. 점점 강력해지는 서사라기보다는 추상적이고, 멀고, 고립된 현상으로 보인다. 이는 기후변화가 투표자들의 관심을 끌지 못하는 한 가지 이유이다.[9]

포어는 그래서 국가 차원에서 실행하는 정치적 해결방법보다는 개인 차원에서 실천하는 생활방식의 변화에 큰 기대를 건다. 그렇지만 그는 "기후변화와 싸우기 위해 개인이 할 수 있는 일로 가장 많이 추천된 것들 중에 재활용과 나무 심기가 있지만 사실 효과는 크지 않다"면서 다른 대안을 제시한다. 《우리가 날씨다》의 부제가 "아침식사로 지구 구하기Saving the Planet Begins at Breakfast"인 것이 말해주듯이, 그가 내세운 해결책은 엉뚱하게도 '식습관의 전환'이다. 포어는 다음과 같이 주장한다.

> 개인이 기후변화를 막기 위해 할 수 있는 가장 효과적인 활동 네 가지는 다음과 같다. 채식 위주로 먹기, 비행기 여행 피하기, 차 없이 살기, 아이 적게 낳기. 위의 네 가지 행동 중에서 가장 강력한 온실가스인 메탄과 이산화질소에 즉각 영향을 미치는 것은 채식 위주의 식사뿐이다.[10]

그런데 어떤가? 사태의 심중함에 비해 너무 소소한 해결책 같지 않은가? 그깐 일로 앞에서 열거한 묵시록적인 재앙에서 인류와 지구를 구할 수 있다니 믿기 어렵지 않은가 말이다. 그러나 포어의 입장은 단호하고, 이유는 분명하다. 그는 우리는 동물성 식품을 먹는 식습관을 포기하거나 아니면 지구를 포기해야 한다고 단언하며 그 근거들을 일일이 나열하는데, 간추려 정리하면 대강 이렇다.

우리는 지금 '인류세Anthropocene(인류의 자연환경 파괴로 인해 지구의 환경 체계가 급격하게 변한 지질학적 시기) 멸종'이라 불리는 여섯 번째 대멸종을 경험하고 있다. 그런데 주요 원인이 흔히 알고 있는 것과는 달리 공업이 아니라 축산업이다. 놀랍게도 지구상의 모든 포유동물의 60퍼센트는 식용으로 키워지고, 2018년 미국에서는 식용 동물의 99퍼센트가 공장식 농장에서 키워진다. 그런데 1960년 공장식 축산이 시작되고 1999년까지, 메탄의 농도는 지난 2,000년 중 어느 시기의 40년과 비교해도 여섯 배 더 빨리 증가했다. 게다가 지구의 허파라 불리며 산소를 생산하고 이산화탄소를 정화하는 아마존 지역 산림을 벌목하는 목적의 91퍼센트는 축산업 때문이다.[11] 결국 육식을 하는 우리의 식습관이 공장식 축산업을 부추겨 강력한 온실가스인 메탄과 이산화질소를 배출케 할 뿐 아니라, 지구의 허파를 망가트려 대멸종이라는 재앙을 불러오고 있다는 것이다.

그뿐 아니다. 축산업은 엄청난 양의 곡물소비를 야기해 세계 식량부족의 주요 원인이 되기도 하다. 이것은 채식주의자인 실천윤리학자 피터 싱어가 이미 30년 전에 《이렇게 살아가도 괜찮은가》(1993)에서 "식물성 단백질 790킬로그램 이상을 먹여 사육한 소의 단백질은 50킬로그램도 채 안 된다"[12]는 과학적 근거를 제시하며 밝힌 사실이다. 노르웨이 오슬로대학 지구진화 및 역학 센터 교수이자 베스트셀러 작가이기도 한 호프 자런Hope Jahren의 《나는 풍요로웠고, 지구는 달라졌다》에 의하면, OECD 36개국이 함께 육류 소비량을 절반으로 줄인다면, 세계의 식량용 곡물 생산량은 40퍼센트 가까이 늘어날 것이라 한다. 심지어 OECD 국가들이 매주 하루만 '고기 없는 날'을 정해 지킨다면, 전 세계의 배곯는 사람들을 모두 먹일 수 있는 1억 2,000만 톤의 식량용 곡물이 여분으로 생긴다고 한다. 때문에 동물성 식품을 먹는 우리의 식습관이 기후변화와 기아문제의 주요 원인이라는 것이다.

물론 포어와 자런이 우리가 하는 육식이 기후변화의 유일한 원인이라고 주장하는 것은 아니다. 원제인 'The Story of More'가 암시하듯, 자런은 《나는 풍요로웠고, 지구는 달라졌다》에서 육식이라는 우리의 식습관뿐 아니라 한발 더 나아가 '더 많이 소비하고, 덜 나누는' 우리의 생활양식이 만들어낸 소비와 분배의 문제들도 지적한다. "인류의 10퍼센트에 의해 이루어지는 엄청난 식량과 연료 소비로 인해 나머지 90퍼센트의 삶에 필요한 기본적인 것들을 만들어내는 지구의 능력이 위협받고 있다"는 것이다. 그런데 이에 관한 "대부분의 정치적 논의는 이런 현실을 뒤집을 수 있을 것이라는 희망을 기반으로" 삼곤 하지만, 진실을 말하자면 "정치적 해법으로는 현실을 뒤집기는 어렵다"는 것이다. 그래서 그는 다음과 같이 주장한다.

> 이 세상의 모든 결핍과 고통, 그 모든 문제는 지구가 필요한 만큼을 생산하지 못하는 무능이 아니라 우리가 나누어 쓰지 못하는 무능에서 발생한다. (…) 우리 자신으로부터 스스로를 구하도록 해주는 마법 같은 기술은 없다. 소비를 줄이는 것이 21세기의 궁극적인 실험이 될 것이다. 덜 소비하고 더 많이 나누는 것은 우리 세대에게 던져진 가장 커다란 과제다.[13]

요컨대 자런과 포어는 각자의 책에서 우리 개개인이 식량과 연료 소비를 줄이고 그것들을 더 많이 나누는 것만이, 이미 황혼처럼 다가와 창문을 붉게 물들이고 있는 끔찍한 재앙들로부터 지구와 인류를 구할 가장 효율적인 방안이라 주장한다.

자본주의가 왜 거기서 나와?

• • •

이제 두 번째 해법을 보자. "정치는 도덕적 증폭기"와 같기 때문에 진정으로 염원하는 목표가 기후를 구제하는 일이라면 개인 차원의 해결책보다 정치적 차원의 행동이 더 중요하다는 주장이 그것이다. 예컨대 웰즈는《2050 거주불능 지구》에서 다음과 같이 주장한다.

> 학계에서 내놓는 전망이 점차 암울해지자 서구권 국가의 진보주의자들은 책임을 모면할 구실이라도 마련하고 싶었는지 소고기 섭취를 줄이고 전기자동차 이용을 늘리고 대서양 횡단비행을 줄이는 등 자신이 도덕적으로나 환경적으로나 결백하다고 포장하는 방식으로 소비 패턴을 조정함으로써 스스로를 위안해왔다. 하지만 그처럼 개인적인 차원의 생활양식 조정은 전체적인 수치에는 큰 영향을 주지 못하며 오직 정치적 차원의 움직임으로 확장될 때만 의미가 있다. 얼마 남지 않은 환경 정당 세력은 차치하더라도 이 문제에 걸린 이해관계를 깨닫기만 한다면 그런 움직임을 이끌어내기가 불가능한 것도 아니다. 오히려 계산기를 정확히 두드려보면 정치적 차원의 움직임이 반드시 필요하다는 결론이 나온다.[14]

비록 명시적으로 못 박아 밝히지는 않았지만, "유기농 음식을 먹는 것도 좋은 일이지만 진정으로 염원하는 목표가 기후를 구제하는 일이라면 투표가 훨씬 더 중요하다"[15]는 웰즈의 말을 감안해보면, 그가 말하는 정치적 차원의 행동은 기후변화를 심각하게 받아들이고 해결책을 모색하는 정당에 투표하는 것으로 보인다. 그러나 로마로 가는 길이 어디 하나이겠는가? 웰즈도 우리가 예컨대 "탄소세를 도입할 수 있고 더러운 에너지를 적극적으로 몰아내도록 정치적 기구를 활용할 수 있으며 새로운 방식의 농경기술을 활용할 수 있고 세계인의 식단에서 소고기와 우유를 줄여나갈 수 있으며 녹색에너지와 탄소포집기술에 공공투자 할 수 있다"고 한다.[16]

어떤가? 듣기에는 웰즈의 주장은 자런이나 포어의 해법과 상충하는 것 같다. 그렇지 않은가? 그러나 내 생각에는 누구의 말이 옳은가는 그리 중요하지 않다. 개인 차원의 해결책이냐, 정치적 차원의 행동이냐를 고심할 필요가 없다. 그렇다! 오늘날 우리가 당면한 기후문제 해결의 긴박성과 심각성을 감안한다면, 이것이냐 저것이냐를 따질 때가 아니다. 이것도 취하되 저것도 버리지 말아야 하는 것이 이치에 맞다. 반드시 최고의 해법, 최적의 방법 하나만 도움이 되는 것이 아니기 때문이다. 파멸로 치닫고 있는 설국열차를 멈추고 인류와 지구를—아니, 그리 거창할 것 없다. 각자가 자기 자신과 가족을—구하려면, 각자가 자신의 위치에서 할 수 있는 크고 작은 모든 일을 해야 하지 않겠는가? 다시 말해 개인적 차원에서는 육식과 에너지 소비를 과감히 줄여나가고, 정치적 차원에서는 소비물질주의를 강요하는 경제적·사회적 체제, 더 정확히 말하자면 후기자본주의late-stage capitalism 체제에 적극적으로 저항해야만 하지 않을까?

혹시 당신은 "자본주의가 왜 거기서 나와?"라고 의아해할지도 모르겠다. 그런데 사실을 알고 보면 그렇지가 않다. 후기자본주의에 저항하지 않고는 기후변화 문제를 해결하기 어렵다. 그 이유를 간략히 설명하자면 이렇다. 후기자본주의는 독일에서 출생해 벨기에에서 활동한 경제학자 에르네스트 만델Ernest Mandel, 1923~1995이 처음으로 고안해 사용한 용어다. 그것은 20세기 후반에 등장한 자본주의의 새로운 형태로서 다양한 정의가 가능하겠지만, 한마디로 사회 구성원들을 '생산자'로서뿐 아니라 '소비자'로서 사용하는 경제체제를 가리킨다. 무슨 말이냐고?

산업자본주의라고도 불리는 초기자본주의 체제에서는 무엇보다도 먼저 자본의 축적과 기간 시설infrastructure(도로, 철도, 항만, 통신 시설 등)과 같은 생산 조건의 확립이 요구되었다. 때문에 정부는 사회 구성원들에게 '생산자'라는 위치를 부여하고, 금욕주의asceticism와 소명의식calling consciousness이 대변하는 개신교 윤리protestant ethic에 근거한 근면, 검소, 절제, 시간 엄수와 같은 노동의 윤리를 가르쳤다. 이것이 베버가 《프로테스탄트 윤리와 자본주의 정신》에서 분석한 당시 자본주의 정신the spirit of capitalism이자, 내가 말하는 초기자본주의 이데올로기다.

그러나 기간 시설이 완비되고 생산 시스템이 완전히 가동되기 시작한 19세기 후반부터는 '생산성'이 부단히 향상되었다. 게다가 20세기에는 과학기술이 놀랍게 발달하여 그것이 폭발적으로 증가했다. 그러자 20세기 후반부터는 '소비'가 뒷받침되지 않으면 생산체계가 붕괴될 처지에 놓였다. 그래서 탄생한 것이 후기자본주의다. 요컨대 후기자본주의는—두 번째 에피소드 '세네카—절제'에서 잠시 살펴보았듯이—과잉생산된 상품들을 과잉소비를 통해 해소함으로써 생존하는 경제체제다. 때문에 이때부터 정부는 구성원들에게 '생산자'로서뿐 아니라 '소비자'로서의 위치를 새로이 부여하고, 삶의 질을 높인다는 명분 아래, 낭비, 무책임, 몰지각, 부정의로 구성된 비윤리적이고 탈주체적인 '소비주의 이데올로기'를 알게 모르게 주입하기 시작했다.

정부는 소비를 애국으로 포장하는가 하면, 노동시간을 줄이고 여가시간을 늘리는 정책을 시행하고, 신용카드를 발급하여 충동적이고 무책임한 소비가 가능한 새로운 지출방식을 열어놓았다. 편차는 있지만 어느 나라에서든 후기자본주의와 신용카드 제도는 거의 같은 시기에 시작되었다. 또한 언론과 기업들은 자극적인 광고와 변덕스런 유행을 통해 정상적인 수준에서는 불필요한 소비를 숨이 막히도록 부추긴다. 요컨대 정부의 개입, 확산된 대중문화, 발달한 미디어와 마케팅 전략 등을 통해 소비를 강요하는 사회가 바로 후기자본주의 사회다. 프랑스의 사회학자 장 보드리야르가 이런 사회를 '소비사회consumption communities'라고 이름 붙인 것이 그래서고, 영국 카디프대학교 커뮤니케이션학과 교수 저스틴 루이스Justin Lewis가 후기자본주의를 아예 '소비자본주의consumer capitalism'라고 고쳐 부르는 것도 그래서다.

그 결과 오늘날 우리는 낮과 주중에는 금욕주의적 생산자로 '죽도록' 일하고, 밤과 주말에는 쾌락주의적 소비자로 '지치도록' 봉사해야 하는 '이중 노역'과 '이중 착취'가 이뤄지는 사회에서 살게 되었다. 마찬가지로 자연은 우리의 제한 없는 생산자원 채굴로 약탈당하고, 한도 없는 우리의 소비행위에서 나온 부산물 및 폐기물로 '이중 피해'를 당해 마침내 회복불능의 상태에 이른 것이다. 사실이 그렇다면, 그 책임도 해결책도 당연히 인간과 자연을 몰아세우고 닦달하는 자본주의에게 물어야 하지 않겠는가? 이것이 내가 기후변화로 인해 다가오고 있는 재앙의 주범으로 후기자본주의 체제를 지목하고, 그에 대한 개인 차원의 저항과 정부 차원의 제도적 장치가 없이는 사실상 기후변화를 막을 방법이 없다고 주장하는 이유다.

그런데 당신은 혹시 아는가? 150년도 전에 기이할 정도로 예민한 감수성으로 마치 예언이라도 하듯이 바로 지금 우리가 저항해야 할, 그리고 또한 지향해야 할 사유와 삶의 전범, 그 둘 모두를 몸소 보여준

인물이 있었다는 것을? 19세기를 살았던 사람이지만 21세기를 사는 우리들이 마땅히 가져야 할 문제의식을 선취해 그 해법을 제시한 인물이 있었다는 것을? 그래서 이 책은 시사성時事性을 고려해 그에 관한 에피소드를 그가 살았던 시대보다 훨씬 뒤에 배치했다는 사실을?

그게 누구냐고? 도끼 한 자루를 들고 숲으로 들어가 통나무 오두막을 짓고 살며《월든》의 초고를 썼고, 부당한 일을 자행하는 당시 미국 정부에 항의하기 위해서 세금 납부를 거부하고 감옥에 갇히기도 하며《시민불복종》을 쓴 헨리 데이비드 소로Henry David Thoreau, 1817~1862가 바로 그다. 그렇다! 소로는 19세기를 산, 그러나 21세기가 요구하는 이상적 인간이다. 그는 200년 후에 다가올 아마겟돈Armageddon(마지막 대결전)을 미리 내다보고 묵시록을 쓴 선지자였다. 그뿐 아니라 그 전쟁을 치르기 위한 전략과 지침들을 몸소 행동으로 실천해 보여준 혁명가였다.

소로는 단순하고 소박한 삶을 지향함으로써, 그리고 유무형의 사회적 부당함에 저항함으로써, 달리 말해 내적으로는 안락과 사치 및 과시를 추구하는 인간의 원초적 욕망에 '불복종함'으로써, 외적으로는 당시 사회와 정부의 경제적·정치적 경향이었던 자본주의와 제국주의의 부당한 요구에 '불복종함'으로써, 기후변화의 시대를 사는 우리가 지향해야 할 이상적 자아상이 되었다. 그런데 당신도 이미 눈치챘듯이, 소로의 이 같은 사유방식과 삶의 방식은 우리가 지금까지 추적해온 소크라테스 스타일이기도 하다. 내가 보기에는 사유방식으로든, 삶의 방식으로든 소로의 불복종disobedience은 전형적인 소크라테스 스타일이다.

간소하게, 간소하게, 간소하게 살아라

• • •

20세기가 되어서야 이룬 《월든》의 대중적 성공 덕에 소로는 숲속에 은둔해 살았던 자연주의자 내지 생태주의자로 우리에게 각인되었다. 하지만 그가 월든 숲에 머문 것은 정확히 2년 2개월 2일에 불과한 데다, 숲으로 들어간 이유와 다시 숲을 떠난 이유를 들어보면 생각이 달라진다. 그는 《월든》에 다음과 같이 썼다.

> 내가 숲속으로 들어간 것은 인생을 의도적으로 살아보기 위해서였으며, 인생의 본질적인 사실들만을 직면해보려는 것이었으며, 인생이 가르치는 바를 내가 배울 수 있는지 알아보고자 했던 것이며, 그리하여 마침내 죽음을 맞이했을 때 내가 헛된 삶을 살았구나 하고 깨닫는 일이 없도록 하기 위해서였다. 나는 삶이 아닌 것을 살지 않으려고 했으니, 삶은 그처럼 소중한 것이다.[17]

> 나는 숲에 처음 들어갈 때나 마찬가지로 어떤 중요한 이유 때문에 숲을 떠났다. 내게는 살아야 할 또 다른 몇 개의 인생이 남아 있는 것처럼 느꼈으며, 그리하여 숲 생활에는 더 이상 시간을 할애할 수 없었던 것이다.[18]

소로는 이렇듯 단순히 자연주의자 내지 생태주의자로서만 살고 싶어 하지 않았다. 그는 "몇 개의 인생"을 더 살고 싶어 했고, 또 그렇게 살았다. 소로는 반反인종차별주의자, 반제국주의자, 반자본주의자, 또한 사회개혁가로서도 과감하고 헌신적인 삶을 살았다. 이 점에서 그는 아테네 시민들의 허위의식을 폭로하고 깨트리는 데 생애를 바쳤던 디오게네스와 같은 냉소주의자였고, 미셸 푸코가 위험을 감수하고 진실을 말하는 실천을 통해 정치적이고 윤리적인 태도를 견지하는 인간으로 규정한 파레시아스트이기도 했다.

소로가 살았던 당시에 미국은 독립(1783년 9월 3일)한 지 70년 남짓된 신생국이었고, 초기자본주의 체제를 정착하기 위해 도로, 철도, 항만, 통신과 같은 기반시설 확보에 박차를 가하고 있었다. 북동부를 중심으로 곳곳에 공장들이 생겨나고 그 주변에 도시들이 형성되었으며, 도시들을 연결하는 철로와 전선이 숲을 뚫고 강을 건너 속속들이 건설되고 있었다. 소로가 숲으로 들어가기 2년 전인 1843년에는 이미 보스턴을 출발해 월든 호수 옆을 지나 피츠버그로 가는 철도 공사가 시작되었다.

그러자 자연의 순리에 맞춰 살던 콩코드의 농부들도 차츰 "오늘 할 수 있는 일을 내일로 미루지 말라", "시간은 돈이라는 것을 기억하라", "근면은 행운의 어머니이다", "일하는 자는 행복한 자요, 한가한 자는 불행한 자다"와 같은 벤저민 프랭클린Benjamin Franklin, 1706~1790의 격언들이 대변하는 초기 자본주의 시간관과 논리를 받아들였다. 그 결과 삶을 위해 경작하던 농사일이 상업을 위해 대량 수확만을 목표로 삼는 노동으로 변해 오히려 삶을 해쳤다. 그리고 더 빨리, 더 많이 소유하고 소비하는 생활에 젖어들기 시작했다.

소로는 이 같은 자본주의적 삶의 방식이 얼마나 인간과 자연에 해로운지를 일찌감치 감지했다. 그리고 마치 오늘날 우리가 마주하고 있는 문제와 재난들을 이미 내다본 선지자와 같은 성찰을《월든》에서 쏟아냈다. 예를 들자면 다음과 같다.

> 비교적 자유로운 이 나라에서도 대부분의 사람들은 무지와 오해 때문에 부질없는 근심과 과도한 노동에 몸과 마음을 빼앗겨 인생의 아름다운 열매를 따보지 못하고 있다. 지나친 노동 때문에 투박해진 그들의 열 손가락은 그 열매를 딸 수 없을 정도로 떨리는 것이다. 사실 노동하는 사람은 참다운 인간 본연의 자세를 매일매일 유지할 여유가 없다. 그는 정정당당한 인간관계를 유지할 여유도 없는데, 만약 그렇게 하려고 들다가는 그의 노동력은 시장 가치를 잃게 될 것이기 때문이다.[19]

소로의 이 같은 생각들은, 그가 월든 호수 가까이에 있는 낡은 오두막집에 사는 존 필드라는 농부의 집에 비를 피하려고 잠시 들렀을 때 나눈 대화에도 잘 나타난다. 존 필드 가족은 아일랜드에서 이민 온 사람들이었다. 그들은 농토를 개간해 정착하기 위해 온 가족이, 심지어는 어린아이들까지 고된 노동을 감내하고 있는 처지였다. 소로는 자신의 일상을 예로 들며 다음과 같이 충고했다고《월든》에 적었다.

> 나는 차나 커피, 버터나 우유나 육류를 먹지 않기 때문에, 그런 것들을 얻기 위해 힘든 노동을 할 필요가 없다는 점, 그리고 중노동을 할 필요가 없기 때문에 대식을 할 필요가 없고, 그리하여 식료품 값으로 아주 적은 돈만 지출한다는 점을 이야기했다. 하지만 그는 기본 식량이 차, 커피, 버터, 밀크와 소고기이므로 그것들을 얻기 위해 중노동을 해야 하며, 중노동을 하면 전체의 소모된 부분을 회복하기 위하여, 다시 대식을 해야 한다는 점, 그러니 결국 마찬가지인 것 같지만 그가 만족하지 못하

는 데다 몸을 축내고 있으니 실은 손해라는 점을 이야기했다.[20]

요점은 과소비와 그로 인한 중노동이라는 악순환에서 벗어나라는 것이다. 그리고 남은 시간을 삶을 풍요롭게 하고 영혼을 고양하는 일에 사용하라는 것이다. 소로는 "사람은 없어도 되는 게 많을수록 그만큼 부자다", "자발적 빈곤이라는 이름의 유리한 고지에 오르지 않고서는 인간 생활의 공정하고도 현명한 관찰자는 될 수 없다"면서, 스스로 가난을 실천하며 살았다.

예컨대 그는—스토아 철학을 신봉하며 평생 검소하게 살다 소크라테스의 죽음과 영혼불멸설이 실린 《파이돈》을 읽으며 자살한—로마 시대의 정치가 카토Cato, 기원전 95~기원전 46의 레시피를 따라, 효모를 전혀 넣지 않고 옥수숫가루에 호밀가루를 섞어 소금으로 간을 해 빵을 구워 먹었다. 또 콩밭에서 캐낸 쇠비름에 물을 부어 끓인 후에 소금을 친 요리도 자주 즐겼다. 호수에서 낚은 물고기나 마을에서 산 돼지고기로 가끔 육식을 하기도 했지만 차츰 멀리하고, 차, 커피, 담배 같은 기호 식품은 아예 피했다.

소로는 "나의 식생활과는 관계없이 인류는 점점 발전함에 따라 결국에는 육식 습관을 버리게 될 것이고, 이것이 인류의 운명이라고 나는 믿어 의심치 않는다"와 같은 예언도 남겼다. 오늘날 육류 소비가 기후변화의 주요 원인이 될 정도로 늘어난 것을 보면 그의 기대와 예측은 빗나갔다. 하지만 앞에서 자런, 포어, 싱어를 비롯한 많은 전문가들이 우리는 동물성 식품을 먹는 식습관을 포기하거나 아니면 지구를 포기해야 한다고 경고한 것, OECD 국가들이 매주 하루만 '고기 없는 날'을 정해 지킨다면 전 세계의 배곯는 사람들을 모두 먹일 수 있다고 호소한 것을 감안하면, 채식과 소식을 권하는 소로의 성찰은 얼마나 앞선 것이며 또 얼마나 빛나는가. 만일 당신이 소로가 한 말인 줄을 모르고 이 글을 읽었다면, 그것이 자런이나 포어 또는 싱어가 한 말이라고 생각했을지도 모른다. 그렇지 않은가?

소로는 또 "사람은 바보같이 짐승처럼 일만 해서는 안 된다. 머리와 몸이 언제나, 또는 되도록 자주 함께 일하고 함께 쉬어야 한다", "간소하게, 간소하게, 간소하게 살아라. 제발 바라건대 여러분들의 일을 두 가지, 세 가지로 줄일 것이며, 백 가지나 천 가지가 되도록 하지 말라"고 우리에게 당부했다. 오늘날 우리가 소유와 소비를 강요하는 자본주의 사회에서 '지치도록 쇼핑하고' 그 때문에 진 부채를 갚기 위해 '죽도록 일하게끔' 스스로를 몰아세우고 닦달하며 사는 것을 감안하면 그의 당부는 또 얼마나 앞선 것이며 또한 무거운가. 만일 당신이 소로가 한 말인 줄을 모르고 이 글들을 읽었다면, 그것이 아마 소크라테스나 안티스테네스 또는 디오게네스가 한 말이라고 생각했을지도 모른다. 그렇지 않은가?

먼저 인간이고, 그다음에 국민이 되어야

•••

소로는 월든 호수에서 생활한 지 1년쯤 지난 1846년 여름 어느 날, 수선을 맡긴 구두를 찾으러 마을에 갔다가 체포되어 감옥에 갇혔다. 노예제도를 지지하고 멕시코 전쟁을 추진하는 미국 정부에 항의하기 위해서 인두세 납부를 거부했기 때문이다. 친척 가운데 누군가가 대신 세금을 납입해 이튿날 아침에 풀려났지만, 그 후 1년쯤 지난 1847년

9월에 소로는 이상적인 삶의 보금자리로 그토록 찬양하던 월든을 떠났다.

자세한 이유는 알려지지 않았다. 하지만 이때 그가 "나에게는 아직 살아야 할 몇 개의 삶이 더 있는 것처럼" 보였다고 술회한 것을 보면, 체포와 투옥 경험이 그의 사유와 삶에 어떤 영향을 미쳤는지를 어렵지 않게 짐작할 수 있다. 그 후 소로가 산 "몇 개의 삶" 가운데 정부의 부당한 행위에 대한 '불복종 운동'이 중요한 하나가 되었기 때문이다. 그렇다. 이때부터 그는 은둔적 생태주의자의 삶을 접고, 푸코가 1978년 5월 27일에 소르본대학교에서 한 강연 〈비판이란 무엇인가?〉에서 "이런 식으로 통치받지 않으려는 기술", "자발적 불복종의 기술", "숙고된 비순종의 기술"로 정의한 비판적 삶, 곧 파레시아스트의 삶을 살기 시작했다.

소로는 월든에서 돌아온 후 불과 넉 달 후인 1848년 1월, 콩코드문화회관에서 '정부와 관련한 개인의 권리와 의무'에 대해 강연하면서 자신의 납세 거부의 배경을 설명하고, 노예제와 미국의 제국주의, 특히 멕시코-미국 전쟁을 강하게 비난했다. 그 내용이 《주홍글씨》로 널리 알려진 너새니얼 호손Nathaniel Hawthorne의 처형인 엘리자베스 피바디가 창간한 〈미학〉지에 '시민정부에 대한 저항'이라는 제목으로 실렸는데, 소로의 사후 '시민불복종'이라는 제목으로 출간되어 널리 알려졌다.

"가장 훌륭한 정부는 최소한으로 지배하는 정부다"라는 말로 시작하는 《시민불복종》에는 다음과 같은 글이 들어 있다.

우리는 먼저 인간이고, 그다음에 국민이 되어야 한다는 것이 내 생각이다. 법을 존경하기보다 정의를 존경하는 편이 바람직하다. 나의 권리이기도 한 의무는 언제든 내가 옳다고 생각하는 바를 행하는 것이다. 단체에는 양심이 없다는 말은 충분히 논의되어왔고 사실이기도 하다. 그러나 양심적인 사람들로 구성된 단체는 양심을 가진 단체다. 법이 있다고 해서 사람들이 조금이라도 더 정의로워지는 것은 아니다. 게다가 법을 존경하다 보면 선량한 사람들까지 매일 정의롭지 못한 일에 가담하게 된다.[21]

여기에서 우리가 주목해야 할 것은 "우리는 먼저 인간이고, 그다음에 국민이 되어야 한다는 것이 내 생각이다. 법을 존경하기보다 정의를 존경하는 편이 바람직하다"라는 구절이다. 왜냐하면 이 말들에 '자연법이 실정법에 우선한다'는 소로의 신념이 들어 있기 때문이다.

자연법自然法, natural law은 자연의 질서와 인간의 타고난 양심synderesis—토마스 아퀴나스의 용어를 빌리자면 자연적 경향성naturalis inclinatio—에서 발생한 보편적 윤리를 말한다. 그런가 하면 실정법實定法, positives law이란 국가가 사회를 유지하기 위해 인위적으로 만든 법이다. 소로는 1851년 9월 6일에 쓴 일기에 "글로 쓰이지 않은 법이 가장 엄중한 법이다"라는 말도 남겼는데, 이 같은 주장들을 우리가 보통 자연법 사상the principle of natural law이라 한다. 우리의 이야기와 연관해 중요한 사안은 미국의 독립선언서, 헌법 그리고 권리장전에도 명시된 이 사상의 시원적 출처가 그리스 철학이라는 것이다.

학자들은 자연법 사상의 시원을 그리스 철학자 헤라클레이토스의 로고스론에서 찾는다. 5장 '프로타고라스의 이중 논변'에서 설명했듯이, 헤라클레이토스는 다양하게 변화하는 만물의 뒤에는 그것들의 생성과 소멸을 이끄는 '신의 법'이자, 인간이 마땅히 따라야 할 도덕 법칙인 로고스가 존재한다고 생각했다. 그가 "나의 말에 귀를 기울이지 말고 로고스에 귀를 기울여라"라고 교훈한 것이 그래서다. 그는 또 "인간의 모든 법은 신의 법에 의해서 명맥을 유지한다"는 말도 남겼는데, 이것은 자연법이 실정법보다 우월하다는 것을 처음 정의한 말로 평가된다. 그런데 바로 여기에서 학자들이 항상 먼저 언급하는 것이 소포클레스의 비극《안티고네》다.

소포클레스의《안티고네》를 보면, 테베의 공주 안티고네Antigone는 반란을 일으켜 역적으로 몰린 오빠 폴리네이케스의 시체를 매장하지 못하게 한 외숙부 크레온 왕의 명령을 거역하고 시신을 매장했다. 그러지 않았으면, 그는 왕의 아들 하이몬과 결혼해 평안하고 행복한 삶을 살 수 있었다. 그러나 그는 죽음을 각오하고 오빠의 장례를 지내고 죄를 묻는 왕에게 다음과 같이 당당히 외쳤다.

> 저는 글로 쓰인 것은 아니지만, 왕의 법이 확고한 하늘의 법을 넘어설 수 있을 만큼 강한 힘을 가지고 있다고는 생각하지 않아요. 하늘의 법은 어제오늘 생긴 것이 아니고 불멸하는 것이며, 그 시작은 아무도 모르니까요.

이것은 단순한 진술이 아니다. 간언이다. 미셸 푸코가 '위험을 감수하고 하는 진실을 말하기'로 규정한 파레시아다. 이 담대한 파레시아를 통해 안티고네는 국가가 실정법을 이유로 개인의 양심을 제한하거나 침해할 경우에, 개인은 자연법을 근거로 이에 대항해 저항할 수 있다는 불복종의 첫 번째 사례를 남겼다. 그렇다. 안티고네가 자연법을 내세워 왕에게 불복종을 선포한 최초의 파레시아스트였다. 그래서 오늘날에도 예컨대 남아프리카공화국의 정치가 넬슨 만델라, 슬라보예 지젝과 같은 사람들이 안티고네를 '최초의 자연법 수호자'이자 '최초의 시민불복종자'로 일컫는다.

그런데 만일 당신이 기억력이 좋다면 소크라테스 역시 평생을 로고스의 소리를 듣고 그것을 따라 살았던 것을 떠올릴 수 있을 것이다. 그가 어려서부터 들었고 뭔가 옳지 않은 일을 하려 할 때면 아주 사소한 일에 대해서도 반대했던 다이몬의 소리가 바로 그것이다.(《소크라테스의 변명》, 40a) 감옥에 갇혀 죽음을 기다리면서도 제자들에게 "나는 지금뿐 아니라 언제나, 내게 가장 좋은 것으로 보이는 로고스 이외에는 내게 속한 그 어떤 것도 따르지 않는 그런 사람"(《크리톤》, 46b)이라고 천명한 것도 그래서다. 이때 그가 말하는 로고스가 곧 안티고네가 선포한 '하늘의 법'이고, 오늘날 우리가 일컫는 자연법이다.

그래서 소크라테스는 예컨대 아르기누사이 전투에서 승리하고도 법정에 세워진 여섯 명의 장군을 '오백인회'가 재판할 때, 자진해서 당일 의장을 맡은 다음, 아테네 법이 집단재판을 허용한 전례가 없다는 이유로 판결을 진행하지 않았다. 또한 아테네에 공포 정치를 시행한 '30인의 참주' 정권이 그에게 살라미스 사람 레온을 붙잡아 오라는 명령을 내렸을 때도 다가올 위험을 아랑곳하지 않고 따르지 않았던 것이다.(《그리스 철학자 열전》, 2.5.24) 우리는 7장 가운데 '소크라테스의 파레시아'에서 진실을 말할 뿐 아니라 실행하는 소크라테스의 이러한 파레시아가 개인에게 이익이 되는 윤리적 가치를 가질 뿐 아니라, 도시국가 전체에 이득이 되는 정치적 가치를 갖는다는 푸코의 주장을 잠시 살펴보았는데, 오늘날 학자들은 소크라테스의 이러한 행위를 시민불복종의 철학적 토대를 마련한 사건으로 간주한다.

안티고네가 시작하고, 헤라클레이토스와 소크라테스가 철학적 기반을 닦고, 소로가 부활시킨 이후 마하트마 간디, 마틴 루터 킹 등으로 이어진 시민불복종 운동은 '특정한 법률이나 정책이 올바르지 않다는 판단에서 정부에 대해 이의를 신청하고 저항하는 정치형태'를 말한다. 간혹 폭력적으로 나타나기도 하지만 본질적으로는 비폭력 방식에 의한 비타협, 저지 또는 거부를 원칙으로 한다. 오늘날에는 '직접행동direct action'°이라는 이름으로 발전하여, 지금도 세계 곳곳에서, 그리고 정부에 대한 저항보다 더 넓은 영역에서 능동적이고 적극적인 저항운동이 펼쳐지고 있다.

예컨대 벌목을 막기 위해 나무에 자기 몸들을 묶고, 고속도로 건설을 저지하고, 핵폐기물 수송 열차를 막기 위해 선로 위에 드러눕고, 유전자조작 작물GMO들을 뽑아버리고, 소비자 불매운동을 벌이고, 농민들이 토지에 대한 권리를 주장하며 땅을 점유하고, 군 기지에 침입하거나 국경 통제와 이주자 정책에 항의하며 강에 보트를 이어 다리를 놓고 있다. 시애틀 시위, 재스민 혁명Jasmine Revolution, 런던 폭동, 스페인의 인디그나도스Indignados(분노한 사람), 뉴욕의 월가점령시위

° 영국의 정치학자이자 비폭력운동가인 에이프릴 카터April Carter의 《직접행동》에 의하면, 직접행동은 "지배 엘리트 계층에 대해 자기 이익을 잘 반영하지 못하고(또는 전혀 반영하지 못하고), 별다른 지렛대도 지니지 못한 사람들이 채택하는 저항 방식"이다. 요컨대 직접행동은 어떤 특정한 법률이나 정책에 관해 정부에 이의를 신청하고 저항하는 시민불복종보다 더 외연이 넓고, 더 능동적 의미를 가진 개념이다.

Occupy wall street는 그 가운데 널리 알려진 몇몇일 뿐이다.

소로가 천명한 대로, "부당하게 사람을 가두는 정부 아래서 정의로운 사람이 진정 가야 할 곳은 감옥"이었다. 그럼에도 이 같은 파레시아, 곧 시민불복종 운동 내지 직접행동을 통해 지난 150여 년 동안 지구촌 전반에서—여전히 충분하진 않지만 여실히 눈에 띄게—여성들의 사회적 지위가 향상되었고, 흑인들의 인권이 신장되었으며, 억울하게 갇힌 사람들이 풀려났고, 국민을 억압하던 정부들이 축출되었고, 부도덕한 전쟁들이 감소했고, 지구 환경 파괴에 대한 경각심이 높아졌다.

정리하자. 노트르담대학교 영어과 교수 로라 대소 월스Laura Dassow Walls는 그가 쓴 탁월한 소로 평전인 《헨리 데이비드 소로》에서 그를 "우리의 삶이 변하기를 바라는 사람, 적어도 우리에게 생활의 조건을 직면하게 하는 사람, 또는 삶의 조건을 바꾸지 않으면 우리가 얼마나 많은 잘못을 저지르게 되는지를 일깨워주는 사람"이라고 평가했다. 그 책의 한국어판 서문에는 다음과 같은 글도 올렸다.

> 소로의 가장 뛰어난 통찰은 자연과 사회가 사실은 둘이 아니라 하나라는 생각이었다. 도덕적 관심의 울타리 안에 노예, 가난한 자, 보호구역에 갇힌 사람까지 모든 인간이 들어와야 하고, 더 나아가 우리와 함께 사는 동식물 그리고 우리 시야 밖에 사는 동식물까지 포함되어야 한다는 것이다. 그렇게 해서 오늘날 소로는 시민 정부라는 세계적 이상과 지구 환경 윤리, 두 개념의 정점에 위치한다.[22]

그렇다. 소로는 21세기를 사는 우리가 따라야 할 사유방식과 삶의 방식의 정점頂點을 구체적으로 보여주었다. 그것도 말로만 아니고 행동으로 제시해주었다. 소로는 내적으로는 안락과 사치 및 과시를 추구하는 인간의 원초적 욕망에 불복종함으로써, 외적으로는 당시 사회와 정부의 부당한 요구에 불복종함으로써, 선지자적이고 위대한 정점에 우뚝 섰다. 그의 내적인 또 외적인 불복종이, 그 꿋꿋함과 당당함이 이 책에서 말하는 소크라테스 스타일이다. 내 생각에는 우리에게도 그 길밖에 없다. 당신의 생각은 어떤가? 학鶴처럼 목을 길게 늘이고 답을 기다리고자 한다.

17장

바디우, 지젝 — 빼기[1]

Alain Badiou(1937~), Slavoj Žižek(1949~), 정치철학

나는 그렇게 하지 않는 것을 선호합니다.

– 허먼 멜빌

2012년 8월 8일부터 13일까지, 알프스 고산마을에서 당시 75세의 프랑스의 철학자 알랭 바디우가 강연을 통해 새로운 혁명의 가능성을 모색했다. 해발 4천 미터의 산악과 빙하들로 둘러싸여 '알프스의 진주'로 불리는 스위스 사스페Saas-Fee에 자리한 유럽대학원EGS: European Graduate School에서였다. 바디우는 자신이 구상하는 혁명을 '생태학적'이라고 규정했다. 생태학적 혁명이라니, 이게 무슨 말인가?

엿새 동안 열한 번에 걸쳐 진행된 강의들을 모아놓은 바디우의《변화의 주체》를 보면, 열네 개 산정山頂마다 눈이 쌓인 사스페에서 자칭 "늙은 예언자"는 삶과 세계를 바꾼다는 것의 의미가 무엇이며, 그것이 왜 생태학적이어야 하는가를 설파하는 수업을 다음과 같은 질문으로 시작했다.

> 변화란 무엇인가? 무엇이 참된 변화이고, 무엇이 거짓 변화인가? 변화는 정지[부동성]보다 더 나은 것인가? 변화의 여러 유형들에는 어떤 것이 있는가? 사회 속에서 변화란 무엇인가? 정치적 변화란 무엇인가? (감각적인) 형태들에서 변화란 무엇인가? 예술에 있어서 변화란 무엇인가? 지식에 있어서 변화란 무엇인가? 예를 들어, 과학적 변화란 무엇인가? 삶에 있어 변화란 무엇인가? 그리고 개인적 삶에서 변화란 무엇인가?[2]

바디우는 고전적 혁명 전통은 "자연 자체의 보편성에 대한 고상한 존중 같은 것을 갖고 있지 않다"고 보았다. 무엇보다도 "인간의 생명과 삶에 대한 존중이 없다"고 했다. 그 혁명 전통은 "낡은 세계의 파괴 운동에 의해서만 비로소 내부의 어떤 것을 창조하는 것"이기 때문이다. 이 말을 그는 다음과 같이 했다.

> 현대 세계는 반복과 전통에 기초한 모든 것은 파괴되어야만 한다고 믿는다. 그래서 역사는 자연과 완전히 다른 것이 되어버리고, 현대 세계에서 역사법칙은 자연법칙이 아니라고 단언한다. 이런 비전 속에서 역사가 자연에 맞선 투쟁이며, 역사적 변화의 대가는 대부분 자연의 일부를 파괴하는 것이라는 관념을 발전시킨다. 이는 기술발명(하이데거에게는 테크네techne)에 대한 물음으로써, 그 기술은 자연의 파괴, 황폐화뿐만 아니라, 인간 또는 존재 자체의 황폐화와 파괴이기도 하다.[3]

바디우는 이에 덧붙여 "만약 우리가 생명과 죽음 사이의 관계에 대한 새로운 조약, 자연과 새로운 조약을 창안하지 않는다면, 아마도 우리는 공룡처럼 멸망할 것이고, 그것은 가능한 일이다"[4]라는 엄포도

놓았다. 하지만 거기서 그치지는 않고 새로운 가능성과 희망도 제시했다. 그는 "생태학에서, 우리는 변화에 관한 새로운 물음을 발견할 수 있다"고 선언했다. 그가 말하는 생태학적 혁명은 '고전적 혁명 전통에 대한 혁명'을 창조하려는 노력이자, '새로운 혁명 전통을 창안'하려는 시도다. "투쟁의 목표는 변화 그 자체가 아니라, 불안과 무질서를 넘어선 어떤 새로운 평화, 새로운 영원성, 인류 자체의 새로운 형태"라고 강조한 그는 파괴와 죽음의 세기적 절망을 딛고 설 희망에 대해서 다음과 같이 언급했다.

> 지난 세기에 정치에 있어서는 혁명의 물음이, 예술에 있어서는 아방가르드의 물음이, 과학에 있어서는 새로운 과학 형식에 대한 물음이 있었다. (…) 그것은 낡은 세계를 파괴해야만 하고, 그 파괴 속에서 새로운 어떤 것을 창조해야 한다는 관념이었다. 그러나 전반적으로 우리가 목도한 것은 파괴였고, 그 파괴 속에서 새로움은 더욱더 모호했다. (…) 우리는 너무 많은 파괴와 죽음 그리고 너무 많은 부정성을 목도해왔다. 여기서 우리는 세계의 완전한 파괴와 완전한 창조의 유혹 이후에 발생하는 제삼第三의 계기를 열어젖혀야만 한다.[5]

어쩌면 당신은 여기서 바디우에게 이렇게 묻고 싶을지도 모른다. 좋다! 나는 당신의 말에 모두 동의한다. 우리에게는 진정 변화가 필요하다. 이대로는 더 이상은 살 수 없다는 것이 드러났기 때문이다. 게다가 당신이 강연을 했던 때와는 또 달리 오늘날 우리는 코로나바이러스감염증-19 팬데믹이라는 초유의 사태를 맞고 있는데, 그 역시 생태계 파괴가 근본 원인으로 드러났기 때문이다. 그런데 어떻게? 어떻게 우리가 생태학적 혁명을 일으킬 수 있을까? 세계의 완전한 파괴도 아니고, 완전한 창조도 아닌 제삼의 계기를 열어젖힐 수 있을까?

그렇다, 당신의 물음은 옳다. 왜냐하면 개인에게나 사회에나 모든 중요한 변화는 그것이 무엇이냐를 아는 것know-what보다, 그것을 어떻게 할 것이냐를 알아야know-how 비로소 시작하기 때문이다. 자, 이제 주목하자. 바디우가 당신의 물음에 대한 답을 이미 오래전부터 준비하고 있기 때문이다.

빼기로서의 '거리두기'

• • •

해발 1,800미터 고지 사스페에서 바디우는 "우리는 우리가 해야만 하는 것에 관련해서 실질적인 합의를 찾을 수 있다"고 장담했다. 이어서 "그렇지만 이런 합의 절차에서 무엇이 주체인가? 정부인가? 여론인가? 과학인가? 정확히 무엇이 주체인가?"라고 물었다. "예전의 혁명들의 교훈은 무엇인가? 볼셰비키혁명의 교훈은 무엇인가?"[6]라는 날선 질문도 함께 던졌다. 그리고 늙은 예언자답게, 어느 여름이 와도 결코 녹지 않을 만년설이 겹겹이 쌓인 산봉우리들 밑에서, 주체는 늘 "구체적 상황에서 진리를 창조하는 개인"이고, 참된 변화는 "[같은 방식 속에서, 다르게] 진리를 계속하는 것이다"라고 모호한 화법으로 답했다.

변화의 주체가 '사건l'événement'을 통해 진리를 창조하는 개인이라는 것은 그가 늘 하는 소리다. 그런데 '같은 방식 속에서, 다르게'라니? 이건 대체 무슨 말인가? 우리가 화두 같은 이 말을 이해하기 위해서는 바디우가 1985년부터 실뱅 라자뤼스, 나타샤 미셸 등과 함께 '정치 조직L'Organisation politique'을 설립하여 추진하고 있는 이른바 '당黨 없는 정치une politique sans parti'가 무엇인지를 잠시 살펴보아야 한다.

바디우에 의하면, 볼셰비키혁명이 상징하는 예전의 혁명들은 정치 행위 자체를 초역사적 진리의 실현으로 보고 자기(전위, 당, 국가)를 그 같은 진리를 실현하는 주체로 인정함으로써, 낡거나 다른 세력을 제거해야 할 적 또는 악으로 몰아 부정했다. 이것이 이전의 혁명이 보여준 테러리즘적 폭력의 기원으로, 해결책이 전혀 아니라는 것이 역사를 통해 드러났다. 그렇다고 해서 오늘날 우리가 흔히 그렇듯이 "할 수 있는 최고의 것이 폭력을 피하는 것이고 그러기 위해 가장 쉬운 방법이 현실과의 모든 접촉을 피하는 것"이라는 현실도피적 허무주의 nihilism에 물드는 것도 바디우의 생각에는 역시 반동이다.

여기서 바디우가 찾은 황금의 중간 길이 '당 없는 정치'다. '당 없는 정치'는 두 가지의 '거리두기'를 통해 작동한다. 하나는 선거 출마나 투표 참여 등을 거부하는 '국가와의 거리두기'이고, 다른 하나는 개인을 예속된 주체로 호명하는 정당, 노조, 가족, 학교, 교회 등이 유포하는 지배적 담론으로부터의 '거리두기', 곧 바디우가 말하는 이른바 '의견장치L'appareillage des opinions로부터 거리두기'이다. 이것이 바디우가 새로운 혁명을 언급하면서 괄호 쳐 표기한 '[같은 방식 속에서, 다르게]'라는 애매한 문구가 뜻하는 내용이다.

바디우는 "당신은 늘 국가로부터 거리를 두면서 당신의 확신을 국가 권력에 제안하거나 선거 같은 국가의 호출에 부응하지 말고 당신이 국가가 해야만 하는 것을 결정하고 국가를 강제할 수단을 찾으라"고 제안한다.[7] 그러기 위해서 우리는 일당 모델(사회주의)이든, 다당 모델(민주주의)이든, 일체의 정당들과도 거리를 두어야 한다고도 주장한다. 왜냐하면 당은 '집단적 정념'을 발생시켜 개별 구성원들에게 '집단적 압력'을 행사하며 '오직 자신의 확장만을 목표로 삼는 기계'이기 때문이다. 그가 보기에 "당은 정치조직이 아니라 국가조직"[8]이다.

정당정치에 대한 불신과 부정의 극단에 바디우가 서 있다. 직접민주주의는 이미 21세기 정치의 거센 요구다. 프랑스의 월간지 〈르몽드 디플로마티크〉가 2014년 12월호의 기획특집 '정당의 시대는 끝났는가'에서 정당의 비극적 운명을 다룬 것은 오히려 많이 늦은 감이 있다. 미국의 격월간 국제 전문지 〈포린폴리시〉는 이미 9년 전 2005년 9~10월호에 실은 기사 '오늘은 있지만 내일은 없는 것'에서 2040년이면 사라질 것들 가운데 첫 번째로 정당을 꼽았다. 오늘날 우리 정치를 보더라도, 그 이유를 우리는 물어볼 필요조차 느끼지 않는다.

바디우는 자신이 정치공학적으로 사용하는 '거리두기'라는 개념을 '빼기soustraction'라는 평이한 수학 용어를 통해 설명했다. 그런데 빼기라니, 어디서 많이 들어본 말이 아닌가? 그럼, 혹시 그것이 우리가 이 책에서 지금까지 이야기해온 빼기? 그렇다! 바로 그 빼기다. 당신이 이미 아는 빼기, 다시 말해 돌 속에 갇힌 사자를 해방시키려면 사자가 아닌 모든 부분을 제거해야 한다는 소크라테스의 빼기다. 한마디로 바디우가 말하는 '당 없는 정치'란 소크라테스 스타일의 현대판 정치 버전인 셈이다.

그러나 바디우에게 '빼기'는 '부정否定, négation'이 아니다. 부정은 대상에 대한 전면적인 제거 내지 전체적인 파괴를 뜻한다. 그러나 빼기는—미켈란젤로의 조각법이 그렇듯이—대상에서 부적합한 것, 부당한 것을 제거하고 적합한 것, 정당한 것을 남겨놓아 오히려 '마땅히 드러나야 할 것이 드러나게 하는 작업'이다. 바디우가 "약한 부정"이라고도 부르는 빼기는 개별적 부정이자 개별적 긍정이다. 2001년 2월 독일 에센Essen의 문화과학연구소가 주최한 국제 컨퍼런스에서 바디우는 "하나는 스스로를 둘로 나눈다"라는 제목의 강연에서 이렇게 설명했다.

> 이 세기가 그려온 또 다른 방식, 즉 테러의 발작적 매력에 굴하지 않고 현실을 향한 열정을 유지하고자 하는 방식을 나는 빼기의 방식the subtraction way이라고 부르고자 한다. 빼기의 방식은 진짜 지점을 현실의 파괴가 아니라 최소한의 차이로 드러내는 것을 의미한다. 이 세기가 드러낸 또 다른 방식은 아주 작은 차이, 즉 현실을 구성하고 있는 소멸항vanishing term을 간파하여 외견상의 통일성으로부터 이 항을 뽑아냄으로써 현실을 정화하는 것이지 현실의 표면 속에서 그것을 절멸시키는 것이 아니다.

구체적으로 이야기하자면, 바디우가 말하는 '부정'은 18세기 프랑스혁명 이후, 19세기의 수많은 봉기들과 20세기의 마르크스-레닌주의 혁명과 마오쩌둥의 문화혁명에 이르기까지 실행된 고전적 혁명 전통의 특성이자 방법론이다. 그것은 헤겔의 변증법에서 나온 것이고, 낡은 것들의 절멸을 전제로 하기 때문에 끊임없이 파괴하고 전복하는데, 그 와중에서는 어떤 새로운 것도 탄생하지 못한다는 것이 바디우의 생각이다. 이 말을 그는《세계들의 논리》에서 다음과 같이 표현했다.

부정의 부정이 새로운 긍정을 생산하는 헤겔과 반대로 나는 오늘날 부정성은 엄밀하게 말해서 아무것도 새로운 것을 창조하지 않는다고 단언할 수밖에 없습니다. 그것은 물론 낡은 것을 파괴하지만 새로운 창조를 일으키진 않습니다.[9]

바디우는 빼기가 "모든 진리의 작동 방식"이라고 강조했다. 이 말을 허투루 넘기지 말길 바란다. 13장 '쇤베르크—무조'에서 보았듯이, 바디우가 베케트의 작품을 평가하면서 인간 개개인이 지닌 모든 부수적이고 거추장스러운 것들을 빼버려야만 "유類적인 인류의 본질"을 이해할 수 있다고 천명한 것도 같은 맥락에서 이해해야 한다. 그렇다. 바디우에게 빼기는 대상의 본질에 도달하는 방법이자 진리가 작동하는 방식이다. 그리고 바로 그것이 우리가 말하는 소크라테스 스타일이다.

기원전 4세기 아테네인들에게 냉소를 던져 그들의 허식과 허위의식을 제거하려고 했던 디오게네스로부터 시작하여, 세네카, 성 안토니우스, 위-디오니시우스, 미켈란젤로와 칸딘스키, 몬드리안 같은 추상화가들, 키르케고르, 쇤베르크, 비트겐슈타인, 포퍼, 베케트, 그리고 그 누구보다도 소로에 이르기까지, 알고 보면 인류가 지난 2,400여 년 동안 거의 모든 분야에서 사용해온 진리의 실현 방법이자 진정한 삶의 구현 방식이 바로 이 빼기이다. 바디우가 그것을 정치공학에 적용한 것이다.

바디우뿐 아니다. 빼기는 오늘날 정치공학에서 널리 사용되고 있는 방법론이다. 슬라보예 지젝Slavoj Žižek, 데이비드 그레이버David Graeber

등과 같이, 오늘날 민주주의라는 〈다비드〉를 새롭게 조각해내려는 사람들이 하려는 작업도 역시 빼기다. 이들은 예일대학교 정치학 교수이언 샤피로Ian Shapiro의 말대로 민주주의를 형성하는 것은 '예'라고 말하는 긍정이 아니라, '아니오'라고 말하는 부정이라고 믿는다. 바로 그 믿음을 지젝은 허먼 멜빌의 소설《필경사 바틀비》에서 주인공인 바틀비가 하는 말, "나는 그렇게 하지 않는 것을 선호합니다I would prefer not to"를 빌려 표현했다. 요컨대 21세기 정치철학자들은 '아니오'라고, 또는 '나는 그렇게 하지 않는 것을 선호합니다'라고, 부정을 외치고 거부함으로써 민주주의라는 형상에 합당치 않은 모든 것을 근본에서부터 제거해야 한다고 주장한다.

바디우가 "이 세기가 그려온 또 다른 방식", "이 세기가 드러낸 또 다른 방식"과 같은 수식어를 붙여 사용했기 때문에, 그가 말하는 빼기가 마치 '근래'에 '그'에 의해 새로 개발된 방법론인 것처럼 들리지만, 아니다. 굳이 새롭다면 그가 이 용어와 방법론을 정치철학에서 사용하고 있다는 것뿐이다. 바디우가 이것을 모를 리가 없다. 그가 천연덕스레 시치미를 떼고 있는 것이다.

바디우가 플라톤주의자인 것은 누구나 다 아는 사실이 아닌가. 게다가 우리말로 '제거의 방식'으로 번역되는 이탈리아어 'via di levare'가 영어로는 'the subtraction way'이다. 바디우가 위-디오니시우스와 미켈란젤로의 용어와 방법론을 출처를 밝히지 않고 그대로 가져다 정치공학 용어로 사용한 것이다. 그렇다고 해서 내가 여기서 바디우에게 딴지를 걸자는 게 아니다. 정작 딴지는 슬로베니아의 철학자 슬라보예 지젝이 걸었다.

스스로와 사랑에 빠지지 마라

• • •

2008년에 바디우에게 헌정한 책《잃어버린 대의를 옹호하며》에서 지젝은 빼기에 관한 바디우의 중요한 원문들을 조목조목 인용하며 비판적으로 소개했다. 그리고 "바디우가 사회-민주주의적 입장을 순수한 빼기로 규정할 때 그 자신은 참으로 증상적인 개념의 후퇴를 범하고 있는 것이다. 민주주의적 빼기는 결코 빼기가 아니다"라면서 다음과 같이 새로운 빼기를 제안했다.

> 그럼 빼기는 언제 새로운 공간을 창조하는가? 유일하게 타당한 대답은 이렇다. **그것이 스스로를 빼내는 좌표 자체를 무너트릴 때**, 그 시스템의 '증상적 비틀림'의 지점을 가격할 때이다. 카드로 만든 집이나 나무토막 쌓기를 상상해보자. 그것은 하나의 카드나 나무토막을 빼내면—**배제하면**—전체 체제가 붕괴되는 복잡한 방식으로 지어졌다. 이것이 진정한 빼기의 기술이다.[10]

지젝이 구상하는 빼기는 궁극적으로 체제의 붕괴를 불러오는 전복적 빼기, 현실을 정화하는 것이 아니라 그것을 절멸시키는 것이 목적인 빼기이다. 그는 "정확한 의미에서 빼기는 이미 헤겔의 '부정의 부정' 안에 있다. 최초의 부정은 직접적인 파괴다. 그것은 자신과 공유된 현실의 장 안에서 자기가 반대하는 실정적 내용을 폭력적으로 부정/파괴한다"면서 '부정으로서의 빼기'를 주장했다. 어떤가? 바디우의 빼기보다 더 과격하고 파괴적인 빼기다. 그렇지 않은가?

그러나 오해하지 말자. 지젝이 말하는 부정이 반드시 전통적 혁명의 방식—그가 자주 "위대한 실패들"이라고 불렀던 혁명(독일 농민전쟁, 프랑스대혁명에서의 자코뱅, 파리 코뮌, 10월 혁명, 중국의 문화혁명 등)들이 행했던 방식—이었던 테러리즘적인 부정을 뜻하는 것은 아니다. 지젝은 《잃어버린 대의를 옹호하며》에서 "민주주의적인 순수빼기와 순수하게 파괴적인('테러리즘적인') 부정 사이에서 적절한 기준"[11]을 마련하고자 한다. 황금의 중간길을 찾자는 것이다.

지젝은 1998년 노벨상을 받은 포르투갈의 소설가 주제 사라마구 Jose Saramago, 1922~2010의 《눈뜬 자들의 도시》에서 자신이 말하는 '진정한 빼기', '정확한 의미에서 빼기'의 이상적인 예를 찾아냈다. 그는 일단 소설 속에서 유권자들이 집단적으로 투표를 거부하고 무효투표를 해버림으로써 정치체제 전체(지배집단과 반대자들 모두)를 패닉 상태로 빠트린 사건을 바디우가 말하는 '거리두기', 곧 '빼기'의 예로 평가한다. 그러나 그처럼 "합법적인 의례에 참여하는 것으로부터 물러나는 단순한 제스처가 국가권력을 절벽 너머의 허공에 매달린 것처럼 보이게 만든다"는 점에서, 그것은 동시에 파괴적인('테러리즘적인') 부정이라고 보았다.[12]

그렇다, 바로 이것이 지젝이 원하는 진정한 빼기다. 그렇다면 바디우의 '빼기'에 대한 지젝의 딴지-걸기는 반론이 아니다. 오히려 보충이자 강화다. 즉, 실제로 효과를 드러내는 진정한 빼기, 정확한 의미에서의 빼기를 위한 경고성 제스처로 볼 수 있다. 지젝은 과거의 실패한 혁명에서 우리가 얻을 수 있는 교훈은 그 같은 전체주의와 폭력을 그저 반복하자는 것이 아니라, 그 혁명들이 '더 밀고 나가지 못한' 것들을 더욱 철저하게 이행해야 한다는 것이라고 주장한다. 그리고 그것은 '파국이 임박한 자본주의의 종언'과 '새롭고 보편적인 공산주의의 재발명'이라 한다. 그의 관심은 혁명의 수단이 아니라 혁명의 목적과 그것의 완성에 있다.

지젝은 그래서 새로운 혁명이 싸구려 축제로 소비되는 시위, 카페인을 뺀 커피, 알코올을 뺀 맥주, 지방을 뺀 아이스크림, 오르가슴이 빠진 성행위, 다시 말해 일찍이 로베스피에르Maximilien Robespierre, 1758~1794가 온건주의자들을 비난하며 사용했던 표현인 "혁명 없는 혁명"이 되어서는 안 된다고 주장하는 것이다. 그는 "우리의 사회들에서 비판적 좌파는 지금까지 권력자들에게 때를 묻히는 데 성공했을 뿐이나, 진정 중요한 것은 그들을 거세하는 것이다"라고도 했다. 지젝이 때로 로베스피에르를 옹호하는 듯하고, 때때로 레닌을 두둔하는 표현을 마다하지 않으며, 주코티 공원에 모인 사람들에게도 "스스로와 사랑에 빠지지 마라"라고 경고한 이유가 바로 이것이다.

한마디로, 자본주의라는 골리앗이 주코티 공원에서 시위하고 돌아서서 맥주를 마시며 "그래 우리는 젊었지. 아름다운 날이었어"라고 회상에 빠지는 다윗이 무서워 자기 목을 내줄 것이며, 월스트리트에 세워진 황소가 스타벅스에서 커피를 마시며 자신이 아프리카 어린이들을 돕고 있다고 자위하는 다윗이 두려워 광폭한 질주를 멈추겠느냐는 것이 지젝의 생각이다. 그러니 제발 빼기 아닌 빼기, 제스처로서의 빼기를 하지 말자는 뜻이다.

불가능한 것의 가능성

• • •

지젝은 우파적이든 좌파적이든 일체의 허위의식을 문제 삼는다. 그가 자본주의 이데올로기뿐 아니라 공산주의 이데올로기까지도 '부지런히 그리고 가차 없이' 비판하는 이유가 바로 그래서다. "매 경우 파시즘의 발흥은 실패한 혁명을 증언한다"라는 벤야민의 말에 공감하는 그는 이데올로기 비판을 통한 허위의식의 제거야말로 '한번은 극좌로 다음은 극우로', '한번은 혁명으로 다음은 파시즘으로' 진동해온 역사의 추를 바로잡을 수 있는 빼기라고 믿는다.

지젝의 이 말을 잘못 해석하면, 그것이 우파적이든 좌파적이든 그 어떤 사회적 활동에도—마치 뉴에이지 명상이 진정한 자기를 위해 사회적 현실로부터 자기를 '빼내는' 것처럼—거리를 두라는 말로 들릴 수 있다. 하지만 아니다. 지젝이 전하려는 말은, 그것이 설령 좌파적인 주제를 위한 저항이라 할지라도 피상적이고 국지적인 문제에 참여하는 것은 '부정하고자 하는 것에 기생하는 정치학'이고, 그것은 오히려 기존의 질서를 유지하는 데 기여하는 메커니즘으로 이용된다는 것이다.

마치 암 환자에게 대체요법이 오히려 해를 끼치거나 치료 시기를 놓치게 하는 것처럼, 카페인 없는 커피, 알코올 없는 맥주, 지방 없는 아이스크림을 먹는 것과 같은 방식으로 하는, 이른바 '디카페인 시위'는 근본적이고 총체적인 수술을 방해하는 물타기일 뿐이라는 말이다. 예컨대 유기농 사과를 구입하거나 쓰레기 분리수거를 하면서 지구 환경보호에 기여하고 있다고 생각하는 것, 스타벅스에서 카푸치노를 마시면서 소말리아의 아동들과 열대우림을 돕고 있다고 자위하는 것과 같은 제반 행동들이 그렇다는 것이다.

지젝이 보기에 이 같은 행동들은 근본적인 해결책이 아니라, 오히려 환경문제·기아문제·아동노동문제 등의 근본 원인인 자본주의가 지금처럼 아무 탈 없이 지속적으로 발전하도록 돕는 데 일조한다는 것이다. 다시 말해 그것은 "가장 단순한 빼기로서 질적qualitative인 차이를 미미한 양적quantitative 차이로 환원하는 행위"일 뿐이다. 따라서 그는 단순한 '저항' 또는 '항의'만을 하는 부정의 정치학으로부터 "헤게모니적 위치 그리고 그 부정 밖의 새로운 공간을 여는 정치학으로 이행"하라고 재촉한다.

여기에서 우리는 지젝이 철저히 부정의 길을 가는, 투철하게 제거의 방식을 구사하는 '부정의 사유자'라는 것을 다시 한번 확인할 수 있다. 이 점에서 그는 동방정교의 수도사처럼 순수하다. 그런데 여기서 불현듯 한 가지 의문이 떠오른다. 그 같은 빼기의 정치공학만으로 기존 사회의 질서를 전복 또는 파괴할 수는 있을지 몰라도, 새로운 질서를 건설할 수 있느냐 하는 것이다. 이것이 그의 주장이 지닌 모호성이자 문제점이기도 한데, 이에 대한 지젝의 답은 기존의 사회질서를 빼내면 새로운 질서가 스스로 드러난다는 것이다. 이 말을 그는《시차적 관점》에서 다음과 같이 했다.

> 물러남이라는 바틀비의 몸짓과 새로운 질서의 형성 사이의 차이는—다시 그리고 마지막으로—시차적인 것이다. 새로운 질서를 건설하는 매우 흥분되고 참여적인 활동은 그 속에서 영원히 반향되며 기초를 이루는 "나는 그렇게 하지 않는 것을 선호합니다"에 의해 지탱된다.[13]

끊임없는 물러남, 부단한 빼기만이 원리이고, 새로운 질서의 건설은 그것에 의해 "지탱되는" 또는 "부여되는" 몸체身體라는 말이다. 따라서 지젝에게 끊임없는 물러남과 새로운 질서의 건설—또는 '극단적인 부정의 제스처'와 '새로운 삶의 창안'—은 진정한 혁명을 이루는 두 가지 구성 요소가 아니다. 그것은 하나이고, 원인과 결과일 뿐이다.

어떤가? 아직도 애매모호한가? 만일 그렇다면 나는 당신에게 '미켈란젤로, 칸딘스키—제거'에서 소개한 미켈란젤로의 조각법을 다시 한번 떠올려보기를 권한다. 〈다비드〉 상을 만들기 위해 그가 3년 동안 했던 작업이 무엇이던가? 단지 망치와 정으로 돌을 쪼아 제거하는 작업이 아니었던가? 오직 그 빼기만으로 차가운 돌덩이에서 다윗의 아름다운 신체가 살아나 우뚝 서지 않았던가! 지젝의 모호한 말이 뜻하는 것이 바로 이것이다. 지젝에게 새로운 질서의 건설은—부단한 제거에 의해 돌덩이 속에서 다윗이 나타나듯이, 끊임없는 자기 부정을 감행하는 수도승에게 신의 은총이 주어지듯—부단한 빼기가 유지되고 성공함으로써 얻어지는 결과물일 뿐이다.

지젝이 《잃어버린 대의를 옹호하며》에서 "자기가 빠져나오려는 장을 폭력적으로 뒤흔드는" 빼기의 예로 셰익스피어의 《로미오와 줄리엣》을 들었는데, 흥미롭고 주목할 만하다. 그가 보기에, 로미오와 줄리엣의 결혼은 그들 각자가 속한 지배의 장으로부터의 빼기이자, 동시에 몬태규가와 캐플릿가의 대립에 강력하게 개입하여 그 대립을 최소의 차이로 환원시키고 결국에는 진짜 좌표를 벌거벗기는 빼기다. 그들의 결혼은 "단순한 '저항' 또는 '항의'를 하는 부정의 정치학"에서가 아니고 "헤게모니적 위치 그리고 그 부정 밖의 새로운 공간을 여는 정치학"에서 나왔다.[14] 여기까지가 지젝이 부정의 길을 가는 수도사로서《로미오와 줄리엣》을 예로 들어 하고자 하는 말이다.

맞다! 그러나 우리의 생각은 여기서 멈추지만은 않는다. 결혼이란 무엇이던가? 출가出家라고도 부르는 결혼은 단순히 각자의 가문에서 자기를 빼내는 가출家出과는 다르다. 결혼은 좋든 싫든, 많든 적든 새로운 질서를 만드는 일이다. 여기서 지젝이 든 예는 그의 의도에서 한 걸음 더 나가는 해석을 허락한다. 로미오와 줄리엣의 결혼은 극단적으로 대립하던 몬태규가와 캐플릿가 사이에 그때까지 전혀 볼 수 없었던 새로운 질서, 곧 화해를 예시하기 때문에 그렇다. 실제로 이 극은 두 가문의 화해로 끝나지 않는가. 이것이 빼기가 지향하는 목표이자 도달하고자 하는 종착역이다.

슬로베니아에 있는 지젝의 자택을 방문한 한국 젊은이들과의 인터뷰를 담은《불가능한 것의 가능성》에서 지젝은 "현실주의자가 되자, 불가능한 것을 요구하자!Soyons réaliste, demandons l'impossible!"라는 68혁명의 구호를 다시 상기시켰다. 그가 말하는 불가능한 것이란 사실인즉—68혁명 당시나 지금이나—전혀 불가능하지 않을 뿐 아니라 마땅히 가능해야만 하는 것들이다. 그렇기 때문에 불가능한 것을 요구하는 사람이 몽상가가 아니고 현실주의자인 것인데, 그는 주코티 공원에서 이에 대해 이렇게 설명했다.

> 오늘날 무엇이 가능할까? 언론을 보자. 한편으로는 기술과 섹슈얼리티에서 모든 것이 가능해 보인다. 달을 여행할 수 있고, 유전자공학으로 영생을 누릴 수도 있으며, 동물이나 그 무엇과의 섹스도 가능하다. 하지

만 사회와 경제 영역을 보라. 거의 모든 것이 불가능해 보인다. 부자들의 세금을 약간 인상하고자 하면 그들은 불가능하다고 말한다. 경쟁력을 잃을 것이란 이유로 말이다. 의료보험료를 인상하고자 하면 그들은 이렇게 말한다. "불가능하다. 그건 전체주의 국가가 되는 길이다." 영생을 약속하면서 의료보장을 위해선 한 푼도 쓸 수 없다는 이 세상은 무언가 잘못됐다.

불가능성이라는 말 자체가 허위의식이라는 뜻이다. 지젝은 이 같은 허위의식들의 빼기를 함께 실현하자고 종용한다. "오늘날 진정한 유토피아는 현존하는 체계의 신중한 전환을 통해 우리의 문제를 해결할 수 있게 되는 것을 의미한다. 결국 현실주의자의 유일한 선택지는 이 체계 내에서 불가능하게 보이는 것을 실천하는 것뿐이다"라며 "함께 가자"고 했다. 내 귀에는 이 말이 우리 모두의 사유와 삶에서 소크라테스 스타일을 실현하자는 것으로 들린다. 그래, 함께 가자!

18장

스티브 잡스—심플

Steve Jobs, 1955~2011, 경영

단순함을 지향하는 사람들은
분명 남들과 다른 열매를 맺게 될 것이다.
단순함을 위하여!

– 켄 시걸

1997년 개최된 '애플 세계 개발자 회의'에서 20세기가 낳은 가장 창의적인 기업가로 꼽히는 스티브 잡스는 다음과 같이 말했다.

> 사람들은 집중해야 할 대상에 대해 '예'라고 말하는 것이 참된 집중이라고들 생각합니다. 그러나 이것은 그 의미를 완전히 잘못 알고 있는 것입니다. 집중이란 다른 좋은 아이디어들에 대해 '아니오'라고 말하는 것을 뜻합니다. 신중하게 선택해야 합니다. 저는 실제로 우리가 한 일 못지않게 하지 않은 일도 자랑스럽게 여깁니다. 수많은 것들에 '아니오'라고 말하는 것, 그것이 혁신입니다.[1]

어떤가? 어디서 많이 들어본 이야기가 아닌가? 그렇다. 당신은 이 이야기를 지금까지 수도 없이 들어왔다. 가까이는 바로 앞, '바디우,

지젝—빼기'에서 예일대학교 정치학 교수 이언 샤피로가 민주주의를 형성하는 것은 '예'라고 말하는 긍정이 아니라 '아니오'라고 말하는 부정이라고 선언하고, 지젝이 허먼 멜빌의 소설《필경사 바틀비》에서 주인공인 바틀비가 하는 "나는 그렇게 하지 않는 것을 선호합니다"라는 말로 대변했던 바로 그 내용이다. 조금 멀리는, 두 번째 에피소드 '세네카—절제'에서 영국의 정신분석학자 애덤 필립스가 "우리가 살지 않은 삶이 실제로 우리가 살아가는 삶보다 중요할 때가 있다"고 주장한 바로 그 진실이자 지혜다.

어디 그뿐인가? 사실상 우리는 이 책의 처음부터 지금까지 이 이야기만을 반복해왔다. 그렇다. 잡스는 그날 그 자리에서 한마디로 '빼기', 곧 소크라테스 스타일의 중요성에 대해 이야기한 것이다. 잡스는 그날 그 자리에서 소크라테스 스타일을 기업경영의 원칙으로, 또한 자신의 철학으로 제시한 것이다. 그것은 사망 직전의 애플을 살려내려면 본질적인 것만 남기고 부수적인 것은 모두 제거해야 한다는, 그러면 애플이 저절로 살아날 것이라는 메시지였다.

1997년은 잡스가 자신이 만든 애플에서 쫓겨난 지 11년 만에 애플로 귀환한 해다. 그때 애플은 매우 위태로운 상태였다. 켄 시걸Ken Segall의《미친듯이 심플》에 의하면, 당시 애플은 "사망이 임박했다는 표현마저 지나치게 낙관적으로 들릴 지경이었다. 비평가들은 연일 공격을 퍼부었고 애플의 열렬한 마니아들도 등을 돌렸다."[2] 잡스 스스로는 자기에게 애플을 살릴 수 있는 시간으로 단 90일 정도가 주어졌다고 생각했다. 그리고 '애플 세계 개발자 회의'를 열어 연단 위에 올라섰다. 그 자리에서 애플을 회생시킬 방법으로 자신의 철학이자 소크라테스 스타일인 빼기—켄 시걸은 이것을 단순화simplification라고 했다—를 선포한 것이다. 그리고 그것을 과감하게 실행에 옮겼다. 이것이 바로 잡스 스타일Jobs Style이다.

당시 애플은 쿼드라, 퍼포마, 매킨토시 LC, 파워북, 파워 매킨토시 등 다양한 기종을 갖고 있었다. 물론 애플만 그런 것은 아니다. 2011년 11월을 기준으로 HP 노트북 모델은 23종 이상이었고, 델Dell도 18종이나 되었다. 그러다 보니 모델들끼리 중복되는 기능이 많아 사용설명서에도 중복되는 기능들을 설명하는 데만 여러 페이지를 할애해야만 할 정도였다. 시걸에 의하면, 이런 현상을 제품의 다양화product proliferation라 하는데, 그것은 많은 회사들이 모든 고객을 기쁘게 해주고 모든 거래를 성사시키려고 애쓰다 보니 생겨난 현상이다. 그러나 그것은 사실상 모두를 기쁘게 하려다 누구도 기쁘게 하지 못할 수도 있다는 사실을 모르는 데서 생긴 우매한 짓이었다.[3]

잡스는 맨 먼저 20가지가 넘는 애플 제품군을 개인용과 전문가용 데스크톱과 노트북 4가지로 축소했다. 그리고 다양한 제품을 생산해 복잡하게 운영하다가 수익성 악화를 면치 못한 세 명의 전임 최고경영자CEO들의 "용서할 수 없는 범죄"에서 손을 떼고, 단 4가지 제품만으로 천문학적 이윤을 달성해 빈사상태에 있던 애플을 되살려내는 기반을 닦았다. 물론 소크라테스 스타일이 유일한 사유방식이 아니듯이, 잡스의 경영 스타일이 현대 경영학이 도달한 유일한 경영 방식은 아닐 것이다. 그러나 잡스와 함께 17년간 애플의 광고와 마케팅을 이끌었던 켄 시걸이 증언한 애플의 사례는 소크라테스 스타일이 기업 경영에서도 얼마나 효율적인가를 일목요연하게 보여준다.

잡스는 몇 년 후 나이키의 최고경영자 마크 파커Mark Parker가 조언을 구했을 때도 다음과 같이 말했다.

> 나이키의 몇몇 제품은 이 세상에서 최고입니다. 당신들이 갈망하는 정말 예쁘고 멋진 제품 말이죠. 하지만 나이키는 쓰레기도 많이 만듭니다. 그 쓰레기 같은 것들을 버리고 최고에 더 집중해보세요.[4]

나이키도 소크라테스 스타일을 경영전략으로 도입하라는 뜻이다. 시걸에 의하면, 다양한 제품을 내놓는 기업들은 고객이 선택권을 원한다고 생각하지만, 그것은 오해다. 선택지가 많다는 것은 장점이 아니라 부담이다. 제품의 종류를 최소화하고 품질을 최상화해야 회사에도 고객에게도 이익이 된다. 우선 다양한 모델을 개발하고 지원하려면 R&D(연구개발)에서 마케팅에 이르기까지 회사의 자원을 낱낱이 쪼갤 수밖에 없다. 하지만 그보다 더 심각한 문제는 선택의 폭이 넓다보니 고객들이 혼란에 빠진다는 사실이다.

시걸은 "사람들은 애플의 제품이 혁신적이고 단순하기 때문에 구매하지만, 이것 외에 굳이 애플을 구매하려는 이유는 '구매 경험' 또한 혁신적이고 단순하기 때문이다. 애플은 선택권을 최소화해 어떤 고객이든(어떤 제품이 있는지 전혀 모르더라도) 자신에게 가장 적합한 제품을 찾도록 했다"[5]며, 온라인에서든 오프라인에서든 애플 스토어에 가보라 권한다. 아마 누구나 한 번쯤은 이미 가보았을 텐데, 어떻던가? 시걸의 말대로 잡스의 경영철학이 느껴지던가? 물론 잡스가 세상을 떠난 지도 10년이 지났고, 지금은 많은 부분이 잡스의 뒤를 이은 새로운 최고경영자 팀 쿡Tim Cook의 스타일로 변경되었지만 단순화를 추구하던 잡스의 흔적이 완전히 지워진 것은 아니다. 이번 에피소드는 여기에서부터 시작하자.

포스트 구글 시대, 포스트 트루스 시대

• • •

이오니아라는 아가씨가 대학 구내서점에서 한 시간째 펜과 연필을 골똘히 바라보고 정신이 나간 듯이 멍하니 서 있다. 그는 니콜라에 차우셰스쿠Nicolae Ceaușescu 공산정권 치하의 루마니아에서 태어나 자라다 미국으로 이민해 왔는데, 대학에서 최고의 성적을 내는 탁월한 학생이었다. 그를 본 지도교수가 이오니아에게 왜 그리 멍하니 서 있느냐고 묻자, 미국에서 살려면 선택해야 할 일이 너무 많아 정신을 차릴 수가 없다는 것이다. 그는 이렇게 말했다.

"오늘 서점에 네 번째 왔거든요. 보세요. 선반 한 줄이 모두 펜으로 채워져 있어요. 루마니아에서는 펜이 딱 세 가지밖에 없었어요. 그나마 그것도 부족했지요. 그런데 미국에서는 펠트펜, 중성펜, 잉크펜, 볼펜 등등 펜 종류만 50가지가 넘어요. 생물학 강의시간에 필요한 펜은 도대체 어느 것일까요? 시문학은요? 내게 필요한 것이 어떤 펜일까요? 벌써 한 시간째 여기 서서 라벨만 읽고 있어요."[6]

뇌신경과학자이자 인지심리학자인 대니얼 레비틴Daniel Levitin 교수의 《정리하는 뇌》에 실린 이야기다. 물론 이오니아의 경우는 조금 특별하다 할 수 있다. 공산주의 국가에서 자라난 그가 시장경제라는 완전히 새로운 환경에 적응하는 과정에서 일어난 일이기 때문이다. 그런데 이런 '인지 과부하 현상'이 과연 그만의 일일까? 우리에게는 선택이나 결정을 앞두고 무력감에 빠져본 일이 없는가? 이오니아 정도는 아니더라도 이와 유사한 경험을 해본 일이 당신에겐 정말 없었는가?

우리는 너 나 할 것 없이 매일 뭔가를 선택하고 결정을 내려야 한다. 그중에는 중요한 일도 있지만 대부분은 별 의미가 없거나 사소한 일들이다. 지하철이나 버스 중 어느 것을 탈까, 점심은 무엇을 먹을까, 누구를 언제 어디서 만날까, 주말에는 어디서 무엇을 쇼핑할까와 같이 일상적인 일들이다. 그런데 문제는 바로 여기에서 생긴다. 왜냐고? 뇌신경과학자들에 의하면, 우리의 뇌는 선택이나 결정에서 어떤 사안이 더 중요하고 덜 중요한지를 자동으로 판단하지 못하는 데다, 하루에 특정 개수만큼의 판단을 내릴 수 있게 구성되어 있기 때문이다. 그래서 뇌는 일상적이고 사소한 일들을 선택하고 결정하다가 한계에 도달하면 중요도와 상관없이 더 이상 판단을 내릴 수가 없게 된다. 레비틴은 이 말을 다음과 같이 했다.

> 최근 연구에서 사람들에게 볼펜과 펠트펜 중 어느 것으로 쓸 것인가 같은 별다른 의미가 없는 결정들을 연이어 내리게 했더니, 그 이후의 결정에서는 충동조절능력이 떨어지고, 판단력도 저하되는 것으로 나타났다. 우리의 뇌는 하루에 특정 개수만큼의 판단만 내릴 수 있게 구성되어 있어서 그 한계에 도달하면 중요도에 상관없이 더 이상 판단을 내릴 수 없는 것으로 보인다. 신경과학의 최근 발견 가운데 가장 유용한 것 중 하나는 다음과 같다. "우리 뇌에서 판단을 담당하는 신경 네트워크는 어느 판단이 더 우선적인지 따지지 않는다."[7]

이오니아가 바로 그런 상태에 있었다. 그녀는 어떤 펜을 살까 결정하는 것보다 수업에 빠지지 않고 참석하는 것이 더 중요하다는 것을 알고 있었다. 하지만 일상생활에서 결정해야 할 사소한 일들이 너무 많다 보니 정작 중요한 결정을 내려야 할 때 뇌가 잠시 판단능력을 상실한 것이다. 그렇다면 이것은 결코 남의 일이 아니고, 개인의 일만도 아니다. 사회적 문제다.

오늘날 우리가 사는 시대를 규정하는 말은 매우 다양하다. 세계화 시대, 정보화 시대, 4차 산업혁명 시대, 근래에 와서는 포스트 위키피디아 시대, 포스트 구글 시대라는 말도 자주 듣고, 포스트 트루스 시대, 개소리의 시대라는 말도 종종 듣는다. 각각의 용어가 의미하는 바가 조금씩 다르지만, 공통적인 특성이 하나 있다. 접하는 정보와 결정해야 할 선택지가 우리의 뇌가 감당할 수 없을 정도로 다양하고 많다는 것, 때문에 우리의 정신이 점점 혼동과 혼란에 빠져 무력해진다는 것이 그것이다. 레비틴은 다음과 같이 말했다.

> 경제가 글로벌화된다는 것은 우리가 우리 할아버지 세대는 모르고 살았던 막대한 양의 정보에 노출된다는 의미다. 우리는 지구 반 바퀴가량 떨어져 있는 나라에서 일어난 혁명이나 경제 문제 등의 소식을 사건이 일어나는 즉시 듣는다. 우리는 한 번도 가보지 않은 장소의 이미지들을 보고, 한 번도 들어보지 못했던 언어를 듣는다. 그러면 우리의 뇌는 굶주리기라도 한 듯 이 모든 것을 빨아들인다. 애초부터 그렇게 설계되어 있기 때문이다. 하지만 여기에는 주의력이라는 자원이 들어가고 그 자원은 한정돼 있다.[8]

레비틴은 소비자의 선택의 폭이 지난 한 세대 만에 폭발적으로 증가한 사실을 지적한다. 1976년에는 슈퍼마켓에 보통 9천여 종의 상품이 진열되어 있었다 한다. 그런데 이제는 4만여 종의 상품을 두고 어느 것을 살 것인지 고민해야 한다. 그나마 이것은 슈퍼마켓에 국한된 수치다. 오늘날 미국에서는 100만 종 이상의 상품이 쏟아져 나오고 있다.[9]

엎친 데 덮친 격으로, 크레이그 램버트가 《그림자 노동의 역습》에서 오스트리아의 철학자이자 신학자인 이반 일리치가 주창한 '그림자 노동shadow work'이라는 개념을 빌려 신랄하게 고발한 사회 현상들이 생겨났다. 주유를 직접 하는 셀프 주유소, 각종 인증 절차를 거쳐야 하는 모바일 뱅킹, 주기적인 소프트웨어 업그레이드, 저렴한 상품을 사기 위해 정보 수집을 하는 행위 등이다. 예전에는 이러지 않았다. 30년 전만 해도 비행기나 철도 예약은 여행사에서 다 알아서 해주었고 가게나 서점에서는 점원이 물건을 함께 찾아주었지만, 이제 이런 일들은 대부분 우리가 직접 해야 한다. 요컨대 디지털 시대에 접어들면서 해당 분야 전문가나 회사가 부가서비스로 해주던 일을 우리가 직접 하는 '그림자 노동'이 점점 늘어나면서, 기대했던 여가시간은 오히려 줄었다.

그게 다가 아니다. 레비틴에 의하면, 2011년 미국인이 하루에 처리하는 정보량은 1986년에 비해 5배나 많고, 그 양은 신문 175부에 이른다. 전 세계 2만 1,274개 TV방송사에서 매일 8만 5,000시간 분량의 프로그램을 제작하고, 유튜브에는 매 시간 6,000시간 분량의 동영상이 업로드되고 있다. 우리는 저마다 책 50만 권에 달하는 정보를 컴퓨터에 저장하고 있고, 인간에 의해 만들어진 정보가 300엑사바이트가 되는 세상에 살고 있다.

이것은 3×5인치 크기의 카드에 적어서 나란히 펼치면, 한 사람당 할당받는 분량만으로도 매사추세스주와 코네티컷주를 합친 땅덩어리(남한 면적의 40% 정도)를 뒤덮을 수 있다.[10] 하지만 이것은 벌써 10년 전의 통계다. 그 후 정보는 날마다, 달마다, 해마다 폭발적으로 늘었다. 그러니 지금은 아마 상상을 불허할 것이다. 그리고 우리는 언제 어디서든지 그것들에 접속할 수 있다. 우리가 접속하지 않는다 해도, 그것들이 부단히 접속해온다.

그렇다고 해서 정보의 질이 좋아진 것도 아니다. 레비틴에 의하면, 우리는 날마다 사실인 척 우겨대며 머리를 들이미는 온갖 거짓 정보, 헛소리, 개소리 등에 공격을 받고 있다. 특히 "인터넷은 자기 몸을 자기가 스스로 챙겨야 했던 무법천지의 서부시대와 비슷하다."[11] 그래서 가짜뉴스 제작자, 사기꾼, 개소리꾼, 거짓말쟁이, 엉터리 물건 판매원들로부터 자신을 지키는 일은 이제 인터넷 사용자 각자의 몫이 되었다.

예전에는 정보의 진위를 증명하는 일은 기자, 신문사, 잡지사, 도서관 사서, 편집자, 출판사, 학자와 대학에서 책임지던 일이었다. 그리고 일단 이들의 검증을 거치고 나면 마음이 놓였다. 게다가 당시에는 오히려 사회 변두리의 의견이나 완전히 잘못된 견해는 물론이거니와 일부러 조작한 정보는 접하기가 힘들었다.

그러나 지금은 상황이 전혀 다르다. 우선 같은 사안을 두고도 수많은 의견들이 넘쳐나는 데다, 고의로 조작하거나 잘못된 의견들이 올바른 의견들보다 더 많다. 온갖 목적을 가진 인터넷 개인 편집자들, 가짜뉴스를 퍼트리고 개소리를 우겨대는 이데올로그들, 수수료만 내면 무엇이든지 실어주는 무료학술지들이 범람하면서 정보검열과 그에 대한 판단과 선택은 이제 온전히 개인의 몫이 됐다.

그 결과 정보를 검열하고 판단하는 일이 이제 개인의 뇌가 감당할 만한 한계를 훨씬 넘어서버렸다. 그래서 오늘날 우리가 잘못된 선택과 결정을 하거나 정작 중요한 결정을 내려야 할 때 무기력해질 수밖에 없다는 것이 레비틴의 설명이다. '인지 과부하 현상'이나 '선택장애'는 그것이 가져온 부작용일 뿐이다. 한마디로 이제 우리의 정신과 삶과 사회가 아우게이아스의 외양간이 되었다는 것이다. 자, 그럼 어떻게 해야 할까?

죽음을 향해 앞질러 달려감

•••

레비틴은《정리하는 뇌》에서 최근 놀랄 만한 발전을 보이고 있는 뇌신경과학, 인지심리학, 행동경제학 등 다양한 분야에서 얻은 최신 연구들을 토대로, 우리의 뇌에서부터 시작해서 가정, 비즈니스, 시간, 사회 및 인간관계를 체계적으로 정리할 수 있는 다양한 방법을 제시한다. 그중 우리의 이야기와 연관해 눈에 띄는 처방을 하나만 골라 소개하자면, '정보 폭격에 시달리는 뇌의 부담을 외부세계로 넘겨라!'라는 것이다.

요컨대 뇌에 본질적인 것만 남기고 부수적인 것은 제거하는 소크라테스 스타일 식의 뇌 청소를 하라는 것이다. 가장 고전적이고 간단한 방법은 비서를 두는 것이다. 또 자기가 해야 할 일 중 일부를 다른 동료나 직원에게 위임하는 것이다. 그럼으로써 자신만이 할 수 있는, 또 해야만 하는 중요한 일에 집중하라 한다. 그러나 누구나 비서를 두고 다른 사람에게 자기 일을 위임할 위치에 있는 것은 아니지 않은가.

레비틴은 소니, 애플, 미 해군 등을 상대로 인지과학적 경영자문을 해왔고, 스티비 원더, 스팅 등 세계적 음악가들의 음반제작자로도 활동해왔다. 폭넓은 경험 덕에 그가 알아낸 것이 있다. "자기 전공 분야에서 최고의 자리에 오른 사람들, 특히나 창의력과 효율성이 뛰어난 것으로 알려진 사람들은 뇌 바깥의 주의 시스템과 기억 시스템을 최대한 활용한다"는 사실이다. 그중에는 '과감하게' 그러나 '저차원적인 기술을 활용해' 모든 것을 철두철미하게 관리하는 사람들이 놀라울 정도로 많다고 한다. "첨단기술 분야에 종사하는 사람도 예외는 아니다"[12]라며 그는 해결책을 제시했는데, 알고 보면 그것은 그리 대단한 게 아니다. 오히려 매우 평범하다.

레비틴이 "뇌 바깥의 주의 시스템과 기억 시스템"이라고 부르는 "저차원적인 기술"이란 펜과 메모지를 가지고 다니면서 손으로 직접 메모하는 것이다. 그는 《끝도 없는 일 깔끔하게 해치우기》의 저자 데이비드 앨런David Allen은 이런 종류의 메모를 '마음 청소하기clearing the mind'라고 불렀다면서, 다음과 같은 설명을 덧붙였다.

> 당신이 프로젝트에 집중하면 몽상의 악마가 당신 삶에 있었던 온갖 것을 떠올리게 해 당신의 정신을 산만하게 만든다. 과제 부정적 네트워크는 워낙 강력하기 때문에 당신이 어떻게든 그 생각을 처리하지 않으면 그 생각들은 계속해서 당신의 머릿속을 휘저을 것이다. 글로 적음으로써 그런 생각들을 머릿속에서 몰아낼 수 있다. 자기가 원하는 일에 집중하지 못하게 방해하는 잡음을 깨끗이 청소해내는 것이다.[13]

레비틴은 이어서 앨런의 이런 말도 소개했다. "해야 할 일을 머릿속에만 저장하고 있으면 나의 일부는 그 일에 주의를 기울여야 한다는 생각을 멈추지 못하기 때문에 태생적으로 스트레스를 유발하는 비생산적인 상황이 만들어지고 만다."

우리는 여기서 잠깐 앞에서 켄 시걸이 제품의 다양화가 회사와 고객에게 어떤 스트레스와 비생산적 상황을 만드는가에 대해 설명한 일을 상기해야 할 필요가 있다. 또 이오니아가 대학 구내서점에서 한 시간째 펜과 연필을 골똘히 바라보고 정신이 나간 듯이 멍하니 서 있었던 일도 다시 떠올려 곰곰이 생각해보아야 한다. 왜냐하면 우리의 뇌 속에서 일어나는 일은 우리의 삶에서, 가정에서, 회사에서, 사회에서 그대로 일어나기 때문이다.

이 점에서 보면, 시걸이 '심플'이라 이름 붙였고, 잡스가 "수많은 것들에 '아니오'라고 말하는 것, 그것이 혁신입니다"라고 표현한 그의 경영 방식은 뇌신경과학적으로나 행동심리학적으로 매우 우수하다고 평가할 수 있다. 그렇다. 잡스 스타일, 그러니까 소크라테스 스타일은 뇌신경과학적으로든 행동심리학적으로든 매우 우수하며, 때문에 우리의 정신에서, 삶에서, 가정에서, 회사에서, 사회에서 창의적이고 생산적인 결과를 가져올 수 있다. 우리는 그것을 2부 소크라테스 스타일 이팩트에서 하나씩 확인해왔다. 그런데 잡스는 그것을 아마 본능적으로 알아차렸을 것이다. 그래서 그는 사유에서뿐 아니라, 회사 경영에서도 그리고 자신의 삶에서도 소크라테스 스타일을 따랐다.

전기 전문작가로 세계적인 명성을 얻은 월터 아이작슨Walter Isaacson이 잡스가 세상을 떠난 2011년에 그의 전기 《스티브 잡스》를 냈다. 이 책에는 다음과 같은 구절이 들어 있다.

잡스는 최소한의 필수품을 제외하고는 우드사이드 저택에 가구를 들이지 않았다. 침실에는 옷장과 매트리스, 식당으로 쓰는 공간에는 카드놀이용 테이블과 몇 개의 접이의자가 전부였다. 그는 주변에 자신이 감탄할 수 있는 것들만 놓기를 원했고, 그래서 그저 나가서 많은 가구를 사들이는 일 자체가 힘에 겨웠다. 하지만 이제 아내와, 그리고 곧 태어날 아이와 함께 평범한 동네에 살게 된 그는 양보를 해야 하는 상황에 처했다. 쉽지는 않았다. 그들은 침대와 옷장, 그리고 거실에 놓을 스테레오 시스템을 구입했지만, 소파와 같은 가구들을 사들이는 데는 훨씬 더 긴 시간이 걸렸다. "우리는 사실상 8년 동안 가구를 구입하는 문제에 대해 토론을 한 셈이에요." 파월이 회상했다. "우리는 반복해서 우리 자신에게 물었죠. 소파의 목적은 과연 무엇인가." 가전제품을 사는 것도 단순한 충동구매가 아니라 하나의 철학적인 과업이었다.[14]

우리는 여기서 잡스가 마치 비트겐슈타인이 그랬던 것처럼 소크라테스 스타일을 자신의 삶의 방식으로서 받아들이려고 애썼던 것을 알 수 있다. 물론 그는 비트겐슈타인과 같은 정도의 금욕과 가난을 실행하지는 않았다. 하지만 은둔형 학자로 살았던 비트겐슈타인과는 달리 세계적인 기업의 최고경영자이자 가정을 가진 사람이 소파 하나를 살 때조차 "소파의 목적은 과연 무엇인가"에 대해 반복해서 물었다는 말은 새겨들을 필요가 있다.

우리는 잡스가 "소크라테스하고 한나절을 보낼 수 있다면 애플이 가진 모든 기술을 주겠다"고 했을 정도로 인문학에 관심이 깊었다는 것은 익히 들어 알고 있다. 그러나 그가 인문학적 지식을 진정 얼마나 갖고 있었는지에 대해서는 아는 바가 없다. 그런데 2005년 6월 12일, 미국 스탠퍼드대학교 졸업식에서 잡스가 한 축사의 한 부분과 독일의 철학자 마르틴 하이데거의《존재와 시간》에 들어 있는 한 구절을 나란히 놓고 보면 매우 흥미로운 사실을 알 수 있다. 각각에는 다음과 같은 말들이 들어 있다.

> 저는 그 후 33년 동안 매일 아침 거울을 보면서 나 자신에게 묻곤 했습니다. "오늘이 내 인생의 마지막 날이라면, 오늘 내가 하려고 하는 일을 할 것인가?"라고 말입니다. "아니오"라는 대답이 여러 날 계속해서 나오게 되면 다른 일을 할 필요가 있는 것입니다. 곧 죽을지도 모른다는 사실을 기억하는 것이 인생의 중요한 순간마다 저에게는 커다란 도움이 되었습니다. 왜냐하면, 죽음 앞에서는 거의 모든 것—즉 외부의 기대나 우월감, 낭패나 실패에 대한 두려움 등—이 사라지고 오직 진실로 중요한 것만 남기 때문입니다.

> 죽음을 향해 앞질러 달려감das Vorlaufen zum Tode은 비본래적 존재에서처럼 (죽음의) 넘어설 수 없음을 은폐하는 것이 아니라 오히려 그로부터 자유로워지는 것이다. 자신의 죽음을 향해 미리 달려가면서 그것으로부터 자유스러워질 때에만이 우연히 들이닥치는 여러 가능성 속에서 자기를 상실하는 것으로부터 벗어나게 할 수 있다. 그리하여 넘어설 수 없는 최후의 가능성 앞에 있는 여러 현실적 가능성들을 이해하고 선택하게 된다. 이 앞질러 달려감이 실존의 극단적 가능성으로의 자신의 과제를 열어 보이며, 그때그때에 이미 실현된 실존으로 굳어버린 모든 태도를 부숴버린다.[15]

어떤가? 당신이 보기에는 두 글의 내용이 서로 다른가? 아마 아닐 것이다. 두 글은 같은 내용을 담고 있다. 나는 잡스가 하이데거의 글을 어디에선가 직접 읽었거나, 아니면 누군가에게서 그 내용을 들었으리라 생각한다. 하지만 그가 열일곱 살 때 "하루하루를 인생의 마지막 날인 것처럼 산다면, 언젠가는 틀림없이 올바른 곳에 있을 것이다"라는 글을 읽고 감명을 받았다고 술회한 것으로 보면, 어쩌면 우연의 일치일 수도 있다.

연유야 어찌되었건, 관건은 하이데거가 '실존의 방법'으로 제시한 "죽음을 향해 앞질러 달려감"이라는 사유방식을 잡스가 이미 실천하고 있었다는 것이다. 그리고 그것의 핵심이 사유와 삶의 본질에 도달하기 위해서는 부수적인 것들을 제거해야 한다는 소크라테스 스타일이라는 사실이다. 따져보면 "죽음을 향해 앞질러 달려감"이란—성 안토니우스나 성 시므온 같은 은둔수도사들이 감행한 자기 부정 내지 키르케고르의 "무한한 자기 체념"과 마찬가지로—우리가 사유와 삶에 소크라테스 스타일을 단호히 받아들이기 위해 해야 하는 하나의 사고실험이기 때문이다.

네모난 구멍에 낀 둥근 못들

• • •

12장 '키르케고르—실존'에서 살펴보았듯이, 실존한다는 것은 빼기를 한다는 것이다. 자신의 삶에서 모든 부차적인 것들을 하나씩 제거함으로써 본질에 다가가는 부단한 빼기가 곧 실존의 방식이다. 잡스는 매일 아침 거울을 보면서 죽음을 향해 앞질러 달려감으로써 실존의 극단적 가능성으로의 자신의 과제를 열어 보고, 그때마다 이미 실현된 실존으로 굳어버린 모든 태도를 부숴버리는 데 최선을 다했다.

그가 어떤 소비자도 보지 않을 매킨토시 내부 깊숙한 곳에 들어갈 인쇄 회로 기판에 전선이 여럿 붙어 있다고 해서 모두 없애버리게 한 일이나, 애플 II의 플라스틱 케이스 색깔을 결정하기 위해 색상 전문 업체인 팬톤사가 보여준 2,000가지의 베이지색을 거부하고 다른 베이지색을 원했다는 일화 등에서 볼 수 있듯이, 잡스는 자기가 하는 일에 남다른 정직성, 엄격성, 치밀성을 지니고 있었다. 그것이 죽음을 향해 앞질러 달려감으로써, 부단한 빼기를 감행함으로써 획득한 그의 실존이었다. 때문에 그것은 이윤을 내고자 하는 기업가의 본능과는 전혀 무관했다.

아이작슨에 의하면, 매킨토시 출시 및 마케팅 계획을 세우는 과정에서 실무자들이 맥 가격을 500달러 더 올릴 필요가 있다는 의견을 제시했을 때 잡스는 강하게 반대하며 이렇게 말했다. "그러면 우리가 지향하던 신념이 완전히 깨집니다. 나는 맥으로 이윤을 짜내고 싶은 게 아니라 혁명적인 제품을 선보이고 싶은 거라고요."[16] 잡스와 함께 일한 사람들은 그가 "경쟁에서 이기거나 돈을 많이 버는 게 목표"였던 적은 한 번도 없고, "가능한 한 가장 위대한 일을 하는 것, 혹은 거기서 한 발자국 더 나아가는 것이 목표"[17]였다고 증언했다. 1983년 잡스가 훗날 "독이 든 사과"가 된 존 스컬리John Sculley° 당시 펩시콜라 회

° 잡스가 1983년 애플의 3대 CEO로 영입했으나, 이후 잡스를 애플에서 밀어내는 데 결정적인 역할을 했다. 펩시콜라의 CEO로 코카콜라와의 경쟁에서 성과를 거두었지만, 하이테크 시장에 대한 분석 실패로 애플의 실적 부진을 가져와 1993년 사임했다.

장을 영입할 때 "당신은 남은 인생을 설탕물이나 팔면서 보낼 것인가, 아니면 나와 함께 세상을 바꿔볼 것인가"라고 물었던 것도 그래서다.

그렇다, 바로 이것이다. 우리가 지금까지 살펴보며 확인했듯이, 바로 이것이 소크라테스 스타일을 자신의 사유 또는 삶의 방식으로 받아들인 사람들이 가진 공통된 특성이다. 그들은 자기가 하는 일을 통해 인간과 세상을 바꾸고자 했다. 시걸은 "잡스가 거둔 최대의 업적은 맥이나, 아이팟, 아이폰, 아이패드가 아니다. 그는 일찍이 누구도 생각하지 못한 무언가를 성취했다. 그것은 바로 단순함의 기념비다. (…) 복잡함이 곳곳에 도사리는 이 세상에서도 단순함을 지향하는 사람들은 분명 남들과 다른 열매를 맺게 될 것이다, 단순함을 위하여!"라는 말로《미친듯이 심플》을 끝냈다. 스티브 잡스는 켄 시걸이 말하는 '심플'—내가 말하는 소크라테스 스타일—로 세상을 바꾸었다.

정리하자. 우리가 사유에서든, 삶에서든, 가정에서든, 회사에서든, 사회에서든 소크라테스 스타일을 받아들이고 견지한다는 것은 결코 쉬운 일이 아니다. 소크라테스와 열한 개의 에피소드에서 소개한 사람들—디오게네스, 세네카, 성 시므온과 성 안토니우스 그리고 위-디오니시우스, 미켈란젤로와 칸딘스키, 몬드리안을 비롯한 추상화가들, 키르케고르, 쇤베르크, 비트겐슈타인, 포퍼, 소로, 바디우와 지젝 그리고 잡스 등—은 자신이 하는 일에 대한 극도의 열정과 정직성, 치밀성, 엄격성을 갖고 있었을 뿐 아니라, 지칠 줄 모르는 인내심과 지속성도 견지했다. 그들은 또한 기존의 사회적 통념, 제도, 가치관을 부정하고, 심지어는 자기 자신마저도 부정하는 우상숭배금지nec idololatriam 계명을 엄수했다. 최고의 자기 부정에 의해서 최상의 자기 긍정에 이르는 종교성을 보유했고, 거기에다 인간과 세상을 바꾸려는 고결함도 함께 갖고 있었다. 사실상 이것들은 소크라테스가 평생 유지했던 미덕이기도 하다.

1997년 스티브 잡스가 애플에 복귀한 후 펼쳤던 첫 번째 광고 캠페인이 '다르게 생각하라Think Different'였다. 이 캠페인을 위해 켄 시걸과 그의 팀이 제작한 텔레비전 광고 제목이 "미치광이들"이었는데, 시걸에 의하면 광고팀에서는 이 광고에 들어가는 대사를 '진심을 다해' 읽을 수 있는 사람은 잡스밖에 없다고 생각했다. 그래서 잡스를 어렵게 설득해 녹음까지 했음에도 불구하고, 그의 강한 반대에 부딪혀 잡스의 목소리는 결국 방송을 타지는 못했다. 하지만 잡스는 그 광고 대사에 강한 애정을 보여 그것을 작성하는 데 참여하기도 했다. 시걸은 그 광고 대사가 '애플의 철학'이자 '잡스 자신'이었다고 회상했다. 그런데 나는 그것이 소크라테스 스타일을 자신의 사유와 삶에 받아들인 사람들의 모습을 그렸다고 생각한다. 그래서 다음과 같이 옮기면서 글을 마치고자 한다.

> 미치광이들을 위하여 / 부적응자들 / 반항아들 / 사고뭉치들 / 네모난 구멍에 낀 둥근 못들 / 세상을 다르게 바라보는 사람들 / 그들은 규칙을 좋아하지 않습니다. / 그리고 현실에 안주하지도 않습니다. / 당신은 그들을 인용할 수도 / 그들과 뜻이 다를 수도 / 그들을 찬양하거나 비난할 수도 있습니다. / 당신이 하지 말아야 할 한 가지가 있다면 그들을 무시하는 것입니다. / 왜냐하면 그들이 세상을 바꾸기 때문입니다. / 그들은 인류가 전진하도록 복돋웁니다. / 어떤 이들은 그들을 미치광이라고 생

각하겠지만 / 우리는 그들을 천재로 여깁니다. / 세상을 바꿀 수 있다고 생각할 만큼 / 정신 나간 사람들이기에… / 그들만이 세상을 바꿀 수 있습니다.[18]

소크라테스 스타일이 뉴노멀이다

빼기를 학습해야 할 시대,
빼기를 행동해야 할 시대가 왔다.

> 공포는 어디에나 새어든다. 우리의 가정에, 전 세계에, 구석구석마다, 틈마다, 흠마다 스며든다. 공포는 어두운 거리에도 있고, 반대로 밝게 빛나는 텔레비전 화면 안에도 있다. 침실에도 있고, 부엌에도 있다. 우리의 일터에는 공포가 기다리고, 그곳을 오가기 위한 지하철에도 공포가 도사린다. 우리가 만나는 사람들, 혹은 누군지 알지 못하는 사람들에게도, 우리가 소화하는 것들, 그리고 우리가 접촉하는 것들에도 공포가 숨어 있다.[1]

이 글은 2017년에 세상을 떠난 폴란드 출신 사회학자 지그문트 바우만Zygmunt Baumann, 1925~2017이 《유동하는 공포》에서 근대적 이성이 만들어냈음에도 근대적 이성으로는 예측할 수도 통제할 수도 없는 위험과 공포에 대해 묘사한 것이다.

100년 가까이 살면서 근대 사회를 면밀히 성찰한 바우만은 오늘날 우리의 삶과 사회에 유령처럼 떠다니고 안개처럼 스며드는 위험과 공포를 각각 '유동하는 위험liquid risk', '유동하는 공포liquid fear'라고 규정했다. 나는 코로나바이러스감염증-19 팬데믹 속에서 이 예지적 사회학자가 규정한 위험과 공포와 함께 이 책을 썼다. 그리고 마침내, '빼기를 학습해야 할 시대, 빼기를 행동해야 할 시대가 왔다. 이제 소크라테스 스타일이 뉴노멀이다'라는 강박과 더불어 이 책을 마치고자 한다.

1

•••

안개 같은 위험, 유령 같은 공포가 지금 세계를 떠돌고 있다. 2019년 12월 30일, 중국 보건당국은 우한武漢에서 원인 불명의 집단폐렴이 발생했다고 세계보건당국WHO에 보고했다. 토머스 프리드먼Thomas Friedman—그는 퓰리처상을 수상한 미국의 저명한 언론인이자 베스트셀러 《세계는 평평하다》의 작가이기도 하다—의 "세계는 코로나 이전BC: Before Corona과 코로나 이후AC: After Corona로 나뉠 것이다"라는 말이 액면대로 맞아떨어진다면, 이날은 세계사에 지워지지 않을 기록이 될 것이다.

WHO는 2020년 2월 11일, 원인 불명의 이 질병에 코로나바이러스감염증-19COVID-19라고 이름 붙였고, 3월 12일에는 팬데믹을 선언했다. 2020년 한 해 동안 미국에서만 사망자가 30만 명을 훌쩍 넘겼는데, 이 숫자는 제2차 세계대전(1939~1945)에서 사망한 미군 병사의 수

(29만 1,557명)보다도 많다. 또 2021년 6월까지 전 세계에서 1억 8천만 명이 넘는 사람들이 감염되었고 4백만 가까운 생명이 목숨을 잃었는데, 사스SARS로 인한 전 세계 사망자가 774명, 메르스MERS로 인한 사망자가 858명, 에볼라Ebola로 인한 사망자가 1만 1,325명인 것을 감안하면, 그 심각성이 확연히 드러난다. 문제는 이 재난이 아직 끝나지 않고 여전히 진행 중이라는 데 있다.

그나마 다행인 것은 세계 10여 개 제약사가 백신 개발에 돌입해, 2020년 11월 18일 미국의 제약회사 화이자가, 11월 30일에는 모더나가 백신 개발에 성공했다는 점이었다. 인류가 마침내 이 바이러스에 대한 반격을 시작한 것이다. 이후 신속한 백신 접종과 함께 이스라엘과 영국, 미국을 비롯한 일부 나라에서 감염자수와 사망자수가 현격하게 줄어드는 긍적적 효과도 나타나고 있다. 그러나 코로나바이러스도 가만히 앉아 보고만 있지는 않았다. 마치 기다리기나 했다는 듯이 변이를 일으켜 70퍼센트나 더 강한 감염력으로 재공격에 나섰다. 영국과 남아프리카공화국, 브라질 그리고 인도 등에서 발견된 변종 코로나바이러스가 2021년 6월 현재에도 전 세계로 빠르게 퍼져나가고 있다.

우리는 마주하고 있는 사태를 정확히 파악해야 한다. 우선 코로나바이러스감염증-19의 정확한 생성 원인을 우리는 아직 모른다. 다만 추정할 뿐이다. 대부분의 학자들은 바이러스성 전염병 팬데믹의 발생 원인으로 세 가지를 꼽는다. 1) 하나는 인류가 숲을 베고 늪을 메꾸며 야생 동물의 서식지를 침범하기 때문에, 잠들어 있던 병원균의 유전자 재조합이 일어난다는 것이다. 2) 다른 하나는 거대 농축산기업이 단일한 품종을 공장식으로 생산하기 때문에, 작물과 가축의 면역력이 약해진다는 것이다. 3) 세계화로 인해 인적·물적 자원의 이동이 빈번해졌다는 것이다.

그 결과 유전자 재조합으로 생성된 바이러스들이 면역력이 약한 농축산물을 먼저 감염시키고, 그다음 농장의 노동자를 감염시킨다. 이렇게 발생한 고병원성 전염병이 날마다 수백수천 번씩 바다와 하늘을 오가는 배와 비행기를 타고, 농축산물의 유통경로를 따라 또한 감염자의 이동경로를 따라 전 세계로 퍼진다. "세계화가 낳은 인류의 단일화란 근본적으로 달아날 곳이 아무 데도 없다는 뜻"[2]이라는 바우만의 경고가 현실화한 것이다. 전문가들은 코로나바이러스감염증-19 팬데믹의 발생과 전파경로도 이와 크게 다르지 않다고 진단한다.

화이자를 선두로 각 제약사에서 개발되고 있는 백신들이 변종 코로나바이러스들에 얼마나 효과가 있을지에 대해서는 아직 의견이 분분하다. 당신이 이 글을 읽을 때 즈음에는 다행히도 효과가 충분하다는 것이 증명되고, 또 시간이 걸리더라도 우리가 이번 팬데믹을 결국 극복해내기를 바란다. 우리는 분명 이 질병에 대해 아직도 아는 것이 그리 많지 않고 대응방법 역시 미숙하다. 하지만 크리스토퍼 놀란Christopher Nolan 감독의 영화 〈인터스텔라〉(2014)의 광고문처럼, "우리는 길을 찾을 것이다. 언제나 그랬듯이We will find a way. We always have."

그러나 문제는 이번 팬데믹이 끝이 아니라는 데 있다. 전염병 전문가들은 설사 백신이 변종 코로나바이러스들 모두에 효과를 나타낸다고 해도, 4~5년을 주기로 또 다른 바이러스들이 공격해 올 것으로 예상한다. 최근에 발표된 세계경제포럼WEF: World Economic Forum의 자료에 의하면, 바이러스 감염증은 세계화, 도시화 및 지구온난화와 손잡고 그보다 더 짧은 주기로 우리를 공격해 올 것으로 예측된다. 언젠가 코로나바이러스-19보다 치사율이 높고 감염력이 강한 바이러스가 공격해 온다면, 또는 녹아내리는 빙하 속에서 수백만 년 동안 갇혀 있어 존재도 몰랐던 박테리아와 바이러스들이 출현한다면 세상은 그야말로 지옥문이 열린 것이나 다름없이 변할 것이다. 이 말은 성공적인 백신과 치료제 개발 같은 일시적인 처방만으로는 팬데믹을 막을 수 없다는 것을 뜻한다.

2021년 3월 6일자 모 일간지의 보도에 의하면,[3] 팬데믹 연구의 세계적 권위자인 조나 마제트Jonna Mazet 미 UC데이비스 감염병학 교수는 "사람과 동물이 모두 걸릴 수 있는 인수공통감염zoonotic 바이러스는 학자에 따라 다르게 추산하지만, 나는 50만 종으로 본다"며 "이 중 우리 연구팀이 밝혀낸 것은 0.2%에 불과하다"고 진술했다. 그리고 "사회적 거리두기와 경제 봉쇄, 마스크 착용 일반화, 각종 백신 보급과 치료제 개발은 분명 의미 있는 성과다. 그러나 빈발하는 바이러스성 감염병 속에서 그것은 상처에 밴드를 붙이는 수준에 불과하다"라고 경고했다. 이어서 "또 다른 바이러스 감염병은 그것이 오느냐 마느냐의 문제를 넘어 언제 어디서 터지느냐의 문제"라고 단언했다.

지구온난화에 주목하는 생태학자들의 전망은 더욱 비관적이다. 16장 '소로—불복종'에서 살펴보았듯이 각계 전문가들에 의하면, 만일 우리가 지금처럼 산다면 2050년이면 기후변화로 인한 폭염, 한파, 산불, 태풍, 해일, 해수면 상승, 물 부족, 식량 고갈, 그리고 전염병 창궐로 지구는 거주불능 지역으로 변해갈 것이다. 그리고 인류는 금세기 안에 여섯 번째 대멸종의 희생물이 될지도 모른다. 그렇다면 지금 우리가 겪고 있는 코로나 사태는 다가오고 있는 대재앙의 티저 예고편에 불과할 것이다. 만일 누군가가 이 이야기를 듣고 하늘이 무너질까 침식을 잊고 걱정했다는 기杞나라의 어떤 사람의 우화를 떠올린다면, 그 사람은 지금 세상이 어떻게 돌아가고 있는지를 전혀 모르고 있음이 분명하다.

학자들의 분석에 의하면, 지금 우리가 처한 상황은 '노아의 홍수'가 이미 시작했는데도 방주는 아직 시공조차 되어 있지 않은 것과 다름없다. 그런 가운데 2015년 6월 18일에—이때는 파리기후변화협약이 체결되기 5개월 전이다—프란치스코 교황이 기후변화와 생태계 파괴를 미리 막자면서 총 6장 246항, 181쪽 분량의 회칙 〈찬미받으소서Laudato si〉를 발표한 것은 여러모로 의미가 심장하다. 부제가 '공동의 집을 돌보는 것에 관한 회칙'인데, 회칙을 발표하며 교황은 "기후변화가 강제 이주의 위기를 악화시키고 있다. 세상의 가난한 자들은 기후변화에 책임이 거의 없지만 기후변화의 영향을 가장 크게 받는다"라며 "가난한 사람과 지구의 울음소리에 동시에 귀를 기울여야 한다"고 강조했다. 교황은 "신은 항상 용서하고 인간은 때로 용서하지만 자연은 결코 용서하지 않는다"라는 경고도 던졌다.

전문가들은 지금이 역사를 통틀어 방주를 짓기 위해 우리에게 주어진 '마지막 기회'라는 것에는 의심의 여지가 없다고 입을 모은다. 2015년 체결된 파리기후변화협약이 2021년 1월 1일부터 실행되기 때문이다. 이 협약의 이행을 추진하기 위해 2017년 설립된 '글로벌 옵티미즘Global Optimism'의 공동 대표인 크리스티아나 피게레스Christiana Figueres와 톰 리빗카낵Tom Rivett-Carnac은 "앞으로 10년이 결정적인 시기다"라고 못 박았다. 이어서 "지금부터 2030년까지 온실가스의 배출량을 얼마나 줄이느냐가 앞으로 수천 년까지는 아니더라도 수백 년간 지구에서 우리의 삶을 좌우한다고 해도 과언이 아니다"라고 단언했다. 파국을 막을 시간이 이제 딱 10년 남았다는 뜻이다.

2

...

스탠퍼드대학교와 프랑스 폴리테크니크대학교Ecole polytechnique에서 사회 및 정치철학과 과학기술윤리를 강의하며, 오랫동안 원전사고, 사이클론, 해일, 지진과 같은 재난들을 철학적 테마로 다뤄온 프랑스 철학자가 있다. 장 피에르 뒤퓌Jean-Pierre Dupuy인데, 그는 예측할 수 없고 통제할 수 없는 글로벌 위험에 대비해서 우리가 행동할 수 있는 유일한 시간을 '기획의 시간temps du projet'이라고 이름 붙였다. 기획의 시간이란 "만약 우리가 이것을 했었다면 지금 우리 속에 있는 재앙은 일어나지 않았을 것이다"라는 식으로 미래로 먼저 뛰어가 지금을 돌아보며 지금 마땅히 했어야 할 그 행위를 오늘에 실행하는 시간이다. 즉, 앞으로 10년이 다가오고 있는 기후변화가 일으킬 재앙들에 대한 예견을 현재의 사고와 행위의 기준으로 삼을 수 있는 기획의 시간이다.

그렇다면 이제 우리는 무엇을 어떻게 기획해야 할까? 그것은 예견된 재앙의 원인이 무엇인가에 달려 있을 것이다. 이에 대한 전문가들의 의견은 분분하지만, 결론은 하나로 모아진다. 코로나 사태를 비롯해 기후변화로 인한 재앙들은 그저 주어진 것이 아니라는 것이다. 16장 '소로—불복종'에서 이미 살펴보았듯이, 모든 재앙은 우리의 과도한 자원과 에너지 소비에 의한 환경오염, 무분별한 개발에 의한 생태계 파괴가 불러온 것이다. 다시 말해 그것은 근대 이후 우리가 만들어온 세상, 특히 지난 50년 동안 진행된 세계화와 후기자본주의 그리고 소비물질주의가 주도해온 탐욕적 생활방식과 착취적 경제 체제에서 기인한 것이다.

현대 철학자들 가운데 당면한 사회적 문제에 누구보다도 활발히 의견을 개진해온 지젝이 《팬데믹 패닉》에서 이 같은 정황을 다음과 같이 풍자적으로 그리고 간단히 묘사했다.

> 자연이 바이러스로 우리를 공격하는 것은 어떤 면에서 우리에게 우리 자신의 메시지를 돌려주는 일이란 사실이다. 그 메시지는 이렇다. 네가 나에게 했던 짓을 내가 지금 너에게 하고 있다.[4]

그래서 나온 조너선 사프란 포어의 말이 "우리가 홍수이고 방주다"[5]이다. 재앙을 일으킨 원인이 우리에게 있고, 대책을 마련할 책임도 우리에게 있다는 뜻이다. 따라서 오늘날 범세계적으로 가장 뜨거운 이슈 가운데 하나는 '어떻게 해야 우리가 인류와 지구를 구할 방주를 지을 수 있을 것인가'이다. 다양한 의견이 있지만, 각계의 학자와 전문가들은 무엇보다 먼저 글로벌 연대를 해법으로 꼽는다.

코로나 사태를 통해 우리가 경험하고 있듯이, 지구온난화가 가져올 극단적인 폭염, 홍수와 산불, 물 부족, 식량 고갈, 대량 이주 그리고 팬데믹 같은 재난들은 개인이나 단일 국가의 차원에서는 해결할 수 없는 정치·경제·사회적 문제다. 그것은 일찍이 독일의 사회학자 울리히 벡Ulrich Beck, 1944~2015이 예고한, 이른바 글로벌 위험global risk이다. 때문에 그것을 극복하기 위해서는 글로벌 연대가 필수적이라는 것이다. 당연한 이야기가 아닌가? 요컨대 우리 모두가 같은 배에 올라탔으니, 살아남으려거든 서로 협력해야 한다는 각성에서 나온 주장이다.

그들 가운데 눈길을 끄는 것은, 지젝이 우리가 구축해야 하는 방주를 '새로운 형태의 공산주의'라고 부른다는 것이다. 《팬데믹 패닉》에서 지젝은 코로나바이러스가 전 세계적으로 퍼지고 있기에, 시장 메커니즘이 혼란과 물자부족을 막기에는 역부족이라는 것을 깨닫고, 국가가 적극적인 역할을 떠맡아야 한다고 역설한다. 예컨대 마스크, 진단키트, 산소호흡기, 백신과 치료제의 생산과 공급같이 긴급하고 긴요한 물품들의 독점을 방지하고, 실직한 모든 사람의 최소한의 생존을 보장하는 등의 정책을 범국가적으로 또 초국가적으로 실행하는 조치들을 취해야 한다는 것이다. "우리 대다수에게 공산주의적으로" 보이는 발상이지만, 그는 "우리가 필요로 하는 새로운 질서를 뭐라고 부를지는 전혀 중요하지 않다" 한다. 그리고 글로벌 연대를 기반으로 하는 초국가적 협력 시스템—이것을 지젝은 "전 지구적 나눔과 협력이 바탕이 되는 새로운 국제주의"[6]라고 부른다—을 구축하는 정치혁명과 철학혁명의 절박함을 강조한다.

'글로벌 옵티미즘'의 피게레스와 리빗카낵도 우리는 모두 한배에 올라탔고, 때문에 연대가 필수적이라는 데는 이견이 없다. 두 사람은 《한배를 탄 지구인을 위한 가이드》에서 "이제 세계인은 한배에 탔다는 인식을 확실히 하고 있다. 한 나라에 재해가 일어나면 다른 나라에도 몇 년 안에 일어날 가능성이 크다"[7]는 것을 강조한다. 하지만 파리협약 이행을 추진하는 등 현장에서 일하는 만큼, 이들이 제시하는 해결책은—지젝의 그것처럼 정치적이고 이념적인 글로벌 연대가 아니라—실용적이고 구체적인 실천방안의 연대다.

두 저자는 앞으로 10년 동안 지구촌에 사는 우리 모두가 직접 실행해야 할 10가지 행동을 낱낱이 그리고 상세하게 제시했다. 책의 말미에는 우리가 '바로 지금' 해야 할 일, '오늘 또는 내일' 해야 할 일, '이번 주', '이번 달', '올해' 해야 할 일, 그리고 '2030년까지', '2050년까지' 해야 할 일들을 하나하나 정리해 열거했다. 그렇게만 한다면, 우리 모두가 막막해 보이는 도전 앞에서 주저하지 않는다면, 낭떠러지 앞에서 과감히 방향을 튼다면, 각자의 책임을 무겁게 여기고 필요한 모든 일을 다 한다면, 우리는 살아남을 것이고 번영을 꽃피울 것이라는 희망적인 메시지도 첨부했다.

내게 인상적인 것은 지젝이 제안하는 정치혁명과 철학혁명도, 피게레스와 리빗카낵이 제시하는 10가지 행동지침도 우리가 '소로―불복종'에서 도달한 성찰에서 크게 벗어나지 않는다는 것이다. 그것은 내적으로는 안락과 사치 및 과시를 추구하는 인간의 원초적 욕망에 불복종하고, 외적으로는 소비물질주의를 강요하는 후기자본주의 체제의 부당한 요구에 불복종하자는 것이었다. 그럼으로써 우리 자신과 사회에 소크라테스 스타일 이팩트를 일으키자는 것이다. 그렇다, 이렇게 보든 저렇게 말하든, 좋든 싫든, 원하든 원하지 않든, 이제 소크라테스 스타일이 뉴노멀이다.

3

•••

로버트 저메키스Robert Zemeckis 감독이 1985년에 만든 공상과학영화 〈백 투 더 퓨처Back to the Future〉에는 미래는 스스로 개척해가는 것이라는, 때문에 우리는 매 순간마다 바람직한 미래를 창출하게끔 행동해야 한다는 메시지가 들어 있다. 그리고 그것은 "만약 우리가 이것을 했었다면 지금 우리 속에 있는 재앙은 일어나지 않았을 것이다"라는 뒤퓌의 '재앙의 형이상학Métaphysique de la catastrophe'과 맥이 닿아 있다. 뒤퓌가 "과거와 미래의 단합unit passé et futur"이라고도 표현한 '시간기획'이 모두 세 편으로 이뤄진 이 영화 시리즈를—또한 이후 제작된 수많은 공상과학영화들을—관통하는 메커니즘인데, 지금 우리에게 필요한 것이 바로 이 시간기획이다.

우리는 '아직 오지 않은 과거'와 '이미 와 있는 미래'가 구동하는 시간기획을 통해 소크라테스를 '지금 여기에' 화급히 불러내야 한다. 그것은 재앙을 '다가올 미래'로 판단하고 '지나간 과거'를 불러들여 뭔가를 배움으로써 낙관적으로 대처하기 위한 예방책이 아니다. 오히려 재앙을 '이미 와 있는 미래'로 판단하고 '아직 오지 않은 과거'를 불러들여 뭔가를 행동함으로써, 비관적으로 대처하기 위한 비상수단이다. 우리는 이제 '급박한' 과거와 미래의 단합을 통해, '비상한' 시간기획을 통해, 우리의 삶과 사고에, 국가와 국제 사회에 소크라테스 스타일 이팩트를 일으켜야 한다.

소크라테스 스타일이 시대적 요청이자 정언명령定言命令이다. 물론 이 요청, 이 명령에 부응하는 것이 쉬운 일은 아니다. 앞서 언급했듯이, 그것은 안락과 사치 및 과시를 추구하는 우리의 원초적 욕망을 부단히 극복하고, 소비물질주의를 강요하는 후기자본주의 체제의 부당한 요구에 과감히 저항해야 하는 일이다. 또한 편견과 이기심 그리고 자국우선주의를 뛰어넘어 글로벌 연대를 구축해야 하는 일이다. 온갖 개인적·사회적·국가적 장벽을 쓰러트려 다리로 만들어야 하는 일이다. 우리의 사고와 삶을 옥죄어온 무겁고 단단한 돌덩이들을 하나씩 부정하고 깨부수고 제거해야만 가능한 일이다. 때때로 불편하고 때로 고통스러울 수도 있는 일이다. 그러나 이것이, 오직 이것만이 우리와 우리의 아이들이 푸르고 아름다운 지구촌에서 살아남을 수 있는 유일한 길이다.

그렇다고 해서 오해는 말자! 그것이 전혀 낯설고 새로운 길은 아니다. 퇴보와 몰락의 길은 더욱 아니다. 오히려 인류가 언젠가는 마땅히 걸어야 할 진보와 등정의 길이다. 일찍이 디오티마가 소크라테스에게 알려준 '최고 비의'인 에로스의 사다리를 오르는 길이다. 소크라테스 이후 지난 2,400년 동안 아우게이아스의 외양간 같은 인간과 세상을 바꾸고자 했던 사람들이 부단히 걸으며 시대마다 새로운 역사를 열어온 길이다. 우리가 지양해야 할 습관과 관행, 제도들을 차례로 제거함으로써, 우리가 지향해야 할 습관과 관행, 제도들을 구축하는 길이다.

이제 우리도 이 길에 올라서자. 우리는 이미 2부 '소크라테스 스타일 이팩트'에서 이 길에서 우리가 무엇을 할 수 있는지, 다시 말해 소크라테스 스타일이 우리의 사유와 삶 그리고 세상을 어떻게 바꾸어 놓을 수 있는지를 다양한 사례를 통해 살펴보았다. 누구는 이 길에서 새로운 사상을 개발했고, 누구는 이 길에서 새로운 예술을 창조했으며, 또 누구는 이 길에서 새로운 삶을 열었고, 누구는 이 길에서 세상을 바꾸었다. 이 길 위에서 당신과 나도, 우리 사회와 문명도—이미 다가온 또 앞으로 다가올 온갖 위험과 재앙에도 불구하고—한걸음씩 앞으로 나아갈 수 있을 것이다.

주

머리말

1. 자크 데리다, 〈최근 철학에 제기된 묵시론적 목소리에 관하여〉(1985), 이진우 편, 《포스트모더니즘의 철학적 이해》, 서광사, 1991, 186쪽 참조.
2. 해리 프랭크퍼트, 이윤 옮김, 《개소리에 대하여》, 필로소픽, 2019(3쇄), 56~59쪽 참조.
3. 위고 메르시에·당 스페르베르, 최호영 옮김, 《이성의 진화》, 생각연구소, 2018, 25쪽.

프롤로그 아, 소크라테스

1. 조지 커퍼드, 김남두 옮김, 《소피스트 운동》, 아카넷, 2004, 50쪽 참조.
2. 백상현, 《나는 악령의 목소리를 듣는다—소크라테스, 철학적 욕망의 기원에 관하여》, 에디투스, 2018, 30쪽 참조.

1장 소크라테스 스타일이란 무엇인가

1. 코라 메이슨, 최명관 옮김, 《소크라테스》, 창, 2010, 42~43쪽.
2. 한나 아렌트, 김선욱 옮김, 《예루살렘의 아이히만》, 한길사, 2006, 391~392쪽.

2장 소크라테스 스타일 이팩트란 무엇인가

1. 가추법에 관한 자세한 이야기는 《생각의 시대》(김영사, 2020), 214~246쪽을 참조 바람.

2. 움베르토 에코 외, 김주환·한은경 옮김, 《논리와 추리의 기호학》, 인간사랑, 1994, 68쪽.
3. 칼 포퍼, 박영태 옮김, 《더 나은 세상을 찾아서》, 문예출판사, 2008, 69~70쪽 참조.
4. 같은 책, 72쪽 참조.
5. 같은 책, 82~86 참조.
6. Karl Popper, *Das Elend des Historizismus*(역사법칙주의의 빈곤), J. C. B. Mohr, 1974, p.9.
7. 칼 포퍼, 이한구 옮김, 《추측과 논박》 2권, 민음사, 2001, 227쪽.

3장 소크라테스 스타일은 어떻게 계승되었나

1. Hermann Diels, *Die Fragmente der Vorsokratiker* (Berlin: Weidmannsche Buchhandlung, 1903)을 상례에 따라 DK로 표기한다.
2. 마르틴 헹엘, 박정수 옮김, 《유대교와 헬레니즘》 1권, 나남, 2012, 363쪽.
3. 이에 대한 자세한 설명은 본인의 《신—인문학으로 읽는 하나님과 서양문명 이야기》(IVP, 2018), 404~408쪽을 참조 바람.
4. 같은 책, 156~162쪽을 참조 바람.
5. 제임스 D. G. 던, 박문재 옮김, 《바울 신학》, 크리스찬다이제스트, 2003, 99쪽 참조.
6. 파울 틸리히, 현영학 옮김, 《존재에의 용기》, 전망사, 1986, 17쪽.
7. 플라톤, 《필레보스》 24a 이하, 《향연》 211a~e, 《파이돈》 75b, 77a 등 참조.
8. 이에 대한 자세한 설명은 본인의 《신—인문학으로 읽는 하나님과 서양문명 이야기》, 139~142쪽을 참조 바람.

1부 소크라테스 스타일

1. 이에 대한 보다 자세한 내용은 《생각의 시대》 3부 3장 '로고스—문장' 중 247~269쪽을 참조 바람.
2. 아리스토텔레스, 《수사학》, 1.2.

4장 페리클레스 시대

1. 스티븐 존슨, 김한영 옮김, 《이머전스》, 김영사, 2004, 79~87쪽 참조.
2. 같은 책, 29~34쪽, 82쪽에서는 수확자개미(harvester ants)에 관한 같은 내용의 정보

를 참조할 수 있다.

3. 같은 책, 235~237쪽 참조.
4. 조지 커퍼드, 《소피스트 운동》, 43쪽.
5. 같은 책, 46쪽. 괄호 안 '예컨대'는 본인이 추가해 넣었음.
6. 같은 책, 31~32쪽 참조.
7. 앙드레 보나르, 김희균 옮김, 《그리스인 이야기》 1권, 책과함께, 2011, 235쪽.
8. 페리클레스, 김헌 옮김, 〈위대한 시민을 위하여〉, 《그리스의 위대한 연설》, 민음사, 2015, 45쪽.
9. 플루타르코스, 박현태 옮김, 《플루타르코스 영웅전》 1권, 동서문화사, 2016, 314쪽.
10. 조지 커퍼드, 《소피스트 운동》, 37쪽.
11. 같은 책, 34쪽에서 재인용.
12. 새뮤얼 노아 크레이머, 박성식 옮김, 《역사는 수메르에서 시작되었다》, 가람기획, 2007, 347쪽.
13. 같은 책, 300~301쪽.
14. 이에 대한 자세한 내용은 《생각의 시대》 401~410쪽, '역사를 움직인 두 연설'을 참조 바람.
15. 롤랑 바르트, 〈옛날의 수사학〉, 김현 편, 《수사학》, 문학과지성사, 1998, 21쪽.
16. 예증법, 생략삼단논법, 대증식, 연쇄삼단논법은 대표적인 논증적 수사다. 이에 대한 자세한 내용은 《생각의 시대》의 416~445쪽을 참조해 익혀 유용하게 사용하길 바란다.

5장 프로타고라스의 이중 논변

1. 조지 커퍼드, 《소피스트 운동》, 92쪽 참조.
2. 같은 책, 140~143쪽 참조.
3. 같은 책, 55쪽 참조. 이 같은 내용은 아리스토텔레스 자신의 초기 수사학 편람 모음집인 《기술 모음집》에 실려 있는데 유실되었다. 오늘날에는 그 내용을 키케로의 《브루투스(Brutus)》(46~47)에서 확인할 수 있다.
4. 조지 커퍼드, 《소피스트 운동》, 93쪽.
5. 같은 책, 52~53쪽 참조.
6. A. Souter, *The Earliest Latin Commentaries on Epistles of St. Paul*, 1927, p.139.
7. 이에 대한 보다 자세한 설명은 《신—인문학으로 읽는 서양문명과 하나님 이야기》

2부 '시간화와 탈시간화의 마술'에서 찾아볼 수 있다.

8. 아서 O. 러브조이, 차하순 옮김, 《존재의 대연쇄》, 탐구당, 1992, 70쪽.

6장 제논의 귀류법

1. 조지 커퍼드, 《소피스트 운동》, 101~104쪽 참조.
2. 같은 책, 106쪽 참조.
3. 같은 책, 107~108쪽 참조.
4. 같은 책, 108~109쪽 참조.
5. 《소크라테스 이전 철학자들의 단편 선집》(아카넷, 2008), 746쪽.
6. 같은 책, 745~746쪽 참조.
7. 게리 윌스, 권혁 옮김, 《게티즈버그 연설 272단어의 비밀》, 서광사, 2004, 61쪽.
8. 플루타르코스, 이성규 옮김, 《플루타르코스 영웅전》 1권, 현대지성, 2018, 267쪽.
9. 앙드레 보나르, 《그리스인 이야기》 1권, 317쪽 참조.
10. 페리클레스, 〈아테네의 미래를 위하여—민회연설 2〉, 《그리스의 위대한 연설》, 32쪽 참조.

7장 소크라테스의 논박술

1. 조지 커퍼드, 《소피스트 운동》, 65쪽 참조.
2. 같은 책, 66쪽 참조.
3. 코라 메이슨, 《소크라테스》, 30쪽.
4. 조지 커퍼드, 《소피스트 운동》, 67쪽 참조.
5. 같은 책, 95쪽.
6. 김용규, 《생각의 시대》, 284~286쪽 참조.
7. 조지 커퍼드, 《소피스트 운동》, 122~123쪽 참조.
8. 같은 책, 124쪽 참조.
9. 프리드리히 니체, 박찬국 옮김, 《우상의 황혼》, 아카넷, 2015, 34쪽.
10. 칼 포퍼, 《열린사회와 그 적들》 2권(민음사, 1989) 315, 331쪽에서도 같은 내용을 확인할 수 있다.
11. 프리드리히 니체, 《우상의 황혼》, 36쪽.
12. 《크리톤》, 47d, 《카르미데스》, 160e, 《고르기아스》, 487b~d, 《향연》, 216b 등 참조.
13. 《크리톤》, 47b, 《에우튀데모스》, 272b, 《크라튈로스》, 403b, 《파이돈》, 95d 등 참

조.

14. 미셸 푸코, 오트르망 심세광·전혜리 옮김,《담론과 진실》, 동녘, 2017, 10쪽.
15. 같은 책, 12쪽.
16. 같은 책, 22쪽.
17. 같은 책, 92~97쪽 참조.
18. 같은 책, 20쪽.
19. 같은 책, 19쪽.
20. 같은 책, 379쪽.

8장 디오게네스 — 냉소

1. 프리드리히 니체,《우상의 황혼》, 38쪽.
2. 페터 슬로터다이크, 이진우·박미애 옮김,《냉소적 이성 비판》, 에코리브르, 2005, 294쪽.
3. 같은 책, 295쪽.

9장 세네카 — 절제

1. H. D. F, 키토, 박재욱 옮김,《고대 그리스, 그리스인들》, 갈라파고스, 2008, 41쪽.
2. 같은 책, 40쪽.
3. 파울 틸리히,《존재에의 용기》, 18~19쪽 참조.
4. 같은 책, 21쪽 참조.
5. Francis Herbert Bradley, *Ethical Studies*, Oxford: Oxford University Press, 1959. p.96.
6. 피터 싱어, 노승영 옮김,《이렇게 살아가도 괜찮은가》, 시대의 창, 2014, 88~89쪽 참조.
7. Seneca, *Naturalium Quaestionum*, libri, III, Praef., 10~17.
8. 데이비드 왠·존 드 그라프·토머스 네일러, 박웅희 옮김,《소비중독 바이러스 어플루엔자》, 나무처럼, 2010, 23쪽.
9. 스벤 브링크만, 김경아 옮김,《절제의 기술》, 다산초당, 2020, 89~90쪽.

10장 위-디오니시우스 — 부정

1. 필립 샤프, 이길상 옮김,《교회사 전집》 3권. 크리스찬다이제스트, 2004, 185쪽에서

재인용.

2. 같은 책, 183~187쪽 참조.
3. 같은 책, 159쪽 참조.
4. 같은 책, 156~158쪽 참조.
5. 같은 책, 153~154쪽 참조.
6. Kierkegaard, E. Hirsch 옮김, *Philosophische Brocken*(철학적 단편), Eugen Diederich, 1952, S. 42.
7. K. Barth, *Das Wort Gottes als Aufgabe der Theologie*: in *Anfänge der dialektische Theologie* 1. hrsg. von J. Moltmann, München, 1962, p.315.
8. 아우구스티누스, 《설교집》, 117. 3. 5.
9. 미르치아 엘리아데, 박규태 옮김, 《세계종교 사상사》 3권, 이학사, 2005, 57쪽.
10. 알래스데어 매킨타이어, 이진우 옮김, 《덕의 상실》, 문예출판사, 2021, 497쪽.
11. 로드 드레허, 이종인 옮김, 《베네딕트 옵션》, IVP, 2019, 84쪽.

11장 미켈란젤로, 칸딘스키 — 제거

1. 에르빈 파노프스키, 이한순 옮김, 《도상해석학연구》, 시공사, 2002, 338쪽.
2. 같은 책, 335쪽 참조.
3. 로즈메리 람버트, 이석우 옮김, 《20세기 미술사》, 열화당, 1986, 13쪽 참조.
4. 같은 책, 40쪽 참조.
5. 김해성, 《현대미술을 보는 눈》, 열화당, 1985, 54쪽에서 재인용.
6. 로즈메리 람버트, 《20세기 미술사》, 41쪽.

12장 키르케고르 — 실존

1. 쇠얀 키르케고르, 임춘갑 옮김, 《관점》, 다산글방, 2007, 329~330쪽.
2. 에티엔 질송, 정은혜 옮김, 《존재란 무엇인가》, 서광사, 1992, 247쪽.
3. Kierkegaard, *Papirer*(日誌) IV, C, 11.
4. 이에 대한 보다 자세한 내용은 본인의 《신—인문학으로 읽는 서양문명과 하나님 이야기》, 581~615쪽을 참조 바람.
5. 쇠얀 키르케고르, 표재명 옮김, 《철학의 부스러기》, 프리칭아카데미, 2007, 67, 167쪽 참조.
6. 쇠얀 키르케고르, 임춘갑 옮김, 《이것이냐 저것이냐》 1권, 다산글방, 2008, 57~

58쪽 참조.

7. 같은 책, 1권, 134~138쪽 참조.
8. 같은 책, 2권, 445쪽.
9. 같은 책, 2권, 357쪽 이하 참조.
10. 같은 책, 2권, 425쪽.
11. 쇠얀 키르케고르, 임춘갑 옮김, 《공포와 전율/반복》, 다산글방, 2007, 105쪽 이하 참조.
12. 같은 책, 158쪽.
13. 같은 책, 85쪽.
14. 같은 책, 84쪽.
15. 같은 책, 53쪽.
16. 같은 책, 41쪽.
17. 같은 책, 40쪽.
18. 같은 책, 146쪽.
19. 같은 책, 202쪽.

13장 쇤베르크 — 무조

1. 앨런 재닉·스티븐 툴민, 석기용 옮김, 《비트겐슈타인과 세기말 빈》, 필로소픽, 2020, 22~23쪽.
2. 같은 곳.
3. 같은 책, 144~145쪽.
4. 레이 몽크, 김병화 옮김, 《How to read 비트겐슈타인?》, 웅진지식하우스, 2007, 52쪽 참조.
5. 앨런 재닉·스티븐 툴민, 《비트겐슈타인과 세기말 빈》, 145쪽.
6. 같은 책, 106쪽.
7. 같은 책, 119쪽 참조.
8. 같은 책, 105쪽.
9. 같은 책, 146쪽.
10. 같은 책, 151~152쪽.
11. 같은 책, 160쪽.
12. 같은 책, 168쪽.

13. 노명우, 《계몽의 변증법을 넘어서—아도르노와 쇤베르크》, 문학과지성사, 2002, 255쪽.
14. 같은 책, 243쪽에서 재인용.
15. 같은 책, 183쪽.
16. 사회학자 노명우 교수의 《계몽의 변증법을 넘어서—아도르노와 쇤베르크》에 이에 대한 내용이 잘 정리되어 있다. 참고하면 도움을 얻을 수 있다.
17. 같은 책, 259~261쪽 참조.
18. 앨런 재닉·스티븐 툴민, 《비트겐슈타인과 세기말 빈》, 170쪽.
19. 노명우, 《계몽의 변증법을 넘어서—아도르노와 쇤베르크》, 261~269쪽 참조.
20. 같은 책, 269~270쪽 참조.
21. 같은 책, 270~271쪽 참조.
22. 같은 책, 272에서 재인용.
23. 같은 책, 278~279쪽 참조.
24. 알랭 바디우, 서용순·임수현 옮김, 《베케트에 대하여》, 민음사, 2018, 12쪽.
25. 노명우, 《계몽의 변증법을 넘어서—아도르노와 쇤베르크》, 296쪽에서 재인용.
26. 같은 책, 297쪽에서 재인용.
27. 같은 책, 300쪽.
28. 아도르노, 홍승용 옮김, 《부정변증법》, 한길사, 2005(4쇄), 291쪽.
29. 노명우, 《계몽의 변증법을 넘어서—아도르노와 쇤베르크》, 335쪽 참조.

14장 비트겐슈타인—침묵

1. 데이비드 에드먼즈·존 메이디노, 김태환 옮김, 《비트겐슈타인은 왜?》, 웅진닷컴, 2001, 94~95쪽 참조.
2. 앨런 재닉·스티븐 툴민, 《비트겐슈타인과 세기말 빈》, 291쪽 참조.
3. 같은 곳 참조.
4. 같은 책, 298쪽.
5. 레이 몽크, 김병화 옮김, 《How to read 비트겐슈타인》, 웅진지식하우스, 2007, 16쪽 참조.
6. 같은 책, 15쪽.
7. 같은 책, 14~15쪽.
8. 같은 책, 31쪽 참조.

9. 레이 몽크, 남기창 옮김, 《루드비히 비트겐슈타인—천재의 의무》 2권, 문학과학사, 2000, 76쪽.
10. 같은 책 1권, 140쪽.
11. 앨런 재닉·스티븐 툴민, 《비트겐슈타인과 세기말 빈》, 237~247쪽, 280~318쪽 참조.
12. 같은 책, 280쪽.
13. 같은 책, 287쪽 참조.
14. 같은 책, 30쪽.
15. 같은 책, 322쪽에서 재인용.
16. 레이 몽크, 《How to read 비트겐슈타인》, 8쪽.
17. 데이비드 에드먼즈·존 메이디노, 《비트겐슈타인은 왜?》, 19~31쪽 참조.
18. 레이 몽크, 《How to read 비트겐슈타인》, 51쪽 참조.
19. 같은 책, 52쪽 참조.
20. 레이 몽크, 《루드비히 비트겐슈타인—천재의 의무》 2권, 388쪽.
21. 데이비드 에드먼즈·존 메이디노, 《비트겐슈타인은 왜?》, 109쪽.
22. 같은 책, 45쪽.
23. 레이 몽크, 《How to read 비트겐슈타인》, 26쪽.
24. 같은 곳.
25. 알랭 바디우, 박성훈·박영진 옮김, 《비트겐슈타인의 반철학》, 사월의책, 2015, 7~9쪽 참조.
26. 같은 책, 9~11쪽 참조.
27. 데이비드 에드먼즈·존 메이디노, 《비트겐슈타인은 왜?》, 108~109쪽.
28. 같은 책, 109쪽.

15장 포퍼 — 반증

1. 데이비드 에드먼즈·존 메이디노, 《비트겐슈타인은 왜?》, 69쪽.
2. Karl Popper, *Unended Quest: An Intellectual Autobiography*, Illinois: Open Court, 1976, p.123.
3. Karl Popper, *Conjectures and Refutations*, London: RKP, 1963, p.51.
4. 토머스 쿤, 〈발견의 논리인가 탐구의 심리학인가〉, I. 라카토스·A. 무스그레이브 편, 《현대 과학철학 논쟁》, 민음사, 1987, 26쪽.
5. 칼 포퍼, 〈정상과학과 그 위험성〉, 같은 책, 84쪽.

6. 칼 포퍼, 이한구·정연교·이창환 옮김, 《역사법칙주의의 빈곤》, 철학과현실사, 2016, 88쪽.
7. 칼 포퍼, 이한구 옮김, 《열린사회와 그 적들》 1권, 민음사, 1982, 271쪽.
8. 칼 포퍼, 이한구 옮김, 《열린사회와 그 적들》 2권, 민음사, 1982, 328쪽.
9. 같은 책, 1권, 230쪽.
10. 같은 책, 1권, 271쪽.
11. 같은 책, 2권, 330쪽.
12. 칼 포퍼, 이한구 옮김, 《추측과 논박》, 2권, 민음사, 2001, 227쪽.

16장 소로 — 불복종

1. 데이비드 월러스 웰즈, 김재경 옮김, 《2050 거주불능 지구》, 추수밭(청림출판), 2020, 39쪽.
2. 같은 책, 167~175쪽 참조.
3. 같은 책, 109~110쪽 참조.
4. 같은 책, 63쪽.
5. 조너선 사프란 포어, 송은주 옮김, 《우리가 날씨다》, 민음사, 2020, 36쪽.
6. 같은 책, 33쪽 참조.
7. 같은 책, 28쪽.
8. 데이비드 월러스 웰즈, 《2050 거주불능 지구》, 64쪽.
9. 조너선 사프란 포어, 《우리가 날씨다》, 32쪽.
10. 같은 책, 119쪽.
11. 같은 책, 99~122쪽 참조.
12. 피터 싱어, 노승영 옮김, 《이렇게 살아가도 괜찮은가》, 시대의 창, 2014, 79쪽.
13. 호프 자런, 김은령 옮김, 《나는 풍요로웠고, 지구는 달라졌다》, 김영사, 2020, 127쪽.
14. 데이비드 월러스 웰즈, 《2050 거주불능 지구》, 61쪽.
15. 같은 책, 282쪽.
16. 같은 책, 341쪽.
17. 헨리 데이비드 소로, 강승영 옮김, 《월든》, 은행나무, 2020(개정3판, 32쇄), 138~189쪽.
18. 같은 책, 477쪽.
19. 같은 책, 20쪽.

20. 같은 책, 308~309쪽.
21. 헨리 데이비드 소로, 조애리 옮김, 《시민불복종》, 민음사, 2020, 9~10쪽.
22. 로라 대소 월스, 김한영 옮김, 《헨리 데이비드 소로》, 돌베개, 2020, 19쪽.

17장 바디우, 지젝 — 빼기

1. 이 글은 본인의 《철학카페에서 작가를 만나다 1》(웅진지식하우스, 2016), '혁명 — 김선우 편'에서 발췌해 축약했다. 더 자세한 내용은 본문을 참조하기 바란다.
2. 알랭 바디우, 박영기 옮김, 《변화의 주체》, 논밭출판사, 2015, 15쪽.
3. 같은 책, 24쪽.
4. 같은 책, 31쪽.
5. 같은 책, 75쪽.
6. 같은 책, 265쪽.
7. 알랭 바디우, 박영기 옮김, 《모호한 재앙에 대하여》, 논밭출판사, 2013, 71쪽 참조.
8. 실뱅 라자뤼스, 이종영 옮김, 《이름의 인류학》, 새물결, 2002, 145쪽 이하.(알랭 바디우, 《모호한 재앙에 대하여》, 76쪽에서 재인용)
9. 슬라보예 지젝, 박정수 옮김, 《잃어버린 대의를 옹호하며》, 그린비, 2009, 608쪽에서 재인용.
10. 같은 책, 611쪽.
11. 같은 책, 609쪽.
12. 같은 책, 611쪽 참조.
13. 슬라보예 지젝, 김서영 옮김, 《시차적 관점》, 마티, 2009, 748쪽.
14. 같은 책, 613쪽 참조.

18장 스티브 잡스 — 심플

1. 켄 시걸, 김광수 옮김, 《미친듯이 심플》, 문학동네, 2014, 94쪽.
2. 같은 책, 95쪽.
3. 같은 책, 96~100쪽 참조.
4. 같은 책, 96쪽.
5. 같은 책, 103쪽.
6. 대니얼 J. 레비틴, 김성훈 옮김, 《정리하는 뇌》, 와이즈베리, 2014, 28~32쪽 참조.
7. 같은 책, 32쪽.

8. 같은 책, 51쪽.
9. 같은 책, 32~33쪽 참조.
10. 같은 책, 33쪽 참조.
11. 같은 책, 491쪽.
12. 같은 책, 115쪽.
13. 같은 책, 116쪽.
14. 월터 아이작슨, 안진환 옮김, 《스티브 잡스》, 민음사, 2015, 438~449쪽.
15. Martin Heidegger, *Sein und Zeit*, Gesamtausgabe, Bd. 2., Frankfurt: Vittorio Klostermann, 1977, 264쪽.
16. 월터 아이작슨, 《스티브 잡스》, 260쪽.
17. 같은 책, 207쪽.
18. 켄 시걸, 《미친듯이 심플》, 246~247쪽.

맺는말

1. 지그문트 바우만, 함규진 옮김, 《유동하는 공포》, 산책자, 2009, 15쪽.
2. 같은 책, 163쪽.
3. 〈조선일보〉, 2021년 3월 6일자, [창간 101주년 특별 인터뷰] '바이러스 사냥꾼' 美 조나 마제트 교수, 정시행 특파원.
4. 슬라보예 지젝, 강우성 옮김, 《팬데믹 패닉》, 북하우스, 2020, 104쪽.
5. 조너선 사프란 포어, 《우리가 날씨다》, 230쪽.
6. 슬라보예 지젝·이태광, 《포스트 코로나 뉴노멀》, 비전CNF, 2020, 169쪽.
7. 크리스티아나 피게레스·톰 리빗카낵, 홍한결 옮김, 《한배를 탄 지구인을 위한 가이드》, 김영사, 2020, 58쪽.

인명, 신명

지명

작품명

[단행본, 논문, 단편, 잡지]

[예술작품, 유물]

주제어